La saga
des Habsbourg

DU MÊME AUTEUR

Aux Editions Perrin

Louis II de Bavière ou le Roi foudroyé, couronné par l'Académie française.
Haussmann, la gloire du Second Empire, prix Historia.
La Princesse Mathilde, prix Napoléon III.
Sissi ou la Fatalité, prix des Ambassadeurs.
Eugénie, la dernière impératrice, Grand Prix de la Fondation Napoléon.
Rodolphe et les secrets de Mayerling.
Albums illustrés de photographies de Jérôme da Cunha :
Les Châteaux fous de Louis II de Bavière.
Sur les pas de Sissi.
Tapioca, cet inconnu.
Sur les pas de Mozart, en collaboration avec Frédéric Pfeffer.
A Saint-Pétersbourg sur les pas des tsars.

Aux Editions Plon

Dictionnaire amoureux des trains.
La Saga des Romanov.
La Véritable Histoire des châteaux de la Loire.

Aux Editions de Fallois

Malesherbes, gentilhomme des Lumières,
Grand Prix de la biographie d'histoire de l'Académie française.

Aux Editions Julliard

Sleeping Story, la fabuleuse épopée des wagons-lits.

Aux Editions Denoël

En collaboration avec Jean-Paul Caracalla :
L'Orient-Express, couronné par l'Académie française.
Le Transsibérien.
Le Train bleu et les grands express de la Riviera.
Les Trains des rois et des présidents.
L'Aventure de la malle des Indes.
La Tour Eiffel (album du centenaire).

(*suite du même auteur en fin de volume*)

Jean des Cars

La saga des Habsbourg

Du Saint Empire à l'Union européenne

PERRIN
www.editions-perrin.fr

ISBN : 978-2-262-02692-9

Pour Victoria, bien sûr…
Et pour Hortense.

Introduction

« L'histoire est pleine de majestés individuelles mais les Habsbourg, c'est la majesté dynastique. S'élever de la possession d'un donjon suisse jusqu'à la domination du monde, savoir durer dix siècles, réussir à prolonger la féodalité jusqu'à nos jours, ce fut une extraordinaire aventure.

« Etre non plus une famille, représentant non plus un pays mais un agrégat de nations, être maître de la moitié de l'Europe et d'une grande partie de l'Amérique, porter une couronne encore plus lourde que celle de l'Empire britannique et se promener, en même temps, au Prater, avec un parapluie sous le bras, c'est un spectacle qu'on ne reverra plus.

« Il y avait chez eux un merveilleux équilibre entre la majesté et la simplicité.

« Ils se tiennent à l'entrée de l'Histoire comme les portiers viennois, jadis, à la porte des palais, l'été avec leur pantalon blanc et leur canne de sergent-major.

« Disparus, les Habsbourg ont emporté leur pays dans la tombe. Sous nos yeux, il ne reste plus qu'une tête sans corps : Vienne. Les Habsbourg, c'était l'Autriche[1]. »

Jusqu'en 1804, on ne peut, politiquement et juridiquement, parler d'un seul « Empire d'Autriche », car les Habsbourg règnent sur un conglomérat de possessions réparties

1. Paul Morand, de l'Académie française, *La Dame Blanche des Habsbourg*, 1re édition Robert Laffont, 1963, collection « L'Amour et la Couronne », dirigée par Gaston Bonheur. Rééditions Perrin 1990 et 2000.

entre les couronnes de Hongrie, de Bohême, de Pologne (le sud, à partir de 1772, lors du premier partage), et des Etats héréditaires parmi lesquels l'Autriche n'est qu'une province sous le nom de duché ou d'archiduché. On peut admettre que, par sa position géographique, cette dernière province soit « l'ossature de l'assise politique des Habsbourg[1] ».

Cette situation centrale explique que l'on s'exprime le plus souvent – et par erreur – en réduisant leur emprise à la seule Autriche que nous connaissons. Au cours des siècles précédents se sont ajoutés à l'Autriche des origines d'autres Etats européens dont les Habsbourg, par l'étendue du Saint Empire romain germanique, sont devenus maîtres ou dont ils ont recueilli l'héritage, plus ou moins contesté, plus ou moins longtemps : Toscane, Lombardie, Vénétie, Pays-Bas. Jusqu'en 1918, la souveraineté des Habsbourg s'étend sur tout ou partie de treize Etats européens actuels : Autriche, République tchèque, Slovaquie, Pologne, Ukraine, Roumanie, Hongrie, Serbie, Croatie, Bosnie, Monténégro, Slovénie, Italie.

De même, dans ce contexte historique, il faut être vigilant sur le sens du mot « allemand ». Dans l'empire des Habsbourg, un Allemand est un sujet autrichien de langue et de culture allemandes, comme il y a des minorités germaniques en Bohême, en Moravie, en Slovénie et en Croatie. Certains Allemands d'Autriche n'apprécient pas les Allemands du Reich et d'autres détestent les Prussiens. D'autres, en revanche, sont favorables à des relations étroites avec leurs voisins. La communauté de langue, avec ses variations (accents, dialectes, patois) est un ciment. Ou un motif de susceptibilités, de moqueries et de distance…

Comme l'avait fait la division de l'Empire romain, le partage de l'empire de Charlemagne est la clé des fractures et des antagonismes européens. Le jour où il échappa aux Habsbourg, l'Empire devint allemand.

Entre la France et l'Autriche, on ne pouvait s'entendre. Ce furent plus de quatre cents ans de méfiance, de guerres, de

1. Yves Tissier, *Dictionnaire de l'Europe*, Vuibert, réédition 2004.

renversements d'alliances, de mensonges et de manipulations. L'Autriche a davantage aimé la France que l'inverse. Les Habsbourg incarnent sans doute le plus ancien antagonisme entre une dynastie et les divers régimes politiques français, car, jusqu'en 1806, ils symbolisent, majoritairement, le Saint Empire romain germanique dissous à cette date par Napoléon, c'est-à-dire bien plus que l'idée territoriale de l'Autriche à laquelle nous sommes, aujourd'hui et par réduction commode, attachés.

AVANT-PROPOS

Sept siècles de conscience européenne

S'il est une dynastie qui incarne l'Europe, c'est elle. En 1919, la chute des empires puis un arbitraire redécoupage géographique, dicté par une idéologie aveugle, éliminent du pouvoir d'anciennes et puissantes familles, comme les Romanov, les Hohenzollern et les Habsbourg, coupables d'être vaincues ou renversées par des révolutions. Après des siècles de rayonnement, ils sont rayés de la carte, assassinés ou exilés[1]. Mais tandis que les maisons impériales de Russie et d'Allemagne ont dû, ensuite, se contenter, selon les cas, de nostalgies feutrées, de regrettables compromissions ou de réhabilitations tardives, aussi étonnantes que diverses, les Habsbourg ont combattu l'effacement dont ils étaient victimes et même l'ostracisme qui les frappait. Non sans mal ni épreuves humiliantes, ils sont parvenus à vivre, à redresser leur image, à exister de nouveau, à faire respecter leur nom avant les années 1940 et à reprendre une place aussi bien dans la mémoire de la vieille Europe que dans la nouvelle construction européenne, ce qui est exceptionnel.

Quelle mémoire ? Quelle place ? Elles furent d'abord cachées, discrètes puis spectaculaires, provoquant de nouveaux débats, voire des contestations, notamment dans l'Autriche et la France républicaines. Un combat pour la justice et une vérité dérangeante pendant près de quatre-vingt-dix ans.

1. Voir, du même auteur, *La Saga des Romanov*, Plon.

Le traité de Versailles du 28 juin 1919, signé dans la galerie des Glaces, à l'endroit même où avait été proclamé l'Empire allemand le 18 janvier 1871, est très sévère. Les Alliés, les vainqueurs, représentés par MM. Clemenceau pour la France, Lloyd George pour le Royaume-Uni, Wilson pour les Etats-Unis et Orlando pour l'Italie, imposent à l'Allemagne de Guillaume II, le *Kaiser* de nos grand-mères, de strictes conditions territoriales, économiques et militaires.

L'intransigeance de ces clauses sera dénoncée par un Autrichien de naissance, Adolf Hitler, qui fera du *diktat* de Versailles l'un des thèmes majeurs de sa conquête du pouvoir et de sa politique. Circonstance aggravante : l'Allemagne vaincue, dont le sort est en jeu, n'est pas invitée à la table des négociations. C'est une faute. Comme on le sait, ces illusions de paix, entretenues au nom de la fraternité, se sont vite diluées dans une tragique réalité dont Hitler, bien sûr, et Staline sauront tirer profit. Pour le plus grand malheur de dizaines de millions d'hommes, de femmes et d'enfants.

Parmi les conséquences désastreuses des autres traités signés dans la trompeuse euphorie de la victoire, certaines ont creusé des plaies, toujours vives, et engendré des rancœurs tenaces que l'on peut encore observer et qui ne sont pas près de s'apaiser. Par exemple, le traité de Trianon, conclu le 4 juin 1920, ampute la Hongrie des deux tiers de son territoire, cédés partiellement à de nouveaux Etats, la Yougoslavie et la Tchécoslovaquie. Des millions de Hongrois deviennent roumains ou slovaques et, au printemps 2010, des revendications du gouvernement de Budapest, où les conservateurs ont gagné les élections, provoquent de nouvelles agitations et réclamations, notamment le 4 juin 2010, pour le 90e anniversaire de ce calamiteux traité. Ces tensions danubiennes sont justifiées : les plénipotentiaires de 1919 et 1920 ne savaient pas lire la carte ethnographique de l'Europe et n'avaient tenu aucun compte de ses réalités géographiques. De même, le traité de Saint-Germain-en-Laye (10 septembre 1919) attribue le Tyrol du Sud et le

Trentin à l'Italie, décision qui, encore aujourd'hui, suscite des effervescences, des frustrations et des frictions, notamment linguistiques, dans la vie politique italienne. Ces diplomates en jaquette se sont trop admirés dans les miroirs des châteaux autour de Paris où ils démembraient le cadavre de l'Autriche-Hongrie ; l'Empire ottoman subissait le même sort : on se disputait ses dépouilles et, le temps de fumer un havane, un nouvel Etat était dessiné sur la carte. Ces présidents et ministres auraient été avisés de se souvenir de deux observations capitales et complémentaires, l'une de Napoléon : « En histoire, c'est la géographie qui commande », l'autre de Bismarck : « De toutes les données de l'histoire, la géographie est la seule qui ne change jamais. » Contre cette évidence, des villes sont coupées en deux, par exemple celle de Komárom, hongroise, dont la partie slovaque, Komárno, est sur l'autre rive du Danube. Avec les antagonismes que l'on devine…

Versailles et ses conventions connexes n'étaient donc qu'un leurre, relayé quelque dix ans plus tard par les dictatures ; et ce mirage avait bafoué les nationalismes en Europe centrale. Pour cette raison, Clemenceau n'a jamais eu et n'aura jamais une statue, une rue ou une place à son nom à Budapest, comme me l'a rappelé, peu après la chute du mur de Berlin, M. Imre Pozsgay, premier chef du gouvernement de la Hongrie postcommuniste.

Et l'Autriche, que devient-elle après son effondrement ? Réduite au neuvième de son ancienne superficie impériale du temps de la double monarchie austro-hongroise, elle est astreinte à la portion congrue. « L'Autriche ? C'est ce qui reste », selon le mot, cynique, de Clemenceau. Plus lucide, Talleyrand, en 1815, lors du congrès de Vienne, avait averti : « Ne détruisons jamais l'Autriche. C'est le rempart de l'Europe. » En 1920, tandis que Vienne attrape une « fièvre rouge » comme Berlin et Petrograd et devient une municipalité socialiste jusqu'en 1934 (alors que le sentiment monarchiste est encore très vif dans le pays rétréci), un long et douloureux exil commence pour les Habsbourg. On en a moins parlé parce que les Habsbourg n'ont pas subi le sort des Romanov, assassinés par les bolcheviks. C'est une autre douleur qu'endure Charles Ier, le dernier empereur d'Autriche, contraint de se retirer du pouvoir. Ce n'est pas une abdication mais un retrait de l'action politique. L'ultime monarque Habsbourg signe au crayon sa renonciation au trône dans un salon du château de Schönbrunn le 11 novembre 1918, à midi. Réfugié en Suisse et demeuré le roi Charles IV de Hongrie, il tente deux restaurations de la monarchie à Budapest. Deux échecs. Accompagné de son épouse Zita et de leurs enfants, il est relégué à Madère. Le petit-neveu de François-Joseph est un homme de paix qui avait tout tenté pour arrêter la boucherie ; fervent chrétien, préoccupé d'avancées sociales, ce novateur a été incompris. Maintenant, lui et les siens survivent sans ressources. La famille impériale affronte, dignement, la gêne, dans l'indifférence des vainqueurs. L'ancien monarque meurt à Madère le 1er avril 1922, succombant à la maladie, faute de soins, alors que Zita est enceinte de leur huitième enfant. Charles s'éteint dans la misère, à trente-quatre ans, en prononçant le nom de Jésus. Pour Zita, soutenue par sa foi et un courage exemplaire, le calvaire de l'oubli, du mépris et de la haine continue. Quand, après d'incroyables péripéties – d'où les menaces de mort ne sont pas absentes –, la dernière impératrice et reine d'Autriche-Hongrie (qui avait succédé à la mythique Sissi dans cette fonction) revient enfin à Vienne le 10 novembre 1982, le monde a encore changé. Depuis les traités de Rome, en 1957, l'Europe nouvelle se cherche, se construit laborieusement, tandis que l'univers communiste se lézarde peu à peu dans l'échec après la terreur et la répression, notamment hongroise. L'autre Europe, celle d'avant 1914, réapparaît à la une des journaux en la personne de cette petite femme en noir, grande dame d'hier et d'avant-hier. Une revenante que beaucoup croyaient disparue, un fantôme digne du talent magistral de Stefan Zweig. Des milliers de jeunes portent des blousons aux armes des Habsbourg et on chante le *Gott erhalte*, l'ancien hymne impérial. Zita vole même la vedette à Leonid Brejnev qui vient de disparaître. Six ans plus tard, le 1er avril 1989, la foule considérable à ses obsèques viennoises prouve que la majorité des Autrichiens, en dépit de quelques voix discordantes, se reconnaît dans la défunte. Vienne retrouve la mémoire. C'est l'ancienne Autriche que l'on inhume dans la crypte des Capucins, celle d'avant les tragédies du XXe siècle. A la télévision, plusieurs pays, dont la France, retransmettent en direct cette cérémonie d'un autre temps. En 2004, après une instruction commencée un demi-siècle plus tôt, le pape Jean-Paul II béatifie Charles de Habsbourg-Lorraine parce qu'il a « vécu comme un saint et est mort comme un saint ». Et, condition impérative, l'Eglise lui attribue un miracle, la guérison, scientifiquement inexplicable, d'une religieuse. Quelques contestations – toujours les mêmes – n'empêchent pas qu'un Habsbourg soit officiellement déclaré « bienheureux » et que son portrait, gigantesque, soit affiché à un balcon de Saint-Pierre de Rome. Depuis, un dossier en béatification de Zita est instruit[1].

Des millions de gens, surpris ou émus, ont été témoins ou informés des manifestations autour du dernier couple impérial. Que d'étonnements lorsqu'on apprenait qu'au cours de leur bref règne, de la mort de François-Joseph à l'armistice, de 1916 à 1918, Charles Ier et Zita étaient honorés en quinze langues et priés par les fidèles de cinq religions !

Mais entre leur effacement de la scène publique et, en somme, leur retour, qu'étaient devenus les Habsbourg ? Que s'était-il passé des années 1920 aux années 1980 ?

Ils ont résisté. Avec dignité, simplicité, et faisant face à une situation matérielle précaire. Mais aussi – voire surtout – avec le pressentiment qu'une nouvelle guerre était inévitable et donc un nouveau morcellement européen. C'est le fils aîné de Charles et de Zita, l'archiduc Otto, né en 1912,

---

1. Association pour la béatification de l'impératrice Zita, abbaye de Saint-Pierre, 1, place Dom Guéranger, 72300 Solesmes. Elle est présidée par l'historien et journaliste Jean Sévillia, auteur de deux ouvrages de référence : *Zita, impératrice courage*, Perrin, 1997, et *Le Dernier Empereur*, Perrin, 2009.

qui a relevé le défi le plus audacieux pour un homme portant un nom aussi lourd. Il ne s'est pas contenté d'honorer son illustre patronyme, il lui a donné un nouveau sens. Très intelligent, visionnaire, observateur remarquablement informé, parlant sept langues, forçant la sympathie puis l'estime, il a eu le courage de prévenir les maîtres du monde que celui de l'Allemagne voulait la guerre, sa revanche sur le *diktat* de Versailles, et qu'il n'aurait de cesse de dompter et d'écraser l'Europe. Dès 1933, à Berlin, Hitler cherche à rencontrer le jeune archiduc qui n'a aucune envie de le connaître. « C'est le seul homme avec lequel je n'ai jamais voulu avoir un entretien. » Ayant lu *Mein Kampf*, Otto savait combien son auteur détestait les Habsbourg dont l'empire avait été une mosaïque de peuples et de confessions. Une nouvelle tentative de rendez-vous auprès de Goering ayant échoué, un mandat d'arrêt est lancé le 20 avril 1938 contre l'archiduc pour « haute trahison », car Otto avait demandé l'aide de puissances étrangères pour empêcher l'Anschluss. La presse de langue allemande le présente alors comme « un rejeton dégénéré des Habsbourg » et un « criminel en fuite » ! Pour se venger, Hitler donne à l'Anschluss un nom de code significatif, « Opération Otto »... Un aristocrate s'est opposé à la dictature nationale-socialiste.

Peu ont écouté cet homme à la vue politico-diplomatique perçante qui, ayant trois fois dit non à Hitler, échappe à ses commandos qui le traquent et devient son cauchemar. Plus tard, Otto apprendra qu'Hitler avait donné l'ordre de l'abattre dès qu'il serait retrouvé. Parmi les rares politiciens ayant compris l'avertissement de l'héritier de la maison d'Autriche figure le Français Georges Mandel, député de droite puis ministre. Il apporte son soutien à l'archiduc, ce qui ne manque pas de piquant lorsqu'on se souvient que Mandel était chef de cabinet de Clemenceau en 1919 et avait donc participé à la destruction politique de l'Autriche-Hongrie ! Réfugié à Paris au printemps 1940, l'archiduc parvient à organiser le sauvetage, via l'Espagne, de nombreux Autrichiens catholiques, de Juifs, de communistes et même d'anciens des Brigades internationales engagés dans la guerre civile espagnole. Le 11 septembre 1940, arrivé aux Etats-Unis, Otto est reçu par le président Roosevelt. Il y restera jusqu'en 1944. On ne peut oublier la façon dont l'exilé se présente aux autorités américaines. Identité ? « Otto d'Autriche, duc de Bar », référence à la Lorraine de ses ancêtres. Activité ? « Travailler à la libération de ma patrie. » Nationalité ? Il me l'a raconté lui-même : « Européen. » Une déclaration qui laisse perplexes douaniers et policiers d'outre-Atlantique !

La guerre finie, l'Autriche et Vienne occupées jusqu'en 1955, c'est l'archiduc Otto, emblématique député européen pendant vingt ans sous le nom, modeste, de « Dr Habsburg », qui a définitivement rétabli les Habsbourg dans une situation digne d'eux, avec honneur. Ses livres, ses éditoriaux, ses conférences et ses entretiens font de lui le phare de l'identité européenne[1]. Ses enfants et ses neveux ont suivi ce chemin de la reconquête, actifs et présents dans bien des domaines. Un blason redoré ? On peut le certifier puisque des esprits aussi différents que ceux du général de Gaulle (qu'il admirait) et du président Mitterrand, en passant par le chancelier Kohl, l'ont consulté. Grâce à l'archiduc Otto, les Habsbourg n'incarnent plus seulement un passé révolu mais le présent et l'avenir. Les enjeux de demain ne doivent plus ignorer les leçons d'hier. Sa famille n'est plus seulement l'histoire, elle est aussi l'actualité et ne s'interdit pas de jouer un rôle dans l'avenir. Lorsque la Hongrie se libéra du joug communiste, celui qui avait été, entre autres titres, prince royal de ce pays, fut sollicité pour devenir… président de la République de Hongrie, offre qu'il déclina… en raison de son âge ! Un humour fin caractérise aussi l'archiduc. Ainsi, quand, au début des années 1980, le Parlement européen, à Strasbourg, est présidé par

1. Le 18 décembre 1991, la chaîne de télévision publique française FR3 a diffusé un portrait-reportage sur l'archiduc Otto dont j'étais l'un des intervenants. Extrait d'une de ses déclarations : « Pour être un bon Européen, il faut être un bon patriote. »

Simone Veil, un soir quelqu'un demande au « Dr Habsburg » s'il va suivre à la télévision un match de football. Il interroge pour savoir quelles sont les équipes en compétition.

— Autriche-Hongrie, Monseigneur.

En souriant, cet homme à la curiosité universelle réplique :

— Contre qui ?

Et c'est le même personnage qui, alors qu'existait la Communauté européenne, m'annonçait : « Il faudra vite que nous construisions l'Union européenne. »

Pourquoi ? Parce que dans les veines de cet authentique prince d'Occident coule, entre autres, le sang de Charles Quint et qu'il descend de la grande impératrice Marie-Thérèse. Cette prodigieuse aventure commence il y a plus de sept siècles, dans un austère et modeste château, solide mais qui n'impressionnait personne. Le premier rendez-vous de l'histoire avec les Habsbourg date du 1er octobre 1273 quand un certain Rodolphe, sans une goutte de sang impérial, est élu à la surprise générale empereur du Saint Empire romain germanique.

1

Les fondateurs obstinés, de Rodolphe Ier à Albert II (1273-1439)

Dimanche 16 mai 2010. En Suisse alémanique, dans le canton d'Argovie, à une cinquantaine de kilomètres à l'ouest de Zurich, le château des Habsbourg sert d'écrin à une manifestation rare, le retour aux sources d'une formidable histoire, à bien des égards celle de l'Europe. En costumes du Moyen Age, des conteurs, des historiens locaux et des amoureux du passé font revivre les grandes heures et les petits secrets d'un monument emblématique. Pendant cinq heures, les uns parlent de personnages à l'origine d'une destinée exceptionnelle, les autres ajoutent des détails sur les usages de ces temps lointains, désignent un endroit entre les champs, les bois et le réseau routier, s'emballent pour tel ou tel détail architectural. Légendes et faits avérés se rencontrent dans une atmosphère paisible. Lors de cette Journée européenne des musées, ce vieux fief restauré reprend sa place dans un passé mouvementé. Alors que le drapeau suisse flotte au sommet de la tour, on accroche un étendard représentant un lion dressé sur ses pattes arrière, considéré comme le premier emblème des Habsbourg. Les visiteurs avancent lentement, passionnés. Ici part un escalier en bois, là s'ouvre une cave ; on découvre quatre vastes pièces principales et une exposition souligne les étapes de la remise en état du monument. Négligée pendant des siècles – un curieux manque d'intérêt alors que la dynastie bénéficiait d'une aura sans précédent –, la forteresse, délabrée, fut l'objet d'un premier sauvetage à partir de 1866. C'était une décision de son propriétaire depuis 1804, le canton suisse d'Argovie, alors nouvellement fondé en ce début du XIXe siècle.

D'autres remises en état suivirent, entre 1897 et 1996. Outre les fouilles archéologiques, des rénovations furent conduites en rendant les accès plus faciles. Que de découvertes ! Voici un mur d'enceinte dont l'épaisseur (1,90 m) atteste son caractère défensif. Voilà un puits, à moitié comblé, dont la profondeur est estimée à plus de soixante-huit mètres. En revanche, les restes de la chapelle, détruite en 1680 et qui devait s'élever sur deux étages, n'étaient pas encore identifiés au début du XXe siècle. Ce dimanche de printemps 2010, les aimables discussions se poursuivent autour d'une collation médiévale servie dans les quatre salles de l'auberge aménagée derrière les vieux murs et à différents niveaux par la famille Suter, qui gère ce restaurant réputé depuis 1979 ; au menu, du mouton et des lentilles, très appréciés. La visite est gratuite. Cette journée, consacrée au tourisme culturel, est à la fois celle du souvenir et la preuve que la trace des siècles n'a pas été effacée. Ici, la mémoire est vivante, entretenue et vivifiée avec d'autant plus d'attention qu'elle symbolisera, plus tard, la naissance de l'identité suisse en réaction contre la présence des Habsbourg. En effet, pour cette dynastie, tout a commencé ici, du moins officiellement, sur ce piton dressé à cinq cent dix mètres au sud du Rhin, approximativement entre Bâle et Zurich. Des cartes, un arbre généalogique et une installation vidéo, due à l'Ecole des arts appliqués de Lucerne, rappellent comment une famille, symbolisée par ce château bien situé mais qui, aujourd'hui, nous paraît modeste, a pu être le creuset où s'est forgée une puissance politique considérable, jusqu'au-delà des mers. La lignée des Habsbourg a dominé une grande partie de l'Europe et de l'Amérique du Sud. D'ici s'est imposée une famille qui a régné sur plusieurs mondes et affronté maints bouleversements : la chrétienté, le Saint Empire romain germanique, les angoisses de l'an mille, le flamboyant Moyen Age, les troublantes remises en question de la Renaissance, la fracture spirituelle de la Réforme, les fastes dorés du baroque, les subtilités des Lumières, les révolutions dans les Etats voisins, l'explosion des nationalismes, les conflits armés jusqu'à l'embrasement de 1914-1918, cette guerre civile européenne devenue mondiale, suicidaire, qui a éteint le rayonnement des Habsbourg, laminé leurs Etats et assassiné l'Europe d'avant-hier, la vraie, pour beaucoup de connaisseurs qui goûtent peu l'Europe technocratique, sans culte de la mémoire et anonyme de Bruxelles.

A droite du garage et du chemin, une petite pente conduit à des fragments de murailles consolidées. De là, on voit le château de profil, dans sa longueur actuelle, ramenée à une centaine de mètres. Le monument, qui épouse la crête légèrement inclinée du Wülpelsberg, comporte la tour fortifiée et le logis seigneurial mais s'articule en trois parties, ce que confirme une vue aérienne. Même s'il « est ainsi l'un des plus grands ouvrages fortifiés de l'Argovie[1] », on ne peut qu'être étonné, voire déçu, par l'aspect austère de ce que l'on voit aujourd'hui. Certes, sa situation lui donne de l'allure et on le perçoit de loin, mais il n'a rien d'une de ces constructions imposantes d'Europe qui, même en ruine, révèlent l'ambition d'une colossale aventure… Ce serait oublier qu'à l'origine, la construction, comme toutes celles du XIe siècle, était principalement en bois. Ce château a évolué, comme ses commanditaires et propriétaires. Il ne semble menacer personne, n'offre rien de spectaculaire et pourtant, ce *burg* massif et moins romantique qu'un dessin de Victor Hugo a donné naissance à une puissante famille. Dès le début, une jolie légende s'empare du lieu, relative à l'énigme de son nom.

1. *Habsbourg*, par Peter Frey, Martin Hartmann et Emil Maurer, Société d'histoire de l'art en Suisse, Berne, 2002, 6e édition en allemand, 1re édition en français. Le canton d'Argovie se flatte d'être très riche en vieux châteaux : on en recense une quarantaine, qui contribuent à l'image de la région.

Il était une fois un château en Suisse, refuge d'oiseaux de proie…

Très proche de la petite ville de Brugg, le château des origines, édifié vers l'an 1020 par un certain Radbot, s'appelait initialement Habichtsburg, « le château des autours », c'est-à-dire un refuge choisi par des oiseaux de proie diurnes. C'est un premier nom romanesque puisqu'il désigne la demeure de rapaces, de la famille des éperviers. De l'aube au crépuscule, ils tournent dans le ciel au-dessus d'un donjon et s'y posent. Certains autours sont peut-être dressés pour la chasse. Selon la légende, Radbot aurait perdu puis retrouvé l'un de ses oiseaux chasseurs sur le rocher ; il aurait jugé l'endroit idéal pour y édifier un *burg*. Assez rapidement, le terme de Habichtsburg est réduit et transformé en Habsburg ; cette corruption du nom est plus simple à évoquer dans les récits et les chroniques[1]. La situation du fief n'est pas due au hasard. Depuis toujours, elle est un carrefour de voies reliant, pour simplifier, le Sud au Nord, l'Italie à l'Allemagne, le Rhin au lac Léman. Les Romains y avaient installé un camp à Vindonissa (aujourd'hui Windisch) qui était, au Ier siècle de notre ère, le quartier général de l'Helvétie sous contrôle de Rome. Les restes d'un amphithéâtre, pouvant accueillir au moins dix mille spectateurs, témoignent encore de l'importance de la garnison, celle de la 11e légion. Même si le paysage a été envahi par les structures de la vie moderne, la géographie explique le choix du constructeur : nous sommes dans la vallée de l'Aar, un affluent de la rive gauche du Rhin. La rivière est étroite, glissée entre les ultimes reliefs du Jura et la pente douce du plateau suisse. Le piton est un endroit idéal pour affirmer une autorité. On le voit de loin.

De même qu'en Russie la dynastie impériale des Romanov a été précédée par une autre lignée, avant les Habsbourg la marche orientale de la Bavière, agrandie de

1. Par commodité, j'adopte la francisation du patronyme.

territoires pris aux Hongrois, est passée, à la fin du Xe siècle et sous le nom d'*Ostarichi*, à Léopold de Babenberg, premier margrave héréditaire d'Autriche[1]. Pendant cent soixante-deux ans, de 994 à 1156, des Babenberg se succèdent en qualité de margraves d'Autriche. L'un d'eux établit sa résidence à Melk, sur le Danube, où se trouve aujourd'hui une splendide abbaye enrichie d'une des plus belles bibliothèques d'Europe, l'autre se fixe près de Vienne, un troisième, Léopold III (1096-1136), canonisé au XVe siècle, envoie ses fils étudier la théologie à Paris et fait venir des moines français de Cîteaux, vêtus de blanc, à l'abbaye de Heiligenkreuz dont le nom provient d'une parcelle de la Vraie Croix qu'un duc d'Autriche avait rapportée de Terre sainte ; cette abbaye, proche du site de Mayerling, qui sera le symbole, en 1889, d'une notoriété tragique, présente plusieurs portraits des Babenberg. C'est Frédéric II Barberousse, empereur en 1250, qui érige le margravinat en duché d'Autriche et le nouveau duc établit sa capitale à Vienne. C'est un autre duc d'Autriche, Léopold V, qui, au château de Durnstein dominant le Danube, retient prisonnier Richard Cœur de Lion à son retour de la troisième croisade parce que le roi l'avait humilié sous les murs de Saint-Jean-d'Acre. Entre la fin du XIIe et le début du XIIIe siècle, son successeur Léopold VI de Babenberg se fait connaître en soutenant le commerce et la vie littéraire.

En 1246, Frédéric le Belliqueux ou le Batailleur – son aimable surnom vient de son obsession de tenir tête à l'empereur – meurt sans héritier. Il est le dernier duc d'Autriche de la maison de Babenberg. Sa disparition coïncide avec celle de Frédéric II de Hohenstaufen, qui laisse l'Europe centrale dans l'anarchie. Ce chaos dure vingt-cinq ans ; il permet à de grands vassaux, comme le roi Ottokar II de Bohême, de s'emparer de plusieurs territoires du sud de l'Autriche, la Styrie et la Carinthie, et d'ambitionner

---

1. Un margrave est un comte gouverneur d'une région (marche), titre que l'on rencontrera souvent dans l'organisation des Etats germaniques.

la couronne impériale. Comment mettre fin à ces sanglants désordres ? Comment réduire ce conflit permanent entre les partisans de la papauté (les guelfes) et ceux de l'Empire (les gibelins) qui empoisonne la vie européenne, en particulier dans les Etats allemands et italiens ? C'est le pape Grégoire X, élu en 1272, qui trouve la solution. Il provoque l'élection d'un obscur seigneur dont le Saint-Père vante la piété, Rodolphe de Habsbourg, un personnage d'origine modeste, qui ne fait peur à personne puisqu'il passe pour être « ni trop riche ni trop puissant ». Son rival, Ottokar II de Bohême, le méprise, le qualifiant de « petit comte sans le sou » ! Avec ce provincial, pensent les Electeurs réunis à Francfort, il n'y a aucun risque que ce choix permette une transmission héréditaire du pouvoir. Aveuglés par leurs manœuvres visant à écarter des candidats trop influents, en choisissant quelqu'un présenté comme sans éclat, les sept princes allemands électeurs se trompent. C'est toujours un tort de rabaisser les hommes à l'allure et à la réputation effacées que l'on pense pouvoir manipuler. L'évêque de Bâle, qui a eu des démêlés avec ce Habsbourg et a pu constater sa pugnacité, déclare, lorsque le candidat est facilement élu le 1er octobre 1273, après trois jours de délibérations : « Doux Sire Dieu, cramponnez-vous bien à votre trône, sinon Rodolphe y sera bientôt assis[1]. » Cette crainte peut faire sourire mais elle est fondée : Rodolphe, né en 1218, âgé de cinquante-cinq ans, n'est pas l'ectoplasme politique dont tout le monde – sauf l'évêque de Bâle ! – se moque par une incroyable erreur de jugement. Son élection met fin à cette période agitée, qu'on appelle le Grand Interrègne, qui, depuis 1254 et pendant dix-neuf années de troubles, avait suivi l'extinction des Hohenstaufen.

---

1. C'est le chroniqueur Matthias von Neuenburg qui rapporte cet avertissement, selon Otto Frass dans *Sources pour l'histoire de l'Autriche*, Vienne, Birken Verlag, 1956, cité également par Dorothy Gies McGuigan dans sa monumentale étude *Les Habsbourg, histoire politique et galante d'une dynastie*, traduction française de Hervé Laroche, Tallandier, 1968.

Rodolphe IV, rusé, expert en intrigues, est un précurseur de Louis XI

L'origine de la famille de Habsbourg se situe en Alsace où ses seigneurs fondent des abbayes. L'un d'eux aurait été évêque de Strasbourg, également protecteur de peintres et d'écrivains. On trouve aussi certains de ses ascendants en Souabe. Ceux-ci ont des terres en Argovie, en particulier leur fief historique, ce fameux château de Habsbourg que j'ai évoqué plus haut, dont la simplicité, elle aussi, est trompeuse : durant le dernier tiers du XIe siècle, la forteresse s'est allongée et a doublé de volume avec la construction d'un second château fort. Habile négociateur, Rodolphe sait tirer parti des querelles familiales, même dérisoires. Il n'a pas son pareil pour recevoir des héritages et négocier des mariages fructueux. Peu à peu, ses domaines – certes sans être d'un seul tenant – s'étendent du lac de Constance aux Vosges et du Saint-Gothard à la Forêt-Noire. Il les appelle ses « hautes terres ». Il en fera une Autriche en expansion. Plusieurs cités helvétiques l'ont choisi comme « protecteur » et la ville de Zurich lui a même confié le commandement de ses soldats. Il est sorti vainqueur d'innombrables conflits, a prouvé ses qualités de gestionnaire avisé et de financier adroit. On le dit avare puisqu'il ravaude lui-même ses vêtements ; cette prudence divertit les uns et rassure les autres.

Nullement entêté, il est réaliste. Calculateur, expert en intrigues et digne précurseur de Louis XI, il sait qu'un compromis est préférable à d'interminables luttes. Toujours actif, on l'a beaucoup vu en Italie, parfait chevalier au côté de Frédéric II, et sa foi, sincère, a fait de lui le prétendant retenu par le pape, sur les conseils de l'archevêque de Mayence[1]. En bref, Rodolphe de Habsbourg est un homme

1. Ce prélat est l'un des sept Electeurs, avec deux autres archevêques (Trèves et Cologne), le roi de Bohême, le comte palatin du Rhin, le margrave de Brandebourg et le duc de Saxe.

d'envergure, auréolé d'un prestige tel qu'on se demande comment les électeurs impériaux ont pu, majoritairement, le considérer comme un pion qui se soumettrait obligatoirement à leurs ordres.

Aussitôt élu – peut-être a-t-il acheté quelques votes… –, le nouveau « roi de Germanie » se rend à Aix-la-Chapelle. Lui et sa femme, née Gertrud de Hohenberg, épousée en 1245 (ce qui lui avait apporté des terres notamment en haute Alsace), sont couronnés le 24 octobre. Même si ce n'est pas le pape qui lui confère la dignité impériale, on le considère désormais, *de facto* sinon *de jure,* comme l'empereur, le souverain d'un agrégat d'Etats aux princes turbulents. Le Saint Empire n'est pas une monarchie absolue mais une sorte de contrat associatif pour régler la vie commune dont le maître a le pas sur tous les autres souverains européens. C'est un monde unifié par la foi chrétienne, un accord supranational dont le monarque revêt, lors de son couronnement, les habits d'un évêque et communie sous les deux espèces, comme un prêtre. Et c'est ensuite la foule qui donne son consentement à l'élection. Celle-ci est donc le résultat d'un double choix, celui des princes et, en principe, celui du peuple.

La Diète germanique, qui surveille étroitement l'empereur, se réunit alors irrégulièrement dans différentes villes comme Ratisbonne, Augsbourg, Nuremberg et Worms[1].

D'un comportement simple, proche de ses hommes et partageant leur brouet lorsqu'ils sont en campagne, le nouveau souverain, s'il est de haute taille, n'hésite pas à se moquer de sa morphologie ingrate. Son visage, il est vrai, est encombré d'un long nez qui, tel celui de Cyrano, le « précède d'un quart d'heure » ! Il plaisante volontiers son

1. Le nom de Diète vient du latin *dies* (« jour ») signifiant la date assignée d'une assemblée. A partir de 1250, aux représentants des princes, des nobles et hauts dignitaires ecclésiastiques, se joignent des envoyés des villes. En 1356, l'empereur n'est plus élu à l'unanimité mais à la majorité. En 1489, les trois collèges vont délibérer séparément. Ce n'est qu'en 1663 que la Diète deviendra permanente et son siège sera fixé à Ratisbonne. Elle disparaîtra, sous cette forme, avec la fin du Saint Empire, en 1806.

appendice nasal, en bec d'aigle, impossible à ignorer, car il vaut mieux se moquer de soi-même plutôt que de laisser ce plaisir à d'autres. Rodolphe est le premier à porter ce prénom qui sera fréquent chez les membres de la dynastie, dans la gloire mais aussi dans le malheur, et il est à l'origine de sa puissance. Le petit château de Habsbourg allait révéler un destin prestigieux, celui d'un monarque que ses détracteurs n'attendaient pas… et qui, en raison de son âge, considéré comme élevé à l'époque, ne devait pas régner longtemps. Comme l'écrit justement Henry Bogdan, « la famille des petits seigneurs d'Argovie entrait ainsi dans le monde des puissants[1] ». L'élection était un marché de dupes…

Dans son jeu diplomatique, Rodolphe possède un atout : six filles à marier. Leur père prouve, ici aussi, son habileté, inaugurant une politique d'alliances matrimoniales qui sera l'un des fondements de la puissance dynastique des Habsbourg. Ainsi, le duc Albert de Saxe, le marquis Otton III de Brandebourg et le duc Otton de Basse-Bavière deviennent les gendres de l'empereur. Mais cela ne suffit pas à Rodolphe, qui veut consolider sa puissance territoriale à l'est. Il doit affronter Ottokar de Bohême, toujours furieux de ne pas avoir été élu. Or, Ottokar refuse de restituer à l'Empire les territoires autrichiens qu'il avait saisis en 1251 à l'extinction des Babenberg. Pour légitimer son pouvoir, il avait épousé Marguerite, sœur du dernier des Babenberg, une astucieuse stratégie qui n'avait pas échappé à Rodolphe, conscient que les liens du sang sont, parfois, plus sûrs que les conquêtes armées. Décidé à ne pas se soumettre, le vindicatif roi de Bohême est mis au ban de l'Empire dont il a violé les droits ; cette condamnation s'accompagne de son excommunication prononcée par l'archevêque de Salzbourg. Isolé, affaibli par des défections, Ottokar doit s'incliner, au sens propre, devant Rodolphe : en 1276, aux portes de Vienne qu'il n'a contrôlée que pendant deux ans, le roi de Bohême s'agenouille devant l'empereur. Ottokar

1. *Histoire des Habsbourg*, Perrin, 2002, réédition « Tempus », 2005.

renonce à l'Autriche et aux territoires du Sud, la Styrie, la Carinthie, la Carniole (aujourd'hui en Slovénie) et, comme on pouvait s'y attendre, à la marche de Windisch où se trouve le château des Habsbourg. En compensation, il reçoit de Rodolphe l'investiture pour régner sur la Bohême et la Moravie. S'il reçoit aussi la terre d'Eger, au nord-est de la Hongrie actuelle, c'est uniquement comme dot offerte par Rodolphe à sa fille Judith qui épouse un fils d'Ottokar, Venceslas II. Ce mariage entre les enfants des deux rivaux va-t-il garantir la paix après la soumission ? Non ! Le conflit reprend et ne s'achève qu'à la bataille de Dürnkrut, dans le Marchfeld, la plaine marécageuse au nord-est de Vienne, le 26 août 1278[1].

Ottokar, en fuite, est tué par des Autrichiens de son entourage. Les privilèges qu'il avait accordés à la bourgeoisie allemande ne l'ont pas sauvé. Dans sa victoire, l'empereur a été aidé par des Tyroliens.

Le premier empereur Habsbourg a choisi Vienne comme résidence

Rodolphe s'éteint le 15 juillet 1291 à Spire (Speyer), l'une des sept villes libres du Saint Empire et résidence impériale des bords du Rhin où se réunirent plus de cinquante Diètes. Agé de soixante-treize ans, le premier empereur Habsbourg a régné dix-huit années, une durée qu'aucun de ses détracteurs n'avait imaginée. Quel est son bilan ? Il a fait de Vienne sa résidence officielle en 1282 et c'est ainsi qu'a commencé la plus longue union entre une ville et une dynastie : pendant six siècles et demi, Vienne devra son essor et son prestige aux Habsbourg. Sa chute et ses souffrances également… Avec énergie, il a réglé le plus délicat problème qui lui était posé pour affermir son autorité,

1. A l'époque napoléonienne, c'est dans cette zone que se déroulèrent la bataille, indécise, d'Essling, le 22 mai 1809, puis celle, victorieuse bien que coûteuse en vies humaines des deux côtés, de Wagram, le 6 juillet 1809.

c'est-à-dire la récupération, au profit de l'Empire, des territoires perdus pendant le Grand Interrègne. Même s'il n'a pu imposer la transmission héréditaire de la couronne à ses descendants, il a installé les bases de la puissance des Habsbourg et de l'évolution ultérieure de l'Empire. L'Autriche et la Styrie avaient été destinées à ses deux fils, Albert Ier et Rodolphe II, mais ce dernier s'éteint avant son père, en 1290. Venceslas II, le gendre de Rodolphe, conserve la Bohême et la Moravie.

A Spire, c'est dans la crypte de la cathédrale romane à quatre tours et deux dômes, dite « crypte des empereurs » car huit d'entre eux y reposent, qu'est inhumé le premier Habsbourg ayant régné sur l'Empire réputé héritier de celui de Charlemagne et, à travers lui, de l'Empire romain d'Occident. L'entrée de la crypte, l'une des plus grandes et l'une des plus belles d'Allemagne, semble gardée par sa pierre tombale. On ne peut être insensible à la simplicité grandiose ni à l'austérité majestueuse de ce lieu. Le gisant de Rodolphe met en valeur ses yeux perçants et ses rides creusées. Son visage est à la fois rude et empreint de dérision. Et son célèbre nez est comme un défi à l'adversité.

Or, quinze jours après le décès de l'empereur, c'est en Suisse que la contestation anti-Habsbourg se manifeste. Trois communautés (Uri, Schwyz et Unterwald) concluent un pacte de défense mutuelle. Le serment de Rütli (ou pacte fédéral d'alliance perpétuelle) a pour but de contrecarrer les ambitions des Habsbourg qui contrôlent déjà l'Argovie et y perçoivent des impôts, notamment sur… les bœufs. L'importance stratégique de ces trois cantons, qui avaient proclamé leur indépendance depuis près d'un demi-siècle, est une réalité depuis l'ouverture du col du Saint-Gothard. Ce serment de Rütli, dans une prairie au bord d'un lac à l'intersection des trois cantons, est un document lu en latin. Il ne s'agit pas, comme on l'a prétendu, d'une déclaration d'indépendance mais d'une association militaire, légitime en cette période de tensions, afin de sauvegarder des particularismes administratifs et judiciaires. En effet, on ignore, à cette date, qui succédera à

Rodolphe et quelle sera l'attitude de son fils Albert. C'est au cours de ce 1er août 1291 que se place la légende de Guillaume Tell et l'épisode, à la fois contesté et entré dans la tradition, de la pomme posée sur la tête de son fils, fruit qu'il aurait transpercé d'un carreau de son arbalète. En dépit des doutes sur la réalité historique de l'événement qui devait inspirer tant d'auteurs, le 1er août est considéré comme l'acte de création de la Confédération helvétique et devient jour de fête nationale. En mourant, Rodolphe de Habsbourg avait donné naissance au sentiment de l'identité suisse. Une menace sur le château des Habsbourg…

Titré duc d'Autriche par son père en 1282, Albert Ier n'est pas élu empereur. On se méfie de lui. Après de longues négociations, la couronne royale et impériale échoit à un prince de Rhénanie, Adolphe de Nassau, le 5 mai 1292. Encore un personnage modeste, qui ne parvient pas à imposer son pouvoir aux montagnards révoltés des cantons suisses, en dépit de certaines assurances qui leur ont été données. Son comportement expansionniste (il s'allie à Edouard Ier d'Angleterre contre la France en 1294) n'améliore pas sa réputation. Déçus puis inquiets, les princes Electeurs, réunis à Mayence, votent sa déchéance le 23 juin 1298, par cinq voix sur sept. Cette surprenante décision est suivie de l'élection de son ancien rival, celui qu'ils avaient fermement rejeté, Albert de Habsbourg ! Il est permis de s'interroger : si le prince de Nassau avait satisfait les espérances de la Diète, les Habsbourg seraient-ils devenus ce qu'ils ont été pendant plus de six siècles, presque sans interruption ?

Voici Adolphe, l'empereur destitué, et Albert, le nouvel empereur institué, face à face. Avec leurs troupes. Ils s'affrontent le 2 juillet, près de Worms, dans le décor boisé du Palatinat rhénan. Adolphe y perd la vie. Il n'y a plus qu'un empereur, celui qui a été investi presque par défaut au grand courroux des princes rhénans, Albert Ier de Habsbourg. Un autre Habsbourg ! Elu le 27 juillet, couronné le 24 août, le deuxième empereur de la famille a épousé la fille du plus fidèle allié de son père Rodolphe, un comte du Tyrol, avec l'espoir d'incorporer cette région à l'Autriche. La politique des mariages politiques se poursuit, vers l'ouest, pour changer, avec la promesse d'unir, en 1300, son propre fils à Blanche, sœur du roi Philippe le Bel, ce qui permettrait une alliance française ; à l'est, l'empereur soutient l'accession d'un descendant d'Ottokar de Bohême au trône de Pologne. Mais malheureusement, l'empereur Habsbourg subit de nombreux revers militaires dans les pays d'Allemagne, d'Alsace et toujours dans les cantons suisses. Une conjuration se trame bientôt contre l'empereur, jugé défaillant. Le 1er mai 1308, Albert Ier est assassiné par un de ses neveux, Jean de Souabe, dit, curieusement, Jean le Parricide, semble-t-il pour un grave désaccord sur une succession de famille. En dix ans de règne, le fils de Rodolphe n'a pu reconstruire l'œuvre de son père. Et comme Rodolphe, il n'avait pas reçu la couronne des mains du pape, Boniface VIII, qui lui était pourtant favorable. Souvent considéré comme le dernier grand pape du Moyen Age, l'intransigeant Boniface VIII avait refusé de couronner Adolphe de Nassau et canonisé Saint Louis. L'Empire va-t-il pouvoir longtemps négliger l'onction papale ?

Au décès d'Albert Ier, le schéma précédent se répète : la succession dynastique n'est pas assurée, le trône est vide. Une fois encore, les princes allemands écartent les Habsbourg de la candidature au trône impérial, avec l'approbation de Boniface VIII. Ainsi, le nom de Frédéric le Beau, fils aîné de l'empereur défunt, est-il exclu. Celui-ci devra se contenter de son titre de duc d'Autriche. Il semble que les Habsbourg soient jugés trop entreprenants et trop intéressés par les affaires allemandes. Cependant, les Habsbourg ne sont pas les seuls à subir l'ostracisme puisque Charles de Valois, frère du roi de France Philippe le Bel, se verrait bien ceindre la couronne impériale. Mais ses complexes ambitions dynastiques, ses mariages, ses campagnes pour son frère et ses dettes valent à ce prince français d'être, lui aussi, éliminé. Rappelons que, cinq ans plus tôt, Philippe le Bel avait fait arrêter Boniface VIII qu'il considérait comme hérétique ; le pape, libéré au bout de deux mois, était mort quatre semaines après. A cause de « l'attentat d'Anagni », où le roi de France avait défié et humilié le pape, les petits-fils de Saint Louis ne sont pas dans les grâces de la curie romaine.

Une politique de mariages et d'alliances pour préparer l'avenir

Le 27 novembre 1308, en élisant le comte Henri de Luxembourg avec, entre autres, le soutien de son frère Baudouin, archevêque de Trèves, les Electeurs (six voix contre une) choisissent un homme de langue et de culture françaises qui, jadis, s'était reconnu vassal de Philippe le Bel et privilégie les voies pacifiques pour consolider la puissance impériale lézardée[1]. Né, selon certaines sources, à Valenciennes, âgé d'une trentaine d'années, le nouveau roi de Germanie, couronné empereur sous le nom d'Henri VII en 1310, amadoue les Habsbourg en reconnaissant leurs droits, notamment en Suisse. En échange, les fils d'Albert Ier soutiennent Henri VII dans la candidature de son propre fils au trône de Bohême. Ainsi, bien que mis à l'écart de la dignité impériale, les Habsbourg ne sont ni oubliés ni inactifs ; leur rôle, plus ou moins officieux, leur permet d'entretenir leurs domaines et de préparer l'avenir par des alliances avec des familles régnantes. Une situation d'attente, très éloignée des ambitions de leur grand-père Rodolphe, mais qui les place en réserve.

Après seulement trois ans de règne, Henri VII meurt près de Sienne le 24 août 1313. Les Habsbourg espèrent prendre leur revanche avec Frédéric le Beau mais, cette fois encore, il a un rival. Toutefois, la situation est sans précé-

1. Le Luxembourg tire son nom de *Lützelburg* qui signifie « petit château fort ». Le Luxembourg du début du XIVe siècle est un comté dont les terres correspondent à l'actuel grand-duché de Luxembourg et à la province de Luxembourg en Belgique.

dent puisque les Electeurs ne parviennent pas à départager les deux candidats, le Habsbourg et un Wittelsbach, Louis IV le Bavarois. Ils sont cousins et ont reçu à Vienne l'éducation des chevaliers. Les voici prétendants à égalité ! Le 20 octobre 1314, le Bavarois est élu par cinq voix sur sept mais Frédéric, élu parallèlement, devient un antiroi comme il y aura des antipapes en Avignon et à Rome. Une incroyable double élection, germe d'interminables querelles. L'impossibilité d'obtenir un vote unanime et incontestable en faveur de l'un transforme leur rivalité élective en conflit armé[1]. Ce schisme, sans précédent dans l'Empire, se greffe sur la résistance des Suisses à l'encontre des Habsbourg. Les Helvètes sont de plus en plus pointilleux sur le maintien de leur indépendance ; pour préserver et défendre leurs intérêts communs, les trois cantons alliés se sont confédérés. Attaques de châteaux, assassinats, confiscations de monastères, excommunications se succèdent pendant plus de deux ans. Les cavaliers du duc d'Autriche se battent contre des paysans aux armes rustiques mais qui sont soutenus par le Bavarois. Ce qu'entreprend le Habsbourg est défait par le Wittelsbach et inversement.

Un affrontement décisif se déroule le 15 novembre 1315 à Morgarten, un étroit défilé sur la route de Zurich à Schwyz. Entre le petit lac d'Aegeri et les montagnes, des chevaliers et des fantassins à la solde du duc d'Autriche Frédéric le Beau reçoivent des pluies de pierres, de hallebardes et – mythe de Guillaume Tell oblige ! – de traits d'arbalètes.

C'est un véritable massacre où les confédérés sont intraitables. Les survivants se noient en tentant de s'échapper par le lac, la seule issue, pensaient-ils, puisque les cols sont gardés par leurs adversaires. La bataille de Morgarten devient légendaire pour plusieurs raisons. D'abord, c'est une terrible défaite du Habsbourg et il faillit y être capturé.

1. Un contentieux qui n'empêchera pas des alliances ultérieures entre les Habsbourg et les Wittelsbach, notamment au XIXe siècle, quand François-Joseph épousera sa cousine, Elisabeth, Sissi, née duchesse en Bavière.

Le vainqueur, Louis IV, le Wittelsbach qui a ébranlé la puissance autrichienne, n'oublie pas de remercier les confédérés en confirmant leurs privilèges. En retirant aux Habsbourg le contrôle de la route du Saint-Gothard, le Bavarois les prive de confortables revenus fiscaux. Dans la région, le duc d'Autriche ne sauve, principalement, que ses possessions d'Argovie, donc son fameux château, qui, étant alors en deux parties, avait été inféodé à deux familles, des nobliaux et des écuyers. Pour les Habsbourg, la restriction de leurs domaines constitue un humiliant retour vers le passé.

Deux autres conséquences sont à retenir de la féroce bataille de Morgarten. D'une part, les confédérés avaient raison de croire en l'efficacité de leur association mutuelle. Ils la renforcent donc quatre mois plus tard en signant un nouveau pacte, rédigé cette fois en allemand au lieu du latin, ce qui lui donne une portée accrue jusqu'au fond des vallées les plus reculées. D'autre part – et c'est l'effet peut-être le plus fort par sa symbolique et l'écho qu'elle recevra –, une milice montagnarde composée de « hordes paysannes grossières et impies », souvent armées de haches, a vaincu une armée régulière. Le combat chevaleresque et la tradition médiévale sont soudain démodés par l'ardeur de paysans parfois seulement équipés de fourches… Ces combattants improvisés de la Suisse centrale seront à l'origine de générations de soldats réputés pour leur bravoure et aussi de mercenaires expérimentés… à condition d'être rémunérés à la mesure de leurs engagements[1].

Pour les deux frères Habsbourg, Frédéric le Beau et Léopold, les temps sont particulièrement difficiles. Battu à plusieurs reprises malgré l'appui de contingents hongrois, Frédéric le Beau subit la honte d'être capturé le 28 septembre 1322 et de n'être libéré que sur intervention du pape. Pour assurer la paix, certains envisagent un

1. Un siècle et demi plus tard, l'efficacité des troupes suisses est encore démontrée, notamment à deux reprises, les 2 mars et 22 juin 1476, lorsque les confédérés infligent à Charles le Téméraire, duc de Bourgogne, deux cuisantes défaites à Grandson (Vaud) puis à Morat (Fribourg). Une humiliation dont se réjouira l'éternel rival du Téméraire, le roi de France Louis XI.

compromis inédit en 1325 sous la forme d'une double gouvernance de l'Empire qui serait assurée entre Louis le Bavarois et Frédéric l'Autrichien. Cette solution, inconnue dans la tradition impériale, est refusée par les Electeurs. Un an plus tard, Léopold étant mort sans héritier, Frédéric, bien que reconnu comme cosouverain, n'est pas de taille à exercer le pouvoir ; il se retire en Basse-Autriche, au château de Gutenstein, au sud de Vienne. Les biens des Habsbourg passent aux mains de ses deux plus jeunes frères, Albert II et Othon, qui renoncent à toute prétention et reconnaissent ce que Louis IV le Bavarois a fait admettre par un coup de force contre le pape en Avignon – défi suprême ! –, le 17 janvier 1328, à savoir qu'il est le seul roi de Germanie et empereur.

Les deux Habsbourg se consacrent à leurs domaines autrichiens, la Carinthie et la Carniole, et essayent de soustraire le Tyrol à l'autorité des Wittelsbach. Il est vrai que, géographiquement, le Tyrol et la Bavière sont si proches que l'absorption de l'un par l'autre sera une tentation quasi permanente.

Beaucoup plus préoccupante est la situation en Suisse. La fidélité aux Habsbourg y est instable, tantôt dénoncée, tantôt renouvelée. La ville-pont de Lucerne, qui a les mêmes intérêts que les Habsbourg dans le contrôle commercial de la route du Saint-Gothard, décide de se lier, par serment, aux confédérés.

Des cantons suisses s'opposent aux privilèges des Habsbourg

Ce revirement met fin à quarante et un ans d'allégeance et à un rayonnement politique en Suisse centrale. D'autres ralliements aux confédérés sont remarqués ; ainsi, en 1351, Zurich, malgré un siège entrepris par Albert II de Habsbourg à deux reprises, les rejoint. Zoug (Zug), entre Lucerne et Zurich, qui a appartenu à plusieurs familles, estime que son château du XIIIe siècle, aujourd'hui remis en état, est menacé. Dans un premier temps, la ville compte sur l'appui de son suzerain ; mais « ne recevant pas les secours demandés à ses maîtres, elle se donna au bout d'une quinzaine de jours aux confédérés[1] ». Un prétexte parfait !

Toutefois, ces sautes d'humeur helvétiques sont parfois provisoires et il arrive que les alliances matrimoniales rétablissent les Habsbourg dans leurs droits, amputés ou intégraux. En effet, Agnès de Hongrie, fille d'Albert Ier, s'est entremise pour le retour de Zoug et de Glaris dans le giron des Habsbourg, mais en 1352 Zoug est le septième canton à rejoindre l'alliance confédérale. En revanche, Schwyz et Unterwald, pourtant à l'origine de la révolte et initiateurs du serment du Rütli, reconnaissent les propriétés habsbourgeoises mais sans admettre les droits qui y sont attachés ; l'allégeance n'est que partielle et consentie avec méfiance. Un peu partout, l'autorité autrichienne est disputée, affaiblie, jalousée et souvent combattue. A cette situation politique fragile s'ajoute, dans le Sud de l'actuelle Autriche, une série de fléaux naturels si ravageurs que les populations en imputent la responsabilité aux premiers venus, surtout s'ils sont « étrangers » ; des coupables sont vite désignés. Les inondations, les séismes, les surprenantes invasions de sauterelles sont, aveuglément, attribués aux Juifs en raison d'une malédiction multiséculaire ; le moindre hameau exerce des représailles contre la communauté juive, persécutée. Pendant une vingtaine d'années, de 1330 à 1350, les frayeurs populaires échappent à toute raison, tandis que l'on enterre des dizaines de milliers de victimes. Courageusement, Albert II tente de calmer les esprits et de modérer les plus excités de ses sujets. L'hystérie atteint des sommets lorsque la Grande Peste ou Peste noire, venue d'Asie, se répand en Europe centrale. Devant l'ampleur de la catastrophe, jour et nuit les hautes flammes des bûchers calcinent les cadavres. L'empereur cherche à protéger les Juifs,

1. Jean-Jacques Bouquet, *Histoire de la Suisse*, collection « Que sais-je ? », Presses universitaires de France, 3e édition mise à jour, 2000.

accusés d'avoir propagé la peste par de l'eau empoisonnée et traqués par des vengeances insensées[1].

Au décès d'Albert II, à l'été 1358, même si la dignité impériale a échappé à ce duc d'Autriche, on constate qu'il n'a cessé d'agrandir les territoires contrôlés par les Habsbourg, sans toutefois parvenir à soustraire le Tyrol à l'obédience bavaroise. Il avait même pu, deux ans avant sa mort – et le geste était plus que symbolique –, entreprendre la reconstruction et l'agrandissement de la cathédrale Saint-Etienne, à Vienne, bien que la cité ne soit toujours pas pourvue d'un évêché. La puissance politique étant prouvée par la domination géographique, c'est ce qu'on nomme le *dominium Austriae*, le « domaine autrichien », que ses quatre fils entendent consolider.

Bien que, selon le testament de leur père, ils soient égaux dans leurs droits, seul le majeur, Rodolphe – il a dix-huit ans –, assume la direction des affaires familiales. Obsédé par la prééminence des Habsbourg, Rodolphe IV a déjà poursuivi la politique des alliances matrimoniales : trois ans avant la disparition de son père, il est devenu le gendre de l'empereur Charles IV, de la maison de Luxembourg, en épousant sa fille Catherine. Puis, seul aux commandes, Rodolphe IV ose faire établir de faux documents présentés à son beau père ! Selon ces textes, dont l'authenticité est improbable mais qui démontrent une singulière audace et une affirmation du rang des Habsbourg, le duc d'Autriche s'arroge le titre de « premier des ducs » dont les terres sont indivisibles. Mieux : la succession peut être assurée par des femmes en cas d'absence d'héritiers mâles. Encore mieux : si l'armée impériale fait appel aux troupes des Habsbourg, leur contribution est réduite « à douze hommes pour un mois en cas de guerre contre la Hongrie » précise Henry Bogdan[2]. Comment

1. Cette épidémie de peste, la pire jamais survenue en Occident, fit, selon les estimations, environ 25 millions de morts en Europe et autant en Asie. L'attitude d'Albert II de Habsbourg envers les Juifs est à l'origine de la tolérance religieuse généralement observée par la dynastie et reste sans égale. C'est pour cette raison, notamment, qu'on le surnomme Albert le Sage.

2. *Op. cit.*

réagit l'impérial beau-père face aux manœuvres de son gendre ? Il a l'élégance d'accepter, même s'il formule diverses objections. Il est ainsi prouvé qu'à l'origine des grandes dynasties se trouvent, nécessairement, des hommes d'action et d'imagination. Pourquoi une telle hardiesse ? Pour s'emparer du Tyrol, ce qui est effectif en février 1364 et entériné par l'empereur, décidément conciliant. Ce stratagème est géopolitique car, ayant perdu le contrôle de la route du Saint-Gothard, désormais aux confédérés suisses, l'archiduc Habsbourg récupère l'axe du Brenner, ce col qui relie l'Allemagne méridionale à l'Italie du Nord et, en particulier, à Venise. Pour affirmer son empreinte, Rodolphe IV fonde l'université de Vienne, la plus ancienne de langue allemande après celle de Prague. Vienne est alors dans une situation difficile car la Peste noire, comme partout, a exterminé ses habitants ; au prix d'avantages fiscaux, une nouvelle population est attirée et se fixe sur les bords du Danube. La première église des Augustins sort de terre et sur le *Kohlmarkt*, le marché aux choux, des commerçants ouvrent leurs échoppes. Une nouvelle, pourtant, ne laisse pas d'être inquiétante, celle du franchissement du Bosphore par les Turcs qui occupent la Thrace, l'ancien grenier à blé de Rome, qu'on appellera plus tard la Turquie d'Europe. Après les inondations, les épidémies et la misère, faut-il craindre de nouveaux envahisseurs ? La chrétienté est-elle en péril ?

Si le « règne » de Rodolphe IV ne dure que sept ans, à sa mort, en l'été 1365 à Milan, à l'âge de vingt-cinq ans, il a renforcé le prestige des Habsbourg. Mais si le trône impérial reste hors de leur portée dans la seconde moitié du XIVe siècle, l'entêtement des Suisses à lutter contre les Habsbourg est toujours un danger permanent. Le deuxième fils d'Albert III, Léopold III, envoie son armée contre les Lucernois qui menacent l'Argovie, un risque énorme pour le duc d'Autriche. Il est inconcevable que le château où tout a commencé soit pris. Le 9 juillet 1386, le duc prend la tête de ses hommes à Sempach, une ville fondée par les Habsbourg au temps où ils contrôlaient la voie reliant Bâle à Milan, via Lucerne et le Saint-Gothard. L'engagement est violent. Un des confédérés, Arnold de Winkelried, se précipite pour ouvrir une brèche dans le carré autrichien. Il s'empare de plusieurs lances autrichiennes. Le geste, brave et décisif, assure la victoire aux Suisses et Léopold III trouve la mort dans la bataille. Il n'avait que vingt et un ans[1]. La Confédération – le mot est apparu en 1370 – remporte un succès éclatant. Deux ans plus tard, à Näfels, près de Glaris, le jeudi 9 avril 1388, c'est au tour d'Albert III, le frère aîné de Léopold III, d'être vaincu, après avoir subi des pertes sévères.

Les Suisses, combattants valeureux, ont besoin de discipline

Les survivants s'enfuient et le duc est contraint de négocier une paix rude. Les Habsbourg ne conservent que l'Argovie et la Thurgovie[2]. A la suite de ces deux victoires helvétiques, retenons aussi qu'en 1393 les Suisses décideront qu'aucun soldat ne pourra se livrer au pillage sans en avoir reçu l'ordre de ses chefs. Il était temps d'introduire un peu de discipline chez ces combattants valeureux mais .. un peu désordonnés ! Et le Saint Empire ? Charles IV, seigneur de la maison de Luxembourg, est mort en 1378. Son fils cadet, Venceslas IV, lui succède. Depuis plus d'un siècle, c'est-à-dire depuis la mort du petit-fils de Frédéric II de Hohenstaufen, la domination impériale ne s'exerçant plus sur l'Italie, l'empereur règne sur le monde allemand, cet agglomérat de territoires, tous jaloux de leurs droits régaliens. De successions houleuses en querelles armées, d'atrocités en représailles, les clans s'épuisent. Toujours à l'affût des faiblesses de l'Empire, les Suisses en profitent pour

1. Un monument commémoratif perpétue le souvenir de cette journée historique qui a fait de Winkelried un autre héros national suisse, chargé de légendes...

2. En hommage à la victoire de Näfels, chaque premier jeudi d'avril se déroule une « marche patriotique » suivie d'un office religieux.

rompre la paix, pourtant renouvelée en 1412 ; l'idée d'indépendance progresse dans les cantons. Pour les Habsbourg, l'événement le plus tragique est la perte de l'Argovie, le berceau de la dynastie. De leurs possessions helvétiques, ils ne conservent que la Thurgovie, en direction du lac de Constance.

Cette situation précaire n'est pas l'unique sujet de ressentiment ni d'inquiétude pour les Habsbourg. En Bohême, à deux jours de cheval de Vienne, une grave crise religieuse agite les esprits. En ce début du XVe siècle, la ville de Prague s'enthousiasme pour un prédicateur d'une trentaine d'années, Jan Hus, né à Hussine (d'où son nom) dans une famille de paysans pauvres. Il a pourtant pu faire des études poussées à l'université de Prague, fondée en 1348 par Charles de Luxembourg.

Devenu prêtre en 1400, doyen de la faculté de théologie en 1401, puis, après sa réouverture, recteur de l'université en 1409, Hus s'élève contre les scandales de la hiérarchie ecclésiastique. Que dénonce-t-il ? La richesse de l'Eglise. Que veut-il ? La communion sous les deux espèces et le retour à l'Evangile. Précurseur des grands réformateurs spirituels du siècle suivant, il exige, à voix forte, une réforme de la religion catholique. Son audience est d'autant plus grande qu'il ne s'exprime pas en allemand mais en tchèque, un choix qui confère à ses prêches et à ses écrits une portée patriotique. Il devient très populaire et est bientôt considéré comme le champion de la réaction tchèque contre la minorité germanique qui tient les meilleures places. La crise que provoque Jan Hus est donc aussi politique, mais elle se greffe sur une autre crise, très grave, le grand schisme d'Occident, une rivalité qui semble inépuisable entre la papauté de Rome et celle d'Avignon. Le désordre qui en découle nuit gravement à l'autorité de l'Eglise.

Toujours en 1409, le roi de Bohême lui apporte son appui, étendant la compétence de l'université de Prague au détriment des autres institutions de Bavière, de Saxe et de Pologne. De ce « coup d'Etat universitaire » – l'université s'est dressée contre l'Eglise, fait sans précédent –, le patriotisme tchèque sort encore renforcé. Toutefois, Jan Hus, en se référant à un théologien réformateur anglais, est accusé d'hérésie et excommunié par l'archevêque de Prague en juillet 1410, puis par l'antipape Jean XXIII en 1412. Hus est alors isolé, réfugié dans un château de Bohême méridionale où il écrit son livre *De Ecclesia* en latin et en tchèque ; le succès est immense. Bien avant Luther, Jan Hus représente donc une nouvelle menace pour la chrétienté.

Jan Hus est cité devant le concile de Constance en 1414. Il est muni d'un sauf-conduit que lui a remis le nouvel empereur, Sigismond de Luxembourg, libertin, plutôt dépensier, veuf remarié à une femme qui a vingt ans de moins que lui. On pense qu'avec ce « passeport impérial » Jan Hus pourra se défendre et se justifier. Il se rend donc à Constance. Refusant de se rétracter, Jan Hus « l'hérétique » est condamné. Pour tenter, si l'on peut dire, de ramener le calme, Sigismond, mal inspiré, laisse agir la justice religieuse : Jean Hus est brûlé vif le 6 juillet 1415. Cinq siècles plus tard, en pleine Première Guerre mondiale, sur la place de l'hôtel de ville de Prague, était inauguré un impressionnant groupe de statues pour commémorer ce supplice. S'en dégage la haute silhouette de Jan Hus ; le bûcher de bronze contraste avec les vives couleurs des maisons reconstituées au XIXe siècle.

L'abandon du célèbre prédicateur par le monarque était une grave erreur. Non seulement Jan Hus reçoit l'auréole du martyre, mais Sigismond en est jugé responsable. Son exécution provoque un soulèvement national. L'empereur refusant de donner suite aux exigences des partisans de Jan Hus (en particulier la liberté de sermon et la punition des péchés mortels par les autorités civiles), le soulèvement religieux est aussi une insurrection nationaliste. La guerre civile n'oppose pas que les catholiques aux réformateurs, car les partisans de Jan Hus sont eux-mêmes divisés en deux courants[1]

1. Le conflit entre Tchèques et Allemands est à l'origine de la première défenestration de Prague, le 30 juillet 1418. A la suite de l'émigration de nombreux marchands germaniques vers Leipzig, la ville perdra de son importance pendant un siècle et demi, jusqu'au règne impérial de Rodolphe II de Habsbourg.

Pendant plus de dix années, les guerres hussites agitent la Bohême, ce qui nuit autant à l'Empire qu'à l'Eglise. Face à ces troubles, au-delà des cas de conscience que pose le conflit politico-religieux, rien ne change chez les Habsbourg ; plus que jamais, la stratégie matrimoniale est l'arme la plus efficace pour s'imposer, surtout quand elle s'accompagne de patience.

Une nouveauté : la Hongrie et la Bohême ont un même souverain

En 1422, le duc Albert V d'Autriche épouse Elisabeth de Luxembourg, fille de l'empereur Sigismond. Son beau-père lui donne des fiefs en le priant de les défendre contre les révoltés hussites. Grâce à son gendre et à ses troupes, Sigismond peut reconquérir la Bohême et, enfin, en devenir le souverain en 1436. Lorsqu'il disparaît à la fin de 1437, le dernier de la branche aînée des Luxembourg laisse tous ses biens à sa fille, donc au duc d'Autriche son mari qui partage déjà plusieurs de ses prérogatives. Sigismond avait été roi de Hongrie par mariage, empereur germanique par élection et roi de Bohême par la guerre. Son gendre, qui est déjà roi de Hongrie, est élu empereur par la Diète réunie à Francfort en mars 1438, puis roi de Bohême, contesté par les radicaux hussites mais tout de même couronné à Prague le 29 juin de la même année.

Pour la première fois depuis cent trente ans, depuis l'assassinat d'Albert Ier en 1308, un Habsbourg, qui porte le même prénom, est élu à la tête du Saint Empire. A quarante et un ans, celui qui était, depuis 1404, Albert V, duc d'Autriche, devient l'empereur Albert II. Pour la première fois aussi, la Hongrie et la Bohême ont un souverain Habsbourg à leur tête, un cumul qui aura d'immenses conséquences. Ainsi va naître l'éblouissant triangle d'or de l'Europe centrale, Vienne, Prague et Buda-Pest étant presque équidistantes. La *Mitteleuropa* sera imprégnée de la puissance des Habsbourg ; celle-ci reposera sur une constante, la recherche de mariages, souvent bien préparés, et une nouveauté que sont leurs visées largement danubiennes, c'est-à-dire vers le sud-est. Or, c'est de l'est que progresse le danger turc en remontant le Danube. A l'été 1438, la Transylvanie (dans l'actuelle Roumanie) est ravagée et l'Empire ottoman menace maintenant la Hongrie qui avait été christianisée très tôt. L'empereur-roi ne peut que se porter au secours des Hongrois. C'est en terre magyare, à Neszmély, qu'Albert II meurt, le 27 octobre 1439.

Sur le Saint Empire, il n'a régné que dix-neuf mois mais il a inauguré une quasi-hérédité de la dignité suprême dans la maison d'Autriche. Les Habsbourg vont incarner une part importante du destin de l'Europe. Ils s'attribueront la fonction de guide de l'Occident.

2

Frédéric III, le paresseux visionnaire (1440-1493)

Son surnom n'est guère attrayant : on l'appelle le duc à la grosse lèvre ! Il a la réputation d'être indolent, faible, et son apparence est modeste. On a souvent considéré son règne comme l'un des épisodes les plus ternes de l'histoire germanique et il est vrai que ce souverain ne fut jamais populaire ni brillant. C'est pourtant cet homme effacé, né à Innsbruck en 1415, qui va incarner une étape importante dans la constitution de l'Etat autrichien. Son arme ? La patience. Comme le remarque son lointain descendant l'archiduc Otto de Habsbourg, qui le considère comme le grand penseur de la famille et comme un modèle, « [...] il a vaincu ses ennemis en leur survivant. Il était passé maître dans l'art de survivre tout en posant des jalons pour la postérité. Son horizon ne se limitait pas à son époque[1] ». Authentique philosophe politique et visionnaire, « son plus grand mérite est d'avoir eu la sagesse de ne rien précipiter, c'est-à-dire de regarder au-delà de son siècle. Il n'avait rien en commun avec certains de ses contemporains, véritablement obsédés par les résultats immédiats et des victoires militaires ». Se souvenant que les anciens empereurs de Chine arrêtaient le sablier qui marque l'écoulement des heures, Frédéric III prend son temps pour mieux

1. Otto de Habsbourg, *Combattre pour la liberté*, entretiens avec Gerhard Tötschinger, Payot, 2008, traduit de l'allemand par Marie Reygnier.

le comprendre et s'en faire un allié, car la précipitation est mauvaise conseillère.

Simple duc de Styrie et de Carinthie sous le nom de Frédéric V, il est élu roi de Germanie le 2 février 1440. Il a vingt-cinq ans. Puis, le 17 juin 1442, il est élu empereur comme successeur de son cousin Albert II. Son intronisation se déroule dans la cathédrale d'Aix-la-Chapelle où, à l'exemple de Charlemagne, trente princes allemands ont été ou seront sacrés de 936 à 1531[1]. Mais l'originalité première de celui qui est devenu Frédéric III est d'être le seul empereur Habsbourg couronné à Rome et le dernier souverain allemand ayant eu le privilège de ce rituel sacré. En partant pour Rome, le roi de Germanie est accompagné de son petit-neveu, le très jeune Ladislas le Posthume, roi de Hongrie et de Bohême, sur lequel il exerce une sévère tutelle, avec l'ambition de soumettre les Hongrois et les Tchèques. L'hiver ayant ralenti son voyage, Frédéric met trois mois pour atteindre Rome ; il en profite pour se marier, épousant la princesse Eléonore, fille du roi Edouard de Portugal, qui lui donnera cinq enfants. Ce mariage est un élément important de la diplomatie habsbourgeoise puisqu'il unit un empereur « allemand » à la fille d'un souverain de la branche de Naples-Aragon, ce qui révèle une volonté d'accroître son prestige par-delà les Alpes et les Pyrénées.

Le sacre romain de Frédéric III – l'événement est d'une importance considérable – a lieu le 19 mars 1452 dans une ville ravagée par la malaria et qui compte environ 35 000 habitants vivant principalement dans des ruines. Calixte III, le 209ᵉ pape, qui appose l'onction religieuse sur la tête de Frédéric III, est, par excellence, un souverain pontife de la Renaissance, entretenant une cour de lettrés, entreprenant de grands travaux et fondateur de la bibliothèque Vaticane. Ce sacre a donc autant d'importance pour le prestige retrouvé de la papauté après le schisme que pour le chef de la maison de Habsbourg dont les terres disputées et les finances malades l'obligent à de dérisoires

1. En 1562, la ville d'Aix-la-Chapelle devra céder ce privilège à Francfort.

prétentions de conquêtes. L'empereur n'a pas les moyens de ses ambitions. La reconnaissance de Rome lui apporte un soutien qui a souvent manqué à ses prédécesseurs. L'obédience du Habsbourg envers le siège de l'Eglise est essentielle ; elle avait déjà été ravivée quatre ans plus tôt avec le traité, dit « concordat de Vienne », signé entre le pape et l'empereur, qui sera en vigueur jusqu'en 1806, c'est-à-dire jusqu'à la dissolution du Saint Empire par Napoléon. Pendant trois siècles et demi, en dépit des moqueries sur sa dénomination plurielle, l'Empire méritera donc ses épithètes de « saint » et de « romain ». En se gardant d'intervenir dans les querelles internes de l'Eglise, notamment lors du houleux concile de Bâle, et en choisissant la neutralité, Frédéric III s'est attiré les bonnes grâces du Vatican où Nicolas V vient de transférer les services pontificaux.

Cette proximité spirituelle est d'autant plus précieuse que le péril turc n'a pas disparu, au contraire. A l'endroit même où, un siècle plus tôt, la résistance serbe avait été anéantie par les Ottomans lors de la fameuse bataille de Kosovo Polje (« le champ des merles »), une nouvelle défaite hongroise et l'animosité entre Serbes et Hongrois fragilisent davantage le christianisme dans les Balkans. Le 29 mai 1453, la chute de Constantinople, si elle provoque une émotion voisine de la panique dans les Etats chrétiens, ne permet pas une réaction organisée face à la progression turque le long du Danube. Trois ans plus tard, c'est un Hongrois qui arrête le sultan Mehmet II, lequel avait mis le siège devant Belgrade. Ce 22 juillet 1456, les assaillants au nom du Croissant sont repoussés, mais jusqu'à quand ?

Frédéric III, dont la lenteur d'action devient légendaire, ne peut se lancer dans une croisade. Il n'en a ni la possibilité matérielle ni le souhait, et le temps de ces lointaines et hasardeuses pérégrinations est révolu , pour lui, mieux vaut défendre ses terres autrichiennes (érigées en archiduché en 1453) et protéger Vienne puisque les Turcs ont osé assiéger Belgrade. Capitale des pays autrichiens, Vienne, grâce à Frédéric III, gagne en importance. Désormais pourvue d'un évêché, la ville acquiert une bonne réputation universitaire qui en fera, comme le souligne Jean-Paul Bled, un haut lieu de l'humanisme centro-européen[1].

En 1457, avec la mort de son petit-neveu Ladislas le Posthume, l'empereur hérite de la Haute et de la Basse-Autriche, un agrandissement qui conforte son idée que la véritable puissance impériale s'appuie d'abord sur des domaines importants ; il en est convaincu, l'empereur sera écouté et respecté en fonction de l'étendue de son patrimoine. A preuve, l'accès élargi à la mer Adriatique que l'on doit à Frédéric III : déjà maîtres de Trieste depuis près de cent ans, les Habsbourg acquièrent un port sur la rive orientale qui, beaucoup plus tard, deviendra Fiume pour l'Italie, puis Rijeka pour la Yougoslavie et aujourd'hui la Croatie.

Les deux alliés de Frédéric III sont le duc de Bourgogne et Louis XI

Cependant, le grand dessein du chef de la maison de Habsbourg est d'une audace stupéfiante. Il va tenter une avancée vers l'ouest, c'est-à-dire en direction de deux puissances rivales, le duché de Bourgogne et le royaume de France. L'Etat bourguignon, déjà géographiquement complexe, l'est encore davantage dans son fonctionnement quand on sait que certains des éléments de ce puzzle sont aussi des terres d'Empire, comme la Franche-Comté ou le duché de Brabant. Autrement dit, le duc de Bourgogne est, parfois, un vassal de l'empereur. Il l'est aussi du roi de France dans d'autres cas, par exemple en Flandre. Suzeraineté et vassalité s'accumulent ou s'annulent sous le regard intéressé de Louis XI qui guette les fautes du Bourguignon et les faiblesses du Habsbourg.

Chez Frédéric III, deux aspirations s'opposent donc en ce milieu du XVe siècle ; l'une vise à s'allier au duc de Bourgogne contre le roi de France, l'autre à faire l'inverse, selon

1. Jean-Paul Bled dans son *Histoire de Vienne*, Fayard, 1998.

les circonstances ! Mais cet empirisme exclut toute opération militaire au profit de la diplomatie. Et chez les Habsbourg, la diplomatie s'illustre par les mariages ; ils rapportent souvent plus que les conquêtes et sont beaucoup moins onéreux... Dès son avènement, en 1443, l'empereur se heurte aux prétentions bourguignonnes, le duc Philippe le Bon ayant envahi le duché de Luxembourg, une des terres de Ladislas le Posthume, le petit-neveu de Frédéric III. Ce dernier s'était alors tourné vers le roi de France, Charles VII, qui envoya des mercenaires, une démarche brutale qui contraria tout le monde. Mais, convaincu que la France et l'archiduché d'Autriche ont intérêt à s'entendre, Frédéric III tente une autre manœuvre : il envisage de marier Ladislas à la fille de Charles VII, Madeleine de France. Sur le parchemin, cette union serait parfaite, puisqu'elle prendrait en étau des fiefs bourguignons. Rappelons aussi que, près de quarante ans plus tôt, dans le célèbre guet-apens de Montereau, le duc de Bourgogne Jean sans Peur avait été tué avec l'assentiment silencieux de celui qui n'était alors que le dauphin, devenu entre-temps Louis XI, qui avait voulu venger l'assassinat de son oncle Louis d'Orléans.

Le contrat de mariage entre Ladislas et Madeleine, un véritable traité, est signé. Hélas, le 23 novembre 1457, ce projet nuptial s'effondre quand, à Prague, Ladislas meurt brutalement, à peine âgé de dix-sept ans. On invoque la peste mais un empoisonnement est plus vraisemblable tant les ressentiments des Hongrois étaient vifs. Ladislas avait emprisonné plusieurs aristocrates magyars indomptables.

Dix années plus tard, le nouveau duc de Bourgogne, Charles le Téméraire, vassal du roi de France mais plus puissant que Louis XI, acquiert, par le biais d'hypothèques, certains territoires rhénans et de haute Alsace qui sont des terres impériales. Le Habsbourg, qui n'a toujours pas beaucoup de moyens, n'apprécie pas la manœuvre humiliante. L'insatiable appétit du fastueux duc ne convient pas à l'empereur désargenté. Comment empêcher le Téméraire, qui est agressivement riche, de le dominer ? En l'associant à son destin, ce qui est une idée aussi simple qu'astucieuse puisque l'adversaire deviendra un parent et même, pourquoi pas, un allié. Frédéric III va donc proposer le mariage de son fils Maximilien, né en 1459, avec Marie de Bourgogne, fille et unique héritière de Charles le Téméraire et de sa seconde femme Isabelle de Bourbon. L'affaire séduit le duc, qui nourrit de vastes ambitions et, en particulier, celle de ceindre une couronne royale, celle d'un Etat entre la France et l'Empire. Cette couronne manque à son prestige, au point qu'il en fait un complexe. Un émissaire de Frédéric III est donc accueilli à Bruges et séduit par les fêtes ducales données en son honneur. La négociation s'engage bien, Charles le Téméraire accepte de donner sa fille mais à la condition d'être élu roi des Romains, une nouvelle prétention. Pourquoi pas ? Grâce à sa position, l'empereur est en mesure de gratifier le duc d'un titre de roi qui semble tant lui manquer. L'honneur et l'argent pourraient s'entendre.

Raclant le fond de ses coffres vides, Frédéric III reçoit somptueusement le duc de Bourgogne à Trèves, en 1473. Le long de la Moselle, la ville aux plus importants vestiges romains connus sur le sol allemand est en fête ; son archevêque est un puissant prince Electeur impérial. Pour bien traiter son hôte – et il est presque impossible de rivaliser avec le luxe et le raffinement de la cour de Bourgogne dont les tapisseries, les tableaux et les manuscrits enluminés sont admirables –, l'empereur a dû emprunter à une famille de financiers amis. Sa seule et vraie richesse est l'espérance et la confiance, infaillibles, qu'il a dans l'avenir de la maison de Habsbourg. Ajoutons qu'il est rusé et, sur ce point comme sur beaucoup d'autres, on retrouve chez lui la méfiance et l'esprit calculateur de Louis XI, l'adversaire le plus déterminé du Téméraire. Celui-ci est déçu ; l'empereur, en effet, met une condition inattendue à ce mariage Autriche-Bourgogne : il ne sera célébré qu'après la mort du duc. Frédéric III joue en finesse, contraignant le Bourguignon à suivre son rythme, l'attente. Le duc de Bourgogne, sans doute en colère, repart en campagne – pour agrandir ses domaines, il ne sait que faire la guerre –, envahit imprudemment la Suisse sous un mauvais prétexte, mais son armée est exterminée. Affaibli moralement, il met le siège devant Nancy où il trouve la mort.

Pour se protéger, Marie de Bourgogne épouse l'archiduc Maximilien

Née à Bruxelles le 13 février 1457, Marie de Bourgogne a vingt ans quand son père tombe sous les murs de Nancy, le 5 janvier 1477. Le duc ne s'est pas méfié des farouches Helvètes. Sa fille hérite les vastes provinces convoitées par Louis XI, lequel espère que Marie épousera son fils Charles, le dauphin. C'est un projet chimérique puisque celui-ci n'a que sept ans ! Pour Louis XI, ce fâcheux décalage n'est pas un obstacle : il ose considérer Marie comme sa filleule ! Une soudaine filleule qu'il entend protéger ! Profitant du désarroi de la jeune duchesse, « l'universelle araigne » tisse sa toile pour s'emparer de terres considérables ; il saisit non seulement le duché de Bourgogne, mais encore la Picardie, le Boulonnais et l'Artois qu'il envahit, puis incite à la révolte la Flandre et le Brabant. Louis XI, qui attendait cette jouissance depuis des années, jubile. Le 11 février, les Gantois excités obligent la duchesse à signer un document leur reconnaissant un « grand privilège », texte qui détruit l'œuvre centralisatrice des ducs de Bourgogne. Toutefois, les Etats généraux que Marie réunit en urgence à Gand lui permettent d'obtenir des subsides pour résister à l'invasion française. Deux fidèles conseillers de la jeune duchesse, les seigneurs Hugonnet et Humbercourt, sont soumis à la question et décapités par les révoltés, le 3 avril 1477. Devant cette situation qui menace son héritage, Marie décide de se placer sous la protection du mari qu'on lui a choisi, l'archiduc Maximilien de Habsbourg. Une union que son père aurait tant voulu voir !

A peine six mois après la mort du Téméraire, le mariage a lieu le 18 août 1477, à Gand enfin apaisée. La mariée est vêtue d'une simple robe noire. Les conséquences de cette union ne sont pas celles qui étaient prévues mais revêtent une importance définitive. D'une part, l'alliance politico-financière est aussi un mariage d'amour. Depuis quatre ans, en échangeant leurs portraits respectifs, les très jeunes princes se sont épris l'un de l'autre. De plus, son mari aime les fêtes bourguignonnes. « J'ai beaucoup dansé, écrit-il, puis j'ai participé à un tournoi de lances et j'ai assisté au carnaval. J'ai fait la cour aux dames, ce qui m'a valu maints compliments. » L'archiduc a beaucoup de dispositions ! Et, à l'évidence, un tempérament très différent de celui de son père.

Marie ne parle que le français, Maximilien que l'allemand, mais qu'importe, ils s'adorent et l'amour est leur langage. De leur passion naîtront deux enfants, Philippe le Beau, qui sera roi de Castille, et Marguerite d'Autriche, future régente des Pays-Bas. Ce bonheur ne dure que cinq ans ; en mars 1482, Marie meurt des suites d'une chute de cheval survenue lors d'une chasse. Par pudeur, elle aurait refusé qu'un médecin examine sa cuisse blessée. Elle est inhumée dans l'église Notre-Dame de Bruges. D'autre part, si, à cause de Louis XI, l'héritage est sérieusement obéré et si la tentative de reconstitution d'un Etat à cheval sur la France et l'Empire a échoué, l'empereur Habsbourg, lui, a considérablement accru sa puissance. Si l'on songe que ses seules véritables sources de revenus sont les mines d'argent du Tyrol, grevées d'hypothèques, on mesure la justesse de ses visées. Malgré ses nombreux déboires territoriaux, notamment avec la Hongrie et la Bohême qui lui ont échappé, par le mariage de son fils Frédéric III apporte à sa dynastie des richesses patrimoniales mais aussi artistiques qui préfigurent l'esprit de la Renaissance. Ajoutons que si Louis XI en voulait autant à Marie de Bourgogne, c'est, naturellement, parce qu'elle avait préféré l'Autrichien au dauphin de France, futur Charles VIII, son trop jeune fils. Et Maximilien avait eu le plaisir d'infliger à Louis XI la défaite de Guinegatte, le 17 août 1479, dans l'actuel Pas-de-Calais ; la victoire du Habsbourg sur les Français sauvait la Flandre[1]. Louis XI avait plusieurs raisons d'être vexé !

1. Aujourd'hui, la commune, dans l'arrondissement de Saint-Omer, s'appelle Enguinegatte.

Dans cette constante qu'est la politique matrimoniale des Habsbourg, Frédéric III, moins empereur fainéant qu'on l'a prétendu, se montre subtil et efficace. Ce mariage, qui est une réussite à tous égards, extrait l'Autriche de son cadre habituel et la fait avancer de l'Europe centrale vers l'Europe occidentale. Le 16 février 1486, Maximilien est reconnu « roi des Romains » (le titre qu'espérait le défunt duc de Bourgogne) sans que Frédéric III abandonne la direction des affaires gouvernementales, ce qui, on peut le dire, ne facilite pas la tâche de son fils. L'empereur est un mélange d'attentisme prolongé et d'autoritarisme brusque, très déroutant. Devant le succès de son entreprise, son ennemi le plus notoire, Mathias Corvin, roi de Hongrie qui rêve d'édifier un royaume de Grande Hongrie au détriment des Habsbourg, décoche un trait spirituel à Frédéric III. Il lui envoie une épigramme qui va devenir célèbre et prendre l'importance d'une devise nationale en Autriche :

Bella gerant alii, tu, felix Austria, nube.
Nam quae Mars aliis, dat tibi regna Venus.

Soit :

« Que d'autres fassent la guerre, toi, heureuse Autriche, fais des mariages.
« Les royaumes que Mars donne à d'autres, c'est Vénus qui te les donne. »

En fait, c'est par dérision que Mathias Corvin fait semblant de féliciter le Habsbourg pour ses talents de marieur parce que Frédéric III n'a pas donné suite aux appels du Hongrois pour lutter contre les Turcs. Puisque cet empereur ne se bat bien que sur le terrain du mariage, Mathias Corvin, lui-même fils d'un héros national hongrois, prend Vienne, la Basse-Autriche, la Styrie et la Carinthie. Certes, le Habsbourg est obligé de défendre ses terres emblématiques, mais il est battu. C'est peu glorieux, grave et préoccupant. Mathias Corvin s'installe à Vienne en 1485. Il y reste jusqu'à sa mort cinq ans plus tard, le 6 avril 1490. Le 19 août, au nom de son père, Maximilien reprend Vienne. Si, face au Habsbourg, le succès politique de Corvin est éphémère et la Grande Hongrie un rêve évanoui, on lui doit la fondation de l'université de Presbourg[1].

Frédéric III a mis quelque vingt-cinq ans à faire triompher sa méthode, frôlant désastre sur désastre jusqu'à cette idée de génie du mariage de son fils. Etait-il faible ? Certainement pas. L'homme s'apparente aux doux obstinés qui cachent un formidable orgueil derrière leur apparente mollesse. Dès 1437 – il n'avait que dix-sept ans et n'était que le jeune duc de Styrie –, Frédéric de Habsbourg écrivait, de sa main : « Toute la Terre est soumise à l'Autriche. » Un programme prometteur ! Ayant atteint son but, l'empereur adopte une nouvelle formulation de cette autre devise, précédée du sigle A.E.I.O.U., soit, en latin, *Austriae est imperare orbi universo* (« Il appartient à l'Autriche de commander au monde entier »). On rapporte que les lettres A.E.I.O.U. sont peintes ou gravées sur les assiettes du service impérial. Frédéric III s'éteint à Linz le 19 août 1493, âgé de soixante-dix-huit ans. Dans l'ombre puis dans la lumière, il a tout fait pour restaurer la puissance habsbourgeoise. De même que son contemporain Louis XI eut le pressentiment de la France unie et en fut le premier artisan sans être aimé de ses contemporains, Frédéric III, également redouté et même méprisé, eut la conscience d'une Autriche dominante et forte. A sa disparition, l'Empire, saint, romain et germanique, est prêt à devenir européen. En attendant mieux…

1. Première capitale hongroise, aujourd'hui Bratislava, capitale de la Slovaquie. Le 26 décembre 1805, au lendemain d'Austerlitz, c'est le traité de Presbourg qui sanctionnera la disparition du Saint Empire romain germanique.

3

Avec Maximilien, les mariages agrandissent l'Empire (1493-1519)

En succédant à son père, Maximilien, âgé de trente-quatre ans, est enfin le maître des territoires qui constituent son héritage autrichien. C'est une revanche sur l'attitude sévère de Frédéric III, qui, de son vivant, lui avait refusé toute participation au pouvoir. Mais, et c'est là une nouveauté considérable, pour la première fois un souverain Habsbourg se trouve aussi à la tête d'un autre ensemble, l'Etat bourguignon, puisque son épouse, la jolie Marie, est morte prématurément onze ans plus tôt. Et au nom de leur fils mineur né en 1478, nouveau duc de Bourgogne et futur Philippe le Beau, Maximilien est régent des Pays-Bas. On pourrait donc penser qu'il mettra tout en œuvre pour consolider ses deux héritages et assurer la puissance de ses successeurs.

Ce serait oublier qu'il y a un troisième héritage dont le roi de Germanie (il a été élu en 1486, dans la première année de son veuvage, à l'unanimité, par les princes allemands) se passerait volontiers, la rivalité permanente entre la France et les Habsbourg pour la succession de Bourgogne. Certes, en 1482, un an avant la mort de Louis XI, le traité d'Arras, arraché par un roi de France joyeux (bien qu'à demi paralysé dans son château de Plessis-lès-Tours) à l'annonce de la mort de sa « filleule » (!) Marie, avait apporté un semblant de règlement définitif à ce contentieux.

La France recevait la Picardie et le duché de Bourgogne tandis que Maximilien conservait les Pays-Bas. L'archiduc d'Autriche était fier que les Arrageois se soient ralliés à ses couleurs ; c'était une maigre consolation devant la perte du duché de Bourgogne proprement dit, qui lui échappait, ainsi que sa belle capitale, Dijon. Ce traité d'Arras organisait aussi le mariage du dauphin Charles et de la fille de Maximilien Marguerite d'Autriche, qui recevait en dot la Franche-Comté et l'Artois ; Louis XI n'avait donc pas renoncé à une alliance matrimoniale pour mieux prendre son adversaire dans ses filets puisque cette méthode avait réussi à Frédéric III ! Rancunier, ce très grand monarque qu'était Louis XI n'avait aucun scrupule pour réussir. Son fils, Charles VIII, rachitique, les jambes torses et la poitrine creuse, devait considérer la maison d'Autriche comme le rival le plus redoutable de la France puisque l'Etat bourguignon morcelé, donc très affaibli, avait perdu sa légendaire puissance qui exaspérait Louis XI.

Ne serait-ce que par la géographie, toutes ces dispositions confèrent à Maximilien une situation d'arbitre dans la politique européenne. Et cependant, la Bourgogne et l'Autriche lui font subir de pénibles expériences. Ainsi, dès la mort de son épouse bien-aimée, Maximilien subit des avanies. Divers Etats et villes, comme Gand et Liège, qui n'ont sans doute pas confiance en lui et le considèrent comme un Bourguignon rapporté par mariage, se révoltent. Ce sont près de dix années d'humiliations amères que va subir le gendre de Charles le Téméraire dans la région. Le comportement des Viennois est encore moins plaisant puisqu'en 1485, lors de l'invasion des troupes de Mathias Corvin et de l'occupation hongroise, Maximilien avait été emprisonné quatre mois par les sujets de Frédéric III, furieux de ses tentatives de campagnes ruineuses et dont l'opportunité demeurait obscure avant qu'il ne s'avise de les remplacer par de la diplomatie. Quatre mois de prison dans Vienne, la capitale de son père, cette punition lui avait été insupportable alors que Mathias Corvin trônait dans le palais de la Hofburg, comparable au vieux Louvre des rois de France.

La France s'oppose à son mariage avec Anne de Bretagne

Lorsque enfin, en 1490, Mathias Corvin était mort à Vienne, heureusement sans héritier légitime, et que le fils de Frédéric III avait pu reprendre sa place à la Hofburg, tant la forteresse paraissait, phonétiquement, lui revenir, Maximilien de Habsbourg s'était occupé de sa capitale. Il y crée une université ainsi que le commandement d'une armée permanente, une nouveauté à l'époque des mercenaires ponctuellement loués et plus ou moins bien payés. Puis, il jette les bases d'une centralisation moderne en instituant une chancellerie et un tribunal suprême. La chancellerie implique que le symbole du pouvoir politique, le sceau du souverain gardé précieusement par un fonctionnaire spécial, doit être conservé à Vienne. De même, la justice sera désormais rendue si possible en un lieu fixe, même si, en cas d'urgence, les jugements sont encore soumis aux déplacements de la Cour. Le pouvoir impérial se sédentarise à Vienne.

Toujours en 1490, Maximilien, veuf depuis huit ans, est fiancé à la duchesse régnante Anne de Bretagne, fille aînée et héritière du dernier duc de Bretagne. Elle épouse le Habsbourg par procuration, espérant ainsi préserver l'indépendance de son duché. Pourquoi Maximilien se marie-t-il à distance ? Parce qu'il est encore en train de pourchasser les Hongrois qui persistent à s'attarder avec des comportements belliqueux en Basse-Autriche. Alors, le Habsbourg charge un de ses ambassadeurs de le représenter en glissant sa jambe nue (!), selon la tradition, dans le lit de la duchesse Anne, âgée de vingt-trois ans. La symbolique de ce rituel n'est-elle pas tout de même cocasse ?

Mais c'est un mauvais calcul car la couronne de France s'oppose fermement à l'union de l'Autriche avec la Bretagne qui reste le seul duché limitrophe de la France n'ayant pas encore été absorbé par un royaume en pleine expansion. Le mariage, évidemment non consommé, est donc annulé l'année suivante. Il semble, à cette date, que Maximilien ne soit pas très heureux dans ses choix matrimoniaux personnels, sans doute parce qu'il n'avait pas mesuré le péril que représenterait, pour la France, l'agrandissement de la puissance du Habsbourg bourguignon[1]. Maximilien, humilié, cherche donc une autre épouse et, surtout, de l'argent. Si son père se forçait à l'austérité, Maximilien n'entend plus vivre dans la gêne ; le déficit chronique de son Trésor l'insupporte. C'est en 1493 qu'il fixe son choix sur une riche héritière, Bianca Sforza, nièce du duc de Milan, un ambitieux régent surnommé le More en raison de son teint basané ou, peut-être, de la feuille de mûrier qui orne son blason. Que la jeune fille soit, en réalité, d'origine paysanne ne compte guère et Maximilien demeure impavide devant les commentaires peu obligeants des cours européennes lorsque son intention est connue. Sa fortune sert de généalogie à la Milanaise. Et fortune il y a ! Sa dot se monte à 300 000 ducats d'or, plus 100 000 ducats de bijoux et de vêtements somptueux. Bianca est ravissante mais, parée de telles richesses, elle sera une épouse vraiment irrésistible ! Une nouvelle fois, le mariage prévu se déroule d'abord par procuration à Milan mais ici le rite est effacé par la splendeur de la fête : elle est organisée par un peintre, sculpteur, architecte, ingénieur et fascinant théoricien d'une quarantaine d'années, Léonard de Vinci. Ce génie aux innombrables talents, qui avait décidé de mettre son savoir au service des princes, travaille pour le duc de Milan depuis 1482. La cérémonie commandée par le fastueux et brillant duc Ludovic pour sa nièce est inoubliable, extravagante même. Un mariage ? Mieux : un spectacle, admirablement mis en scène… où il ne manque que l'époux ! Son absence lui sera reprochée.

Peut-on se réjouir que la maison d'Autriche ait enfin de quoi subvenir au rang qu'elle veut tenir ? En vérité, quelques

1. En décembre 1491, Anne de Bretagne épouse le fils de Louis XI, Charles VIII, puis, veuve, elle se remarie, selon le contrat de mariage, avec le successeur du défunt, Louis XII, annonçant le processus du rattachement de la Bretagne à la France qui ne sera officialisé par les Etats de Bretagne qu'en 1532.

fâcheux malentendus se sont glissés entre les lignes du contrat de mariage. D'abord, Maximilien se contentera d'aller à la rencontre de sa femme, mais sans se hâter. En effet, Bianca, en cet hiver 1493, est à la tête d'une véritable caravane qui avance péniblement à travers les Alpes enneigées pour rejoindre Innsbruck, la capitale du Tyrol. Il faut imaginer ce cortège de chevaux, de mulets et de chariots chargés d'une dot étincelante. Vaisselle, plats, bijoux, draps aux armes des Sforza, il n'y manque rien. L'inventaire de ce déménagement à travers les cols glacés comprend même une bassinoire et un indispensable pot de chambre en argent ainsi que trois mille aiguilles à broder en or. On ignore si, à cause des cahots et des congères, ces accessoires et ustensiles domestiques sont brisés ou détériorés en cours de route, mais Bianca atteint Innsbruck la veille de Noël. Avec une regrettable absence d'empressement et de galanterie, Maximilien n'arrive qu'en mars, ce qui, relève Dorothy Gies McGuigan, témoigne, au minimum « d'un manque d'enthousiasme[1] » ! La cérémonie se déroule dans l'église paroissiale Saint-Jacques et le mariage est enfin consommé. L'alliance entre les Habsbourg et la puissante famille Sforza, qui tient le Milanais depuis 1450, devient une réalité. Maximilien est très attaché à Innsbruck et au Tyrol, conquis par sa famille cent ans plus tôt. Il s'y fait représenter par un monument où il apparaît aux côtés de ses deux épouses, la défunte et la vivante, en rappelant que celle-ci a comme deuxième prénom Marie, celui de la disparue, son grand amour qu'il n'avait pu oublier.

Ensuite, Maximilien découvre que sa nouvelle femme n'est pas très raisonnable. Avait-il eu des renseignements, un pressentiment ? En tout cas, il se plaint, par écrit, auprès de l'ambassadeur du duc de Milan que si, certes, Bianca est aussi jolie que sa défunte épouse, elle lui est « grandement inférieure en sagesse et par le bon sens ». Il espère, cependant, que « avec le temps, elle fera peut-être des progrès ». Peut-être ? C'est le contraire que Maximilien

1. *Op. cit.*

va affronter. Si lui-même a été obligé, à maintes reprises, de mettre en gage les joyaux que son père lui avait transmis, sa nouvelle femme se révèle dépensière et pour tout dire d'une originalité qui frôle souvent la folie. Bianca est-elle prodigue ? Sans doute. Inconsciente ? Certainement. Qu'elle veuille manger par terre, à même le sol, n'est pas grave sinon peu protocolaire devant un ambassadeur de son oncle. Que, lors d'un voyage dans une région miséreuse des Pays-Bas, elle réclame qu'on lui prépare des langues d'oie pour son souper est plus inquiétant et il n'est pas sûr que la gastronomie y trouve son compte ! Beaucoup plus préoccupante est l'attitude de Bianca à l'été 1494 lorsque le couple fête, aux Pays-Bas, la majorité du fils que Maximilien avait eu de Marie, Philippe, âgé de quinze ans et qui sera gouverneur de ces mêmes Pays-Bas l'année suivante. Le moment est solennel : dans la cathédrale de Malines, où sont réunis les Etats généraux, Maximilien brise les sceaux qui auraient été utilisés en cas de régence lors de la minorité de Philippe. Désormais, il peut succéder à son père. Mais, après cette cérémonie ayant installé le prince légitime, l'empereur est effaré de ce qu'il apprend. En une seule journée, sa femme a dépensé 3 000 florins, soit la somme que la ville de Cologne avait offerte en cadeau pour leur mariage. Maximilien est lui-même obligé de mettre en gage des bijoux remis par son père pour payer ses notes d'auberge tant la suite de son épouse a bon appétit et grand-soif lors de ce voyage où, selon la tradition, les « joyeuses entrées dans les bonnes villes » doivent être dignement célébrées ! Le cauchemar des dettes recommence, ce qui ne peut que nuire à l'harmonie conjugale.

Ayant dépensé tout son argent,
Bianca met ses dessous en gage !

Bien qu'admonestée par sa famille, Bianca persiste dans ses « étourderies » financières. Maintenant, elle achète des bijoux à crédit. Puis, deux ans plus tard, les conseillers de l'empereur à la Diète de Worms lui envoient, de toute urgence, un messager réclamant des subsides en numéraire car « la reine et ses femmes n'ont plus d'argent que pour trois ou quatre jours et, si dans ce délai, l'argent n'arrive pas, même leurs provisions de vivre seront épuisées ». C'est à cette époque que Bianca se surpasse, atteignant un record lorsqu'elle explique à son mari, sans la moindre honte, qu'elle a été obligée de mettre en gage ses dessous (!) et que comme cela est embarrassant, elle lui demande ce qu'il faut pour les récupérer ! Ce qui devait arriver arrive : Maximilien juge plus prudent de voyager loin de son épouse que, pourtant, il semble aimer mais dont il supporte mal les excentricités. Le mari et la femme ont un point commun : ils dépensent tout ce qu'ils ont, et même ce qu'ils n'ont pas !

Enfin, à ces soucis d'intendance conjugale qui choquent ou amusent s'ajoute, soudain, un événement purement politique qu'il était impossible de prévoir. Son mariage avec la Milanaise implique mécaniquement Maximilien dans l'engrenage, infernal, des guerres d'Italie et c'est, somme toute, beaucoup plus risqué que de vivre à crédit. Mais de quel côté doit se ranger l'empereur ?

Lorsque, en 1494, le roi de France Charles VIII envahit le Nord de l'Italie, c'est pour imprimer la marque de son pouvoir personnel qu'il a commencé à exercer quatre ans plus tôt, après avoir subi la régence, tourmentée, autoritaire mais efficace de sa sœur Anne de Beaujeu et une « guerre folle » de trois ans. Nourri de romans de chevalerie, rêvant à l'épopée des croisades qu'il aurait aimé vivre, le roi à la courte taille, aux membres longs et maigres qui chevauche vers l'Italie est animé d'une motivation encore féodale. Son père, Louis XI, avait déjà très sérieusement envisagé cette expédition mais ses difficultés intérieures l'en avaient empêché ; à sa suite, Charles VIII fait sien ce séduisant rêve. Son aventure est d'un autre temps et son prétexte fort mince : il veut faire valoir des droits, ténus, que les derniers princes de la maison d'Anjou avaient légués à sa famille. Un frère de Saint Louis, Charles d'Anjou, n'avait-il pas été titré par un pape – français – « roi de Sicile et de Jérusalem » ? Le but, en revanche, est plus clair, puisqu'il s'agit de conquérir le royaume de Naples. Mais c'est loin et, avant d'atteindre Naples, il faut caracoler dans la plaine du Pô. En Italie, mosaïque d'Etats où brillent les talents du *Quattrocento*, les Français iront de surprises en ravissements, de victoires en désastres. En attendant, pour tenter de diminuer l'importance de son nez en bec d'aigle, Charles VIII, par vœu, se laisse pousser la barbe pour faire son entrée dans Naples, certain qu'on y espère le retour des Français.

Maximilien, bien qu'il jouisse de la dignité impériale sans avoir été officiellement élu empereur, ne peut oublier que l'Italie a été le cœur spirituel du Saint Empire ni que son père avait été couronné à Rome. Marié seulement depuis quelques mois, l'héritier de Frédéric III n'est pas en bons termes avec son voisin français : des Pays-Bas, les lansquenets de l'empereur viennent piller la campagne des environs d'Arras puisque le Habsbourg est chez lui. Or, Maximilien est le plus gourmand des souverains dont les terres jouxtent celles de Charles VIII. Le traité de Senlis, conclu le 23 mai 1493, avait rendu à l'empereur – ou plutôt à son fils Philippe le Beau – l'Artois et la Franche-Comté cédés jadis à Louis XI par le traité d'Arras. En fait, ces deux provinces constituaient la dot de Marguerite d'Autriche, sœur de Philippe le Beau, qui avait été la promise de Charles VIII ; mais comme il avait renvoyé sans ménagement la petite princesse pour épouser Anne de Bretagne, il était normal qu'il rendît la dot. Une bonne manière après une mauvaise action.

En Italie, Maximilien fait main basse sur les coffres de Charles VIII

S'étant assuré, moyennant finances, le libre passage dans plusieurs Etats, Charles VIII et ses 30 000 hommes, dont près de 7 500 mercenaires suisses, remportent succès sur succès jusqu'à leur arrivée triomphale à Naples. Pour Maximilien, le retour, glorieux et foudroyant, des Français en Italie est insupportable. Au mépris des traités qu'ils ont signés, l'empereur ainsi que les rois d'Aragon et de Castille constituent une Ligue le 1er avril 1495 pour renvoyer les envahisseurs par-delà les Alpes. L'importance de cette coalition du Habsbourg avec des souverains ibériques ne sera perçue que plus tard. On assiste alors à une cascade de trahisons, de volte-face et de reniements dont celui de Ludovic le More, à Milan, n'est pas le moindre… ni le dernier ! Au passage des Apennins, difficile pour les Français, sauf pour leurs auxiliaires suisses habitués aux montagnes, si la Ligue se rue sur les mulets chargés de caisses et les pillent, c'est parce que Maximilien, comme d'habitude, est à court d'argent. A la Diète impériale, il avait extorqué ce qu'il pouvait mais ce n'était pas assez. A la guerre comme dans sa vie intime, la bourse de Maximilien ressemble à un panier percé. Si le rêve italien de Charles VIII tourne à la déroute, les artistes et artisans qu'il a pu attirer ouvrent la France à l'influence de la Renaissance, ce qui constituera, avec un léger décalage, une conquête infiniment plus précieuse et durable qu'une occupation militaire.

Maximilien est lui-même très sensible à la vie intellectuelle. Il appartient à cette race de personnages curieux de tout, un « esprit universel » passionné aussi bien de musique que d'architecture. Le plus grand peintre allemand de la Renaissance, Albrecht Dürer, dont il est l'ami, nous a laissé de lui un portrait superbe, daté sans doute d'après 1512, qu'il ne faut pas manquer d'admirer à Vienne. Le visage de trois quarts, coiffé d'un chapeau noir à larges bords, revêtu de fourrure sur un manteau pourpre, l'empereur tient dans sa main gauche une grenade ouverte ; ce fruit à grains est le symbole de la résurrection. Mais le détail le plus significatif de la toile se situe en haut à gauche : on y voit les armes des Habsbourg avec l'aigle bicéphale, un écusson rouge et blanc (ces deux couleurs sont restées celles de l'Autriche actuelle), entourés du collier de la Toison d'or[1]. A cette époque, Dürer travaille beaucoup pour Maximilien, notamment sur un projet de décoration d'un arc de triomphe et des illustrations pour son livre de prières. L'estime que l'empereur porte au peintre se vérifie avec cette anecdote reprise par Dorothy Gies McGuigan :

« Un jour que la Diète siégeait à Augsbourg, Albrecht Dürer était en train de peindre une fresque, haut sur le mur de la grande salle. Maximilien fit signe à un gentilhomme qui se tenait près de là et lui demanda de tenir l'échelle. Le gentilhomme répondit avec arrogance que cet acte contrariait sa dignité. L'empereur lui rétorqua :

« — Je peux prendre n'importe quel paysan et en faire un noble, chaque fois que c'est mon bon plaisir. Mais il m'est impossible de faire d'un noble, quel qu'il soit, un artiste comme Dürer.

« Et il anoblit Dürer sur-le-champ[2]. »

Mais il est temps de considérer l'avenir. De Bianca, Maximilien n'a pas d'enfants. Ses bâtards – on lui en attribue sept – ne sauraient être présentés comme des successeurs potentiels. L'empereur, il faut le dire, a du charme, plaît aux femmes et les femmes lui plaisent. Comme il aime les fêtes, les déguisements et la danse, les récits de ses aventures féminines sont souvent épicés et non dénués d'humour. Retenons celui-ci. La scène se passe à Ratisbonne (Regensburg), vieille cité au nord de Munich, dans la boucle la plus septentrionale du Danube, navigable à partir de cet endroit jusqu'à la mer Noire ; le développement du commerce fluvial a fait de Ratisbonne la capitale de l'Allemagne médiévale. Une Diète va s'y tenir, selon une

1. La Toison d'or est un ordre de chevalerie créé en 1429 par le duc de Bourgogne Philippe III le Bon pour unifier la noblesse autour de lui. C'est avec Maximilien de Habsbourg, en 1477, que l'ordre devient autrichien puis, avec son petit-fils Charles Quint, également espagnol. La présence du collier auquel est suspendu un bélier atteste l'importance de l'ascendance bourguignonne chez le souverain Habsbourg.

2. *Op. cit.* Citation originale dans Heinrich Fichtenau, *Der Junge Maximilian*, « La jeunesse de Maximilien », Vienne, Verlag für Geschichte und Politik, 1959.

tradition qui remonte à 1245. Dans la salle gothique de l'ancien hôtel de ville, on va discuter de questions importantes sur la paix intérieure dans l'Empire morcelé, mais aussi de la sécurité extérieure. Lorsque la Diète siège, les portes de la ville, dominées par des tours à l'italienne et la flèche de la cathédrale, sont fermées. Rien ne doit troubler les assemblées et l'heure est sérieuse. Or, un groupe de femmes appelées pudiquement des « voyageuses » parce qu'elles proposent leurs charmes de ville en ville, notamment lors des foires, sont interdites d'entrée et donc d'exercer leur activité amorale bien que très appréciée, assurent-elles. Elles parviennent à s'adresser à l'empereur, plutôt amusé de leur démarche, et nullement scandalisé par leur insistance. Maximilien accepte de les faire entrer en cachette dans Ratisbonne mais à une condition. Une farce ! Et une provocation ! En effet, il faut que l'une de ces filles prêtes à tout s'accroche à la queue du cheval de l'empereur ! Que la deuxième s'accroche à la traîne de la robe de la première, la troisième à celle de la deuxième, etc. Ravies, les « voyageuses » forment immédiatement ce cortège, agité et rieur, qui suit celui, plus digne, de Maximilien. Et sous le regard égrillard des hommes, elles entrent dans la ville, qui se souviendra longtemps de leur audace. Maximilien mérite son surnom de « dernier chevalier » !

Un coup de génie :
le double mariage des enfants de l'empereur

Maximilien n'a donc que deux enfants légitimes, ceux que lui avait donnés Marie, Philippe et Marguerite. Leur père, fidèle à ce qui est déjà une longue tradition Habsbourg, décide de marier Marguerite à l'héritier des Rois Catholiques, Isabelle de Castille et Ferdinand d'Aragon. Don Juan est leur seul fils. L'Espagne, unifiée depuis 1496, ne peut qu'être un allié de choix pour l'empire de Maximilien. Marguerite, née à Bruxelles en 1480, est une blonde sensuelle. Elle a une revanche à prendre sur le mariage ; en effet, à l'âge de trois ans, elle avait été fiancée au dauphin de France, fils de Louis XI et futur Charles VIII. Elevée à la cour des Valois, elle avait été renvoyée sans ménagement à son père lorsque Charles VIII avait jugé plus utile d'épouser Anne de Bretagne. Ce rejet, alors qu'elle n'avait que onze ans, avait été perçu par la princesse comme une immense humiliation. Mais sur le galion espagnol qui la conduit vers la péninsule et son futur époux, elle a peur quand la tempête se lève. Devant la mer déchaînée, elle prend deux précautions. La première est d'attacher à son poignet une bourse garnie de ducats d'or pour qu'en cas de naufrage et si elle venait à succomber, on lui fasse des funérailles de princesse royale ! La seconde est spirituelle et destinée à ce qu'on l'identifie. C'est un petit papier sur lequel elle a l'humour de rédiger sa propre épitaphe :

Ci-gît Margot, la gentille demoiselle
Qu'a eu deux maris et encore est pucelle.

Elle arrive à bon port et se prend d'une passion dévorante pour son époux. Elle est tellement amoureuse de Juan que la reine Isabelle s'inquiète de la santé de son fils, visiblement épuisé par ses devoirs conjugaux. Enchanté par le succès de ce premier mariage, Maximilien récidive. Philippe le Beau, son seul fils, épousera la sœur de Juan, l'infante Jeanne. Philippe est-il vraiment le Beau comme on le surnomme ? Même si depuis cette époque les canons de la beauté masculine ont changé, il a une élégante prestance, mise en valeur par ses longues jambes gainées dans ses justaucorps collants ; sa bouche est sensuelle et son long nez n'est pas busqué comme celui de son père. Né à Bruges et ayant reçu une éducation que l'on peut qualifier de bourguignonne, gouverneur des Pays-Bas depuis 1495, il a le charme de son père et une réputation de débauché. Quant à Jeanne, sa fiancée, elle est née à Tolède et elle a dix-sept ans. Son visage est sévère. Ses cheveux noirs encadrent, comme disent les Flamands, de beaux yeux « vert de mer ».

En 1496, entre les deux jeunes gens, c'est le coup de foudre. Philippe, qui avait crevé ses chevaux pour rejoindre Jeanne, veut l'épouser le jour de leur rencontre et leur union est célébrée l'après-midi même, dans une joyeuse cohue qui bouscule l'évêque du diocèse.

Jeanne, qui avait eu une triste enfance consacrée à la piété parce que sa mère Isabelle la Catholique ne se souciait que de politique, va vivre avec son époux une véritable « rage d'amour », une passion dévorante jusqu'à la folie. Passion lourde pour Philippe, qui, bientôt lassé des assauts de sa femme, finira, selon l'ambassadeur de Venise, par lui interdire de s'approcher du lit conjugal ! D'où des scènes pénibles et des discussions orageuses. Décidément, ces mariages espagnols sont torrides !

En priant sa belle-fille de modérer ses ardeurs envers son fils, Isabelle la Catholique avait raison puisque, dix-huit mois après son mariage et ses rapports volcaniques avec Marguerite, Juan succombe, le 4 octobre 1497, dans les bras de sa femme, à Salamanque. Il s'éteint, officiellement, des suites d'une fièvre, ce qui est possible, mais les Espagnols jugèrent plus approprié de dire que le prince héritier était mort d'amour. Et c'était peut-être la vérité. Cette mort, aussi imprévisible que brutale, est suivie de celle, non moins soudaine, de la sœur aînée de Juan ainsi que du fils de cette dernière. Ces drames font de Jeanne l'ardente la seule héritière de la couronne d'Espagne. Les alliances entre l'Espagne et la maison d'Autriche vont aboutir à une union politique puisque Philippe et Jeanne se retrouvent, par fatalité, les héritiers présomptifs d'un immense empire, hypothèse qui n'avait été imaginée ni par Maximilien ni par les Rois Catholiques. L'émergence d'un empire sur lequel le soleil ne se coucherait jamais et qui allait fasciner le monde n'est donc que le résultat du hasard. Lorsque les deux mariages avaient été conclus à Bruxelles, symboles d'une « alliance totale et perpétuelle » entre les Habsbourg et l'Espagne, personne n'aurait pu envisager que ces unions dépasseraient le cadre familial ni que ces mariages, purement politiques, seraient aussi des mariages d'amour.

Jeanne l'amoureuse est-elle folle ?

Loin de l'Espagne, Jeanne vit surtout aux Pays-Bas, donnant, en neuf ans, six enfants, dont deux fils, à son mari. Et c'est à Gand, à l'aube du 25 février 1500, que l'archiduc Charles, le futur Charles Quint, voit le jour. Le caractère de la fille des Rois Catholiques devient inquiétant. Sa passion pour Philippe tourne à la jalousie maladive, justifiée il est vrai. Chez elle, la sensualité prend la forme d'une dévotion trouble, quasi religieuse, pour le corps de son mari. Les scènes succèdent aux scènes et le beau mari surnomme sa femme « la terreur » ! Dès qu'elle ne le voit pas, elle le soupçonne d'infidélité, s'emporte avec rage, avant de sombrer dans un silence morose. Quand son mari est auprès d'elle, Jeanne le harcèle ; s'il s'absente, elle l'accable puis l'attend, misérable, dans un coin, le regard vague. Aussi bien du côté Habsbourg que chez les Espagnols, les entourages s'alarment secrètement de ce déséquilibre mais personne n'ose évoquer la démence qui avait frappé les parents et le frère d'Isabelle la Catholique.

Novembre 1501. Jeanne doit se rendre en Espagne, à Valladolid, pour – selon l'usage – prêter serment devant les Cortes (assemblées) et être officiellement investie de son rang de princesse héritière[1]. C'est à l'occasion de cette coutume que se pose, pour la première fois avec ampleur et dans une situation géopolitique inédite, un problème qui ne cessera d'empoisonner les relations entre la maison d'Autriche, le royaume de France et la couronne d'Espagne. La question est simple : comment se rendre le plus commodément des Pays-Bas en Espagne, par mer ou par terre ? Par bateau, le risque est principalement le mauvais temps, une tempête, voire un naufrage. A cheval ou en carrosse, les rencontres, bonnes ou mauvaises, sont beaucoup plus

1. Entre Salamanque et Burgos, Valladolid, capitale de la Castille, était, depuis le XIIe siècle, une fréquente résidence de la cour itinérante. Les Rois Catholiques s'y étaient mariés en 1469 et les Cortes y sont souvent convoquées.

nombreuses. Et la traversée d'un Etat étranger, voire d'un ou de plusieurs territoires ayant changé de maîtres, est souvent un casse-tête diplomatique. En termes courants, il s'agit d'un droit de passage. En Europe occidentale, c'est donc une affaire de relations entre voisins, amis ou ennemis, qui va caractériser les siècles suivants, puisque la France est placée géographiquement entre les Pays-Bas et l'Espagne. L'itinéraire terrestre peut être emprunté soit par invitation du monarque français, soit par requête du voyageur étranger, en général à la mauvaise saison, quand la mer, notamment au large du golfe de Gascogne, retarde considérablement les traversées. Mais encore faut-il que les deux parties soient en paix !

Louis XII invite Philippe le Beau à rejoindre l'Espagne en traversant la France. Maximilien est furieux de ce geste d'une apparente courtoisie car le fils de Charles VIII a, comme son père, l'esprit enflammé par le mirage italien, un fantasme qui lui a fait reprendre la *furia francese*. Il s'est emparé de la personne du duc de Milan (l'oncle de Bianca) qu'il a fait enfermer au château de Loches, en Touraine. Dans son cachot, à l'un des étages de cette sinistre construction souterraine qu'on appelle le Martelet, l'ancien protecteur de Léonard de Vinci expie ses roueries et ses traîtrises en griffonnant sur les murs suintants. De surcroît, Maximilien soupçonne Louis XII de vouloir se rapprocher de Ferdinand d'Aragon, le père de Jeanne, pour tenter une nouvelle invasion du royaume de Naples.

Philippe le Beau et sa femme ne vivent pas de la même façon cet étrange voyage à travers la France. Autant le gouverneur des Pays-Bas est enjoué, de toutes les fêtes et très courtisé par des femmes curieuses de l'approcher, autant Jeanne, qui devrait se réjouir d'être avec son mari, est malade de jalousie, méfiante, acariâtre et finalement rabat-joie. Le roi Louis XII veut-il l'embrasser – chastement ! – sur la joue ? Elle se met en colère ! La reine, Anne de Bretagne, veut-elle être aimable ? N'a-t-elle pas failli être la deuxième épouse de Maximilien, beau-père de Jeanne ? Celle-ci la méprise et prétend passer devant elle lorsque le cortège se rend aux banquets ! C'est donc avec angoisse que les parents de Jeanne retrouvent leur fille, enfin arrivée à Valladolid. Comme elle a changé ! Elle semble souffrir de mille maux, sans qu'on puisse savoir lesquels. Sa grossesse, la troisième, n'est peut-être pas étrangère à ses fatigues. Après avoir prêté serment devant les Cortes, Jeanne n'est pas capable d'entreprendre le voyage du retour. Son mari, affirmant qu'il ne peut rester plus longtemps absent des Pays-Bas, repart seul.

Philippe le Beau enferme Jeanne dans son palais de Bruxelles

Tandis que son époux se sent libéré du carcan conjugal, Jeanne commence à montrer des signes de démence. Averti, Philippe revient et calme, si l'on peut dire, son épouse, puisqu'elle est de nouveau enceinte. Et il repart. N'ayant pas supporté ce qu'elle pense être une nouvelle fuite de son époux, elle envoie des émissaires à ses trousses pour savoir ce qu'il fait, qui il voit. En mars 1503, ayant accouché d'un quatrième enfant, son second fils Ferdinand, Jeanne la délaissée, Jeanne la déséquilibrée ne peut regagner les Pays-Bas car la mer est trop mauvaise. Et son attitude agressive en France lui interdit de solliciter une permission pour franchir la frontière du royaume.

De plus en plus inquiète, Isabelle la Catholique oblige sa fille à s'installer au château de la Mota, une fière construction en brique flanquée d'un donjon qui domine le bourg de Medina del Campo, alors réputé pour ses foires. La reine a compris que, malheureusement, il fallait isoler sa fille, surtout quand son mari était absent. Mais Jeanne, dotée d'une imagination sournoise, se joue de la surveillance. Lors d'une nuit de tempête, elle court, à moitié nue, jusqu'au poste de guet, à l'entrée du château. Les gardes, stupéfaits, l'entendent hurler qu'elle veut rejoindre son mari. On tente de la raisonner, rien n'y fait. C'est à peine si elle accepte un vêtement pour cacher sa nudité frissonnante de froid. Cette crise, d'une violence sans précédent, dure une nuit et un jour. Jeanne n'étant pas calmée, on prévient la reine Isabelle, alors à Ségovie. En présence de sa fille, qui ne lui témoigne aucun respect et tient des propos indignes, Isabelle conclut que la pauvre Jeanne a perdu l'esprit. Enfin, le mauvais temps s'étant dissipé, Jeanne s'embarque pour les Pays-Bas, laissant son petit Ferdinand en Castille.

Certains courtisans avaient espéré qu'en retrouvant son époux, Jeanne l'agitée serait, enfin, plus ou moins apaisée. Les réconciliations étaient fréquentes, même si elles ne duraient pas. Mais cette fois, Philippe, exaspéré des perpétuelles remontrances et jérémiades de sa femme, n'en peut plus. Qu'il ait une maîtresse n'est pas surprenant. Que, l'apprenant, Jeanne, confortée dans ses accusations, se précipite sur la jeune femme blonde avec une paire de ciseaux et taille ses cheveux en la blessant devait aussi arriver. Alors, Philippe, « le plus beau des maris » selon sa femme (qui n'aurait peut-être pas dû répandre ce compliment !), enferme, à Bruxelles, la plus insupportable des épouses. Hélas, elle mérite son surnom de « terreur ». Or, entre la neurasthénie et l'hystérie, Jeanne de Castille tient des propos sensés, formule des observations pertinentes, déjouant ce qu'elle appelle des pièges pour qu'on la dise folle. Et si nerveusement elle est totalement imprévisible et faible, physiquement elle est robuste. En septembre 1505, elle accouche d'un cinquième enfant, sa troisième fille, Marie.

Philippe le Beau se démène pour succéder à Isabelle la Catholique

Ces désordres mentaux avaient poussé la reine Isabelle à écarter Jeanne de la succession au trône. Pour la souveraine qui avait réactivé la Reconquista, financé le voyage de Christophe Colomb ayant permis la découverte de l'Amérique aux immenses conséquences et enfin unifié les royaumes espagnols, il était impossible de laisser ce fantastique héritage entre les mains de Jeanne. A la mort d'Isabelle, en 1504, la régence est confiée à son mari, Ferdinand, qui agit comme si son gendre n'existait pas. Cette décision rend Philippe le Beau furieux, soutenu, d'une manière fortuite, par les Grands de Castille heureux de rappeler à Ferdinand qu'il n'est que le roi d'Aragon. Cette noblesse, qui n'oubliera jamais qu'elle peut rester couverte devant le roi d'Espagne, donne des signes de turbulence. Philippe le Beau se bat d'abord pour défendre les droits de sa femme puis entend succéder à la reine Isabelle comme souverain de Castille puisque les troubles mentaux de Jeanne s'intensifient. Le fils de l'empereur a bientôt un autre motif d'inquiétude. En effet, deux ans à peine après la disparition de la reine Isabelle, Ferdinand, diplomate rusé et mari vite consolé, épouse sa petite-nièce Germaine de Foix. Elle a dix-huit ans, il en a cinquante-quatre. Mais, pour Philippe le Beau, ce n'est pas le plus choquant ; la jeune épousée, dont la mère était une princesse d'Orléans, a des droits sur les royaumes de Naples et de Navarre. Or, si Germaine de Foix donnait des successeurs à Ferdinand, l'héritage des enfants de Philippe et de Jeanne pourrait être compromis. Danger !

Avec une formidable énergie, Philippe le Beau plaide pour lui et sa femme devant les Cortes et obtient leur soutien. Ferdinand annonce qu'il renonce à la régence et part pour Naples avec la jolie Germaine de Foix.

Il faut reconnaître que, en dépit de ses incartades, Philippe le Beau ne vit pas une situation facile. Son nouveau séjour espagnol est émaillé d'incidents avec Jeanne qui ne quitte pas le deuil, sévère et très ibérique, de sa mère, ne portant que du noir et demeurant prostrée dans sa chambre. Maximilien, très inquiet, reçoit d'un de ses émissaires un courrier d'où il ressort que Jeanne traite Philippe en ennemi et que « son comportement défie toute description que je pourrais faire à Votre Majesté ». En même temps, Philippe indispose les Castillans avec son entourage flamand. Un jour de l'été 1506 où la chaleur est accablante, après avoir disputé une partie de jeu de paume, le mari de Jeanne avale des litres d'eau trop froide. Pendant cinq jours la fièvre le paralyse, il crache son sang et sombre dans le coma sans que ses médecins aient pu comprendre ce qui lui arrivait. Il s'éteint le 25 septembre, à peine âgé de vingt-huit ans, victime, dit-on joliment, « du climat et des dames »... Vraiment ? La soudaineté de cette mort, celle d'un homme plein de vie mais qui, certes, ne s'était pas ménagé, fait naître l'inévitable rumeur de la suspicion. Dans toute l'Europe, on évoque, sans preuve, un empoisonnement avec deux coupables possibles, soit Jeanne, son épouse, qui aurait agi dans une crise de jalousie muette mais plus effroyable que les précédentes, soit son beau-père Ferdinand, qui aurait chargé un apothicaire de cette besogne.

A la mort de son mari, Jeanne de Castille devient Jeanne la Folle

Déjà gravement perturbée avant le drame, Jeanne est secouée d'un chagrin compréhensible mais qui prend des formes inquiétantes. Obsédée par le corps du beau Philippe, elle refuse de croire à sa mort. Chaque jour, elle se rend au monastère où repose Philippe, fait ouvrir le cercueil du défunt embaumé et l'embrasse vigoureusement. A chaque visite, elle porte des vêtements neufs, toujours noirs, et ordonne qu'on les brûle ensuite. Elle s'oppose à ce que son mari soit enterré. Il semble que, selon les prédictions macabres d'un devin, elle pense que son époux n'est qu'endormi et qu'il va se réveiller, ce qui n'a rien à voir avec le dogme de la résurrection ou l'espérance en un Jugement dernier. Mais des miracles de ce genre, on le lui assure, il y en a eu. On lui fait croire que des morts sont revenus à la vie quatorze années après leur trépas... Et il est possible que dans ce délire Jeanne veuille que son époux connaisse leur cinquième enfant : enceinte à la mort de Philippe, elle accouche d'une quatrième fille, Catherine, au printemps 1507.

Jeanne ne vit plus que la nuit, perpétuellement accompagnée du cercueil de Philippe qu'elle veille avec une ferveur morbide, passant des larmes à la prostration. Cette fois, il ne peut plus y avoir de doute, sa raison, déjà chancelante, est totalement égarée. La veuve erre dans la campagne, accompagnée de son incroyable cortège funèbre. Jeanne de Castille devient *Juana la Loca*, « Jeanne la Folle ». Informé de son triste état, Ferdinand revient de Naples. Ayant constaté qu'elle était désormais incapable de participer aux affaires du gouvernement, son père la fait interner au château de Tordesillas, une ville ramassée sur la rive abrupte du Douro, non loin de Valladolid[1]. Confinée dans le désespoir, Jeanne la démente renonce au pouvoir en faveur de son père qui le lui remettrait si elle venait à recouvrer ses esprits.

En attendant cette hypothèse peu probable, le roi d'Aragon restaure un pouvoir absolu, sans doute une revanche sur le fait que du vivant d'Isabelle, il n'avait jamais eu d'autorité réelle sur les Etats de sa femme.

La succession est organisée puisque, au décès de Ferdinand, c'est le fils de Jeanne, le futur Charles Quint, qui deviendrait roi d'Espagne. A une exception près, en 1520, Jeanne ne sortira plus de sa résidence forcée où elle vivra plus de quarante-six années, espérant toujours le retour de celui qu'elle avait aimé sans retenue. Pour le meilleur et surtout pour le pire.

Préoccupé par la folie de sa belle-fille et les manigances du roi Ferdinand, Maximilien estime indispensable d'être couronné à Rome par le pape. Cette cérémonie sacrée renforcerait son statut et son autorité. L'Empire, devenu très « germanique », gagnerait en prestige s'il était, par le sacre, un peu plus « romain ». Si Maximilien avait d'abord hésité à entreprendre le voyage à Rome, en raison des frais qu'il

1. La ville de Tordesillas avait donné son nom, en 1494, au célèbre traité de Tordesillas – le premier de droit maritime international – signé par les rois d'Espagne et de Portugal sous l'arbitrage du pape Alexandre VI, un Borgia. Cette convention partageait le Nouveau Monde entre l'Espagne et le Portugal. Toutes les terres découvertes – et à découvrir – à l'ouest d'une ligne passant à 370 lieues de l'archipel du Cap-Vert revenaient à l'Espagne tandis que celles se situant à l'est seraient attribuées au Portugal, qui reçut ainsi le Brésil.

lui aurait fallu supporter, il s'y décide en 1507, après la mort soudaine de son fils Philippe. Mais lorsque, venant de sa chère ville d'Innsbruck par la route du Brenner, l'empereur atteint la frontière de la république de Venise, qui vient de conquérir quelques cités de la plaine du Pô comme Crémone, on lui refuse le passage. La Vénétie terrestre lui est interdite. Il faut remarquer que depuis la découverte de l'Amérique, de nouvelles routes maritimes et donc commerciales font une sérieuse concurrence à Venise ; et, par les mariages, les étroites relations entre les Habsbourg et l'Espagne, bénéficiaire de l'or du Nouveau Monde, ne peuvent que déplaire à Venise, jalouse de sa richesse et de son aura. Venise se tourne vers la terre pour compenser ce qu'elle a perdu sur mer et le lion de Saint-Marc veut montrer ses griffes dans les Dolomites.

Maximilien, un empereur élu mais non couronné

Le cortège de Maximilien est donc arrêté à Trente, sur l'Adige. Trente est une ville libre mais aussi une terre impériale gouvernée par un prince-évêque, ce qui permet à Maximilien, chez lui mais vexé d'être refoulé par les Vénitiens à quelques lieues de là, de lire une déclaration solennelle dont l'importance, considérable, tient dans ses quelques mots d'adresse : « Maximilien, par la grâce de Dieu, empereur élu. » Autrement dit, à cet instant, la dignité impériale ne dépend plus de la double autorité constituée par la Diète et le pape, l'une pour le pouvoir politique, l'autre pour son caractère sacré. L'onction accordée par Rome n'est plus nécessaire, Maximilien tient désormais tous ses pouvoirs de la Diète qui l'avait élu à Francfort quinze ans plus tôt. A cause d'un incident de frontière et d'une susceptibilité de marchands caractéristiques de Venise, l'Empire, en une phrase, se libère de la tutelle vaticane. Avec cette rupture et à l'inverse de son père, Maximilien Ier ne sera jamais couronné, encore moins sacré. L'Empire est nettement moins *saint* et *romain* qu'auparavant et sa dominante *germanique* renforcée. Toutefois, la proclamation de Maximilien est une vision personnelle imposée par les circonstances et son petit-fils, Charles Quint, dont la conception du pouvoir sera encore féodale, aura le privilège, lui, d'être couronné par le pape. Il faut aussi préciser que lorsque l'empereur tient ces propos, le pape, en l'occurrence Jules II, n'est pour rien dans cette affaire et n'apprécie pas plus que Maximilien les tracasseries vénitiennes. Le pape, comme l'empereur, va s'en souvenir…

Un an plus tard, en 1509, Maximilien, en représailles, Jules II et le roi de France Louis XII, adroitement manipulé par l'empereur, constituent la Ligue de Cambrai contre Venise. Les Valois font toujours le même rêve d'Italie, tantôt heureux, tantôt malheureux. Dans cette campagne, la communauté d'intérêts n'est qu'une façade, chacun intervient pour ses seuls objectifs. Deux ans passent et en 1510, à l'initiative de Jules II, Maximilien doit s'allier à Venise pour « chasser les Barbares », c'est-à-dire les Français, obstinés dans leurs prétentions italiennes. L'engrenage des guerres d'Italie tourne dans un sens, se grippe, repart dans l'autre sens avec une étonnante régularité.

Maximilien poursuit la réorganisation de l'Empire et de ses Etats, essayant de renforcer l'administration centrale sous son autorité mais les princes, jaloux de leurs prérogatives, ne favorisent pas l'initiative. L'empereur est soucieux du sort de sa dernière petite-fille, Catherine, l'enfant posthume de Philippe le Beau, enfermée avec sa mère Jeanne la Folle derrière les murs de Tordesillas et on imagine l'enfance traumatisante de Catherine subissant le spectacle de sa mère qui a définitivement sombré dans la folie. Enfant de l'ultime réconciliation et de la tragédie, Catherine s'évadera de cet enfer psychiatrique en épousant, à dix-huit ans, le roi Jean III de Portugal. Son frère Ferdinand est également élevé en Espagne. En revanche – et c'est là une curiosité familiale qui reflète l'éloignement géographique entre l'Espagne et l'Empire –, les quatre autres petits-enfants de Maximilien grandissent aux Pays-Bas, sous le regard attentif de leur tante Marguerite d'Autriche, gouvernante générale de ces Etats depuis 1506. Veuve de son second mari Philibert le Beau, duc de Savoie, qu'elle adorait (elle l'avait épousé après la mort de son premier époux, l'infant Juan), Marguerite, âgée de trente ans, décide de ne pas se remarier et se consacre aux enfants orphelins de son frère et de sa belle-sœur en même temps qu'elle joue un grand rôle dans la politique européenne et privilégie la neutralité dans les interminables conflits. Il ne faut donc pas oublier que les six enfants de Philippe et de Jeanne, séparés en deux groupes par des milliers de kilomètres, ne se rencontreront que très tardivement. Deux frères, quatre sœurs, six princes élevés de façon différente et qui, pendant des années, ne se connaîtront pas faute d'avoir eu la permission d'oser un long voyage !

Femme remarquable, aussi économe que son père est prodigue, Marguerite règne, en somme, sur la partie septentrionale de l'Empire, depuis son palais de Malines (Mechelen), dû à l'architecte malinois Keldermans. Avec Marguerite d'Autriche, la ville retrouve l'importance que lui avait octroyée Charles le Téméraire lorsqu'il y avait installé, en 1473, sa Cour des comptes, qui réunissait alors celles de Lille et de Bruxelles. Ajoutons que la fille de Maximilien Ier, fort lettrée et instruite dans les arts, s'entoure des meilleurs talents des Flandres, y compris pour la construction de beaux hôtels et d'une tour, à la fois puissante et légère, qui, plus tard, fera l'admiration de Vauban, la considérant comme la huitième merveille du monde. En ce début du XVIe siècle, Malines est digne d'être le siège de la Cour et du Parlement, appelé Grand Conseil.

La complicité entre l'empereur et sa fille est totale. Si elle lui envoie des confiseries de Malines – il les adore ! – et des chemises, qu'elle a confectionnées elle-même, pour adoucir la rugosité de son armure (la halle aux draps de Malines est réputée), il lui écrit, à peine embarrassé, pour lui préciser où il a mis ses bijoux en gage (une fois de plus !) afin qu'elle puisse les retrouver s'il venait à disparaître et les remettre « à nos très chers et très aimés petits-enfants ».

Chez Maximilien, chaque campagne militaire exige de pathétiques acrobaties financières car ses qualités d'homme de guerre ne sont pas fameuses. Les courriers entre l'empereur et Marguerite attestent que si cette grande dame demeure volontairement à Malines (une statue, sur la grand-place, honore toujours sa mémoire), son père ne cesse de parcourir ses terres disparates, avec l'ambition de renforcer le prestige de l'Autriche. A Vienne, l'une de ses fiertés est la création du chœur de la Cour, ancêtre des célèbres petits chanteurs dont, aujourd'hui encore, les voix angéliques enchantent fidèles et visiteurs chaque dimanche matin sous les voûtes de la chapelle de la Hofburg.

Après la mort de sa femme Bianca,
l'empereur veut devenir… pape !

Hiver 1510. A Innsbruck où elle réside, Bianca, qui porte toujours sa longue chevelure et sa coiffe à l'italienne qu'elle préfère au hennin bourguignon, tombe malade. On ne sait ce dont elle souffre et on parle, comme souvent, d'un mal mystérieux. Elle s'éteint alors que Maximilien est à Fribourg et n'en informera Marguerite que près d'un an plus tard. En seize années de mariage, les deux époux avaient, très tôt, décidé de vivre séparément et il semble que l'empereur, absorbé dans ses tournées impériales, ses perpétuelles recherches d'argent et quelques plaisirs, n'ait pas cru devoir se rendre aux funérailles de la Milanaise, se contentant d'envoyer à Innsbruck le maréchal de la Cour pour les organiser. Cela suffisait puisque le veuf se disait convaincu que sa troisième épouse, morte munie des sacrements, était « dans le royaume du Paradis ». Cependant, la capitale tyrolienne conserve le souvenir de Bianca, sous la forme d'un groupe de statues au deuxième étage du célèbre *Goldenes Dachl* (« petit toit d'or »), sur la balustrade d'une loggia d'où les souverains suivaient les fêtes populaires et les tournois.

Quelques mois plus tard, l'empereur au caractère bizarre et complexe écrit à sa fille un courrier dans lequel il lui fait part d'un projet extravagant : « [...] Et, ne trouvant aucune raison indiquant qu'il soit bon pour nous de nous marier, nous avons résolu de ne plus jamais coucher auprès d'une femme nue. Et nous envoyons dès demain l'évêque de Gurk[1] à Rome pour voir le pape et lui demander de trouver un moyen [...] pour faire de nous son coadjuteur, de telle sorte qu'après sa mort nous puissions être sûr d'obtenir la papauté, de devenir prêtre, et ensuite un saint ; et ainsi, après ma mort, vous devrez m'adorer[2]. »

Rien de moins ! Que Maximilien, dans sa cinquante et unième année, renonce, par méfiance ou résignation, aux plaisirs de l'amour physique est une attitude étrange, d'autant que l'on peut douter, comme on l'a vu, qu'il soit un veuf éploré par la disparition de la fantasque Bianca. Mais que l'empereur Habsbourg ait l'idée, insensée, de siéger au Vatican auprès de Jules II est ahurissant ! Elle révèle, toutefois, que son absence de couronnement par le pape avait durablement mortifié Maximilien et qu'il cherche une stupéfiante compensation. La considération sacrée lui manque. D'ailleurs, avant même d'écrire à sa fille, il a commencé à approcher quelques cardinaux, persuadé que s'il leur offrait quelques bijoux de la Couronne, les prélats n'hésiteraient pas à recevoir favorablement sa proposition. Maximilien avance même le montant nécessaire pour les convaincre, entre 2 000 et 3 000 ducats, en remettant des bijoux chez un prêteur. Et que dire de la manière dont l'empereur signe sa missive ? « Fait de la main de votre bon père Maximilien, futur pape. » Futur pape ! Il en est persuadé ! Jules II, souverain pontife depuis sept ans, a d'autres soucis que sa succession, même s'il a déjà commandé à Michel-Ange de lui ériger un tombeau qui exprimerait la grandeur de la papauté

1. Gurk, au nord de la Carinthie, sera l'évêché de la province jusqu'à son transfert à Klagenfurt en 1787.

2. M. Le Glay, *Correspondance de l'empereur Maximilien Ier et de Marguerite d'Autriche, sa fille, de 1507 à 1519*, Paris, Jules Renouard, 1839. Voir aussi Dorothy Gies McGuigan, *op. cit.*

après avoir posé la première pierre de la nouvelle basilique Saint-Pierre. De plus, Jules II, personnage impressionnant (on le surnomme *Il Terribile*), s'apprête à fonder la Sainte Ligue dirigée contre les obstinés Français et il est considéré comme un libérateur du territoire. Inutile de dire que Jules II ne donne pas suite à l'incroyable projet de Sa Majesté impériale non couronnée. Toutefois, dans le fatras des ambitions confuses de Maximilien, on peut déceler l'attention qu'il porte aux volontés de Luther, ce réformateur allemand, justement en voyage à Rome à cette époque, scandalisé par les futilités mondaines de la cour romaine et qui prêche pour que l'Eglise retrouve son âme. Luther lui-même rapporte que quelqu'un ayant demandé à Maximilien pourquoi il riait si fort en évoquant ces affaires très sérieuses, l'empereur, enjoué, avait répondu : « C'est de penser que Dieu a arrangé si bien les choses de ce monde que le domaine spirituel est confié à un pontife ivrogne et dissolu et le domaine temporel à un chasseur de chamois ! »

Certes, avant d'être élu pape, Jules II avait eu trois filles naturelles, mais une fois choisi par le conclave, sa vie était devenue irréprochable, attachée à restaurer le prestige, très entamé, de l'Eglise[1]. Au soulagement général, toutes les tentatives « pontificales » de Maximilien resteront lettre morte. L'avenir de ses petits-enfants va heureusement l'occuper d'une façon plus rationnelle et plus utile.

Maximilien ou l'art (difficile) d'être un grand-père marieur

Ce père aux talents de marieur ne pouvait qu'être un grand-père à la recherche d'alliances intéressantes pour la génération suivante. Mais, en fonction de la situation poli-

1. Lors des combats contre les Français, c'est aux soldats suisses que Jules II doit de ne pas être totalement anéanti. A ces troupes d'élite, constituées en garde, le pape guerrier décerne le titre de « Protectrice de la liberté de l'Eglise ». Les superbes uniformes de la célèbre Garde suisse qui, aujourd'hui encore, protège le Vatican auraient été dessinés par Michel-Ange.

tique ou militaire, des qualités d'un prétendant ou d'une promise, l'empereur bouscule tout, comme les pions d'un jeu, modifie ses préférences et précipite les négociations comme s'il voulait que les six enfants de Philippe le Beau soient mariés au plus vite. Et dans les meilleures conditions ! Or, toutes et tous sont très jeunes, mais cela n'a aucune importance pour Maximilien, perpétuellement pressé. Un de ses courtisans assure qu'il a échafaudé ses premiers plans de mariage pour ses petits-enfants alors qu'ils étaient encore au berceau !

Chronologiquement, le premier de ces mariages est celui de sa deuxième petite-fille, Isabeau, née en 1501. En avril 1514 – elle a treize ans et sa tante Marguerite juge ses noces prématurées ! –, son grand-père refuse d'attendre. Regardant vers le Nord européen, Maximilien a choisi Christian II d'Oldenburg, qui sera roi de Danemark l'année suivante. Marguerite objecte aussi, sans insister, que le fiancé a déjà trente-trois ans, mais quelle importance ! Le contrat de mariage est signé à Linz, en Basse-Autriche, puis une ambassade danoise se met vite en route pour Malines où la tante d'Isabeau est chargée d'organiser, en toute hâte, banquets, tournois et autres festivités qui se déroulent en l'absence de Maximilien. Avec ses yeux bleus, la jeune Isabeau, vêtue en mariée, voit, selon la coutume, l'ambassadeur du Danemark glisser sa jambe nue dans le lit nuptial où elle se trouve. C'est Marguerite d'Autriche, sans doute intriguée par la précipitation des événements, qui en découvre la cause et ce n'est pas l'obsession marieuse de son père qui en est responsable. En fait, Christian de Danemark avait pris une maîtresse d'origine hollandaise, ce qui n'était pas grave (elle était jolie et aimait la pâtisserie), mais elle avait une mère épouvantable, un Cerbère à l'allure de sorcière, devenue la terreur du palais de Copenhague où plus rien ne se faisait sans son accord. La noblesse et le clergé étaient si furieux contre cette intrigante que le trône du roi Christian pouvait facilement vaciller. Il avait fallu lui trouver une fiancée présentable avec une famille convenable pour calmer l'opinion ! C'était urgent !

Hélas, une fois marié, Christian de Danemark ne renonce pas à sa concubine dont la mère est de plus en plus tyrannique. Isabeau est très malheureuse. Maximilien exige que le mari, trop barbu et au regard veule souligné par un tableau de Cranach, se comporte dignement et cesse sa vie débauchée, mais en vain. Le roi est aussi brutal dans son intimité que dans son action politique. Ayant uni son pays à la Suède et provoqué un bain de sang à Stockholm (contrairement à sa promesse, il a fait exécuter quatre-vingt-deux hauts personnages suédois), son absolutisme favorisera la révolte de Gustave Vasa et il sera chassé du trône puis, plus tard, emprisonné. L'union concoctée par Maximilien – qui n'avait pas été informé de la triste réalité – est donc un échec pitoyable. La pauvre Isabeau, mère de trois enfants, est chassée du Danemark avec son mari en 1523. Puis elle se retrouve seule car le roi détrôné va tenter de reprendre sa couronne. Et, comme toujours, c'est sa tante, l'infatigable Marguerite, qui la recueille. La pauvre Isabeau meurt deux ans plus tard, véritablement sacrifiée à un désastre. Marguerite d'Autriche, avec une dignité et une efficacité exemplaires, agrandit l'orphelinat familial pour élever ses petits-neveux...

Comme une salve d'artillerie, l'empereur pressé avait, presque simultanément, organisé le mariage de son avant-dernière petite-fille, Marie, née en 1505. L'affaire était plus audacieuse, à tous points de vue, puisqu'il s'agissait d'unir la fillette à un prince hongrois... qui n'était pas encore né ! Depuis que le Habsbourg avait signé, en 1491, la paix avec le roi Ladislas, tout était possible. Et tout arriva ! Y compris une double union avec les terres d'Europe centrale. Au terme d'un invraisemblable feuilleton (Maximilien avait parié que l'enfant qui naîtrait serait un garçon, ce fut le cas !), l'empereur réussit une double combinaison. A Vienne, en ce 22 juillet 1515, sous une pluie battante, dans la cathédrale Saint-Etienne reconstruite et maintenant coiffée d'une haute flèche, le monarque Habsbourg surveille l'échange des promesses de mariage entre son petit-fils Ferdinand et la princesse Anne Jagellon, fille du roi Ladislas V de Bohême et de Hongrie, d'une part, et de sa petite-fille Marie au prince Louis, fils de Sigismond de Pologne, d'autre part. La vérité oblige à dire que c'est Maximilien qui tient le rôle du futur marié, absent ! Il faut imaginer comment le lumineux toit polychrome, à la bourguignonne, tranche sur la pierre sombre bien que neuve. Et se représenter la cérémonie et les fêtes qui s'ensuivent puisque la cathédrale est alors entourée d'échoppes et de boutiques serrées les unes contre les autres.

Derrière ces fastes, il est un autre mystère permanent. Avec quels fonds Maximilien a-t-il pu financer les réjouissances ? Comme d'habitude, grâce à l'obligeance – intéressée ! – de la famille Fugger. Ces banquiers allemands, originaires d'Augsbourg et connus dès le XIVe siècle, avaient développé leurs activités avec le Levant mais aussi avec le Tyrol, la Carinthie, la Thuringe et la Hongrie. A Venise, ils contrôlent le marché du cuivre et leurs ramifications s'étendent maintenant dans toute l'Europe centrale. Maximilien méritera toute sa vie le même sobriquet qu'un de ses ancêtres, surnommé « les poches vides ». A chacun de ses emprunts, les biens des Habsbourg sont amputés ou hypothéqués, comme les mines tyroliennes d'argent. Mais les Fugger, qui savent être généreux et même philanthropes, ont besoin d'autorisations, de permis et de formalités pour leurs exploitations. Donc, les deux parties peuvent s'entendre. La somme prêtée avec empressement à Maximilien, estimée à près de 55 000 florins, apporte un immense soulagement à l'empereur, qui, malade, ne peut plus se tenir à cheval, et rêve d'unir les siens au monde entier. Ses ambitions ne sont pas irréalistes puisque l'Europe ne cesse d'être agitée. Un nouveau personnage vient de faire son entrée, François Ier, roi de France, gendre, cousin et successeur de Louis XII qui le méprisait en le traitant de « gros garçon » ! En réalité, ce grand et séduisant chevalier est à peine couronné qu'il s'empresse de reconquérir le Milanais, perdu par son prédécesseur. Et, deux mois après les mariages viennois, le roi François, grâce à son artillerie, bat les Suisses et la Sainte Ligue à Marignan. Cette victoire, qui a un grand retentissement en Europe, fait réfléchir l'empereur. Les alliances changent, des paix sont signées, le Milanais est occupé et, par le concordat de Bologne, l'épiscopat français est placé sous la tutelle du roi.

En janvier 1516, Ferdinand II d'Aragon, le Roi Catholique, s'éteint en Estrémadure. Il n'a pas eu d'héritier de son remariage avec Germaine de Foix. Sa fille Jeanne n'ayant pas recouvré la raison, c'est son petit-fils qui lui succède dans ses droits sur le trône d'Espagne, où il n'est jamais venu. On l'appelle Charles de Gand, en référence à la ville de sa naissance, seize ans plus tôt. L'univers l'appellera Charles Quint…

4

Charles Quint, l'empereur universel (1519-1558)

De lui, on a tout dit. A son propos, on a employé tous les superlatifs. Parce que sa personnalité domine son époque, le fascinant XVIe siècle, si semblable au nôtre par ses remises en question et ses violences, il est incomparable et même une exception dans la galerie des plus grands personnages de l'histoire. Dès son plus jeune âge, le premier fils de Philippe le Beau et de Jeanne la Folle se trouve, par hasard, au centre de gigantesques combinaisons politiques. Par son père, il est l'héritier de l'Etat bourguignon et par sa mère, celui des royaumes de Castille et d'Aragon, à l'origine du royaume d'Espagne. Il va cumuler les titres prestigieux, étant d'abord archiduc d'Autriche et prince des Pays-Bas (1506-1555), puis le premier roi d'Espagne sous le nom de Charles Ier (1516-1556), empereur germanique sous le nom de Charles Quint (1519-1556) et roi de Sicile sous celui de Charles IV (1516-1556). Il est donc le souverain le plus puissant de son temps. Il est également le plus riche en devenant, par ses possessions italiennes, le maître de la Méditerranée, l'arbitre du commerce flamand par ses territoires bourguignons et le principal bénéficiaire des métaux précieux grâce aux ressources des colonies espagnoles dans le Nouveau Monde. A-t-il un statut qu'il préfère ? Toute sa vie, il s'est proclamé, avant tous autres honneurs, un prince bourguignon qui s'était mis en tête de créer un empire chrétien universel. Il fut l'un mais échoua à être l'autre. Au seuil de sa mort, il écrira, dans son testament à son fils bien-aimé Philippe : « Nous qui sommes de Bourgogne, voyez notre bannière. » Et son prénom est bien bourguignon, en hommage à son arrière-grand-père, Charles le Téméraire. Pour le définir, je retiens deux réflexions. La première est de son lointain descendant, l'archiduc Otto de Habsbourg : « Pour lui rendre justice, pour comprendre sa grandeur, fût-ce de manière approximative, il faudrait décrire tout son siècle, ce qu'il a signifié pour l'Occident, pour l'Eglise, pour l'Empire, pour le Monde. Il faudrait évoquer sa figure en tant que souverain, en tant que politique, en tant que chef de guerre, comme du point de vue de la théologie et de la pensée[1]... »

La seconde est de Pierre Chaunu, éminent spécialiste du monde hispanique, dont j'ai été l'élève et que j'ai eu la chance de connaître : « Le personnage me fascine, et, dans le fond, j'aime aussi chez Charles Quint la volonté de paix et la haine du parjure. Il n'y a rien de pire pour lui que le mensonge et le parjure. C'est l'anti-Machiavel. [...] Pour moi, c'est une figure magnifique. Comme Colomb, il est d'un autre temps. Mais, à force d'être dans le passé, il est dans l'avenir... J'aime cet homme, c'est une des plus grandes figures qui vous réconcilient avec la politique tout en étant si peu politique. C'est un chevalier[2]. »

Un chevalier comme on pouvait l'être dans l'ancienne cour de Bourgogne, mais sans l'éclat ni les débordements de vie et les fastes qui avaient marqué l'époque, brillante, de Philippe le Bon.

Regardons deux portraits de Charles Quint, sous le pinceau de Bernard Van Orley, l'un à l'âge de dix ans, l'autre à quinze ans. Les cheveux courts, le visage mince

1. Conférence prononcée en espagnol le 6 mai 1958 à l'université de Salamanque et intitulée *« El Imperador »*.

2. Entretien entre Pierre Chaunu, de l'Institut, et François Dosse, *L'Instant éclaté*, Aubier, 1994.

et allongé, un long nez droit, des yeux étirés, il a le « menton en galoche des Habsbourg », la mâchoire prognathe, la bouche perpétuellement ouverte, ce qui n'est guère flatteur et donne l'impression qu'il est toujours étonné. De ce faciès plutôt ingrat, il saura s'amuser, expliquant à son rival François Ier que « ce n'est pas pour mordre les gens », une assertion qui devait rassurer le roi de France contre lequel, pourtant, il allait conduire cinq guerres…

Les contemporains ajoutent que sa langue étant courte et épaisse, son élocution est laborieuse et il mâche très lentement sa nourriture. Il s'exprime naturellement en français mais aura toujours du mal à parler l'allemand et le castillan. Il n'est pas grand mais a hérité de son père des jambes fines et droites que des années passées à cheval ne courberont jamais. Un cavalier mais qui n'en a pas l'habituelle déformation physique. Né à Gand, dans l'ancienne capitale des Flandres, il a six ans, en 1506, à la mort prématurée de son père. Elevé aux Pays-Bas sous la tutelle de sa tante Marguerite d'Autriche, il est proclamé duc de Bourgogne et comte de Flandre le 7 juillet 1507. Son enfance est imprégnée de piété. Son précepteur, Adrien d'Utrecht, est un Flamand hostile au luxe et le futur pape Adrien VI, le 218e et le dernier non italien jusqu'au XXe siècle. Cet homme austère initie le jeune archiduc à la recherche de la vie intérieure dans le dépouillement simple, démarche déjà humaniste. Cette foi chrétienne absolue sera appelée « dévotion moderne ». Son gouverneur, Guillaume de Croÿ, seigneur de Chièvres, évoque pour lui, à travers le passé de sa famille, les traditions chevaleresques des ducs de Bourgogne afin de lui inculquer le sens de l'honneur. Il grandit sans tendresse autour de lui, dans une atmosphère ascétique. Parallèlement, Charles est informé de la situation politique européenne activée par des mariages dynastiques. Ainsi, le roi d'Angleterre Henri VIII épouse la veuve de son frère, Catherine d'Aragon, sœur de Jeanne de Castille et donc tante de Charles.

Roi de Castille et d'Aragon,
il est très mal accueilli en Espagne

Le 5 janvier 1515, à la demande de son grand-père Maximilien, Charles, qui n'a pas quinze ans, est émancipé et déclaré majeur par les Etats généraux de Flandre. Au cours de l'été, l'adolescent apprend qu'après deux jours de bataille au sud de Milan, François Ier a remporté la victoire de Marignan, ce qui est très préoccupant pour l'Empire. Après la mort de son grand-père Ferdinand d'Aragon le 23 janvier 1516, Charles est proclamé, le 13 mars et toujours aux Pays-Bas, roi de Castille et d'Aragon, bien que sa mère Jeanne la Folle soit toujours vivante et enfermée depuis dix ans à Tordesillas. Cette substitution, pour cause de démence, perturbe beaucoup ce fils qui est, malgré les faits, taraudé par un vague sentiment d'usurpation. Sous le nom de Charles Ier, le fils de Jeanne entre en possession de l'héritage espagnol de sa mère.

En 1517, Charles Ier part enfin pour l'Espagne, accompagné de nombreux nobles des Pays-Bas et de sa sœur aînée Eléonore qui doit épouser le roi Emmanuel de Portugal mais, visiblement, n'en a aucune envie ! Débarqué dans un petit port des Asturies, Charles Ier constate, amèrement, que personne ne l'attend. Il sort très troublé d'une visite à sa mère dont la guérison semble définitivement exclue. Le 31 octobre, à Wittenberg, près de la vallée de l'Elbe, le prédicateur Martin Luther affiche sur les portes de l'église du château ses quatre-vingt-quinze thèses dénonçant, principalement, le trafic des indulgences. Charles ne pourra apprendre cet incident qu'avec un grand retard, mais, éduqué dans la stricte foi chrétienne, il sera intrigué par l'examen de conscience public osé par ce moine de trente-quatre ans.

Le 21 mars 1518, à Valladolid, à l'ouverture des Cortes de Castille, puis à la mi-mai, aux Cortes d'Aragon qui se tiennent à Saragosse, le « visiteur » arrivé des Flandres est fraîchement accueilli. Son handicap linguistique le dessert.

Un roi espagnol qui ne parle pas ou si mal le castillan ! L'effet est déplorable. Et, pour tout aggraver, il fait, enfin, la connaissance de son frère Ferdinand, de trois ans son cadet mais qui a l'avantage d'être né en Espagne et d'y avoir été éduqué. Ferdinand est très aimé et il est le plus espagnol des deux tandis que Charles est regardé comme un Flamand. Un très mauvais début ! Mais, au grand mécontentement de la population, Ferdinand reçoit l'ordre de quitter l'Espagne et son départ est définitif. Le prétexte avancé par les conseillers de Charles, qui est de parfaire l'éducation du prince, ne trompe personne car, justement, son éducation a été très soignée... Il ne faut donc jamais oublier que le futur Charles Quint aura, à ses débuts espagnols, le plus grand mal à s'imposer et à faire respecter son pouvoir. Il n'était pas attendu, il n'était pas le préféré, mais il est l'aîné, donc il reste meurtri par l'hostilité qu'il a suscitée. Il en est gêné mais, mal à l'aise, ne peut alors s'opposer à son entourage. Le destin, cruel, sépare les deux frères qui venaient à peine de se connaître après quinze années d'ignorance l'un de l'autre.

Cependant, une autre lutte, titanesque, émerge à la mort du grand-père de Charles, le 12 janvier 1519, à l'âge de soixante ans. Maximilien n'avait cessé d'œuvrer pour que son petit-fils lui succède à la tête du Saint Empire. Or, il y avait déjà un prétendant, le roi de France, auréolé de sa victoire à Marignan. La « folle candidature » de François Ier n'est pas aussi absurde qu'on l'a dit. En effet, certains hauts personnages s'inquiètent de l'hégémonie des Habsbourg, déjà maîtres de l'Espagne et des Pays-Bas, sans parler de l'Autriche. Un empereur Habsbourg ? Encore ? Ce serait trop ! Cette crainte est l'un des atouts de François Ier, mais il en a d'autres. La monarchie française, qui paraît unie autour d'une idée nouvelle émise par son souverain, l'Etat-nation, est riche et solide sous l'autorité de l'élégant Valois. La France pourrait servir de rempart contre la progression des Turcs, terreur de la chrétienté. Déjà, les archevêques de Trèves et de Mayence, princes Electeurs, ainsi que le margrave de Brandebourg ont rencontré le roi français pour le prier de se déclarer, mettant en avant le rôle stratégique de la France au cœur de l'Europe. Affolé, Maximilien avait mobilisé son ultime énergie pour faire nommer Charles roi des Romains par la Diète d'Augsbourg, mais le pape s'y était opposé. Après Marignan, comment François Ier, dont l'allure et l'éclat, peints par Clouet, impressionnent les foules, souverain d'un florissant royaume, n'aurait-il pas brigué la couronne impériale ?

Dès la mort de Maximilien, la vacance impériale est immédiatement agitée de tractations. En réponse à la visite de certains envoyés allemands hostiles à la candidature Habsbourg, François Ier dépêche des émissaires auprès des Electeurs outre-Rhin, avec, en guise d'arguments, des sacs d'or (120 000 florins pour l'archevêque de Mayence !). En février, le roi peut compter sur trois voix – achetées –, peut-être quatre. Face à cette campagne bien orchestrée, Charles est initié brusquement à l'action politique ; il défend l'héritage de Charlemagne en se voulant l'unificateur de l'Europe. Formé à la dure école du devoir, il fait répandre la crainte que le roi de France, devenu empereur, menacerait par son absolutisme l'indépendance des populations germaniques. Et il utilise l'arme de son adversaire, l'argent. On a souvent affirmé que les banquiers Fugger avaient soutenu financièrement le Habsbourg, ce qui est exact. Ils y avaient intérêt ! Les Fugger n'étaient pas les seuls ; des banquiers italiens, qui n'aiment pas les Français, et des financiers espagnols, qui croient en son destin, ont aussi consenti des crédits importants au Habsbourg. De son côté, François Ier a sans doute plus dépensé que Charles, ayant le sens du faste jusque dans le complot. Toutefois, on assure que le Bourguignon a fait verser 850 000 florins aux Electeurs. Une telle somme peut retourner les consciences, comme celle de l'archevêque de Mayence qui vendit sa voix… six fois ! Question de prix ! En définitive, le Trésor français, même alimenté par les « bienfaits d'Italie », a du mal à suivre car Charles reçoit aussi les métaux précieux d'Amérique qui garantissent les prêts. Ultime argument de Charles, il est le descendant de Maximilien et, bien que la dignité impériale soit élective et non héréditaire, il se montre meilleur garant des libertés allemandes que François Ier.

La Diète se réunit à Francfort le 18 juin 1519. L'assemblée commence par entendre une messe, dite du Saint-Esprit, idéale pour éclairer les consciences ; seul l'archevêque de Trèves soutient encore François Ier. Au bout de dix jours, le 28 juin, Charles de Habsbourg est élu roi des Romains et empereur. C'est à Poissy que François Ier apprend le résultat ; il en conçoit, dit-on, une « grande mélancolie », mais envoie ses félicitations au vainqueur qu'il avait sous-estimé. Des compliments amers car cette élection achève l'encerclement français par les Habsbourg, ce qui ne peut qu'entraîner la guerre. Entre ces deux hommes on ne peut plus différents, le duel sera quasi permanent et l'affrontement souvent personnel.

A vingt ans, battant François Ier, il devient l'empereur Charles Quint

Le rapport des forces est considérablement modifié puisque le nouvel empereur détient les deux tiers de l'Europe. A l'époque, rappelons-le, personne n'aurait osé concevoir qu'un même souverain puisse régner sur des territoires comprenant la Franche-Comté, le Luxembourg, la Belgique et la Hollande actuels, l'archiduché d'Autriche et diverses possessions rhénanes, ce qui avait été l'héritage considérable de Charles quand il avait six ans. C'était déjà immense. Désormais, il fallait y ajouter l'Espagne, Naples, la Sicile et la Sardaigne, ainsi que des colonies d'Amérique puisque l'expédition de Cortés vient de quitter Cuba pour le Yucatán, au Mexique. Alexandre le Grand semble dépassé, mais ici ce ne sont pas les conquêtes qui sont à la base de cet agglomérat inédit, mais les décès inattendus, les successions, le hasard et la fatalité, ces acteurs permanents mais imprévisibles de l'histoire. L'immensité (des milliers de kilomètres, une mer, un océan) et la diversité (du plateau castillan aux sommets du Tyrol, de l'aridité sarde aux rivages rhénans) de cet empire qui englobe des royaumes sont, tout simplement, inimaginables. Immense donc fragile… Selon le mot de Pierre Chaunu, Charles Quint est « accablé d'héritages ».

En décembre 1519, à Valence, on note les premiers signes d'un mouvement insurrectionnel antiallemand, les *germanías*. Quatre mois plus tard, Charles Quint repart pour l'Espagne, confirmant le poids géographique de ses héritages dispersés. Pour connaître son patrimoine politique – et se faire connaître –, cet homme va passer sa vie à cheval, en carrosse, en berline, en bateau, en coche d'eau. Si l'on ajoute les campagnes militaires à ces déplacements que l'on pourrait définir comme des tournées d'inspection – rarement de plaisir ! –, on obtient deux chiffres ahurissants : au cours de sa vie, Charles Quint a voyagé un jour sur quatre et dormi dans au moins 3 200 lits ! Dans ces temps de cours itinérantes, tous les records sont battus par le Bourguignon qui doit être à la fois et tour à tour allemand, espagnol, autrichien, sicilien, napolitain, flamand…

Avril 1520. En sa qualité de roi d'Espagne, Charles Ier débarque dans le Nord du pays, à Saint-Jacques-de-Compostelle, pour présider les Cortes de Castille qui se sont spécialement déplacées depuis Valladolid. Ses membres doivent prêter serment à l'empereur mais cette formalité d'allégeance ne plaît guère. Outre le départ, forcé, du frère de Charles qui a été considéré comme une décision méprisante et injuste, la noblesse espagnole montre que si elle s'était pliée à la monarchie unifiée de Ferdinand et d'Isabelle, c'était parce qu'il n'y avait pas eu d'autre moyen pour chasser les Maures de la péninsule Ibérique. Depuis, ces grands personnages n'apprécient guère qu'un étranger soit monté sur le trône des Rois Catholiques alors qu'aucun lien privilégié ne le lie à l'Espagne. Certains vont même plus loin en rappelant que le jeune souverain partage encore, en théorie, le pouvoir avec sa mère Jeanne la Folle à laquelle ils avaient juré fidélité. Ce rappel à une situation pénible, désespérante, est terrible pour Charles qui n'a été déclaré roi que jusqu'à ce que sa mère redevienne saine d'esprit. Jeanne, qui n'est donc reine que de nom, veille toujours le corps embaumé de son époux. Quelques voix vont même jusqu'à prétendre que Charles n'est qu'un régent dont les Castillans pourraient se débarrasser plus ou moins légitimement ; il suffit d'attendre une occasion… Le 20 mai, Charles Quint reprend la mer, s'embarquant à La Corogne, en Galice. Comment va-t-il gagner ses Etats allemands ? En passant par l'Angleterre et les Pays-Bas parce que François Ier, certes très galant et très gentilhomme, est devenu l'adversaire du Habsbourg et n'a aucune raison de lui laisser l'accès libre au royaume de France.

Charles parti, en juin, les *comunidades* de Castille se révoltent, sur une base évidemment illusoire, en prétendant agir par fidélité envers la reine Jeanne que l'on extrait de sa prison, lui faisant croire que le royaume est à ses ordres. En septembre, la *Junta Santa de Avila* tente un coup de force, en vain, au nom de la reine démente. Pauvre Jeanne la Folle, à qui, en réalité, personne ne peut se rallier après son apparition pathétique et ses propos incohérents ; elle est à nouveau enfermée, jusqu'à sa mort cette fois. A l'origine de cette insurrection, il y a la maladresse des conseillers du roi, des Flamands, qui ont remis en cause les privilèges traditionnellement réservés aux communes urbaines et à certains corps de métiers. Toute la Castille est en colère et ce soulèvement est l'un des plus violents de l'histoire espagnole, qui n'en manque pas. Et pour mettre de l'huile sur le feu, certains affirment que les fonds alloués par les Cortes étaient, en réalité, destinés à couvrir les frais du retour de Charles en Allemagne ! Une intolérable insulte ! Le ressentiment populaire vise surtout Adrien d'Utrecht, l'ancien précepteur de Charles Quint, qui l'a nommé régent de Castille.

Loin de cette grave contestation, Charles Quint, après un long périple, est arrivé à Aix-la-Chapelle. Le 22 octobre 1520, après un retentissant *Te Deum laudamus*, il prête serment ; le lendemain, il est ceint de la couronne du Saint Empire. Un triomphe assorti de quelques réserves. En effet, certains Electeurs sont déçus de découvrir que, en réalité, l'empereur n'a aucune ascendance germanique, qu'il a grandi à Gand et que sa langue maternelle est le français.

Ce formidable avènement d'un homme de vingt ans à la tête de la première puissance d'Occident se situe dans un contexte géopolitique bien particulier. En effet, deux mois plus tard, Luther ose brûler publiquement la bulle papale qui le menaçait d'excommunication, ce qui ne pouvait qu'entraîner la promulgation d'un anathème contre lui, c'est-à-dire l'excommunication majeure prononcée contre les hérétiques, inévitablement suivie d'une convocation devant la Diète pour s'expliquer. Une crise au sein de l'Eglise catholique qui ne peut que gêner le nouvel empereur car elle risque de diviser l'Empire.

Aussi préoccupant est le prodigieux rendez-vous que François Ier donne à Henri VIII au fameux Camp du Drap d'or en territoire français, près de Calais, au début juin. Les deux souverains font assaut de faste, s'observent, s'épient. Parade après parade, de banquet en réjouissances, ils s'appellent « mon cher frère ». Le roi d'Angleterre a veillé à être accompagné de son épouse, Catherine d'Aragon, tante de Charles Quint. Celui-ci, dont la modestie est une religion, s'interroge après qu'on lui eut décrit comment Henri VIII et François Ier se sont jeté de la poudre aux yeux qui était une poudre d'or. Même la barbe de François Ier – une habitude récente – est dorée ! Quand le roi anglais rasera la sienne, ce sera, paraît-il, mauvais signe pour les Français ! Quel est le véritable résultat de cette débauche de luxe ? L'empereur s'inquiète : ces extravagantes mondanités sont-elles le prétexte à une alliance contre lui ? Il l'ignore. Une seule certitude : sa domination dérange. Pour en savoir davantage, Charles Quint, alors sur la route de l'Allemagne, fait une escale à Gravelines, près de Dunkerque, pour rencontrer Henri VIII qui rentre en Angleterre. L'entrevue est l'inverse du Camp du Drap d'or, simple et cordiale, sous une tente de soldat. L'empereur traite son hôte en aîné, avec honneur, en lui proposant une alliance, éventuellement un arbitrage, entre la France et l'Empire. Les deux souverains signent un traité secret et s'engagent à se revoir. Il est possible que cette entrevue ait eu aussi pour motif l'avènement d'un autre empereur, Soliman le Magnifique, à la tête de l'immense mosaïque ottomane qui ne cesse de s'étendre ; elle inquiète le monde chrétien sauf François Ier, qui semble même s'en divertir…

L'empereur met Luther au ban de l'Empire

Les troubles spirituels nés des idées réformatrices de Martin Luther deviennent graves. Le 28 janvier 1521, Charles Quint convoque le prédicateur devant la Diète de Worms. L'atmosphère est lourde car il est manifeste que l'ambition impériale d'établir une monarchie chrétienne universelle – et autoritaire – ne coïncide pas avec les aspirations des Etats allemands. Luther est arrivé à Worms « comme on marche au supplice », dit-il. Déjà excommunié par Rome, il comparaît les 17 et 18 avril. Il est venu déterminé, sans hésitation, contre l'avis de ses partisans angoissés mais acclamé par une foule enthousiaste. Certains conseillers impériaux admirent l'humaniste Erasme, qui a grandi dans l'espace spirituel des Pays-Bas. Cet érudit est l'auteur d'une *Institution du prince chrétien* rédigée à l'intention de Charles Quint en 1516. Dans ces conditions, espèrent les soutiens de Luther, l'empereur pourrait peut-être prêter une oreille attentive, voire bienveillante, à l'exposé de la doctrine luthérienne ? Et admettre l'urgente nécessité d'une profonde réforme de l'Eglise ? Cet espoir est vite déçu.

Le théologien est debout, dans sa robe de bure brune, l'empereur, évidemment resté couvert, l'écoute assis sous un dais, entouré d'évêques. C'est une scène médiévale dans la forme, moderne sur le fond. Tourmenté par le problème du salut de l'âme, Luther maintient ses critiques contre l'Eglise, tant dans ses institutions que sa hiérarchie. L'accusé refusant de se rétracter, après un délai de vingt-quatre heures accordé par Charles Quint, l'empereur le met au ban de l'Empire le 23 mai. L'édit, signé à Worms, place Charles Quint et son autorité devant la perspective d'un long conflit mais il n'en est pas conscient. Avec le recul dont nous disposons, il est certain que le jeune empereur, qui avait une conception ancienne de sa fonction, n'a pas mesuré l'ampleur du phénomène ; ce n'est pas dénigrer Luther que de rappeler une évidence : sans l'invention de l'imprimerie, jamais la diffusion de ses thèses n'aurait connu une telle audience dans tous les Etats germaniques. Et le fait de brûler ses écrits, comme l'ordonne l'édit de Worms, reste inefficace. Les planches de ses textes existent, les presses peuvent tourner clandestinement, la Réforme, née en Allemagne, s'y diffusera facilement. L'invention de Gutenberg servira d'amplificateur aux idées du théologien et bouleversera le monde germanophone. De la part du jeune empereur, cette monumentale erreur d'appréciation technique aura des conséquences incontrôlables. Charles Quint n'en a pas conscience, très éprouvé par le décès, le jour où il signe l'édit, de son ancien gouverneur, mentor et confident, Guillaume de Croÿ... Un signe du Ciel ? Peut-être... Mais Charles Quint, sans doute pris d'un remords, accorde un sauf-conduit au banni. Grâce à l'hospitalité du duc de Saxe, Frédéric le Sage, qui fait enlever Luther l'hérétique pour le mettre à l'abri, le condamné peut travailler à sa traduction de la Bible, qui sera considérée comme la première œuvre littéraire en langue allemande moderne. L'empereur se rend compte trop tard de son erreur. Elle provoque une fracture qu'il devait redouter : le luthérianisme cesse d'être une doctrine religieuse pour devenir un mouvement et, sans doute, un courant politique. Il divisera définitivement les Allemands.

Conscient qu'il ne peut être partout à la fois, Charles Quint cède le gouvernement de ses cinq duchés autrichiens (Haute et Basse-Autriche, Styrie, Carinthie et Carniole) à son frère Ferdinand, une compensation après sa vexante élimination d'Espagne. Il en profite pour réactiver la fameuse politique matrimoniale des Habsbourg et suivre les combinaisons échafaudées par son grand-père Maximilien avant sa mort : à Linz, au bord du Danube, Ferdinand épouse Anne Jagellon, dite Anne de Hongrie, tandis que le frère de celle-ci, Louis II, s'unit à Marie, la sœur cadette de l'empereur. Ces deux alliances placent la Hongrie et la Bohême sous la gouvernance des Habsbourg. Les territoires germaniques, au sens large, de l'Empire sont confiés à Ferdinand, régent de droit.

Cette délégation de pouvoirs a un motif : Charles Quint, si peu espagnol, va faire de l'Espagne la base de ses conflits armés avec la France dont il pressent l'imminence. Certes, il faut d'abord mater la rébellion des *comuneros*. L'empereur-roi d'Espagne a laissé l'aristocratie castillane se rendre compte que ce combat, qu'elle avait d'abord soutenu, était inutile et que ses intérêts étaient du côté du souverain. Autrement, leur pays risquait d'être exclu de l'Europe, tant sur le plan politique que culturel. La condamnation de Luther a certainement impressionné favorablement les Castillans ; jamais ils n'auraient admis que leur roi soutienne un hérétique alors que l'Espagne revendique son catholicisme. La fièvre est donc retombée. Le 21 avril 1521, les derniers insurgés sont définitivement battus et leurs chefs exécutés, de même que les *germanías* subissent une série de revers. La première guerre de Charles Quint est une guerre civile, dans le pays dont il est le monarque depuis six ans.

François Ier défie Charles Quint à ses frontières et en Italie

Depuis sa victoire légendaire à Marignan, François Ier veut amplifier ses conquêtes italiennes, une façon de briser le pouvoir croissant de l'empereur qui le contrarie beaucoup plus que le péril ottoman. Pour Charles Quint le Bourguignon, il est insupportable que le duché de Bourgogne soit aux mains de la France depuis 1477 et, dès son élection, l'arrière-petit-fils de Charles le Téméraire avait annoncé qu'il ferait valoir ses droits sur cette terre familiale. Qui va déclencher les hostilités ? C'est François Ier, à la mi-mai. Le roi de France attaque en divers points des frontières communes au royaume et à l'Empire. En Navarre, les Français sont d'abord victorieux, mais ils ont l'imprudence de s'aventurer jusqu'en Castille où ils subissent une déroute générale qui les contraint à abandonner la Navarre. L'infanterie espagnole a montré son efficacité. Dans le Nord de la France, le même enchaînement désastreux se reproduit : les Français prennent l'avantage en occupant le Luxembourg puis perdent un temps précieux et Henri de Nassau, lieutenant général de Charles Quint, ouvre une brèche dans la frontière française, assiège Mézières qui, en dépit du courage de Bayard, ne peut résister longtemps. En octobre, les deux armées ennemies se retrouvent de front, près de Valenciennes. Entre elles coule l'Escaut. Le face-à-face est aussi celui des souverains, pour la première fois à portée d'arquebuse, prêts à en découdre avec leurs armures. Comme lors de l'élection impériale, François Ier, athlétique et flamboyant, a le tort de sous-estimer son adversaire. Charles Quint n'est pas beau ? Pas élégant ? Avec sa bouche ouverte, il n'a pas l'air malin ? Il n'a pas d'expérience ? Sans doute… mais sa capacité de travail et son intelligence forcent déjà l'admiration et le respect ; les Espagnols, toutes classes confondues, ont fini par l'admettre, ce qui est un exploit.

Charles Quint et François Ier ? Jamais des adversaires européens n'ont vu leurs intérêts imbriqués dans un tel écheveau. Leurs inconvénients sont complémentaires : en sortant de son royaume, le Français bute sur les terres du Habsbourg tandis que le Bourguignon ne peut rejoindre ses terres éparpillées que par mer en contournant la France. L'Empire maintient le royaume dans un carcan, une insupportable menace pour le Français. Ce conflit entre le Valois et le Habsbourg est à l'origine du nouveau contentieux qui, avec les siècles, deviendra franco-autrichien ; il faut cependant remarquer que l'agresseur est François Ier puisqu'il a tenté de se faire couronner empereur alors que Charles Quint n'a jamais eu l'idée de prendre la place du roi de France. Si tout les oppose, de leurs enfances à leurs goûts, ils participent tous deux de l'esprit du siècle et sont mus par une immense ambition.

A la veille de l'affrontement, François Ier a l'avantage du nombre, alignant près de 28 000 hommes et une puissante artillerie qui passe pour détenir la supériorité au feu. L'empereur ne dispose que de 12 000 hommes et 4 000 chevaux. Charles Quint en personne est vulnérable. Quel éclat si le roi pouvait le faire prisonnier ! Or, à ce moment, selon une tradition familiale, le Habsbourg manque de fonds et demande, selon une autre tradition, une trêve pour avoir le temps de rassembler les sommes qui lui manquent. Avec une centaine de cavaliers, Charles Quint abandonne son armée et disparaît. Abusé par la brume qui lui cachait les troupes impériales, François Ier a perdu du temps et une belle occasion de frapper fort.

Le 24 novembre, le Bourguignon, qui s'est joué du Valois, renforce l'étau sur lui en signant un traité offensif avec Henri VIII et le pape Léon X, digne fils de Laurent le Magnifique puisqu'il a commandé à Raphaël ses fameuses « loges ». Pour Charles Quint, une alliance avec ce pape est cohérente puisque c'est lui qui avait condamné Luther. Et lorsqu'il s'éteint, son successeur au Vatican, élu le 9 janvier, n'est autre qu'Adrien d'Utrecht, l'ancien précepteur du jeune Charles, devenu Adrien VI. Encore un échec de François Ier !

En Italie, les affaires militaires de la France ne sont guère plus brillantes, gâchées par des erreurs tactiques, des brutalités inutiles et, circonstance aggravante, le manque d'argent puisque les Suisses se plaignent de ne pas avoir été payés. La cruauté des Espagnols n'est pas moindre : certains éviscèrent leurs prisonniers morts et les transforment… en mangeoires pour leurs chevaux ! Un triste hiver « de froidure et de vents » avouent les Français, empêtrés dans le Milanais où ils affrontent aussi l'hostilité des populations. Où est-il, le temps glorieux des premières guerres d'Italie ?

Le 27 avril 1522, les Français mettent le siège devant Bicocca (en français « la Bicoque »), un village et une villa près de Milan. Les capitaines des mercenaires suisses avertissent les officiers de François Ier qu'ils doivent choisir : « Argent, congé ou bataille. » Les Français, ne tenant pas compte de la menace, attaquent… sans payer les Suisses.

Le bilan est catastrophique : deux mille morts, le duché de Milan ainsi que les cités de Lodi et de Crémone sont perdus. Les 400 000 écus promis aux Suisses et aux effectifs français avaient été affectés à d'autres urgences que la solde. Pour Charles Quint, ces bonnes nouvelles sont suivies de la signature, à Windsor, d'un traité d'alliance avec l'Angleterre contre François Ier. L'empereur avait fait halte à Windsor sur la route de l'Espagne, où il avait promis de revenir dès que possible. Arrivé à Valladolid, le Bourguignon accorde un pardon général à tous les insurgés des *comunidades*, paysans, artisans, bourgeois, nobles, ecclésiastiques. Cette mansuétude est très appréciée. La diplomatie du Habsbourg remporte aussi des succès. Charles Quint se transforme ; cherchant à ne plus passer pour un étranger dans son royaume du Sud-Ouest européen, il devient de plus en plus espagnol

Le roi de France a contre lui la presque totalité de l'Europe

Ayant perdu ses dernières villes en Milanais et son prestige, François Ier perd davantage lorsque Venise, pourtant alliée traditionnelle de la France, se joint à la coalition menée par Charles Quint et Henri VIII. Le royaume est menacé sur ses frontières et ses ennemis se partagent déjà ses dépouilles. Même le pape, Adrien VI, qui, jusqu'à ces défaites, était demeuré neutre, se rallie à son tour à Charles Quint mais, compte tenu de leur ancienne relation précepteur-élève, ce choix n'est pas surprenant. Quelle est alors l'attitude du roi encerclé par la presque totalité de l'Europe sous le pouvoir d'un empereur-roi qu'on lui avait présenté comme nerveux et renfermé, donc faible et vulnérable ? Le Valois crâne, lançant à un gentilhomme ibérique : « Je ferai face à toute l'Europe. Je ne crains point l'empereur, il n'a pas d'argent ; ni le roi d'Angleterre, ma frontière de Picardie est bien fortifiée ; ni les Flamands, ce sont de mauvaises troupes. Pour l'Italie, c'est mon affaire et je m'en charge moi-même ! »

Hélas ! La fatalité, qui s'invite souvent dans les temps difficiles, apparaît alors sous les traits du connétable de Bourbon, cousin du roi, prestigieux soldat et héritier, par son épouse, d'un immense domaine au cœur de la France dont l'étendue est une menace contre le royaume en voie d'unification. François Ier ne l'a jamais aimé à cause de son luxe ostentatoire et de ses prétentions, mais il avait été obligé de le récompenser après ses succès en Milanais. Nommé vice-roi de cette région, il s'était pris pour un souverain, ce qui lui avait valu de perdre son titre, ses pensions et le commandement de l'armée. Le connétable, vexé, nourrissait depuis 1521 de solides rancœurs contre le monarque ingrat. A la mort de sa femme, Charles de Bourbon se voit contester une partie de ses biens par la mère de François Ier, Louise de Savoie. L'héritage est mis sous séquestre. Pour le connétable, qui reste un grand officier de la Couronne, il s'agit d'un déni de justice fomenté par « les traquenards du palais ». Ulcéré, il se cherche des alliés, un surtout, puissant, qui n'est autre que... Charles Quint ! Le 11 juillet 1523, le connétable en disgrâce rencontre des émissaires de l'empereur et d'Henri VIII, lesquels s'apprêtent à envahir la France, l'un par le sud, l'autre par le nord. Calculateur, Charles Quint espère que cette spectaculaire défection entraînera celle d'autres hauts personnages choqués par la spoliation et un soulèvement populaire. Le Habsbourg va même jusqu'à promettre au félon la Provence et la Champagne tandis que, comme il se l'était juré, lui-même reprendrait le duché de Bourgogne. Secrètement averti, François Ier, qui prépare une nouvelle campagne transalpine, veut vérifier cette trahison, qui lui paraît incroyable. Il se rend auprès du connétable, qui se dit malade – ce qui est faux –, et les deux hommes échangent quelques bonnes paroles sur l'issue du procès en cours devant le Parlement. L'un et l'autre mentent et se méfient. A peine le roi est-il parti que le connétable s'enfuit sous un déguisement et rejoint, en Dauphiné, des lansquenets allemand tandis que le roi lance des gens d'armes à la poursuite du traître.

A l'été 1523, la France est dans une situation catastrophique. Avec l'avant-garde anglaise s'approchant de Compiègne, Paris est menacée. On y organise des processions avec la châsse de sainte Geneviève mais de nombreux Parisiens préfèrent se réfugier à Orléans, ce qui rappelle de fâcheux souvenirs. Et dans le Sud, Charles Quint lui-même attaque Fontarabie, cité basque à la frontière franco-espagnole. Seul un miracle pourrait sauver le royaume de François Ier posté à Lyon mais faiblement entouré, car l'essentiel de ses forces est engagé en Italie. Une obsession… Le miracle se produit, les effectifs anglo-flamands n'étant pas payés, l'inaction des envahisseurs se mue en refus d'avancer et Charles Quint stationne en Béarn. Et le connétable ? Promu lieutenant général des armées impériales, il harcèle son nouveau maître pour qu'il en finisse avec le roi de France aidé du roi d'Angleterre. Il faut, répète Charles de Bourbon, pénétrer « dedans les entrailles du royaume ». Mais c'est compter sans une épidémie – voici revenu le spectre de la peste – qui frappe les Anglais et avec l'automne un froid intense qui gèle les pieds des fantassins. Les Anglais se retirent. Après un hiver d'attente, Charles de Bourbon, venant d'Aix, décide d'investir Marseille pour assurer sa jonction avec les Espagnols. C'est une erreur car le gouverneur et la population, s'ils admettent que le connétable a subi de graves brimades et vexations, sont horrifiés par sa trahison. Il est obligé de s'enfuir et de repasser les Alpes. Grâce au sursaut patriotique des Provençaux, la France est sauvée. Provisoirement…

Après Pavie, François Ier est prisonnier de Charles Quint

Pour François Ier, le rêve italien, exalté par Mari[illegible] devenir un cauchemar à Pavie, sévère cité lom[illegible] les Romains avaient fait une place militaire, c[illegible] splendide chartreuse inachevée lorsque [illegible] affronte l'empereur. Charles Quint a con[illegible] ce 24 février 1525 : c'est, en effet, le jour de son anniversaire. Il ne peut que rêver de victoire, mais personne, pas même lui, ne peut imaginer ce qui va se passer… A l'aube, le brouillard se dissipe, laissant apparaître un sol gorgé d'eau par les bras du Tessin en crue après des pluies torrentielles. François Ier, qui a revêtu une cuirasse très lourde, arbore une plume blanche à son casque. Il a confiance dans ses quatorze pièces d'artillerie et les Germano-Espagnols ne lui font pas peur. Hélas, le malheur, conséquence d'une stratégie floue, voire inexistante, s'abat sur les Français, à commencer par le fidèle maréchal de La Palice qui est tué d'un coup de grosse arquebuse à bout portant et dont la mémoire sera entretenue par une évidente mais stupide « vérité » colportée par des générations d'écoliers :

> Hélas, La Palice est mort
> Il est mort devant Pavie.
> Hélas ! s'il n'était pas mort
> Il serait encore en vie !

Impatient, le roi n'attend pas que ses canons aient lancé toutes leurs salves. Il se lance dans la bataille. Il se croit à Marignan mais ce panache est catastrophique car la charge du roi gêne son artillerie qui devient muette. Les renforts suisses, enlisés dans les marécages, ne peuvent intervenir. Rapidement, le roi est cerné par des Napolitains et des Espagnols. Son sonneur de trompe s'époumonne pour …peler des renforts à l'aide de cette sonorité si particulière … tout le monde connaît. Mais personne ne vient au … du monarque blessé à la main et au visage malgré …me. Dans la mêlée, François Ier reconnaît le conné… … est trop ! Et pourtant, le Bourbon s'avance et … inouï cherche à baiser la main de celui qui … Une avanie ! Malgré le refus du roi, le traî… …uis, un autre événement survient, qui ne …nner : le roi demande quelque chose à …nent le moment ? Oui ! La chevalerie … En hâte, on lui sert un plat typiquement local, une *zuppa pavese*, un bouillon dans lequel on a cassé des œufs et émietté un délicieux parmesan. Nul doute que cette soupe, d'habitude délicieuse, n'ait eu le goût amer d'une effroyable défaite.

Car la vérité est là : commencée en escarmouche, la bataille, qui a duré une heure, s'achève en tragédie : la débâcle est alourdie par une nouvelle incroyable, le roi est prisonnier de l'empereur ! Un inconcevable cadeau pour les vingt-cinq ans de Charles Quint. Certes, François Ier s'est comporté courageusement ; son cheval abattu de vingt coups d'arquebuse, il s'est défendu à pied, a fait preuve d'une bravoure exceptionnelle et d'une belle vigueur, seul contre vingt assaillants. Un lion. Ses meilleurs compagnons sont morts, les victimes françaises sont estimées entre 5 000 et 8 000, mais s'y ajoutent environ 15 000 prisonniers. Que lui reste-t-il ? « De toutes choses, il ne m'est demeuré que l'honneur et la vie sauve » dira-t-il, confirmant plus tard, dans une lettre à sa mère, cette seule vision positive de la catastrophe : « Tout est perdu, Madame, fors l'honneur ! » Plus cruels, les poètes se précipitent sur leurs plumes et distribuent leurs vers ironiques :

Il pensait prendre l'Espagne
Mais les Espagnols l'ont pris.
Rends-toi, rends-toi, roi de France,
Rends-toi, car te voilà pris !

Pour la France, le rêve italien imaginé par Charles VIII et continué par Louis XII est brisé.

En apprenant, le 3 mars – il est en Espagne, les messagers ont battu un record –, que son rival est entre ses mains, Charles Quint, qui porte désormais une barbe pour atténuer son air hébété, est stupéfait. Il pleure de joie, répétant : « Le roi de France est en mon pouvoir, la bataille est gagnée par moi ! »

L'empereur remercie le Ciel, organisant une messe d'action de grâces puis une procession qu'il suit à pied, revêtu d'une cape noire.

Le vainqueur réfléchit longuement et donne des instructions pour que son prisonnier soit traité avec égards. Dans un premier moment, il est enfermé au deuxième étage d'une forteresse près de Crémone, derrière des murs de 3,25 m, sous la garde d'un fidèle de Charles Quint. Ironie du sort, au lendemain de Marignan, François Ier avait visité cette citadelle et s'était dit impressionné par ce puissant ouvrage entouré d'eau. Sa captivité italienne dure quatre-vingt-un jours ; elle n'est pas trop pénible bien que des rondes le surveillent tous les quarts d'heure. Il a le droit de faire de l'exercice et observe pénitence, ne mangeant que du poisson dans un plat d'étain. Plus de *zuppa pavese* ! Il ne porte que du noir et, curieusement, on lui a laissé une dague. Aurait-il peur ? A son impérial geôlier, il écrit une lettre très digne, l'assurant que les conditions clémentes de sa captivité attirent sa reconnaissance et font de lui « à jamais un roi esclave au lieu d'un prisonnier inutile », formule quelque peu emphatique. Et il signe : « Votre bon frère et ami. » On est entre chevaliers.

Mais quel destin attend le roi qui ressasse ses erreurs ? Des négociations commencent avec la mère de François Ier, Louise de Savoie, car il est veuf ; son épouse, la reine Claude, qui lui avait donné sept enfants, est morte un an plus tôt. Très aimée, elle a donné son nom à la plus savoureuse des prunes. L'empereur, de son côté, prend son temps, étudie les choix possibles. On lui suggère de ne récupérer que le seul héritage bourguignon et de donner à monseigneur de Bourbon la Provence, dont il deviendrait le souverain indépendant. D'autre part, Henri VIII reprendrait les anciennes possessions anglaises, formule vague et inquiétante. Après plusieurs semaines de réflexion, Charles Quint se décide à accorder au roi la trêve qu'il lui demande, armistice un peu forcé, il est vrai, mais qui est alors d'usage : « Il me paraît honnête de ne pas continuer la guerre alors que le roi est entre nos mains. Cela sonnerait mal. »

Si l'empereur prend son temps, c'est aussi parce qu'un mouvement de révolte paysanne, connu en Allemagne sous le nom de *Bundschuh*, l'inquiète. Suscitée par des causes économiques et sociales mais favorisée par la prédication des réformes religieuses de Luther, l'agitation atteint l'Autriche et s'étend jusqu'au Tyrol. Si, en dehors de l'Autriche, la répression est impitoyable, dans l'archiduché les mécontents obtiennent quelques satisfactions. Fin avril, l'empereur fait connaître ses propositions. Son prisonnier les juge inacceptables. Louise de Savoie, régente à la main de fer, multiplie les démarches afin d'obtenir des conditions moins humiliantes pour son fils. Mais Charles Quint les repousse, furieux qu'on lui suggère de remettre le sort du duché de Bourgogne au verdict d'un tribunal arbitral. La Bourgogne est à lui ! Et quand un juriste lui fait observer que le duc de Bourgogne est obligatoirement un vassal du roi de France, le Bourguignon est blanc de rage. On s'attend à ce que, depuis l'Espagne, il donne l'ordre d'envahir la France, mais les caisses impériales étant vides, la « trêve » se poursuit. Or, Venise s'impatiente, le pape Clément VII, fils naturel de Julien de Médicis et neveu de Laurent le Magnifique, souhaite se rapprocher du roi de France et les Napolitains traitent les Espagnols de barbares.

A François Ier, malade, Charles Quint promet la liberté s'il guérit

Curieusement, Charles Quint n'a pas envie de voir François Ier. Le tenir à sa merci lui suffit. Peut-être éprouve-t-il un complexe devant ce prisonnier peu ordinaire qui jouit d'un prestige étonnant et se permet de discuter ce qu'on veut lui imposer. Ce n'est donc pas le vainqueur qui a l'idée de transférer le vaincu en Espagne mais peut-être le connétable de Bourbon, gonflé d'orgueil et qui a récupéré, bruyamment, son titre de vice-roi du Milanais. Embarqué à Gênes, le roi débarque le 19 juin à Barcelone. A la grande colère de Charles Quint, qui n'avait pas été prévenu, François Ier y est reçu en souverain, acclamé, fêté et même invité à participer à une chasse ! Finalement, après cette surprenante arrivée, le roi est conduit à Madrid, au donjon de l'Alcazar. Il va y demeurer plus de six mois dans une chambre exiguë. Le roi d'Espagne n'a plus les manières d'un gentilhomme et entend faire céder le Français en lui imposant une réclusion sévère. La méthode est efficace puisque le Valois, privé d'air et d'exercice, est déprimé, terrassé par la fièvre, très affaibli. Au cours de l'été, son état est pitoyable. D'abord satisfait d'humilier sa proie et de rabaisser sa superbe, Charles Quint envoie ses médecins auprès du prisonnier. Si François Ier mourait de ses mauvais traitements, la France pourrait s'émouvoir et, qui sait, réagir. D'ailleurs, la régente Louise, très habilement, fait connaître le sort honteux réservé à son fils, ce qui provoque un sursaut de patriotisme. En même temps, la mère du roi s'est rapprochée d'Henri VIII qui s'est dit très déçu par l'attitude de l'empereur après Pavie et conclut une alliance défensive avec la France, moyennant le paiement annuel d'une belle somme par l'argentier de Louise de Savoie. Avec quel argent ? On s'en occupera plus tard…

Apprenant que le détenu, la tête boursouflée d'un abcès, est presque moribond et le supplie de venir à Madrid, Charles Quint se décide enfin à visiter François Ier. Il s'était promis de ne pas le faire avant la signature d'un traité, mais l'état du roi s'aggrave de jour en jour. L'empereur quitte Tolède, alors sa principale résidence en Espagne et qui avait été l'une des premières villes à soutenir la révolte des *comuneros*. Sur la route, le Habsbourg est guetté par des messagers : le roi français semble très mal. Charles Quint éperonne son cheval et entre dans la chambre sans enlever ses bottes. François Ier est trop faible pour se lever. Il tend les bras et les deux hommes s'enlacent quelques instants. Deux frères ! L'entretien est très court ; en français, pour celui qui persiste à vouloir être son esclave, l'empereur a des mots apaisants, s'en tient à la santé du roi, lui promettant la liberté dès qu'il sera guéri, ce qui est imprudent…

Charles Quint revient le lendemain. L'état de François Ier a empiré. Nouvelles bonnes paroles. Charles Quint pense-t-il réellement qu'il va libérer le vaincu de Pavie ? On annonce l'arrivée de la sœur du roi, la duchesse d'Alençon, veuve. Marguerite est tout de blanc vêtue, la couleur du deuil chez les Valois. C'est l'empereur qui la conduit auprès de son frère après l'avoir embrassée sur la joue. Marguerite, qui n'a pas vu François depuis un an, est effondrée, en larmes. Elle fait dresser un autel, dire une messe et, à l'étonnement des médecins, l'abcès s'ouvre, le pus est évacué et résorbé et la fièvre tombe ; le malade va beaucoup mieux. Fine et intelligente, la duchesse aux cheveux roux se rend à Tolède auprès de l'empereur pour lui rappeler sa promesse de libération si le roi guérissait. Espère-t-elle que son charme va attendrir le maître du monde occidental ? Elle y met de la constance car, en plusieurs visites, elle ne recueille que de la politesse, des égards, « de la cérémonie », mais c'est tout, c'est-à-dire rien. Marguerite découvre la ténacité de Charles Quint toujours entêté à récupérer « son » duché de Bourgogne. Même pour trois millions que lui fait proposer François Ier, l'empereur ne cède pas. Son héritage n'est pas à vendre. Il faut tenir compte de plusieurs considérations. L'empereur est obstiné, se montre « si aveugle dans son avidité, si tranquille dans son immodération qu'il croit être généreux en ne réclamant pas davantage ». Charles Quint connaît la valeur de son otage. Mais est-il utile de le garder en prison ? Par ailleurs, l'agitation des luthériens prend de l'ampleur en Allemagne, Henri VIII soutient la France où des soldats sans solde sont devenus des brigands et les Turcs de Soliman remontent le cours du Danube. Après avoir songé à abdiquer – ce qui n'aurait pas permis sa libération –, le roi de France se résigne enfin à négocier. Il faut céder, du moins en apparence. Elaboré en décembre, rédigé en français, le traité de Madrid est signé le 14 janvier 1526. Charles Quint a pris toutes ses précautions ; il libère le roi contre la cession à lui-même de la Flandre, de l'Artois, de Naples et, on s'en doute, de la Bourgogne. De plus, François Ier s'est engagé à faire ratifier cet accord par les parlements du royaume, faute de quoi il serait de nouveau emprisonné. En attendant, ses deux fils vont prendre sa place. Deux fils, François et Henri, deux princes âgés de huit et sept ans, en otages ! Le 17 mars, à

7 heures du matin, ils franchissent la frontière espagnole sur un ponton au milieu de la Bidassoa. Est-ce là une habitude chevaleresque ? C'est une effroyable humiliation, une honte pour celui qui prétend n'avoir jamais perdu son honneur, mais l'empereur a bien compris que le Valois ne tiendrait pas ses engagements et allait fomenter une mauvaise action contre lui puisque la trêve est rompue et que François Ier avait, la veille de la signature, prévenu ses conseillers que, cédant à la contrainte, ce traité serait nul.

Le traité de Madrid obligera le roi à épouser la sœur de l'empereur

Ce concours d'hypocrisie recèle un chef-d'œuvre. Si le souverain Habsbourg reprend la tradition des mariages, il prouve son originalité : à François Ier, veuf mais qui, jusqu'à sa captivité, ne manquait pas de maîtresses, Charles Quint propose d'épouser sa propre sœur aînée, Eléonore de Habsbourg, veuve depuis cinq ans du roi Manuel de Portugal. Quelle partie d'échecs ! Les deux ennemis, le vainqueur et le vaincu, deviendraient... beaux-frères ! Pour remarier sa sœur de vingt-sept ans, Charles Quint avait d'abord songé au connétable de Bourbon, qui défaillit de joie à l'idée d'être, lui, le traître, le beau-frère de l'empereur. Mais Eléonore ne veut pas d'un homme que toute la noblesse rejettera à cause de sa félonie. Et puis François Ier, dans la force de ses trente-deux ans, avec sa belle stature et son charme, fait battre tous les cœurs féminins. Qu'en pense le roi de France ? Des Espagnols lui ont vanté la beauté d'Eléonore, née à Louvain, qui a quatre ans de moins que lui. Le Français ne peut lui reprocher sa taille plutôt basse et épaisse ni sa bouche petite et charnue car il n'est pas en mesure de refuser ce mariage, il est une des clauses du traité de Madrid. Pour agrémenter la rencontre entre les futurs époux, Charles Quint prie sa sœur de danser. Le roi est conquis et galant mais on ne sait s'il est sincère ; sur ce sujet aussi, il est sous surveillance ! Eléonore de Habsbourg, future reine de France, se mettra en route quand le traité aura été ratifié. Quant à l'empereur, qui doit savourer sa manœuvre, il est décidément d'humeur nuptiale puisqu'il part pour Séville où il compte épouser, le 7 avril, la jolie princesse Isabelle de Portugal (encore !), fille du roi Manuel. Ainsi, ces deux alliances rehaussent le prestige ibérique.

Si l'on peut dire, François Ier tient sa promesse fourbe et secrète : il n'honorera pas sa signature au bas du traité de Madrid. Le 22 mai 1526, au château de Cognac où il est né, François Ier conclut une alliance avec les Etats italiens, la papauté et Henri VIII dont le but, à peine dirigé contre Charles Quint, est de « mettre fin aux guerres désolant la chrétienté ». Comble d'audace, cette ligue demande à Charles Quint de la rejoindre après avoir évacué le Milanais et la Lombardie, libéré les enfants du roi en échange d'une rançon et renoncé, définitivement, au duché de Bourgogne. Une injonction ! Charles Quint avait donc eu raison, les hostilités reprennent. Elles sont d'autant plus désolantes que l'Europe chrétienne serait mieux avisée de s'organiser contre le péril turc. En effet, Louis II de Hongrie, beau-frère de Charles Quint, a été tué par l'armée de Soliman le Magnifique à la bataille de Mohács, sur le Danube. Les Ottomans ont continué leur progression et ont pris Budapest. Vont-ils continuer et oser attaquer Vienne ? L'empereur demande à son frère Ferdinand d'accepter les couronnes royales de Hongrie et de Bohême, consolidant l'unité autrichienne par une union dynastique.

Pour Charles Quint, François Ier, son futur ex-beau-frère, n'est qu'un renégat. Il interdit à sa sœur Eléonore de franchir la frontière. Qui sait si ce parjure de Français ne la prendrait pas en otage ? Pour commander ses troupes en Italie, avec un sens théâtral de la revanche, le Habsbourg choisit le plus violent, le plus aigri et le plus acharné de ses partisans, c'est-à-dire le connétable de Bourbon, qui ose lui faire observer que son ancien maître est bien malhonnête... L'empereur puise, en Allemagne, dans ses dernières réserves, afin de recruter des mercenaires et aussi des capitaines les encadrant. Au même moment, François Ier signe une « paix perpétuelle » avec Henri VIII, qui n'est autre qu'une alliance contre Charles Quint. Et l'Italie redevient le champ de bataille favori de François Ier, certainement pour effacer la honte de Pavie.

Au début, les opérations paraissent favorables aux Français, puis, comme d'habitude, ils perdent du temps. Le 20 novembre 1526, l'un des grands officiers recrutés par l'empereur, Georg von Frundsberg, opère sa jonction avec Charles de Bourbon. Alors, le pape Clément VII vacille : son alliance avec François Ier n'était peut-être pas le meilleur choix. Sa Sainteté demande une trêve, signée en mars 1527 avec un Charles Quint qui, sur un célèbre tableau de Vasari conservé à Florence, porte une barbe de plus en plus fournie. C'est un superbe résultat de la stratégie impériale puisque, en six mois, il a repris l'avantage militaire et ses troupes tiennent l'Italie. Mais l'empereur manque de sagesse et d'autorité sur le connétable. Rome, capitale du monde catholique, est livrée à un épouvantable pillage par les lansquenets du connétable, qui, de surcroît, emprisonne le pape et ses cardinaux dans le château Saint-Ange. Bourbon lui-même périt dans les combats. Le sac de Rome scandalise toute l'Europe et c'est Charles Quint qui en est désigné comme le vrai responsable.

Le sac de Rome par les impériaux choque toute l'Europe

Son fidèle Alarcon, qui avait été le geôlier de François Ier, écrit au Habsbourg : « Les pierres de la chrétienté se lèvent contre Votre Majesté. » Des pierres vite transformées en ruines par des hordes non payées, manquant de nourriture et de vêtements. Ces hommes déchaînés pillent, violent, brûlent et, acquis aux idées luthériennes, dévastent les églises et leurs trésors. Le sac de Rome par les impériaux atteint un tel degré d'horreur que François Ier et

Henri VIII conjuguent leurs forces pour envoyer des troupes qui arrivent au bout d'un mois.

Les soldats de Charles Quint, décimés par la peste et épuisés par leurs forfaits, le contraignent à réviser à la baisse le montant de la rançon exigée pour libérer le pape qui s'est enfui, déguisé en paysan ! François Ier pense tenir sa revanche et exige la libération de ses fils. Mais comme le roi et l'empereur n'ont aucune confiance l'un dans l'autre, celui-ci refuse. Une fois encore, les armes régleront leur antagonisme viscéral. La scène qui se déroule à Burgos le 22 janvier 1528 semble appartenir au Moyen Age et non à la Renaissance. Entouré des plus grands personnages de la cour d'Espagne, Charles Quint, assis sur son trône, reçoit les envoyés de François Ier et d'Henri VIII. Le plus impardonnable crime qui lui est reproché est la détention du pape. Après les trois révérences d'usage, l'assemblée assiste à un échange de propos vifs au point qu'un duel entre le roi de France et l'empereur est envisagé mais n'aura pas lieu. Charles Quint refuse de libérer les princes de France, indiquant, avec hauteur et mépris : « J'espère les garder de telle sorte que par force je ne les rendrai pas ! Je n'ai, en effet, été point accoutumé d'être forcé des choses que je fais ! »

Et il fait enfermer les deux hérauts d'armes chargés d'une négociation impossible dont la liberté avait pourtant été garantie. En fait, la colère impériale a pour motif le refus de François Ier de se constituer prisonnier en Espagne. Mais le Habsbourg essuie d'autres reproches : outre l'enlèvement du « lieutenant de Dieu sur terre », il serait coupable de n'avoir « combattu ni les Turcs ni l'hérésie et sectes nouvelles qui pullulent parmi la chrétienté ». Ce qui n'est pas faux.

Au printemps, les armées s'affrontent à nouveau en Italie avec pour seul résultat d'engloutir toutes les ressources des belligérants même si, en définitive, c'est Charles Quint qui gagne et fait du pape son vassal.

Qui pourra donc enrayer ce flot d'injures et ces massacres ? Il faut savoir finir une guerre. Qui le saura ?

Enfin, la paix est conclue, grâce à deux maîtresses femmes

Louise de Savoie, la mère de François Ier, régente à poigne, ne cesse de pleurer le martyre injuste de ses deux petits-enfants, toujours prisonniers à Madrid. Elle prend l'initiative d'une paix au nom de son fils trop impétueux et se tourne vers Marguerite d'Autriche, la sage tante de Charles Quint, gouvernante des Pays-Bas à Malines. L'idée de cette conférence est originale et très audacieuse pour l'époque. Après divers préparatifs, les deux femmes se rencontrent à Cambrai le 5 juillet 1529. Leurs deux suites sont nombreuses. L'une s'installe à l'hôtel Saint-Pol, l'autre à l'abbaye Saint-Aubert. A plusieurs reprises, les négociations entre les deux femmes, joliment coiffées de chapeaux à plumes, sont sur le point d'être rompues car le neveu de Marguerite, s'il a accepté le principe de la rencontre, ne veut renoncer à aucune de ses prétentions. Il tient à « son » duché de Bourgogne comme François Ier tenait à « son » duché de Milan. Les deux dames sont aussi intelligentes qu'obstinées et leurs échanges sont acérés. Enfin, après trois semaines de discussions épineuses et alors que Louise est à bout de résistance, « la paix des Dames » est signée dans la cathédrale de Cambrai et une messe solennelle est célébrée. Les deux femmes, pâles dans leurs robes de velours noir, jurent sur l'Evangile de respecter la paix. *Leur* paix. Le traité de Madrid est amendé. François Ier renonce à la Flandre, à l'Artois et à l'Italie, ce qui le désespère. C'est le véritable prix du désastre de Pavie. Charles Quint abandonne le duché de Bourgogne que lui avait attribué le premier traité, ce qui le vexe durablement. Les fils de François Ier sont libérés moyennant une rançon de deux millions d'écus d'or, plus cinq cent mille écus à payer par l'empereur personnellement au roi d'Angleterre, grevant un Trésor français déjà au plus bas. C'est la facture finale des ruineuses guerres d'Italie. Et François Ier devra épouser Eléonore, fiancée en attente depuis quatre ans…

Cette paix, voulue par deux femmes énergiques et sensées, arrive à temps. En effet, l'Europe a un autre sujet d'inquiétude avec l'arrivée de Soliman le Magnifique, qui, à la tête d'une armée de 120 000 hommes, met le siège devant Vienne le 27 septembre. Or, Vienne est le bastion oriental de l'empire de Charles Quint. Qualifiés d'« oppresseurs et avides de tributs », les Ottomans sèment la peur avec leurs étranges armures, leurs casques légers coiffés d'une aigrette et leurs sabres à longue lame recourbée. Ils ont déjà chassé de Rhodes les chevaliers de Saint-Jean de Jérusalem qui finiront par se réfugier à Malte. Mais au bout de dix-huit jours, Soliman, qui n'a pu prendre Vienne, se retire. Dix-huit jours, c'est peu et aussi très long quand on songe à l'angoisse des Viennois, terrorisés. L'échec ottoman soulage Charles Quint (il félicite son frère Ferdinand), qui commence à souffrir de crises de goutte ; désormais, il en aura au moins une par an.

Mais, dans le fond, il est le vainqueur de cet interminable contentieux avec la France. Il ne lui manque plus qu'un couronnement, privilège qui avait été refusé à son grand-père Maximilien. Clément VII, qui avait souvent changé de camp, devait respecter son engagement même s'il se sentait humilié. Mais une telle cérémonie est impossible à Rome qui ne s'est pas encore relevée du sac des impériaux. Rome, la cité dont l'empereur s'est voulu le défenseur, a été dévastée par ses propres troupes. Ne pas pouvoir y être sacré est une ironie du sort et une frustration pour celui qui se veut, entre autres, roi des Romains. C'est donc à Bologne, à l'extrême sud de la plaine du Pô et qui relève de la papauté depuis Jules II (ce sera le cas jusqu'à l'arrivée de Bonaparte), que se rend, en grand équipage, Charles Quint le 22 février 1530. La ville est décorée avec faste. Sur le front de l'empereur, le pape pose la couronne de fer des rois lombards. Deux jours plus tard, dans un rituel magnifique et impressionnant, c'est la couronne d'or du Saint Empire romain germanique qu'il ceint sous le baldaquin du maître-autel de la basilique San Petronio. Au même moment, à Florence, des peintres caustiques montrent des images figurant le Saint-Père (le dernier pape Médicis) montant les marches d'un échafaud sous les yeux rieurs de Charles Quint !

Cette date du 24 février est mémorable car elle marque l'apogée du règne et un sommet dans l'histoire des Habsbourg. L'empereur renoue avec le vieux rêve de Charlemagne et des Hohenstaufen. La chrétienté accepte pour défenseur et maître incontesté Charles Quint, qui prend la mesure de ses immenses responsabilités. Il doit maintenir la paix en Europe et repousser les infidèles. Une tâche en proportion de son empire…

Il rencontre Titien dans son atelier et, par un geste célèbre, ramasse le pinceau du peintre tombé à terre, signifiant la supériorité de l'artiste sur le politique. La Renaissance va triompher même si dans le portrait qu'il fera de lui plus tard, Titien n'épargne pas le menton allongé du souverain malgré sa barbe. D'une manière générale, les peintres n'ont jamais flatté l'empereur.

Couronné, Charles Quint s'inquiète de l'importance de la Réforme

Le 20 juin, l'empereur, soucieux des troubles religieux dans la partie allemande de l'Empire, réunit une Diète à Augsbourg. La ville doit beaucoup à la famille des banquiers Fugger et Charles Quint doit beaucoup aux Fugger, une dette estimée à quatre millions de ducats et qui, dit-on, ne fut jamais soldée. Jacques Fugger, dit le Riche, avait d'ailleurs formulé une remontrance à son illustre débiteur : « Il est connu que, sans mon aide, Votre Majesté n'aurait pas eu la couronne du Saint Empire romain germanique. »

Si le soleil ne se couche jamais sur les royaumes de Charles Quint, leur maître vit à crédit. Les prêts substantiels consentis à la maison de Habsbourg permettent aux Fugger de contrôler les revenus des mines d'argent du Tyrol et des mines de cuivre de Hongrie.

A Augsbourg, l'empereur a convoqué tous les princes, prélats et magistrats pour réfléchir avec eux aux problèmes spirituels, donc politiques, posés par le succès des thèses luthériennes. Le théologien Melanchthon, longtemps principal disciple de Luther, présente au souverain un texte, volontairement modéré, qui expose les nouveaux dogmes de façon à ce qu'ils soient acceptables par les catholiques. La Confession d'Augsbourg est signée par sept princes et deux villes impériales. Elle est examinée minutieusement pendant six semaines puis rejetée et Luther interdit à son auteur tout autre compromis. La Diète ne réussit pas à faire l'union sur ces affaires sensibles. Les réformateurs gagneront en audience et répandront encore davantage, avec des variantes ultérieures, les fondements de la foi luthérienne. A l'opposé, les catholiques présentent frère Luther comme un débauché puisqu'il s'est marié, en 1525, avec une ancienne religieuse, Catherine de Bora, qui lui donnera six enfants. Le « ménage hérétique » est accusé de passer sa vie à table en y racontant des plaisanteries grossières. En réalité, Luther, très attaché à sa femme, accueille tous les pauvres qui sollicitent son aide et travaille énormément. Le drame de la Réforme est d'être, d'abord, un conflit de propagandes par le biais d'écrits qui ont, a priori, la force de la vérité. Pour gagner du temps, le pape promet d'organiser un concile.

Le 1er juillet, François Ier retrouve enfin ses deux fils sur le ponton de la Bidassoa. Cela lui coûte quatre tonnes d'or ! Les princes ont passé quatre ans enfermés derrière les hauts murs d'un vieux château de Castille, dans une chambre nue à peine éclairée d'une haute fenêtre garnie de barres de fer. Ils en sortent marqués à jamais (le plus jeune est le futur roi Henri II). Leur père non plus n'oubliera jamais cet affront. Six jours plus tard, il épouse Eléonore. Elle sert de gage à la réconciliation entre le Valois et le Habsbourg. Est-ce vraiment la paix ? Ou, une fois encore, une drôle de trêve ? On peut le craindre car la mort de sa tante Marguerite d'Autriche, survenue peu après, prive Charles Quint de sa conseillère la plus avisée et la plus courageuse et surtout la moins belliqueuse... Et un an plus tard, c'est Louise de Savoie qui expire dans les bras de sa fille, sans avoir revu son fils, « son soleil ». Pour sa mère, François Ier, qu'elle connaissait si bien et qu'elle avait sauvé de divers périls, ordonne des obsèques royales et son inhumation à Saint-Denis. Ainsi que le dira une de ses suivantes, « elle avait bien labouré ». Sans ces deux femmes aux talents politiques remarquables, que vaut la paix qu'aucun des deux hommes, devenus beaux-frères mais toujours aveuglés par l'ambition, n'avait été capable de conclure ?

Pour gêner Charles Quint, François Ier soutient les protestants

Devenue veuve, c'est Marguerite de Hongrie qui, sur les instances de son impérial frère, prend la relève de sa tante Marguerite d'Autriche à la gouvernance des Pays-Bas. Le 5 janvier 1531, à la demande de Charles Quint, son frère Ferdinand est élu roi des Romains, devenant ainsi son successeur éventuel au trône impérial. Et en Espagne, l'épouse de Charles Quint, née Isabelle de Portugal, assure la régence chaque fois que l'empereur en est absent. Chez les Habsbourg, la volonté de léguer leur colossal empire et la hantise d'une interruption dynastique sont une constante.

Alors qu'en Angleterre Henri VIII, divorcé de Catherine d'Aragon et excommunié, s'érige en chef de l'Eglise anglicane, une révolte religieuse éclate en Allemagne orientale. Connue sous le nom de ligue de Smalkalde, elle regroupe des princes (de Hesse et de Saxe) et des villes protestantes dressés contre l'empereur. Que n'avait-il écouté Luther ! Cette ligue veut réformer l'Eglise en convoquant un concile « libre et chrétien ». Charles Quint, furieux, exige l'application de l'édit de Worms et la restitution des biens ecclésiastiques. La répression impériale est dure.

L'empereur étant en difficulté, François Ier se présente comme défenseur de la ligue et protecteur des petits Etats allemands. Le roi de France ne craint pas le paradoxe car s'il est, par nature, hostile à tout fanatisme, il a hésité longtemps avant de sévir contre les luthériens, affirmant que la véritable Eglise est à l'intérieur des êtres. Lors d'une procession dans Paris, on avait vu François Ier et la reine Eléonore, montant une haquenée, tous deux vêtus de noir en signe d'expiation, avancer derrière les reliques de sainte Geneviève. Une heure plus tard, six hérétiques étaient livrés au bûcher. Et avec solennité, le souverain avait publiquement promis qu'il extirperait « la pourriture luthérienne ».

Pour le roi, l'occasion de gêner Charles Quint (son cher beau-frère !) est trop belle. Il se livre à une intense et pernicieuse activité diplomatique, confiée au cardinal Jean Du Bellay, évêque de Paris. Le prélat est chargé d'assurer les princes allemands du soutien français. C'est, bien entendu, une provocation qui fait scandale chez les catholiques. Observons que Charles Quint et François Ier ont, entre autres points communs, celui d'avoir choqué la chrétienté (qu'ils étaient, par principe, chargés de défendre), le premier à cause de l'impardonnable sac de Rome, le second en s'alliant aux protestants allemands tout en exerçant des représailles contre les luthériens français avant de signer, le 16 juillet 1535, un édit d'amnistie en leur faveur. Ces comportements contradictoires ont, à l'évidence, une motivation essentiellement politique : chez l'empereur, il s'agissait de sanctionner un pape versatile et chez le roi d'affaiblir un empereur insatiable. Mais, pour les contemporains, l'incohérence de ces positions est choquante. On peut ajouter que si la chrétienté commence à souffrir du plus grand schisme de son histoire, elle peut aussi retrouver son unité face au péril musulman. En 1532, une nouvelle expédition ottomane menace Vienne. Les princes allemands, bien qu'ayant choisi la foi luthérienne, font savoir qu'ils sont prêts à lever une armée considérable pour défendre la ville. La crainte de cette union reconstituée est assez forte pour inciter les Turcs à se retirer en deçà du Danube, sans que Charles Quint et son frère Ferdinand aient eu à livrer une seule bataille. La peur des uns a servi de diplomatie aux autres. Jamais l'empereur n'a été aussi puissant et sa force transparaît sur son visage autoritaire. En avril, à l'ouverture de la Diète, qui siège cette fois à Ratisbonne, les témoins remarquent son « visage sérieux et viril d'un César, une barbe couleur d'or fin, des cheveux légèrement frisés, taillés en rond comme ceux des antiques empereurs[1] ».

Charles Quint réagit face aux mauvais traitements des Indiens

Le calme étant rétabli – provisoirement – dans les Etats germaniques avec une trêve conclue à Nuremberg, Charles Quint repart pour l'Espagne ; en 1533, il est en Catalogne, appréciant de plus en plus la stabilité et la paix espagnoles puisque la crise religieuse n'a pas franchi les Pyrénées. Mais il y a d'autres raisons. C'est l'Espagne qui reçoit les principaux galions chargés d'or et d'argent arrivés d'Amérique, même s'il en débarque aussi à Anvers. Si ces ressources ne servent pas, loin de là, à stimuler l'économie hispanique, elles sont englouties par les dépenses militaires, d'une régularité désespérante. En Amérique, il a paru logique de baptiser un territoire la Nouvelle-Espagne (le Mexique) dont l'empereur a nommé le conquistador Cortés gouverneur en 1522. Et au Pérou, Pizarre et ses trois frères, arrivés avec trois bateaux – 183 hommes et 27 chevaux précédant des renforts –, se sont rendus maîtres de l'empire Inca. Autant l'empereur est sans cesse importuné, dérangé, attaqué et obligé de décider, d'intervenir ou de se battre – en se ruinant – dans le Nord-Est de son empire européen, autant celui-ci s'accroît considérablement, sans effort particulier de sa part, au-delà des mers. Les souffrances sont le lot de ses envoyés et des populations qu'ils rencontrent et massacrent souvent, comme lors de la *Noche Triste*, avec l'assassinat de l'empereur aztèque Moctezuma, tragédie survenue

1. Henry Bogdan, *op. cit.*

au début de son règne impérial. Cette conquête de l'Amérique hispanique remet à la mode la tradition médiévale des croisades. La petite noblesse *(hidalguia)* y trouve une vocation. Au début de cette épopée, parmi les religieux qui accompagnent les conquistadores, nombreux sont ceux qui, à leur retour, se déclarent révoltés par le traitement qu'ils avaient vu infliger aux populations indigènes. Le système, dit de l'*encomienda*[1], permettait à chaque colonisateur d'exploiter, à sa manière et à son profit, le travail des Indiens. Dans l'ensemble de l'Espagne comme au sein de l'Eglise, deux conceptions s'opposent. Pour les uns, l'asservissement et la conversion forcée d'êtres considérés comme sauvages ou inférieurs ne constituent pas, en eux-mêmes, des actes moralement répréhensibles. Pour les autres, les Indiens étant sujets de la couronne d'Espagne, ils ont droit, à ce titre, à une protection et à un traitement décent. Parmi eux, le prêtre dominicain Bartolomé de Las Casas, un Sévillan, lutte contre l'injustice et se bat pour une colonisation plus humaine. C'est en 1519, au moment où il accédait à la dignité impériale, que Charles Quint avait entendu, devant les Cortes, le discours édifiant et courageux de Las Casas. L'empereur-roi avait été convaincu de créer des « villages d'Indiens libres » où colonisateurs et indigènes vivraient pacifiquement avec l'objectif de fonder une nouvelle civilisation. Mais ce projet avait échoué et Las Casas, découragé, avait renoncé à toute activité publique sans cesser de dénoncer la cupidité et la brutalité des Espagnols, prévoyant l'échec inéluctable de la domination hispanique dans le Nouveau Monde. Ainsi, l'Espagne se trouvait agitée elle aussi. Le souverain universel n'a donc aucun répit, quel que soit l'endroit où il réside ; il est, en permanence, menacé sur plusieurs fronts, l'immensité de ses domaines étant une faiblesse. Chaque partie de son empire soulève des difficultés, exige des solutions et donc d'épuisants voyages. Et pourtant, Charles Quint a une préférence pour son royaume espagnol auquel il est de plus en

1. Grandes propriétés où est pratiqué l'esclavage.

plus attaché. Bien qu'il ne l'ait jamais doté d'une capitale permanente – et pour cause ! –, il charge le brillant architecte Alonso de Covarrubias de transformer Tolède en une cité à la majesté quasi impériale. Puis, à Grenade, en 1528, le palais au ton de sable de l'empereur est l'un des premiers bâtiments espagnols conçus dans le style de la Renaissance italienne.

A cause de François Ier, l'empereur doit attaquer la flotte ottomane

1534. Charles Quint est en Castille. Les nouvelles qu'il reçoit de Méditerranée sont inquiétantes. Un chef pirate chrétien, converti à l'islam sous le nom de Khayr al-Din, le Barberousse[1] des Occidentaux de l'époque, menace les côtes espagnoles. Issu d'une famille de marins de l'île de Lesbos, installé à Djerba, il a été nommé grand amiral de la flotte de Soliman, qu'il a réorganisée. Depuis 1518, ces Barbaresques s'étaient reconnus vassaux des Turcs, qui, bien qu'ayant été repoussés de la vallée du Danube, restaient menaçants. Jusqu'à présent, Charles Quint n'a livré aucune bataille maritime hors d'Europe. Cela manque à ses expériences et à ses soucis. Il prendra le commandement de ses troupes. Dans le plus grand secret, l'empereur prépare une expédition en direction de Tunis. Est-elle indispensable ? Oui, car son cher beau-frère François Ier, incorrigible querelleur reniant sa parole, n'a pas réellement admis la paix de Cambrai. Et les « dames » ne sont plus là pour lui rappeler ses engagements. Alors qu'il prétend, à coups d'ordonnances, protéger « la foi catholique qui est le fondement du royaume », le roi de France n'a pas les mêmes scrupules dans le choix de ses alliés. C'est ainsi que Barberousse, émissaire de Soliman, a été somptueusement

1. A ne pas confondre avec Frédéric Ier Barberousse (1122-1190), empereur germanique de la famille des Hohenstaufen, contemporain de Henri II Plantagenêt.

accueilli à Paris. Puis un ambassadeur français, Jean de La Forest, a été envoyé à Constantinople pour y exposer à Soliman un plan du roi. Il s'agissait, ni plus ni moins, de reprendre les territoires qu'on lui avait, selon lui, arrachés à Cambrai. Un traité de commerce stipulait que le sultan accordait à la France le monopole du commerce dans l'Empire ottoman. C'était étrange mais admissible. En revanche, l'établissement d'un protectorat moral sur les Lieux saints, garantissant la liberté des pèlerinages, était dangereux et intolérable pour un empereur catholique. Il était urgent d'intervenir.

Charles Quint précipite son opération. Le 29 mai 1535, à la tête de centaines de bateaux, il s'embarque à Barcelone et met le cap sur Tunis.

L'entreprise a tout d'une croisade avec ses 12 000 hommes, leurs provisions et leurs munitions. Dans ces temps de trahisons et de revirements, il faut rappeler que l'un des prestigieux capitaines de la flotte impériale n'est autre que le Génois Andrea Doria ; il avait battu Charles Quint sur les côtes de Provence onze ans plus tôt mais, déçu par François Ier, il s'était mis définitivement au service de l'empereur. Le choix d'Andrea Doria est avisé car il a une grande pratique et plusieurs victoires sur les Barbaresques. Le 15 juin, les impériaux sont devant La Goulette, le port fortifié protégeant Tunis. Il est défendu par 3 000 Turcs et autant de Maures. Après avoir examiné soigneusement la situation et installé un siège de trois semaines, Charles Quint lance l'assaut le 14 juillet. C'est son vrai baptême du feu. Quelle fournaise ! La température est estimée à 50 °C et l'eau manque. A sa sœur Marie, l'empereur écrira : « Nous mourions de soif et de chaleur. » Son cheval blessé sous lui, il commande les canonniers qui, faute d'attelages, doivent traîner l'artillerie à bras. Révoltés contre leurs maîtres, ce sont les esclaves chrétiens qui ouvrent les portes de Tunis. Charles Quint les libère – ils étaient 20 000 –, ce qui constitue un exploit, les infidèles étant, pour la première fois, battus sur leur propre terrain en Méditerranée. L'empereur accroît son triomphe en rétablissant le bey Mûlay Hassan sur son trône, ce que Soliman appréciera. Les quatre-vingt-deux vaisseaux de Barberousse sont coulés ou capturés et les Espagnols ont la surprise de découvrir à leur bord des canons ornés de la fleur de lys… Un cadeau de François Ier ! L'alliance franco-turque était donc aussi militaire. Cette victoire a un immense retentissement. Et, dans l'immédiat, les plans et les ruses du roi de France sont éventés.

Entre le Valois et le Habsbourg, la situation est étrange. Derrière des amabilités convenues, un minimum de respect et d'estime, la rivalité entraîne des surenchères d'ambitions, des pièges et des provocations pour tester la résistance et deviner la réaction de l'autre. François et Charles sont des beaux-frères ennemis et leurs épouses n'ont ni le goût ni l'envergure de se mêler de ces affaires. Eléonore vit en retrait de la cour de France, n'y joue aucun rôle et ne donnera aucun enfant à François Ier. Avec ses jambes très courtes qui la font paraître difforme, la sœur de Charles Quint ne peut rivaliser avec les beautés qui jalonnent la vie personnelle du roi. A son épouse, il ne manifeste qu'une aimable indifférence, et cette union n'aura jamais été que politique.

Le triomphe de Charles Quint à Tunis rend François Ier jaloux

Après sa victoire tunisienne, l'empereur passe l'automne dans ses territoires italiens, à Palerme, à Messine et à Naples ; il y reçoit un accueil triomphal, ce que François Ier ne supporte pas. En novembre 1535, le roi trouve alors – comme d'habitude ! – un prétexte lorsqu'il apprend le décès du duc Francesco II Maria Sforza. Cousin de la naguère célèbre Bianca, ce dernier avait été soutenu par Charles Quint puis, après Pavie, réintégré dans ses droits sur le duché de Milan. Encore et toujours Milan ! François Ier est incapable d'y renoncer, d'autant moins que le duc étant mort sans héritier, le roi apprécierait que le Milanais revienne à son fils Henri, le futur Henri II. Ayant fait mine de choisir la diplomatie – très brièvement ! –, l'obstiné Valois reprend les armes et toujours la même direction, via la Savoie et le Piémont qu'il envahit et occupe sans difficulté. En trois semaines, ses 18 000 hommes, dont 6 000 lansquenets, sont à Turin. Une fois de plus, la route de Milan est ouverte devant un roi de France qui ne doute de rien.

C'est à Rome, où il poursuit son voyage italien, que Charles Quint apprend la dernière audace de François Ier. L'empereur est furieux. Il convoque l'ambassadeur de son beau-frère auprès du nouveau pape, Paul III. Signe de grande colère chez celui qui est aussi roi d'Espagne, c'est en espagnol – il a fait quelques progrès – que l'empereur prononce un discours solennel mais surtout très sévère. Il exige que François Ier évacue la Savoie dans les vingt jours et cesse ses relations ambiguës avec la Sublime Porte. En cas de refus, la guerre éclaterait, à moins que le roi n'accepte de se battre en combat singulier. Mais, comme cela avait été le cas en 1528, l'idée de ce duel est si saugrenue qu'elle est immédiatement abandonnée. François Ier se dit donc prêt à reprendre les hostilités mais, peut-être sous l'effet combiné de l'expérience et de la maturité, il laisse l'initiative à son beau-frère. Charles Quint envahit la Provence en juillet. Homme fort de François Ier – prisonnier avec lui après Pavie, il avait risqué la disgrâce en préconisant la paix ! –, le connétable de Montmorency pratique la technique de la terre brûlée. Devant les impériaux, la Provence n'est plus qu'un désert ; récoltes brûlées, troupeaux disparus, eau des puits souillée obligent Charles Quint à battre en retraite, laissant « les chemins jonchés de morts et de malades », selon la formule de Martin Du Bellay, dont le frère avait aussi été prisonnier de Charles Quint après Pavie. Pendant ce temps, l'adversaire français, bien nourri et bien à l'abri, campe près d'Avignon et consolide ses places fortes de la vallée du Rhône. Encore une fois, la situation est indécise, confuse, difficile à comprendre, mais François Ier ne peut décidément pas résister longtemps à l'appel de l'Italie ni s'empêcher d'être en bons termes avec Soliman. Et la situation de Montmorency illustre exactement l'éternel conflit qui se déplace, s'arrête, reprend après l'hiver comme si une machinerie de Léonard de Vinci était actionnée par le diable. En effet, le connétable, qui ne cesse de prôner la réconciliation, sert François Ier mais est également tout dévoué à la reine Eléonore.

Lorsqu'il revient en Espagne à la fin de 1536, Charles Quint apprend, avec inquiétude, que le jeune théologien Jean Calvin, homme assez timide, réservé mais énergique, adepte des nouvelles idées religieuses, s'est réfugié à Bâle où il publie son *Institution chrétienne* en latin, qu'il devra traduire lui-même en français. L'empereur craint – et il a raison – que ce nouveau courant du protestantisme ne fortifie la révolution spirituelle portée par Luther. Mais il se pourrait aussi que Calvin oblige François Ier à cesser ses « mauvaises manières » avec Soliman, car le christianisme est déjà en danger à cause de ses divisions. Montmorency, qui juge scandaleuse toute alliance avec les Turcs, pousse le roi à ne pas persévérer dans cette voie. François Ier veut encore une guerre ? Qu'il attaque Charles Quint aux Pays-Bas ! Pour changer ! L'offensive s'arrête aux frontières et une nouvelle trêve est décidée le 31 juillet. Soliman, lassé des tergiversations françaises, lance une nouvelle armée en Europe centrale. Cette fois, pour l'empereur menacé sur deux fronts, une entente solide avec son beau-frère est urgente. Ils ne se sont pas revus depuis douze ans ! Et seule une paix familiale permettra d'unir les chrétiens dans une nouvelle croisade.

Lorsque, le 8 février 1538, l'empereur, le pape et Venise constituent une ligue catholique, la position française est de plus en plus délicate. Montmorency s'active en pourparlers et en préparatifs pour une rencontre indispensable. Elle aura lieu, le 14 juillet, dans la chaleur humide du petit port d'Aigues-Mortes, un symbole fort puisque Saint Louis s'y était embarqué lors de la huitième croisade. La reine Eléonore s'y rend par bateau, heureuse de voir son frère, accompagnée des grandes dames de la Cour, dont la duchesse d'Etampes, maîtresse du roi quand elle avait dix-sept ans, et la dauphine Catherine de Médicis, nièce du pape Clément VII qui a épousé le futur Henri II et que François Ier apprécie parce qu'elle aime la chasse et tire à l'arbalète. L'empereur ne veut pas quitter son navire. On aménage un grand pont de bois qui s'effondre sous le poids du somptueux cortège d'Eléonore. En voulant la secourir, son frère se précipite, tombe à l'eau lui aussi et commente la scène en ces termes : « Là eussiez vu des gentilshommes, qui avaient le plus grand désir de servir aux dames, se jeter en mer, les porter en l'air et tirer hors de l'eau. A la vérité, il y en eut de bien baignées, je dis jusqu'au-dessus de la ceinture. »

C'est, à peu près, le seul moment joyeux de la journée. En effet, à voir les frégates et galères bardées de canons, il est clair que la méfiance caractérise ces retrouvailles forcées. Que peut-il advenir de ces apaisements verbaux ? Pas grand-chose, sinon que la trêve est prolongée de dix ans. Et les deux souverains évitent de s'engager. Charles Quint ne veut toujours pas entendre parler de la rétrocession du Milanais à son beau-frère, lequel refuse de signer une lettre où il promettrait de combattre les Turcs. L'essentiel du contentieux n'a pas été abordé.

A Rome, le pape réconcilie les deux beaux-frères ennemis

Il faut donc aller plus loin, à Rome. Le pape Paul III est un personnage impressionnant. Né Alexandre Farnèse dans une des plus illustres familles romaines, s'il est un mécène fastueux ayant encouragé Michel-Ange à poursuivre les travaux de la basilique Saint-Pierre, s'il partage, avec plusieurs prélats, le goût du faste et des plaisirs, il a très vite compris que face aux progrès de la Réforme l'Eglise devait se ressaisir par la vertu et la rigueur. Et la réconciliation entre Charles Quint et François Ier ne peut plus attendre. On voit donc Paul III entourer de ses bras les deux ennemis qui se serrent la main. Une scène mémorable ! Puis l'empereur repart vite pour l'Espagne où il fait face à de sérieux problèmes financiers. Il emprunte, encore et encore ; la course aux subsides est sans fin. Le 1er mai 1539, la reine Isabelle, épouse et cousine de Charles Quint, meurt en couches à l'Alcazar de Tolède, âgée de trente-six ans. Le nouveau-né n'a pas survécu. Son mari est effondré et souffre, dit-il, « incroyablement ». Son souvenir ne quittera jamais le cœur du Habsbourg. Dix ans plus tard, lorsque Titien fera un nouveau portrait de Charles Quint, toujours en deuil, l'empereur veuf ne cessera de contempler un tableau représentant son épouse, disparue depuis dix ans, mais dans l'éclat de sa jeunesse. Isabelle avait donné trois enfants à l'empereur, Philippe, Marie et Jeanne, née en 1537. Un seul fils légitime vivant et, à cette date, une fille naturelle, Marguerite de Parme, née à Audenarde, en Flandre, en 1522.

Est-ce l'effet de la bénédiction papale ? Ou le désir de s'arracher à de sombres pensées ? Ou, plus simplement, la curiosité ? Alors qu'il se trouve à Compiègne, François Ier, qui souffre d'un abcès au périnée, est très surpris de recevoir de Charles Quint une aimable requête, gage de leur amitié. Son beau-frère lui demande la permission de traverser la France pour se rendre dans ses Etats de Flandre en pleine rébellion fiscale. Celle-ci a, partiellement, un aspect ironique, puisque les bourgeois de Gand refusent de verser à la régente Marie les sommes initialement fixées pour lutter contre les agissements des Français ! Or, nous sommes en hiver et le voyage par mer depuis l'Espagne serait long et périlleux. François Ier avait proposé cette solution terrestre à l'empereur mais il ne pensait pas que Charles Quint l'accepterait. C'est donc par nécessité, devant l'urgence, que son impérial beau-frère s'est rendu à un argument de bon sens, après avoir longuement hésité. Le 27 novembre, à Saint-Jean-de-Luz, c'est le jeune duc Charles d'Orléans qui accueille l'invité du roi son père. Il le plaisante en lui disant, avec un grand rire, qu'il est son prisonnier. Charles Quint parvient à sourire. A Bayonne, c'est le prince Henri, le dauphin – ancien captif de l'empereur avec son frère François –, qui le reçoit, avec moins d'enthousiasme, mais l'heure est à l'optimisme fraternel[1].

Le cortège impérial, ralenti par force réceptions et harangues, met deux semaines à atteindre le Val de Loire. Le vendredi 12 décembre 1539, la ville de Loches, dont les rues sont tendues d'immenses tapisseries, est en fête pour son illustre visiteur. François Ier, qui n'est pas complètement remis de son mal – en fait, il ne le sera jamais –, a revêtu du satin rouge. Eléonore est auprès de lui. Charles Quint, plus espagnol que jamais, est en noir. L'invitation lancée par le roi a aussi pour but de montrer les merveilles de l'éblouissante Renaissance en France. S'il n'a pu s'imposer en Italie – il n'a pas renoncé ! –, François Ier en a rapporté un goût et des talents qui assureront à la vallée de la Loire une célébrité mondiale. Le véritable – et le seul – succès des guerres italiennes.

L'intendance de ce voyage est très lourde car Charles Quint est accompagné d'un millier de personnes qu'il faut loger et nourrir, pour le plus grand profit des rôtisseurs et taverniers de la région. Le lendemain, à Amboise où a été prévue une fête de nuit, on frôle la catastrophe à cause d'un flambeau qui met le feu à une tapisserie sur la belle rampe de la tour Hurtault. La fumée est telle que, d'après le poète Joachim Du Bellay, loin de ses sonnets amoureux, on craignit « que l'empereur ne fût étouffé »... A son hôte, le roi a réservé une surprise, la découverte d'un chef-d'œuvre unique, Chambord. Commencé vingt ans plus tôt, il est encore en chantier mais les tours, les terrasses et le gros œuvre qui ont exigé 1 800 ouvriers sont terminés. Le château étant vide de tout mobilier, il a fallu qu'une véritable caravane chargée de coffres apporte des lits, des tentures, des tréteaux pour dresser des tables provisoires. Mais quel spectacle ! Le donjon blanc est éblouissant, les tapisseries, qui ont été tendues spéciale-

1. Lorsque le prince Henri était emprisonné avec son frère François, il portait le titre de duc d'Orléans. François est mort en 1536.

ment, splendides. Un essaim de jeunes femmes va au-devant de l'empereur et sème des fleurs sous ses pas. Le roi se plaît à dire « Allons chez moi ! » en conduisant son visiteur, qui se dit charmé puis émerveillé. Ses éloges touchent le roi. Mais voici le joyau, stupéfiant, le fameux escalier à double révolution, enroulé autour d'un noyau creux percé d'ouvertures. On en atteint le sommet après cent cinquante marches en rencontrant des sculptures aux motifs animaux (la salamandre, si chère au roi), végétaux et humains ou monstrueux qui alternent avec le répertoire décoratif italianisant.

Invité en France, l'empereur est ébloui par Chambord… et jaloux !

Charles Quint est, littéralement, bouche bée. Ses végétations perturbent sa respiration et, comme il fait « grande froidure », Sa Majesté est enrhumée depuis son arrivée en France. Le Bourguignon ne cesse de renifler ! Mais, confondu par un tel prodige architectural, l'empereur surmonte son embarras nasal et déclare : « C'est l'abrégé de ce que peut effectuer l'industrie humaine. »

On peut dire que lorsque les deux souverains montent puis descendent les marches de l'escalier en s'observant sans se rencontrer, la scène est une illustration symbolique de leurs relations. Deux monologues au lieu d'un dialogue. On peut aussi imaginer la fierté de François Ier en ce 15 décembre 1539. Depuis dix-huit ans, il a combattu Charles Quint au cours de quatre guerres, en a été le prisonnier honteux, mais l'éblouir est un plaisir vraiment royal. Une revanche par l'art, peut-être plus gratifiante que des salves de canon et des milliers de victimes. La sœur du roi, la fine Marguerite de Navarre, décrira Chambord comme « une Jérusalem céleste » et l'empereur essaiera de faire voler les plans du château – dont on ignore toujours l'auteur – pour édifier le même mirage à Bruxelles ! De chasses en banquets, Charles Quint se rapproche de Paris, chevauchant d'étonnement en éblouissement. Le voici à Fontainebleau. On lui a vanté les sensuels tableaux de l'école italienne, telle l'audacieuse *Toilette de Vénus*, la salle de bal, merveilleusement ordonnancée avec ses cinq fenêtres sur le jardin, autant sur une cour et percée d'embrasures de trois mètres, les superbes plafonds à caissons, l'étang des carpes… La future élégante galerie François Ier est en cours d'ornementation par Rosso Fiorentino. Manifestement, François Ier fait tout pour que le séjour impérial soit inoubliable et assorti d'un message : nous aimons l'Italie aussi pour ses artistes et ce palais sera un hommage à *notre* Italie aux portes de Paris. Sur ses larges épaules, le Valois porte toujours son rêve transalpin.

Lorsqu'il est en vue du château, Charles Quint est surpris par une agitation insolite dans la forêt. Du gibier ? Les 15 000 hectares n'en manquent pas. Apparaissent des comédiens jouant aux dieux et aux déesses. Encore un divertissement mythologique ! Sans doute sont-ils frigorifiés en ce 24 décembre mais « au son des hautbois, composent des danses rustiques ». Puis la suite impériale assiste à un tournoi entre le dauphin et son frère Charles. Ensuite, le roi a fait élever un arc de triomphe orné de peintures. On y voit les deux monarques encadrés par deux allégories de la Paix et de la Concorde. Les guerres sont-elles oubliées ? Les traquenards, les trahisons et les mensonges n'ont-ils plus cours ? On veut le croire… mais le roi ne peut oublier que c'était au retour de sa captivité en Espagne qu'il avait décidé, le 28 avril 1528, de substituer à la vieille forteresse médiévale d'avant Charles VII un palais raffiné sur le modèle de ceux qu'il avait pris le temps d'admirer lors de ses chevauchées italiennes.

Installé dans un pavillon d'angle, l'empereur est sensible à la décoration du plafond, spécialement peint d'aigles noirs autrichiens. Des poêles ronronnent, bourrés de bûches pour essayer de réchauffer les appartements de l'invité, toujours enrhumé. Que d'attentions !

A Fontainebleau, François Ier montre ses trésors italiens à son hôte

Homme cultivé, le roi est un guide attentif pour son hôte. Il fait étalage de ses goûts, de ses connaissances, de ses commandes et de ses acquisitions. Sur une cimaise, *La Joconde* esquisse son sourire déjà célèbre tandis qu'un *Hercule*, dû au ciseau et à la force de Michel-Ange, dérobé au palais Strozzi en 1529, développe son impressionnante musculature. L'empereur n'a pas la réputation d'être aussi galant que le roi dont la Cour est ostensiblement féminine. Pourtant, lorsque, par inattention, il laisse tomber une bague que ramasse la duchesse d'Etampes, il lui dit : « Madame, c'est la coutume que ce qui tombe de la main des rois et des confesseurs ne leur revienne pas. Gardez-la, je suis trop heureux d'orner une si belle main. »

« La galanterie de François est contagieuse ! » constate André Castelot[1]. Malheureusement, le roi, qui souffre beaucoup de sa fistule au périnée, ne peut suivre la chasse que de loin, en litière. Le 30 décembre, c'est sur la Seine que les deux monarques reprennent cette fastueuse traversée de la France. Le 1er janvier 1540, Charles Quint fait son entrée dans Paris sans le roi, qui a voulu, dit-il, laisser à son « frère » la gloire de cette apothéose, mais, en réalité, ses chirurgiens lui ont recommandé de se ménager car sa plaie est ouverte. Il y a une foule considérable rue Saint-Antoine dont les façades des maisons ont été recouvertes de draperies et de tapisseries. Les archers du roi ont du mal à contenir les Parisiens amassés sur le passage du cortège. En tête, le capitaine des Gardes, maître des cérémonies, précède le grand prévôt de la maréchaussée, le prévôt de Paris, les secrétaires du roi, les Suisses – garants d'une *paix perpétuelle* signée avec la France le 29 septembre 1516, après

1. Dans son très beau livre *François Ier* (Perrin, 1983) auquel je rends hommage, car ce merveilleux conteur a encouragé mes premiers travaux et les a publiés dans la collection qu'il dirigeait.

Marignan –, le chancelier, le grand chambellan et sept cardinaux, sans compter de nombreux gentilshommes, des centaines de moines, franciscains et bénédictins.

Charles Quint monte un cheval noir, comme s'il était en deuil lui aussi, chevauchant sous un dais orné de ses armes que surmonte une aigle impériale. Les canons de la Bastille tonnent, on recense huit cents coups qui font trembler les vitres. Du balcon de l'hôtel de Montmorency, l'empereur assiste à la représentation d'un mystère médiéval, joué sur des tréteaux élevés. Les deux souverains se retrouvent ensuite au palais dans l'île de la Cité où une galerie de statues impériales et royales a été rassemblée à la demande du roi. Celle de Charlemagne est imposante. Un rêve d'empire pour celui qui en a hérité et pour celui auquel il a échappé... Le banquet commence, devant un immense drap d'or. Lorsqu'il mange, dans une vaisselle de vermeil et d'argent, Charles Quint offre un spectacle peu ragoûtant, à cause de sa mâchoire allongée. S'étant fait tailler la barbe (et aussi couper les cheveux), sa bouche épaisse n'en est que plus voyante. Il engloutit sa nourriture en tenant son assiette sous son menton. Parfois, il mastique longuement, parfois il avale tout d'un trait. En Espagne et en Allemagne, il boit de la bière. Des lampées de vins de Loire et du Rhin – François Ier lui a aussi fait goûter le Cahors à la robe noire – font passer ces amas de victuailles. Les raffinements de la cour des Valois où la fourchette, venue d'Italie, commence heureusement à être utilisée sont ici fâcheusement oubliés. Objectivement, il faut dire que les Italiens dînant à la table du roi sont souvent effarés par les mauvaises manières des Français. L'empereur est un gros mangeur, c'est un de ses seuls plaisirs. On ne s'étonne pas de ses crises de goutte qui sont maintenant fréquentes ; il se plaint de ses articulations enflammées et de douloureux picotements.

Charles Quint soigne sa goutte… en mangeant comme un ogre !

Ce régime, si l'on peut dire, fait le désespoir de l'officier de bouche de Sa Majesté, l'Espagnol Luis de Quijada, qui lui répète, en vain : « Sire, la goutte se soigne en fermant la bouche ! » Et le majordome de guetter la moindre réaction de son maître.

Charles Quint n'a pas envie de se soigner. Et il fait si froid, malgré les fourrures, que Sa Majesté doit reprendre des forces car ce programme est épuisant. Cortèges, acclamations et « ripaille » se succèdent. Cette boulimie n'est interrompue que le vendredi, jour maigre, souvent même la veille, et bien entendu pendant le carême.

Un jeudi soir, l'empereur préfère renoncer à manger les saucisses qu'on lui a envoyées – ce serait un péché – pour goûter, avec plaisir, les huîtres, les truites et les anchois arrivés du Portugal.

En France, c'est sans doute lorsque François Ier fait visiter à son beau-frère les tombeaux de Saint-Denis que le contraste entre les deux hommes est le plus tangible. Malgré son mal, le roi, grand, enjoué, est toujours vif, vêtu de teintes dorée et orange. L'empereur, évidemment en noir si l'on excepte un col blanc et son collier de la Toison d'or, paraît chétif, malingre et surtout méfiant, peut-être agacé par tant de festivités pendant cette semaine parisienne. Le 6 janvier, à Chantilly, la réception du connétable de Montmorency, nouveau chef de l'armée depuis onze mois, est la plus symbolique. N'est-il pas celui qui a pris le risque d'œuvrer, sans relâche, à la réconciliation entre les deux souverains ? Après Villers-Cotterêts, où le roi, par un édit signé sept mois plus tôt, a rendu l'usage du français obligatoire dans les actes officiels, François Ier, souffrant trop, ne peut accompagner le Habsbourg jusqu'à la frontière picarde. A sa place, le 24 janvier, il dépêche ses fils, Henri, le dauphin, et Charles d'Orléans, qui avaient accueilli l'empereur à son entrée sur le sol français. Ils lui demandent de confirmer les promesses qu'il avait faites à leur père. Charles Quint reste évasif, les assurant qu'il « contenterait le roi ». Un ambassadeur vénitien, étonné, informe la Sérénissime que « c'est une grande stupéfaction qui dépasse l'intelligence humaine de voir ces éternels ennemis se donner mutuellement une si grande preuve de confiance ».

Les deux beaux-frères ne se reverront pas.

En deux mois, l'empereur a découvert la France qu'il a si souvent combattue. Le royaume est riche, du moins quand il est en paix, très peuplé, comptant entre quinze et dix-huit millions d'habitants alors que les Etats allemands de l'Empire n'en dépassent pas quinze, ceux d'Italie douze et l'Espagne environ huit. Mais c'est surtout l'union qui a retenu l'attention de Charles Quint, même si elle est sérieusement ébréchée par les divisions religieuses. Celles-ci sont beaucoup plus graves en Allemagne et nuisent au prestige impérial.

Lorsqu'il arrive enfin à Gand, sa ville natale, l'empereur juge la révolte fiscale intolérable. Il semble loin le temps où Sa Majesté disait avec fierté : « Je mettrai Paris dans mon Gand » ! Sa répression est atroce, les cinq mille lansquenets se comportent comme des brutes. Il est vrai que depuis près d'un siècle, les Gantois ont régulièrement manifesté leur refus d'acquitter les taxes, contre Philippe le Bon en 1452, contre Charles le Téméraire en 1469, contre Marie de Bourgogne en 1477. La nouvelle insurrection n'est pas admise par Charles Quint parce que si la draperie a connu une décadence, Gand, en devenant le principal entrepôt européen des céréales, s'est assuré un regain de prospérité. La ville n'est pas pauvre, elle doit payer mais elle en a assez de supporter, comme les Pays-Bas, le poids principal des dépenses. Artisans, compagnons, échevins et bourgeois sont matés. Et humiliés : en noir, tête et pieds nus, une hart au cou (c'est la corde avec laquelle on pend les condamnés), ils finissent par s'agenouiller dans la poussière devant leur maître.

A Gand, la répression contre les insurgés est implacable

Les meneurs, entre neuf et vingt-six hommes, on ne sait exactement, sont décapités. La colère impériale s'exerce partout. Même le bourdon du beffroi est réduit au silence, sans doute parce qu'il avait inspiré aux Gantois une formule provocante : « Cette cloche a nom Roeland ; quand elle s'ébranle, elle sème l'orage dans la contrée. » Mais ce n'est pas tout. L'empereur fait démolir l'abbaye Saint-Bavon et donne l'ordre de construire à sa place une citadelle qu'on appellera, par dérision, le château des Espagnols. Enfin, Charles Quint supprime les anciens privilèges de la ville et promulgue ce qu'on pourrait appeler une Constitution, la « concession caroline ». La révolte des impôts est écrasée.

Quelques mois passent et on s'interroge : la paix entre l'empereur et le roi est-elle durable ? Le Habsbourg avait promis au Valois d'étudier tout ce qui pourrait être envisagé pour faire taire définitivement les armes. Il tient sa promesse en offrant au duc d'Orléans, le fils cadet du roi, la main de sa fille Marie, âgée de douze ans. Sa dot serait composée des Pays-Bas, de la Franche-Comté et du Charolais. En contrepartie, le roi devrait rendre la Savoie et le Piémont. François Ier refuse, convaincu que l'empereur n'abandonnera jamais le Milanais. Le roi voyait juste car, exaspéré, il apprend qu'à Bruxelles, le 11 octobre, Charles Quint a nommé son fils Philippe duc de Milan alors qu'il s'était engagé à confier le duché à un prince français. Milan ! L'unique objet, semble-t-il, du ressentiment royal… Tout le fragile édifice de paix va s'effondrer, il n'y a plus aucun espoir. Dans cette déconvenue, le roi ne voit qu'un coupable, Montmorency, ce qui est injuste. Trop confiant, le connétable avait affirmé que le Milanais deviendrait français. Par malheur pour ce brillant capitaine, la duchesse d'Etampes intrigue contre lui, influence le roi par des remarques désobligeantes et des insinuations perfides. De plus, la sœur du roi, Marguerite de Navarre, femme prodigieusement cultivée et spirituelle – elle parle sept langues ! – et qui a une grande influence sur François Ier auquel elle est très attachée, n'aime pas davantage Montmorency. On est loin de Cambrai ! Voici la guerre des dames, guerre de cour, bien sûr, mais la coterie triomphe dans les couloirs et le connétable, victime de la disgrâce qu'il avait si souvent effleurée à cause de ses promesses optimistes, se retire sur ses terres de Chantilly.

Or, François Ier, dont l'humeur est aussi assombrie par ses souffrances, se prive ainsi des services d'un très brillant soldat pour affronter son prochain ennemi, toujours le même, car il sait maintenant que Charles Quint n'avait pas l'envie de lui être agréable. Il est possible que son voyage en France ait, finalement, indisposé l'empereur. Comme au Camp du Drap d'or où François Ier et Henri VIII avaient cherché à s'éblouir, rien de concret n'avait été arrêté. Le 5 mars 1541, le roi se trouve à Blois, à l'endroit même où est né son rêve italien ; il a embelli le château d'une galerie magnifique portant son nom, avec des loges italianisantes. Quarante ans plus tôt, son prédécesseur Louis XII avait reçu à Blois Philippe le Beau et Jeanne de Castille qui n'était pas encore folle, les parents de Charles Quint. Aujourd'hui, le roi donne audience à son ambassadeur auprès de la Sublime Porte. L'établissement de ces relations diplomatiques avait choqué en Europe, mais François Ier les avait présentées comme un moyen d'affaiblir Charles Quint. Or, rapporte l'ambassadeur, Soliman est furieux de la réconciliation de François Ier avec l'empereur. Dans son courroux, il a même menacé l'envoyé du roi de lui faire trancher la tête ! En quittant Blois, le diplomate est rassuré, Soliman sera apaisé de savoir que l'animosité entre l'empereur et le roi s'est réveillée. Allons donc, elle n'était qu'endormie ! Constantinople peut se réjouir, le conflit va reprendre et affaiblir les chrétiens.

Piège mortel pour l'ambassadeur de François Ier en route vers Constantinople

Sur la longue route vers le Bosphore, traversant la Lombardie, l'ambassadeur est informé que Charles Quint aurait ordonné un guet-apens contre lui car ce diplomate, le corpulent Antonio Rincon, est un ancien capitaine espagnol. Le fait qu'il soit passé au service du roi de France – et avec quel rang ! – fait de lui un traître, ce que l'empereur exècre. Il veut se venger. Alors qu'ils traversent le Pô en barque, l'ambassadeur et son compagnon de voyage, le Génois Cesare Fregoso, ambassadeur de France à Venise, sont massacrés au début de juillet 1541, près de… Pavie. Derrière le petit groupe de spadassins, toute l'Europe reconnaît la main de l'empereur. Charles Quint proteste, tente de se disculper, promet de punir les meurtriers mais il ne convainc personne et ne fait rien. L'affaire provoque une double colère, celle de François Ier, puisque son beau-frère a fait tuer deux de ses représentants, mais aussi celle de Charles Quint, parce que l'un de ses exécutants n'a pas réussi à s'emparer des dépêches royales destinées à Soliman mais que Rincon, inquiet, avait confiées, à Rivoli, à une personne sûre juste avant l'assaut des tueurs… mais qu'on ne retrouvait pas. Quel était leur contenu ? Le roi jurera qu'elles priaient le Turc de ne pas envahir la chrétienté et de ne pas lancer ses armées vers la Hongrie. Charles Quint, convaincu au contraire que ces documents prouvaient la collusion du roi avec le Turc, fait rédiger de fausses dépêches compromettant son beau-frère. Tout est donc organisé pour que les relations entre les deux ambitieux s'enveniment, de provocations en susceptibilités, de mensonges en pièges meurtriers. Ces deux hommes ne savent-ils donc que se faire la guerre ?

Tout en traitant publiquement Charles Quint d'assassin d'ambassadeurs, le roi déploie une intense activité diplomatique, cherchant de nouveaux alliés pour reprendre ses opérations militaires en Milanais ! Et pourquoi ne pas agir comme le Habsbourg en organisant des mariages qui avantageraient la France ? Quelques alliances seront conclues avec des personnalités germaniques, le duc de Saxe et le prince Electeur de Mayence à la fin de 1541, mais si elles agacent Charles Quint, elles n'apportent pas un grand soutien à François Ier qui ne cesse de chercher à venger l'assassinat de ses ambassadeurs. Il a envoyé son nouveau représentant auprès de Soliman afin de resserrer ses liens, plutôt distendus, avec lui. Le plan du roi prévoit que lui-même attaquera sur terre par les Flandres tandis que Soliman, que le roi, qui connaît l'art de flatter, aime appeler « Magnifique », attaquera l'Autriche et Vienne (pour la troisième fois) et que leurs deux flottes se réuniront en Méditerranée pour débarquer en Espagne. Cette dernière opération est différée car l'empereur, à peine revenu de la Diète de Ratisbonne, attaque Alger le 25 octobre. Va-t-il renouveler sa victoire tunisienne ? Protégée par un môle et de solides remparts, la ville d'Alger est peuplée de Berbères, d'Andalous, de Turcs et de Grecs échappés des prisons ottomanes. Une armée disparate. Mais en cette saison, la mer est mauvaise. La tempête disperse les navires impériaux alors que Charles Quint vient de débarquer avec ses troupes. Face à Barberousse, il échoue, de peu, mais il échoue. Sa défaite est vite assimilée à un désastre, ternissant le triomphe remporté à Tunis. L'empereur ne s'attarde pas et, dépité, gagne l'Espagne le 23 novembre, au moment où Ignace de Loyola, fondateur de la Compagnie de Jésus que le pape avait approuvée deux ans plus tôt, devient le premier général des Jésuites et se consacre à l'organisation de son ordre. Pour Charles Quint, les tracas et difficultés s'accumulent. Il est d'humeur lugubre. Son échec devant Alger, les dissensions confessionnelles en Allemagne, l'assassinat de l'ambassadeur du roi et la réanimation de l'alliance franco-turque le placent en état d'infériorité car la dispersion géographique est à la fois une cause et une conséquence de ses ennuis.

C'est ce qu'attendait François Ier pour décider une nouvelle campagne.

Charles Quint, submergé de problèmes, le roi repart en guerre

Elle éclate le 10 juillet 1542. Le royaume est averti à coups de trompe jusque dans les campagnes reculées. Pour l'empereur, le cauchemar est partout. Déjà, le duc de Hesse s'était emparé du Wurtemberg avec l'aide de la France. Une armée ottomane est en Autriche, le duc de Clèves envahit le Brabant et le fils aîné du roi de France, Henri, duc de Bretagne et futur Henri II, assisté de l'amiral d'Annebaut (aimablement surnommé « Ane-Bo » !) qui a remplacé Montmorency, fonce vers le Roussillon tandis que le duc de Guise, auprès de Charles, duc d'Orléans, fils cadet du roi, prend le Luxembourg. En attaquant ces deux points extrêmes du royaume, François Ier semble sûr de son plan. Cependant, la détestable habitude des Français d'hésiter puis de changer brutalement d'objectif va sauver l'empereur. En effet, à la surprise – heureuse ! – des impériaux, au lieu d'achever la conquête du Luxembourg, Charles d'Orléans, impulsif, décide de se porter vers le Roussillon pour s'y battre au côté de son frère, peut-être pour enlever la victoire au dauphin dont il est envieux. Le résultat est catastrophique, car, lorsqu'il atteint Perpignan, son frère Henri avait déjà ordonné la retraite, la ville étant défendue par une trop puissante artillerie. Avec les nouveaux canons, la guerre a définitivement changé. François Ier doit appeler Soliman à l'aide.

Quand Barberousse se présente à Toulon avec 30 000 Turcs, la population, qui les accueille avec de grands honneurs, est vite stupéfaite du comportement de ces alliés encombrants. Ils pillent les réserves agricoles des villages, transforment la ville en cité musulmane, se rendent à la prière à l'appel des muezzins et ravagent les côtes pour y faire de nouveaux esclaves. Cette occupation dure huit mois et coûte 800 000 écus d'or au roi de France ; ce n'est qu'à ce prix que Barberousse consent à se retirer en mai 1544. Il faut trois jours à trente-deux trésoriers pour transférer les pièces des coffres aux sacs. Et le roi est obligé d'ajouter 30 000 livres aux habitants pour les dédommager d'une pénible occupation. Le bilan de cette campagne est doublement négatif. D'une part, elle a coûté 5 millions de livres tournois pour rien, puisque les conquêtes ont été abandonnées ; d'autre part, l'attitude des Turcs en Provence, plus pilleurs que compagnons d'armes, a choqué le peuple. Qu'est-ce donc que cet allié qui fait flotter des étendards avec un croissant sur les maisons ? Toulon n'est pas Constantinople !

L'empereur, revenu en Espagne, écoute les doléances de Las Casas sur le sort des Indiens, toujours maltraités. Après d'âpres controverses entre théologiens où les dominicains sont favorables aux Indiens, les *leyes nuevas* (« nouvelles lois ») mettent fin aux abus de l'*encomienda* qui prônait l'esclavage. Le principe des privilèges est supprimé et l'empereur envoie Las Casas, nommé évêque au Mexique, pour vérifier sur place l'application de cette courageuse réforme. Certes, la mesure est due à Charles Quint. Le mérite lui en revient, indirectement mais incontestablement. Certes, lui et ses ministres obéissent à des considérations que nous appellerions humanitaires. Mais il ne faut pas oublier que l'établissement de vice-royautés dans le Nouveau Monde et d'un nouveau code, mesures progressistes, arrivent bien tard après les exactions commises. Et l'intérêt de l'empereur est aussi de préserver une source commode de revenus. Annuellement, l'Amérique lui envoie environ 67 tonnes d'or, 1 200 tonnes d'argent, plus 250 000 ducats.

Le vent guerrier qui souffle en Europe tourne alors en faveur de Charles Quint. Le 6 mai 1543, il quitte l'Espagne après avoir remis la régence à son fils Philippe, âgé de seize ans. Encore un périple exténuant de la Catalogne à Gênes, puis il passe à Pavie (par superstition ?), Crémone, Trente et Ulm, et il reprend une province des Pays-Bas, la Gueldre, au duc de Clèves, ce qui prive la Réforme d'une importante position stratégique sur la basse vallée du Rhin.

Mauvaise surprise pour le roi : Henri VIII s'allie à Charles Quint !

Un courrier informe l'empereur d'un événement extrêmement grave pour la France : Henri VIII, rompant dix-sept ans de paix franco-anglaise, s'allie avec Charles Quint ! Est-ce un retour à l'alliance concoctée par Louise de Savoie en 1526 et qui avait menacé le royaume ? Il y a une raison personnelle à ce revirement, le Tudor en voulant au Valois de ne pas l'avoir soutenu auprès du pape dans son divorce, et une raison politique, puisque le même François Ier s'était permis d'appuyer les revendications écossaises contraires aux intérêts anglais. Ajoutons une raison financière, l'Anglais estimant que le Français lui doit encore des pensions, promises et jamais versées. En bref, Henri VIII était ulcéré. C'est dans le plus grand secret, le 11 février 1543, que la nouvelle entente a été conclue.

Ne se doutant de rien, François Ier juge qu'il peut attaquer quelques positions de Charles Quint dans les Flandres tandis que le duc de Clèves, zélé, ravage les Pays-Bas. On imagine la stupeur et la consternation de François Ier lorsqu'il reçoit un ultimatum de l'empereur et du roi d'Angleterre unis contre lui ! Puis, il se reprend, continue son offensive au Luxembourg, promet des renforts à Clèves et s'en va chasser !

Charles Quint, qui n'est pas du genre à se distraire quand il combat, avance méthodiquement. Le 24 août, il écrase l'armée de Clèves qui, bien entendu, n'avait reçu aucun des renforts promis. L'empereur revient à Spire où la Diète s'est réunie, espérant que le souverain ne réclamera pas d'argent. Pourquoi le roi de France a-t-il encore confiance en son étoile ? Parce que le 14 avril 1544, en Piémont, près de Coni, le comte François d'Enghien, assisté d'un brillant Gascon, Blaise de Montluc, a remporté une victoire éclatante, après des combats longs et sanglants. Le lieu s'appelle Cérisoles. Les pertes impériales sont effrayantes, 15 000 morts… Que ce résultat soit obtenu un lundi de

Pâques est, pour Sa Majesté très chrétienne, un signe du Ciel. Que Cérisoles soit, comme par hasard, sur la route de Milan est un autre signe. Pour le roi, avec Cérisoles, les beaux jours de Marignan sont revenus. Enfin !

Tous les espoirs français de revanche sur cette insaisissable Italie sont permis mais cette euphorie est brève, car il faut rappeler les Français au nord. Grâce à l'inlassable bonne volonté des banquiers Fugger, 40 000 impériaux attendent leurs ennemis sur le chemin du retour. Ces financiers sont aussi confiants, organisés et malins que les souverains sont obstinés, teigneux et tout de même un peu légers dans leurs emballements. Cérisoles est une illusion, la réalité est très inquiétante. En effet, Charles Quint a facilement franchi la Meuse et envahi la Champagne pendant que Henri VIII, qui a débarqué à Calais, se plaît à terroriser la Picardie. Près de 100 000 hommes ont pénétré en France et avancent vers Paris. Qu'y peuvent les vainqueurs de Cérisoles ? Le 8 juillet 1544, le Habsbourg, à la tête de fantassins allemands et espagnols qui ne s'entendent guère entre eux, commande lui-même les impériaux ; ils arrivent devant Saint-Dizier, dans l'actuelle Haute-Marne, à seulement cinquante lieues de la capitale[1]. Derrière les remparts, qui ont été renforcés, il y a seulement 3 000 Français, commandés par le comte de Sancerre et pourvus d'une solide artillerie. Leur résistance est digne d'éloges, Saint-Dizier tient pendant plus d'un mois, héroïque soutien du royaume, ce qui lui vaut l'admiration de François Ier, alors à Villers-Cotterêts, torturé par son abcès. Soudain, alors que l'action impériale est incertaine, Sancerre fait ouvrir les portes le 17 août. Pourquoi cette reddition prématurée ? Il semble que Sancerre ait voulu faire parvenir un message codé au duc de Guise. Le message a été intercepté et décrypté. Le chancelier de l'empereur rédige une fausse réponse : « Que Sancerre se rende. » Mais comment avait-il eu le code du texte ? On évoqua – sans preuve – la trahison de la duchesse d'Etampes, mais elle était tellement détestée

1. Soit environ deux cents kilomètres.

que ses ennemis furent trop heureux de répandre cette calomnie. Effondré, le roi ordonne au parlement de Paris une procession solennelle à Notre-Dame. Puis, il revient au Louvre, exigeant que l'on accélère les travaux de défense. On tend de lourdes chaînes de fer, de la tour de Nesle à la tour du Louvre, reposant sur des bateaux amarrés à des pieux. En amont, d'autres chaînes relient la Tournelle à l'île Saint-Louis. On élève des remblais, on creuse des tranchées, mais l'artillerie rend ce dispositif dérisoire et dépassé. L'époque des Vikings remontant la Seine est loin… Pantagruel ironisera : « Une vache avec un pet en abattrait plus de six brasses ! » Les Parisiens n'ont pas confiance ; certains en appellent à sainte Geneviève, comme d'habitude, d'autres entassent leurs biens sur des chariots et s'enfuient en direction de la Loire, comme d'habitude.

Mais que se passe-t-il ? Henri VIII ne s'avance pas vers Paris pour faire la jonction avec Charles Quint parce que l'empereur reste en Champagne. Ses soldats épuisés, affamés et non payés, pillent la région mais leur butin est maigre ; ses troupes « sont réduites à la dernière pénurie » car les Français ont tout brûlé et les désertions se multiplient. Il n'y a qu'à Epernay et Château-Thierry que l'on trouve encore de quoi survivre. A ce moment, paradoxalement, François Ier a l'avantage puisque l'ennemi est dans l'impossibilité d'exploiter sa victoire. Mais le roi sait aussi que son pays est lassé de cette guerre perpétuelle où les défaites annulent les victoires et où chaque paix, jamais réellement respectée, est source de nouveaux conflits. Le plus exaspérant est de rendre des territoires ou places chèrement conquis. Il est vrai que l'acharnement des uns et des autres à se détruire, à s'allier, à se trahir et surtout à s'épuiser est consternant.

A l'été 1544, la guerre s'achève avec des projets de mariage

François Ier choisit le compromis. A quoi bon continuer à se battre ? Le roi craint pour Paris. Hanté par le spectre de l'occupation anglaise lors de la guerre de Cent Ans, il se montre donc raisonnable. Et Charles Quint, dont les domaines autrichiens restent sous la menace ottomane, est inquiet de l'indiscipline de ses mercenaires sans solde. Les banquiers Fugger seraient-ils, eux aussi, lassés d'avancer des fonds ? Après des pourparlers, un traité de paix est signé à Crépy-en-Laonnois le 18 septembre. Charles Quint le Bourguignon renonce à son emblématique duché de Bourgogne contre un abandon par François Ier de la Flandre, de l'Artois, de Naples, de l'Aragon et du duché de Milan, ce mirage perpétuel. Un catalogue de restitutions ! La nouveauté tient aux projets de mariage – le roi y a pris goût – qui, s'ils resserrent les liens, n'empêchent jamais un conflit. Il est donc prévu que le fils cadet du roi, Charles, duc d'Orléans, épouserait soit une fille de Charles Quint, l'infante Marie, soit une de ses nièces, fille de son frère Ferdinand. Les époux recevraient en dot plusieurs duchés (Angoulême, Châtellerault, Bourbon). Précisons que cette union avait déjà été proposée par l'empereur au roi de France qui l'avait refusée. Mais puisque maintenant il reprend cette idée, elle ne peut qu'être séduisante. Enfin, l'alliance franco-turque, dont on a vu les effets pervers, est dénoncée et François Ier promet à son beau-frère près de 10 000 hommes pour attaquer Soliman… le Furieux quand il apprend la nouvelle trahison du roi François. Dans cet arrangement matrimonial, Charles Quint est sans doute sincère, soucieux de s'occuper des affaires allemandes ; il ne reste qu'à choisir la fiancée, sa fille ou sa nièce. En revanche, du côté français, le dauphin et sa coterie animée par Diane de Poitiers ne sont pas contents : cette dot n'est, selon eux, qu'une manière détournée d'amputer l'héritage du futur roi au profit de son cadet. Le différend entre les deux frères, déjà vif, devient grave. La fatalité interviendra un an plus tard, balayant les prévisions et les ressentiments humains. Le 8 septembre 1545, le prince Charles visite des malades tuberculeux sans prendre les indispensables précautions et succombe. La tragédie accable son père, qui s'évanouit. Il n'y aura donc pas de mariage Valois-Habsbourg.

Par conséquent, au-delà de cette déception, le traité de Crépy-en-Laonnois peut-il être remis en cause ?

Charles Quint se hâte de regagner ses Etats où la situation de l'Eglise catholique est devenue critique. Le souverain suit l'œuvre « de prière et d'action » d'Ignace de Loyola dont les compagnons – ils seront un millier de son vivant – ont été envoyés par le pape en mission dans les pays gagnés par la Réforme. Les Jésuites ont aussi traversé les mers pour évangéliser les indigènes. Et, souvent sur leurs rapports, l'empereur sanctionne les crimes de ses représentants se croyant invulnérables à cause de l'éloignement, tel l'un des frères Pizarre, gouverneur de Cuzco au Pérou, qui sera, sur ordre de Charles Quint, emprisonné en Espagne. Remarquons que le Bourguignon interdit aux Jésuites de s'installer aux Pays-Bas.

Ainsi qu'il le lui avait demandé et que le pape le lui avait promis, un concile est convoqué à Trente pour faire face à l'expansion du protestantisme. L'assemblée d'évêques et de théologiens ouvre ses travaux le 13 décembre 1545. Ils s'étaleront sur… dix-huit ans, en trois périodes et vingt-cinq sessions. Véritable machine de guerre contre la Réforme, le concile examine tous les points fondamentaux de la doctrine catholique. Si, en leur temps, les papes Léon X et Clément VII avaient eu l'audace de réunir un concile avant la condamnation des thèses de Luther, le schisme aurait peut-être été évité ou, au moins, la discussion aurait-elle conforté les fidèles hésitants. En 1545, il est trop tard, le fossé est trop profond pour rétablir l'unité et la mort de Luther n'affaiblit pas son mouvement ; la relève est assurée. Le seul résultat réel du concile de Trente est la rénovation des institutions de l'Eglise qui fortifie les catholiques. De la terrible crise religieuse ayant traumatisé la Renaissance naîtra la Contre-Réforme.

Charles Quint, accablé par la lenteur des travaux du concile, n'attend pas. Il se rend le 10 avril 1546 à Ratisbonne où se tient la Diète perpétuelle. Des princes protestants ont décliné la convocation, d'autres ne se présentent qu'au bout de deux mois. Deux défis à l'autorité du Habsbourg. L'empereur devrait être mécontent de leur désinvolture mais, au contraire, il ne manifeste aucune irritation. Tout juste se plaint-il qu'on ne l'aide guère à améliorer ce qui devrait l'être. Son entourage s'interroge et apprend que le malade de la goutte va mieux, un nouveau traitement ayant le pouvoir d'espacer les crises. « Charles, provisoirement guéri, se sent redevenir sinon un jeune homme, du moins un homme encore jeune[1]. »

Aimée à Ratisbonne, la maîtresse de l'empereur accouche d'un fils

Sa métamorphose est spectaculaire. Le veuf sinistre, égrotant et fatigué accompagne ses courtisans aux bains, que l'empereur romain Marc Aurèle avait organisés pour ses légions. Et voici que l'amusement – rare ! – s'empare de la suite impériale. Depuis le décès de sa chère épouse Isabelle, il semble qu'il n'ait approché aucune femme. Quelqu'un a l'audace de lui présenter une créature ravissante et surtout peu farouche, une certaine Barbara Blomberg, fille d'un artisan de la ville. Ils ont une aventure, brève, sans romantisme, car il n'est pas homme de plaisir. La belle, bien dédommagée, s'intéresse ensuite rapidement aux gentilshommes de la Cour. Cette débauche n'empêchera pas Charles Quint de considérer comme étant le sien le fils dont elle accouchera le 24 février 1547, le futur Don Juan d'Autriche, qui sera le héros de la bataille de Lépante et son dernier enfant. On enlève le nouveau-né à cette mère indigne pour le confier au très précieux Don Luis de Quijada, le majordome qui essaie, obstinément, de modérer l'appétit gargantuesque de Sa Majesté. Et, miraculeusement, on trouve à la mère une ascendance noble et son père n'est plus un obscur artisan mais bourgmestre ! Pour se venger, la jeune femme affirmera, beaucoup plus tard, que Don Juan n'est pas le fils de l'empereur mais d'un

1. Philippe Erlanger, *Charles Quint*, Perrin, 1980, réédition « Tempus », 2004.

palefrenier chargé du fourrage des chevaux. Elle avait le cœur innombrable, c'est certain, mais sa protestation n'aura aucun effet. Et Charles Quint restera vêtu de noir, officiellement père d'un demi-frère de Philippe. Un enfant naturel qui, pour l'instant, est curieusement prénommé Geronimo[1].

Peu après cette naissance et la mort d'Henri VIII, François Ier est victime d'une infection généralisée. Pourtant, grâce à sa constitution robuste, il continue à chasser en litière. Est-ce la fièvre qui le fait délirer ? Non, c'est sa vieille idée fixe. En inspectant les forteresses de ses frontières, il annonce qu'il a besoin d'argent pour une nouvelle guerre ! Rien n'arrête son fantasme. En mars, alité au château de Rambouillet, il est entouré de gens ayant perdu espoir. Lui aussi. Il fait appeler le dauphin et lui prodigue quelques conseils, le mettant en garde contre l'influence des femmes, une difficulté qu'il avait souvent connue. Ayant reçu les sacrements, il murmure : « Seigneur, qu'elle est lourde cette couronne que je croyais que vous m'aviez donné comme un don ! »

Il expire le 31 mars, âgé de cinquante-trois ans, le corps gravement délabré, sans la présence de la reine Eléonore, à Poissy, après un règne de trente-deux ans – au bilan mitigé si l'on met à part les trésors architecturaux et artistiques qu'il suscita. Le plus entêté des ennemis de François Ier ne peut oublier que le nouveau roi de France est son ancien petit prisonnier de Madrid, Henri II, vingt-huit ans. Informé de la mort de son beau-frère, l'empereur ouvre son cœur et dit, pour toute oraison funèbre : « C'était un grand roi… » C'était, surtout, le seul adversaire à sa mesure.

Charles Quint n'a plus de rival mais il a toujours des opposants, les protestants. Il veut en finir avec la ligue de

---

1. Charles Quint a déjà une fille naturelle, Marguerite de Parme, née en 1522 et, rappelons-le, trois enfants légitimes d'Isabelle de Portugal. L'un d'eux, Juana, reine du Portugal et régente d'Espagne, fut la seule femme membre de la Compagnie de Jésus.

Smalkalde, contre laquelle il guerroie depuis des mois. Il neutralise son meneur, Philippe de Hesse, l'accusant de bigamie. Le 24 avril 1547, à Mühlberg, sur l'Elbe, l'empereur écrase les princes allemands réformés que commande l'Electeur Jean-Frédéric de Saxe, fait prisonnier. La ligue n'existe plus et le vainqueur peut croire à la déroute du protestantisme. Titien reçoit commande d'un tableau pour commémorer ce fait d'armes ; la toile sera peinte un an plus tard, lors d'un séjour impérial à Augsbourg. Charles Quint, casque et armure ceints d'une écharpe rouge, un caparaçon également rouge pour son cheval noir, tient une lance. Il est déterminé, prêt au combat. L'arrière-plan montre un ciel rougeoyant qui annonce l'imminence de la tragédie. La pose rappelle une célèbre statue équestre de l'empereur Marc Aurèle. Le Habsbourg est présenté en vainqueur au soir d'une des plus importantes journées de sa vie. Si on compare cette œuvre avec un autre tableau exécuté à la même époque par Titien, quelle différence ! L'empereur, coiffé d'un béret, est assis devant un décor de colonne et de rivage. Pour une fois, le visage, de trois quarts, esquisse un sourire dans sa barbe, tout en paraissant méfiant. Dans sa main droite, Charles Quint tient un gant.

Si le vainqueur accepte de faire quelques concessions aux luthériens, le compromis qu'il propose n'en accorde aucune aux calvinistes. Et le concile de Trente ? Ses travaux, qui n'avançaient guère, sont interrompus par la réaction du pape ; Paul III est épouvanté par les conséquences de la victoire de Mühlberg. Il ordonne à son légat de se déclarer malade – une épidémie imaginaire ! – et, en raison de l'absence de princes protestants, de déménager le concile à Bologne, terre de la papauté. Charles Quint, qui devine un traquenard, peut-être la constitution d'une ligue contre lui, refuse ce déplacement suspect et ses cardinaux espagnols s'y opposent. Bologne ? C'est la ville où il fut sacré puisque Rome était en ruine par sa faute. Mais le pape maintient sa décision et les autres cardinaux l'approuvent. La colère de l'empereur est l'une des plus violentes de sa vie publique. Le souverain, prématurément vieilli et dont le mal est persistant, écrit à son frère Ferdinand que si Paul III ne renonce pas, lui, l'empereur, convoquera un autre concile qui transformera l'Eglise sans son avis. Le concile, scindé en deux partis, suspend ses discussions. Les crises succèdent aux crises, aggravant les divisions en Allemagne. Alors, Charles Quint ne ménage plus le pape, lui tient même des propos insolents et scandalise volontairement le nonce.

L'Intérim d'Augsbourg mécontente catholiques et protestants

Mais, renonçant à présider un concile, il organise, à Augsbourg, une Diète à l'été 1548. Entre deux crises de goutte et deux fièvres, l'empereur tente encore de rattraper trente années de retard. Il s'entoure d'humanistes, de théologiens et d'évêques. Un texte est publié le 30 juin, conforme à l'essentiel de la doctrine catholique mais proche du luthéranisme en concédant le mariage des prêtres et la communion sous les deux espèces. Par ce texte, l'empereur, autorité laïque, se permet d'empiéter sur un concile. Ses efforts pour colmater les brèches sont pathétiques. Le novice de 1520, qui avait affronté Luther avec légèreté et inconscience, est devenu un homme d'expérience qui tente l'impossible, maladroitement sans doute, mais du moins qui essaie d'unifier les esprits, ce que ne font ni le pape, ni les théologiens, ni les princes. Son combat, qui répond évidemment à un souci d'apaisement politique, a le panache d'une arrière-garde désespérée. Mais le texte final, qu'on nomme l'Intérim d'Augsbourg, mécontente surtout les catholiques ; des protestants s'en accommodent. Ce compromis ne sera guère appliqué que dans certaines régions de l'Allemagne du Sud. Si le principe du culte catholique est rétabli dans l'Empire, le pouvoir de résistance des protestants est inattendu. Une demi-victoire pour l'empereur, une capitulation pour le pape.

C'est aussi à Augsbourg que Charles Quint rédige son testament politique à l'intention de son fils Philippe. Sans doute est-il temps de préparer les détails de sa succession, même si, dans l'ordre dynastique, il a déjà choisi son frère Ferdinand pour recevoir la couronne impériale après lui. La goutte le torture mais aussi des maux d'estomac et des indigestions. En plus, il a des crises d'asthme. Sur le bateau qui descend le Rhin, c'est un souverain maussade qui se rend dans ses chers Pays-Bas en 1549 où sa sœur, la veuve de François Ier, s'est retirée ; il va y rester un an, vraisemblablement lassé d'être un empereur errant et le citoyen d'un monde trop vaste. La douce navigation fluviale a un immense avantage ; on peut soigner, avec des herbes, des plantes et des baumes, les hémorroïdes dont il souffre comme beaucoup d'hommes à l'époque. Des jours et des jours à cheval, des milliers et des milliers de kilomètres avalés font de ces déplacements des supplices. François Ier en avait souffert mais, on le sait, pour d'autres causes. Lors de ce long séjour flamand, l'une des joies du Bourguignon est la cérémonie annuelle qui est réservée à l'empereur et à son successeur, l'*Ommegang*, organisée par les échevins de Bruxelles[1].

La mort de François Ier avait-elle modifié les relations entre la France et Charles Quint ? Le nouveau roi, Henri II, avait dix ans lorsque, libéré des geôles du roi d'Espagne, on avait confié son éducation à Diane de Poitiers ; il s'était attaché à elle, elle était devenue son initiatrice et sa maîtresse. Ayant vingt ans de plus que lui, elle exerce un fort ascendant sur cet homme, sportif comme son père mais

1. *Ommegang* : « procession autour ». En 1348, sous le règne du duc Jean III de Brabant, une femme dévote, Béatrice Soetkens, veuve d'un ouvrier drapier, eut une apparition. La Vierge Marie lui demandait de rapporter à Bruxelles une statue d'elle-même à laquelle les Anversois accordaient peu d'attention. Cette femme réussit à paralyser les gardiens, eut des vents favorables pour son bateau et accosta à Bruxelles, près du Sablon. Médusés, les arbalétriers virent dans cette aventure un miracle. Avec le temps, le cortège mobilisa toutes les corporations et devint somptueux. C'est en 1930, pour le centenaire de la Belgique, que la très populaire reine des Belges, Elisabeth, renoua avec cette belle tradition.

taciturne comme l'empereur. C'était donc sans enthousiasme qu'il avait épousé, en 1533, Catherine de Médicis. A l'inverse de son père qui s'entourait d'artistes et d'écrivains, la cour d'Henri II est peuplée de gens d'Eglise et de guerriers où rivalisent d'influence le duc de Guise et le connétable de Montmorency qui a volontiers quitté sa retraite de Chantilly. Comme François Ier, Henri II a deux passions politiques, l'Etat et la haine des Habsbourg, celle-ci étant excitée par le détestable souvenir de sa captivité. Ces passions se réunissent dans sa conviction que la diversité religieuse ne peut que conduire à l'affaiblissement du royaume ; l'Empire en donne, selon lui, le navrant exemple. Pas plus que son père le jeune monarque ne supporte l'encerclement du royaume.

Comme son père, Henri II déclare la guerre à Charles Quint

Charles Quint est donc instruit que le roi de France exècre, comme lui, les protestants, mais y ajoute une persécution effroyable, inconnue en Allemagne. Dans l'Empire, le Habsbourg est un arbitre, en France le Valois se révèle un acharné sanguinaire contre les hérétiques, multipliant les autodafés, les bûchers et les étranglements. Charles Quint espère que le martyre des protestants français dissuadera les princes luthériens de faire cause commune avec le roi de France. Comment oseraient-ils être aux côtés d'un monarque qui installe une Chambre ardente (elle condamne au feu), d'abord à Paris puis dans chaque parlement de province ? En 1550, la disparition du pointilleux pape soulage Charles Quint. L'élection de Jules III, irascible et amateur de bonne chère, est une bonne nouvelle ; même si, alors qu'il était cardinal, ce prélat avait ordonné le transfert du concile à Bologne, il était devenu favorable à l'empereur, impressionné par ses efforts inlassables pour « regrouper les brebis égarées ». Le concile reprend donc à Trente, en présence de nombreux luthériens.

Les mêmes causes produisant les mêmes effets, Henri II agit comme feu son père. Tout en poursuivant une politique répressive contre les protestants de son royaume, cherchant à se venger, il négocie avec les princes réformés allemands. Maurice de Saxe est le plus influent ; il avait été partisan de l'empereur, il change de camp. Charles Quint, informé par sa fille Marie, ne peut croire à cette trahison, l'une des plus inattendues d'une époque qui en a déjà vu beaucoup. Maurice de Saxe propose au roi d'occuper les villes libres de Metz, Toul et Verdun, ainsi que Cambrai, avec le titre de vicaire impérial, en échange d'une aide contre Charles Quint.

Le roi accepte. En plus de son ressentiment dû a sa captivité, Henri II s'est estimé humilié lorsque, ayant invité – c'était un défi ! – Charles Quint à son sacre, ce dernier a répondu que, s'il revenait en France, ce serait à la tête de 50 000 hommes ! Cette réponse, le jeune monarque ne peut l'oublier et encore moins la pardonner. Le 15 janvier 1552, il conclut une alliance avec les princes protestants qui lui remettent le duché de Lorraine et ses évêchés en échange de 240 000 écus d'or… pour commencer. Ce traité est le seul qui ait jamais été signé à Chambord. Ses conséquences se mesurent encore aujourd'hui puisque, ainsi que l'a souligné l'archiduc Otto de Habsbourg : « Ce fut la première fois qu'un document international mettait en avant le droit des nationalités. Le Saint Empire devait, par là même, perdre sa raison d'être. »

Dans l'immédiat, cette très audacieuse convention oblige le roi à envoyer son intendant à Paris, à l'administration des Monnaies, pour qu'on y accepte la vaisselle d'argent de la noblesse qui sera fondue et transformée en pièces qui alimenteront le trésor de guerre.

Ensuite, Henri II, roi de France mué en vicaire impérial, se dirige vers *ses* évêchés. La promenade militaire commence bien, Toul ouvre ses portes, Metz est investie par surprise ; les populations semblent heureuses d'être libérées de la tutelle impériale. Mais cette « expédition d'Austrasie », ce royaume de l'Est appelé ainsi en référence aux temps mérovingiens, tourne mal dès l'arrivée à Strasbourg. Le Rhin franchi, c'est pire, la froideur devient de l'hostilité. Le roi rebrousse chemin et, passant par Luxembourg comme l'avait fait son père, se dirige vers Metz. Pendant ce temps, Maurice de Saxe, qui donne à la trahison une dimension shakespearienne, fomente une attaque surprise d'Innsbruck où se trouve Charles Quint. Ce dernier est accablé, épuisé, stupéfait qu'Henri II soit aussi vindicatif que l'était François Ier. Le 6 avril, à minuit, l'empereur, pris de panique, s'enfuit du vaste ensemble composite assemblé par ses ancêtres, la Hofburg, qui sera transformée au XVIIIe siècle par Marie-Thérèse. Par la porte dérobée glissent dans la brume six silhouettes, celles de Charles Quint, de deux chambellans et de trois serviteurs. Plus loin, dans l'obscurité neigeuse, il faut hisser le souverain sur un cheval. L'empereur est comme paralysé, incapable de se tenir, peut-être victime d'un mal alors totalement inconnu, le diabète. La troupe, engagée sur la route du Brenner, manque de rencontrer les hommes de Maurice de Saxe, fait demi-tour et regagne Innsbruck. Le plus étonnant est que personne ne s'est aperçu de la fuite de Charles Quint. Sa Majesté se reposait ! Il s'en est fallu de peu que Maurice de Saxe ne fasse prisonnier l'empereur. Quelle revanche c'eût été pour Henri II !

Et maintenant ? Pas grand-chose car, une fois de plus, il manque le nerf de la guerre et les lansquenets sont comme les Suisses, ils ne se battent pas s'ils ne sont pas payés. Dans ce cœur de l'Autriche, Ferdinand, le frère de Charles Quint, qui n'est pourtant pas dans les meilleurs termes avec lui, en profite. Il discute avec l'infâme Maurice de Saxe, sachant très bien qu'il a essayé de le capturer.

A deux reprises, à Innsbruck, Charles Quint échappe aux protestants

On est surpris par la lenteur des discussions et autres négociations dans ces affaires, comme des périodes de trêve, souvent hivernales, entre belligérants. Il n'y a pas que l'absence d'argent qui immobilise les hommes ; il y a la dureté des conditions de vie en campagne, qui ne changeront guère jusqu'au XIXe siècle. Princes et simples mercenaires sont épuisés. La médecine et la chirurgie sont par ailleurs encore bien rudimentaires et les équipements sommaires. Les survivants sont nécessairement d'une résistance inouïe, supportant leurs maux, ne s'écoutant pas. C'est, je le rappelle, le cas de Charles Quint. Tel un renard, il devine que ces palabres entre le Saxon et son frère n'ont d'autre but que de resserrer les mailles du filet. Comme dans un feuilleton d'Alexandre Dumas, il s'échappe à nouveau mais est obligé d'aller plus loin, jusqu'en Carinthie, au sud de l'Autriche. Hagard, il se réfugie sur les terres de son frère. Comme la situation est sans issue, il charge, avec réticence, Ferdinand de négocier un accord à Passau, au confluent du Danube, de l'Inn et de l'Ilz. Le 15 août 1552, Ferdinand signe, au nom de son frère, une convention qui confirme aux princes germaniques leurs libertés, autrement dit les luthériens sont gagnants, ils ont, autant que les catholiques, le droit de pratiquer leur culte. En conséquence, les princes allemands peuvent oublier leurs alliés français dont ils ont déjà dépensé toutes les largesses.

Charles Quint ne peut accepter la perte de ses villes, en particulier Metz, qui permet de couper la Flandre de la Franche-Comté et d'affaiblir la défense des Flandres. L'empereur s'organise malgré les remontrances de sa sœur Marie, régente des Pays-Bas. Il ne l'écoute pas et assure qu'il va prendre le commandement. Elle est doublement inquiète, son frère souffrant atrocement de la goutte et l'hiver étant propice aux désertions. Mais l'empereur peut compter sur un Espagnol, le duc d'Albe, grand soldat qui l'a aidé dans sa victoire de Mühlberg. Les voici devant Metz, ancien foyer de la Renaissance carolingienne. Le duc de Guise, chargé de sa défense, a reçu l'aide d'un proche parent de Catherine de Médicis, l'ingénieur Strozzi, spécialiste en fortifications. La ville a accumulé les vivres et les munitions. Un véritable entrepôt doublé d'une poudrière. Pour le siège, les impériaux ont une forte artillerie. En six semaines, leurs canons lancent 15 000 boulets, mais à chaque brèche crevant les remparts, Guise et Strozzi font colmater. Comme par enchantement, des murs neufs se dressent à chaque salve. Le 20 novembre, l'hiver transforme le sol en boue gelée ; les assiégeants sont beaucoup plus mal en point que les assiégés. Charles Quint, lui-même affaibli, se retire à Thionville. Mais comme on lui dit que le courage des impériaux est chancelant, il revient diriger la manœuvre depuis sa litière, ordonnant une attaque générale. Il est bien l'arrière-petit-fils de Charles le Téméraire, aussi têtu, vindicatif et enragé que lui dans un mélange de courage et d'inconscience. Jusqu'au bout, il fuit le spectre de la retraite, mais elle est inévitable. Le 1er janvier 1553, Charles Quint est obligé d'abandonner, ayant perdu les trois quarts de ses effectifs. Les survivants sont affamés, grelottant de froid. Avec élégance, le duc de Guise, qui a libéré Metz, envoie un chirurgien soigner les blessés le long des murailles, un certain Ambroise Paré. Il sauve d'une mort certaine de nombreux amputés en substituant la ligature des artères à la cautérisation au fer rouge. Amer, l'empereur s'éloigne. Cette ville qui lui a résisté est une friponne.

« La fortune est femme, dit-il. Elle n'aime pas les vieillards. »

S'il prend sa revanche dans quelques combats ultérieurs, les conséquences de sa reculade devant Metz sont énormes, et ce n'est pas la fondation de la ville de Hesdin, dans le Pas-de-Calais, qui peut effacer sa honte. Le duc de Guise est un héros, les catholiques le fêtent et Henri II a vengé son père. Et cependant, le roi de France devrait s'inquiéter. Après la mort, prématurée, de son demi-frère Edouard VI, roi d'Angleterre, Marie Tudor, la farouche catholique

Marie (future *Bloody Mary*, « Marie la Sanglante »), devient reine d'Angleterre. Elle est la fille d'Henri VIII et de Catherine d'Aragon et elle avait été, de 1522 à 1525, promise… à François Ier puis à Charles Quint qui avait rompu et s'en voulait. Trois semaines plus tard, l'empereur veut la marier à son fils Philippe, veuf de Marie de Portugal. Philippe aurait bien épousé une de ses belles-sœurs mais sa dot, d'après l'empereur, était trop misérable ! Marie hésite plusieurs semaines, pesant le pour et le contre. Elle a onze ans de plus que Philippe, une voix masculine, une bouche sévère, une taille petite et mince et un caractère obstiné qu'elle tient sans doute de sa grand-mère, Isabelle la Catholique. Avec subtilité, l'ambassadeur de Venise juge que sa beauté d'âme est plus remarquable que sa beauté physique ! D'ailleurs, elle prévient : « Je perdrais plus volontiers dix couronnes plutôt que de mettre mon âme en péril. »

Elle qui a été tant humiliée, tant menacée, rétablit les relations avec Rome et restaure la religion catholique. Marie a toujours aimé les Espagnols, ce qui choquait son entourage. En épousant Philippe, elle retrouverait son pays maternel.

Un mariage anglo-espagnol très inquiétant pour la France

Après la signature du contrat à Londres, le 12 janvier 1554, le mariage est célébré le 25 juillet à Winchester. Charles Quint est euphorique et en oublie la goutte qui ne l'oublie plus. Dans cette union, il voit un chef-d'œuvre insurpassable, inimaginable. Le rapprochement de l'Empire avec l'Angleterre jette un gigantesque pont, depuis la Manche, à travers l'Atlantique, jusqu'aux colonies et vice-royautés espagnoles. On pourrait tendre un fil sur un de ces globes qui font rêver les navigateurs : Anvers-Londres-Augsbourg-Milan-Naples-Tolède-Lima ! Il n'y a décidément que les mariages et non les guerres pour édifier une pareille puissance. La stratégie des alliances matrimoniales l'emporte toujours chez les Habsbourg et, en la circonstance, l'empereur est plus imaginatif que devant Metz. Ajoutons que l'alliance Habsbourg-Tudor vivifie le commerce des Pays-Bas. Henri II, agacé, et le connétable marchent sur Bruxelles. Charles Quint, tremblant de froid en plein été, la barbe et les cheveux blanchis, fait un effort surhumain pour repousser l'ennemi. Il est, pour la dernière fois, à la tête de son armée. Après des combats indécis, les Français sont arrêtés devant Namur, c'est l'essentiel.

L'Allemagne assombrit l'humeur de l'empereur car la menace de sa division religieuse et politique persiste. Comme il s'y était engagé pour confirmer la convention de Passau, il convoque la Diète à Augsbourg mais refuse de la présider parce que son organisme demande grâce. C'est trop pour son esprit, trop pour son corps. Il délègue son frère. Le 25 septembre 1555, par la paix d'Augsbourg, Ferdinand Ier s'entend avec les Electeurs germaniques pour accorder la liberté de conscience aux luthériens à condition qu'ils renoncent à leurs bénéfices. Ce sont les princes qui choisiront le culte de leurs sujets, en vertu de l'adage *cujus regio, ejus religio*. Un sacrifice et un échec pour Charles Quint. Comme si la conviction d'avoir trahi le rêve carolingien lui était insupportable, il décide, le 25 octobre, d'abdiquer.

La nouvelle étonne. Assurément, l'empereur est vieilli, épuisé et déprimé. Seule sa nourriture lui arrache encore quelque intérêt. En réalité, son abdication tient du feuilleton, elle se déroule en épisodes. Il se dépouillera de ses honneurs et de ses pouvoirs peu à peu sur le chemin du renoncement. Comme un vêtement taillé dans plusieurs pièces, il les abandonnera un à un. Jamais il n'y eut une pareille mise en scène de l'adieu. La transmission de ses autorités est sans équivalent. Des adieux ? Des adieux qui vont durer trois ans, progressifs mais irréversibles.

Ce 25 octobre, l'empereur renonce en faveur de Philippe, titré roi de Naples depuis son mariage, à sa souveraineté sur les Pays-Bas de son enfance. La scène se déroule à Bruxelles, dans le palais ducal. Il conclut son discours avec émotion : « Si je me laisse aller à pleurer devant vous, Messieurs, ce n'est pas parce que je m'apprête à mettre fin à mon règne, mais c'est parce qu'il me faut quitter ce pays où j'ai vu le jour et dire adieu à tous les fidèles vassaux que j'y laisse. »

Toujours à Bruxelles, le 16 janvier 1556, il renonce à sa souveraineté espagnole mais conserve son titre d'empereur. Le 5 février, il ratifie la fragile paix – encore une trêve ! – de l'abbaye de Vaucelles, près de Cambrai, après huit mois d'affrontements entre les Français, les impériaux et les Espagnols en Italie. Une paix avec la France d'Henri II qui est le dernier acte politique de Charles Quint, n'est-ce pas symbolique ? Et dérisoire puisqu'elle n'était conclue que pour cinq ans…

L'empereur se retire dans une maisonnette : deux pièces, un poêle

A dater de la mi-septembre, il prépare son retour définitif en Espagne. L'émotion qui l'étreint a une raison particulière : sa mère, la malheureuse Jeanne la Folle, est morte dans sa prison de Tordesillas. Elle était la vraie souveraine de Castille, il était son mandataire. Il ne régnait qu'en son nom et en était gêné même s'il signait ses documents « *Yo, el Rey* ». Après des décennies d'errance mentale et de souffrance psychique de la pauvre femme, c'est un soulagement. Et un signe : Jeanne partie, son fils peut aussi partir. Elle le retenait. Début 1557, Charles Quint s'arrête à Valladolid où sa dernière fille, également prénommée Jeanne, assure la régence en l'absence de son frère Philippe en Angleterre. Enfin, l'empereur – il n'a plus que ce titre – arrive en Estrémadure, patrie de nombreux conquistadores qui ont colonisé en son nom et l'ont souvent sali du sang des Indiens. Le 3 février, il entre au monastère de Yuste, dans la province de Cáceres. Dans le silence de l'église et du cloître des XVe et XVIe siècles, l'ancien souverain universel se plie à la règle des hiéronymites, cet ordre fondé en Espagne et en Italie qui avait pris saint Jérôme pour patron. Le Habsbourg s'installe dans une maisonnette isolée au fond d'un parc. Celui qui avait eu certains des plus beaux châteaux et palais d'Europe à sa disposition a fait construire cette minuscule résidence, deux pièces chauffées par un four allemand allumé presque en permanence car l'occupant a souvent froid. Il travaille, annotant ses papiers, répondant aux demandes de conseils de son fils, priant beaucoup. Un seul plaisir : la cuisine ! Jusqu'à la fin, avec une forte envie de sucre… Une spécialité qu'il apprécie en dessert est un punch brûlant avec des melons le plus frais possible. Des médecins le soignent, mais est-ce encore efficace ? Même si l'empereur a renoncé à ses chevauchées européennes, il souffre.

Mais un tel homme ne peut fuir ses devoirs facilement et disparaître des affaires du monde comme par un tour de magie. A peine Charles Quint s'est-il aménagé sa nouvelle vie dans son ermitage, voici qu'arrive le plus important des conseillers de son fils, Ruy Gómez de Silva. Il apporte une terrible nouvelle : Philippe II, roi d'Espagne depuis un an, a entraîné son pays dans une complète banqueroute. Une guerre, toujours la même depuis le début du siècle, a vidé le Trésor. Henri II est harcelé par les exilés italiens pour qu'il débarrasse la péninsule de l'ingérence espagnole. Et François de Guise brûle d'envie de se couvrir de gloire du côté de Naples où le duc d'Albe a le titre de vice-roi. Le roi de France a rompu la trêve de Vaucelles et envoyé une armée en Italie sous prétexte de soutenir le pape. Et au début de 1557, on se bat aussi bien à Naples, où l'expédition du duc de Guise est inutile, que dans le Nord de la France. L'Artois est menacé.

Que peut faire Charles Quint ? Pendant deux jours, l'émissaire de Philippe II énumère des arguments, le supplie de réapparaître. Le voir tiendrait du prodige. Sa présence stimulerait les hommes et les ferait attendre leur solde toujours en retard. Mais où est donc Philippe II ? En Angleterre, où il tente de persuader sa femme et le Parlement de Londres de porter secours à l'Espagne. Charles Quint accepte seulement de quêter, à distance, auprès du clergé et des villes. L'empereur mendiant envoie des courriers. L'Espagne lui doit beaucoup ; elle s'acquitte d'une dette morale et politique puisque l'empereur, qui ne s'est jamais senti aussi espagnol, a choisi de finir ses jours sur cette terre, un honneur. Tolède envoie 400 000 ducats à Valladolid, Cordoue 100 000, Séville 50 000. Charles Quint éprouve une sensation nouvelle : il n'est plus l'acteur obligé de s'engager dans les affrontements humains mais l'observateur attentif des événements.

Marie Tudor – on avait annoncé sa grossesse mais elle n'était pas enceinte – joint un contingent anglais aux Espagnols pour affronter les Français. Au milieu de l'été, le 27 juillet 1557, les Espagnols assiègent Saint-Quentin, défendue par Gaspard de Coligny, amiral de France depuis 1552. Avec lui, 700 hommes auxquels Montmorency, qui commande le gros des troupes royales, veut apporter des renforts par un côté mal gardé de la place, à cause des marais de la Somme. Mais les bateaux transportant vivres et munitions s'enlisent dans la boue et, au matin du 10 août, la cavalerie espagnole débouche au grand galop et écrase les troupes du connétable sous les murs de Saint-Quentin. En moins de cinq heures le désastre est total mais la ville tient encore, grâce à Coligny. Les chiffres sont accablants, 3 000 morts, 5 000 blessés à cause d'une mauvaise manœuvre de Montmorency. Le duc de Savoie, passé au service de Philippe II, propose de marcher sur Paris puisque Henri II n'a plus d'armée, mais le roi préfère en finir avec Saint-Quentin. La ville résiste encore deux semaines. Après un dernier assaut, elle est prise le 27 août, livrée pendant trois jours aux pillages, aux viols et aux massacres. Ensuite, mais ensuite seulement, Philippe II fait une entrée solennelle dans la cité ravagée. Il n'aurait pu le faire sans la première phase de la victoire, le 10 août. Ce jour étant celui de la Saint-Laurent, Philippe II décide, en action de grâces, de faire construire en Espagne un monastère qui aura la forme d'un gril rappelant l'instrument du martyre du saint. Ce sera l'Escorial…

Mais à Yuste, la joie que procure à l'empereur la victoire de Saint-Quentin se mue immédiatement en colère quand il apprend que son fils n'était pas présent lors de la bataille. Quelle faute ! Philippe II est à Bruxelles, attentif au désir de revanche des Français qui vont chercher à effacer la honte de Saint-Quentin. Le duc de Guise se dirige vers Calais, possession anglaise depuis deux siècles, c'est-à-dire depuis la guerre de Cent Ans, gardée par deux forts mais dont les garnisons sont réduites, surtout du côté de la mer. Guise profite de la marée basse pour installer des canons au milieu des dunes. Le 6 janvier 1558, l'attaque surprise réussit pleinement sans rien détruire. Les Anglais capitulent, les Français se bornent à les renvoyer de l'autre côté de la Manche. Ce coup d'éclat réveille la France : Calais est libre, deux cent douze ans après son occupation par Edouard III en 1346 ! La chute de Calais envoie d'amples échos dans toute l'Europe. Charles Quint éprouve « la plus grande amertume de sa vie » et sa belle-fille Marie Tudor en éprouve une telle douleur qu'on craint pour sa raison. Avant de mourir, elle dira : « Si l'on ouvrait mon cœur, on y trouverait gravé le nom de Calais… »

Le 3 mai 1558, Charles Quint est libre : il n'est plus empereur

L'hiver est meurtrier pour l'empereur. Sa sœur Eléonore, la veuve de François Ier qui finissait aussi sa vie en Espagne depuis deux ans, meurt le 18 février. Et le 24 avril, Henri II fait procéder au mariage de son fils François, le dauphin, avec Marie Stuart. Ce sera, Charles Quint n'en doute pas, une alliance contre l'Espagne. Heureusement, le 3 mai, la Diète de Francfort accepte enfin l'ultime abdication, sa renonciation à l'Empire en faveur de son frère Ferdinand. Le dernier lien avec le fardeau du pouvoir est rompu, Charles Quint devient, selon certains, frère Carlos, qui aime déjeuner au soleil. Il a des fièvres, il a froid, mais il a surtout la préoccupation de l'au-delà. « C'est à ce moment, comme l'a noté Philippe Erlanger dans sa très brillante étude[1], que se situe l'épisode peut-être le plus fantastique, à coup sûr le plus controversé de sa longue carrière. » En effet – mais on en discute encore –, l'ancien souverain aurait exigé une répétition de ses funérailles ; le 30 août, il aurait assisté, en somme, à sa messe funèbre, devant un catafalque entouré de cierges, en présence de ses serviteurs en grand deuil. Et il aurait prié pour lui-même. D'un tel personnage, peut-on attendre une fin banale ? Au minimum, il a fait dire des messes pour les siens et, sans doute, pour lui.

Le mercredi 21 septembre, ayant reçu l'extrême-onction de l'archevêque de Tolède, celui qui restera, avec Philippe II, le plus espagnol des Habsbourg est veillé par le moine Francisco de Villalba. Après un dernier conseil à remettre à son fils et le choix des prières pour ses véritables obsèques, à 2 heures du matin Charles Quint rend son âme. Le 3 février 1557, sur le parvis de terre battue de l'église du monastère, à 5 heures du matin, les quatre-vingt-dix-neuf hallebardiers de sa dernière escorte jettent ou brisent leurs armes en signe d'adieu à l'empereur. Après une existence incroyable où il avait parcouru l'Europe en permanence mais pas ses terres d'Amérique, il est mort bien sûr d'épuisement et de maladie mais aussi de lassitude à cause de ses échecs et de ses erreurs, dont la plus grande est de ne pas avoir pressenti l'importance de la Réforme. Ironie de ce schisme gigantesque, quelques mois avant son trépas, celui qui n'avait pas compris Luther apprenait que des luthériens se cachaient à Valladolid ! L'hérésie en Espagne ! Charles Quint est le dernier souverain du Moyen Age dans une époque où les forces politiques étaient neuves. Il a donné à la maison d'Autriche une puissance inédite et permis ce paradoxe : lui, le Bourguignon, est devenu espagnol tandis que son frère Ferdinand, l'Espagnol, est devenu autrichien. Le rêve de Charles Quint, celui d'un empire chrétien universel, n'a pu réussir à cause d'une idée nouvelle répandue par son

1. *Op. cit.*

adversaire François Ier, l'Etat-nation. Ce duel de géants fut aussi celui de deux époques. Sa succession est révélatrice : son frère est empereur sans être roi d'Espagne, son fils est roi d'Espagne sans être empereur. Il a divisé les pouvoirs et les compétences, sans doute parce qu'il avait souffert de territoires démesurés. N'avait-il pas passé sa vie, ou presque, à galoper ? Charles Quint est un cas unique. Comme aurait peut-être dit le roi de France François Ier s'il avait enterré son beau-frère : « Quel grand empereur ! »

5

Philippe II, l'austère Habsbourg d'Espagne (1556-1598)

Si c'est aux Pays-Bas que la mort de l'empereur provoque la plus vive émotion, toute l'Europe des Habsbourg organise des cérémonies funèbres à sa mémoire. A Valladolid, à Tolède, à Vienne, mais aussi à Rome et à Bologne, des foules prient pour le défunt. La réaction est à la mesure de l'Empire. Philippe II est très abattu par le double décès de son père et de sa tante Marie. Le nouveau roi d'Espagne s'est retiré dans une abbaye près de Bruxelles. Il n'en sort que le jeudi 28 décembre 1558 et entre dans la ville en pleine nuit. Bruxelles est pétrifiée, silencieuse ; seul le glas sonne trois fois par jour et toutes les fêtes prévues pour la fin d'année ont été annulées. Un deuil de quarante jours a été décrété. Les vendredi et samedi suivants, Philippe II conduit plusieurs offices dans la cathédrale Sainte-Gudule (aujourd'hui Saint-Michel), « nef ancrée au cœur de Bruxelles » sur une colline, un très beau monument gothique brabançon dont la construction avait commencé au XIIIe siècle. Philippe II est sous le regard de sa famille, représentée sur des vitraux remarquables ; au nord, ses parents, Charles Quint et Isabelle de Portugal, et au sud, Louis II, roi de Hongrie et son épouse Marie, la sœur de l'empereur. C'est sous les voûtes de cette cathédrale que Charles Quint avait été couronné roi de Castille et d'Aragon quarante-deux ans plus tôt, en 1516.

Trois mille cierges jettent une lumière à la fois chaude et tremblotante sur le catafalque vide. Le sceptre, le globe et la couronne qui ont été déposés étaient ceux de son couronnement ; l'épée est sur l'autel. Mais ce qu'il faut surtout retenir – et imaginer tant c'est insolite – est la présence de vingt-quatre chevaux dans la cathédrale, tenus en bride chacun par un gentilhomme. Caparaçonnés, ils portent les armes des diverses possessions impériales : « Détail émouvant : lorsque le dernier cheval – celui que l'on appelait le *cheval de deuil*, recouvert jusqu'aux sabots de velours noir frappé d'une croix rouge – passa devant les rangs des chevaliers de la Toison d'or, l'un d'eux, le comte de Boussu – qui avait été le grand écuyer de l'empereur –, tomba à genoux et demeura ainsi prostré – tout secoué de sanglots – un long quart d'heure [...][1]. »

Une scène grandiose, impressionnante et significative, puisque Charles Quint avait passé sa vie à cheval. Son éloignement, quasi perpétuel, ne lui avait pas permis de guider, d'une façon suivie, l'éducation et l'instruction de son fils. Philippe II, né à Valladolid en 1527 et élevé en Castille, a toujours répugné à quitter l'Espagne. Il se méfiera beaucoup des influences étrangères. Il sera aimé de ses sujets espagnols mais ne saura ni comprendre ni apprécier les hommes venus d'ailleurs et aux mœurs différentes des siennes. Selon le mot d'un ambassadeur, « les Italiens l'aimaient à peine, les Hollandais pas du tout et les Allemands le trouvaient odieux ».

Son père était distant, mystérieux, difficile à atteindre, écrasé par une mission herculéenne et contraint à d'exténuants voyages, lointains et continuels, mais il décidait vite. Au galop. Le temps était autant son ennemi que les distances à parcourir à francs étriers. Philippe II sera, toutes proportions gardées, plus sédentaire mais, à la demande de son père, il avait entrepris un long périple de trois ans en Italie,

1. Pierre Chaunu, de l'Institut, et Michèle Escamilla, *Charles Quint*, Fayard, 2000.

en Allemagne et aux Pays-Bas avant de découvrir l'Angleterre en 1554. Ses sujets espagnols le surnommeront *« el rey papelero »* (« le roi paperassier ») parce qu'il tient à examiner lui-même les documents émis par l'immense bureaucratie mise en place sous le règne, complexe et centralisateur, de Charles Quint. Grand travailleur, ce roi bureaucrate se méfie des conseillers et encore plus des favoris qui pourraient faire le jeu des cours européennes. Lent, presque timoré, il préfère se charger lui-même de l'étude des dossiers avec une minutie quasi maniaque, s'arrêtant à des détails sans importance et l'on sait que « le diable est dans les détails ». La machine administrative est lente, à son image. Il ne prend ses décisions qu'après avoir réfléchi à toutes les conséquences possibles, pesant longuement le pour et le contre. Qu'il approuve ou désapprouve l'issue d'un débat entre ses ministres (dix à douze), l'affaire attend longuement sur son bureau de recevoir sa signature *« Yo, el Rey »*, qui était déjà celle de son père. Critiquant son indécision, ses contemporains l'affubleront d'un autre surnom, « Philippe le Prudent », qui ne sera plus justifié à partir de 1580 quand il fera preuve d'une soudaine énergie. Il craint de ne pouvoir égaler son père, qui fut pendant toute sa jeunesse une ombre à la fois distante et pesante. N'ayant que peu confiance en lui-même, il se réfugie dans une stricte application des principes, ce qui, d'ailleurs, aura souvent d'heureux résultats. La raison d'Etat est sa religion politique. Mais son manque d'assurance et d'imagination le rendra vulnérable aux intrigues ; ainsi, son secrétaire particulier, Antonio Pérez, profitera de sa position pour monnayer des secrets d'Etat, faire assassiner l'un de ses rivaux et compromettre la couronne d'Espagne dans la succession du Portugal.

Sans doute est-il pénétré du caractère divin de sa mission qui est celle d'assurer le triomphe de la foi catholique, donc de combattre l'hérésie, et cela au moyen d'un pouvoir absolu. Au fur et à mesure des abdications de son père, Philippe est devenu souverain de l'Espagne et de ses colonies américaines, des possessions aragonaises en Italie, en particulier à Naples et en Sicile, de la très disputée succession bourguignonne (Pays-Bas et Franche-Comté). Depuis 1554, il est, par mariage, roi d'Angleterre et d'Irlande et sera, en 1580, roi du Portugal. S'y ajoutent, depuis 1540, le fameux duché de Milan et, bien sûr, le titre d'archiduc d'Autriche reçu à sa naissance. C'est beaucoup mais il n'est pas empereur et Charles Quint était titulaire de… dix-sept couronnes ! Dans bien des domaines, son père avait échoué à vouloir « gouverner l'Univers ». En revanche, Philippe II est bien le chef de la maison de Habsbourg. Et l'Espagne est son domaine.

Philippe II aura quatre mariages et… quatre enterrements

Sur le portrait en pied qu'en fait Titien en 1553 – Philippe a vingt-six ans –, son visage, certes allongé, n'est pas aussi déformé que celui de son père, et sa bouche, charnue, est fermée. L'homme n'est pas sensuel. Les manches de son manteau, court, sont brodées d'or. Ses atours sont d'ailleurs souvent dorés, atténuant l'éclat de son collier de la Toison d'or dont il est le grand maître. Dans sa vie personnelle, où les enjeux politiques étaient au premier plan, le fils de Charles Quint est accablé de malchances et d'épreuves. En trente-cinq ans, il sera quatre fois veuf. Ses quatre unions reflètent les traditionnelles combinaisons matrimoniales des Habsbourg. Il aura donc des épouses symbolisant des ententes, des alliances et des ambitions successives et parfois contradictoires ! Le roi sera le mari d'une Portugaise, d'une Anglaise, d'une Française et d'une Autrichienne ! A défaut de diriger le monde, il embrasse l'Europe.

Après une enfance austère, il avait été marié à l'âge de seize ans, en 1543, à l'infante Marie de Portugal, sa cousine germaine. Les épousailles sont brisées en 1545 par le décès prématuré de Marie. Sur ce chagrin se greffe la croix que constitue leur fils, Don Carlos, né le 8 juillet 1545 à Valladolid, titré prince des Asturies. Disgracié par la nature, le malheureux est bègue, difforme et rachitique, conséquences probables de mariages consanguins. De caractère violent, sujet à des crises d'épilepsie, ayant des penchants sadiques et des goûts homosexuels, il est peu doué pour l'étude ; son destin est une bouleversante tragédie à répétition qui inspirera plusieurs œuvres littéraires, théâtrales et un opéra[1]. Philippe II, accablé par l'accumulation des tares de son fils, déclare Don Carlos inapte à régner, espérant avoir d'autres enfants légitimes. Philippe II se remarie avec Marie Tudor, en 1554, à une époque où Charles Quint est encore vivant et heureux de cette entente. La fille d'Henri VIII et de Catherine d'Aragon, je le rappelle, avait jadis été promise à un fils de François Ier puis à… Charles Quint lui-même ! Marie Tudor, malade depuis longtemps, était devenue très impopulaire à cause de son intolérance religieuse. L'exécution, sur son ordre, de trois cents protestants était impardonnable ; elle disparaît au bout de quatre ans de mariage, sans avoir donné d'enfants au roi. Dans le couple, les malentendus succédaient aux discussions orageuses. L'héritier de Charles Quint était très amer de ne pas avoir un fils susceptible de consolider l'union entre les royaumes d'Espagne et d'Angleterre ; avec la mort de Marie Tudor, ce projet était abandonné car elle avait désigné pour lui succéder sa demi-sœur Elizabeth, très hostile au catholicisme sanglant de Marie. Philippe II ne peut donc plus compter sur l'appui des Anglais. Il doit alors réfléchir à deux problèmes et leur trouver une solution : qui va-t-il épouser en troisièmes noces, d'une part, et que faire de Don Carlos, son héritier incapable, qui ne peut être un successeur, d'autre part ? La suite des événements est poignante. Philippe II se retrouve au centre d'une situation

1. Notamment *Don Carlos*, drame en cinq actes, en vers, de Schiller (1801) et *Don Carlos* (ou *Don Carlo* en italien), opéra de Verdi (1867, dans une première version en français puis, en 1884, dans une version remaniée en italien). Ces deux auteurs ont pris la liberté de transformer ce personnage monstrueux en brillant jeune homme. Verdi avouera, dans une lettre à son éditeur Giulio Ricordi : « Il n'y a dans ce drame rien de véritablement historique… »

qui enchanterait un dramaturge puisqu'il a épousé l'héritière du trône d'Angleterre et d'Irlande, laquelle avait d'abord été fiancée à son père. L'esprit de famille ! Et maintenant, après avoir songé unir Don Carlos à la princesse Elisabeth de France, fille du roi Henri II, le roi d'Espagne la juge à son goût et va se substituer à son pauvre fils qu'il rejette ! En supplantant Don Carlos, Philippe II humilie davantage ce prince asocial et sournois qui ne cherchera qu'à se venger de ses handicaps. En fait, ce mariage est la suite d'un dénouement que l'on jugeait impensable dans l'histoire européenne, la fin, après soixante-sept ans de conflits, du cycle infernal des guerres d'Italie entre les Habsbourg et les Valois. Les pourparlers avaient mis en évidence le manque d'argent, aussi bien chez le roi d'Espagne que chez le roi de France. Philippe II, à bout de ressources, avait dû recourir à de nombreux expédients, en particulier de lourds emprunts à des banquiers lyonnais et italiens. Il n'était que temps d'enfouir au magasin des rancœurs les guerres, les trahisons, les occupations et les restitutions de territoires qui n'avaient servi à rien sinon à faire des dizaines de milliers de victimes, à creuser des gouffres de dettes et à entretenir un conflit entre la France et la maison d'Autriche qui, d'apaisements en crises, se poursuivra jusqu'en 1918.

Le 2 avril 1559, au Cateau-Cambrésis, dans le Nord de la France, un premier traité était signé entre la royauté française et celle d'Angleterre. Henri II conservait Calais, réussissant ainsi à « bouter les Anglais hors du royaume ». Il en coûtait au Trésor français 500 000 écus d'or, payables en huit ans, sous peine de reperdre Calais. La France consolidait son avantage dans le Nord et l'Est en conservant Saint-Quentin et les fameux trois évêchés de Metz, Toul et Verdun, ces solides remparts contre une invasion éventuelle des impériaux. Cela n'était pas expressément prévu par l'accord, mais l'empereur Ferdinand Ier, alors en difficulté avec les princes allemands et les Turcs, n'avait pas les moyens de soulever une objection. En revanche, la France perdait la Savoie et les principales villes du Piémont. Adieu l'Italie française ! Le lendemain, 3 avril, il était convenu que le duc de Savoie épouserait Marguerite, la sœur d'Henri II, et donc que Philippe II s'unirait à la jeune Elisabeth de Valois, fille d'Henri II et de Catherine de Médicis.

Il faut noter que l'abandon du rêve italien soulève des critiques françaises, en particulier celles du duc de Guise, furieux des trop grandes concessions accordées à ses anciens adversaires en Italie. Mais le roi tint bon… On peut admirer, à Sienne, une superbe allégorie des traités du Cateau-Cambrésis où, sur un tapis rouge, les deux souverains, coiffés de leurs couronnes, s'étreignent. Mais, à la vérité, cette accolade est une fiction car ni Philippe II ni Henri II n'ont assisté à la cérémonie qui d'« un seul trait de plume annulait des conquêtes de plus de trente ans ». Désormais, l'image, formidable instrument de propagande, ne cessera d'influencer la politique et les mentalités.

Tournoi fatal à Paris : Henri II meurt d'un coup de lance dans l'œil

Pour célébrer dignement la paix et les doubles épousailles, Henri II fait organiser de splendides fêtes à Paris. Philippe II s'y fait représenter par le duc d'Albe mais le duc de Savoie y assiste en personne. Le 22 juin, par procuration, le roi d'Espagne (trente-deux ans) épouse la jeune Elisabeth de France (quatorze ans) à Notre-Dame puis les spectacles se succèdent. Les joutes à cheval rue Saint-Antoine, où Charles Quint avait été fastueusement accueilli, attirent une foule dense. Le 30 juin, au troisième tournoi, la lance du comte de Montgomery, brisée sur la cuirasse, glisse violemment sous la visière du roi, entrant profondément dans son œil jusqu'au cerveau. Pendant plusieurs jours le chirurgien Ambroise Paré et son confrère Vésale, anatomiste réputé envoyé de Bruxelles par Philippe II, tentent d'extraire les esquilles de la plaie mais la lésion est trop profonde. Lucide, soucieuse de préparer la régence, Catherine de Médicis ne fait annoncer la mort de son époux que le 10 juillet. Elle est à son chevet, en l'hôtel des Tournelles. Entouré du cardinal de Lorraine et du connétable de Montmorency, le roi expire, officiellement, à une heure de l'après-midi ; son agonie, dit-on, a duré dix jours, sans doute moins. Parallèlement, le mariage de la sœur du roi, Marguerite, avec le duc de Savoie avait été béni, mais sans aucune pompe, dans une simple chambre du palais.

Après douze ans de règne, Henri II avait bien conduit sa politique étrangère ; les Habsbourg, ces ennemis héréditaires, étaient devenus des parents et des alliés. Au moment de la mort de son roi, à l'été 1559, la France ne compte plus d'ennemis à l'extérieur. A l'intérieur, en revanche, la Réforme a de plus en plus d'adeptes, des hauts personnages de la Cour jusqu'aux milieux ruraux. On compte environ 400 000 protestants et plus de 1 400 églises. En voulant « purger le pays de l'hérésie », en allumant des bûchers et en intensifiant la répression, Henri II avait échoué. Comme Charles Quint. On pouvait craindre une révolte contre l'autorité royale. La menace d'une guerre religieuse dégénérant en guerre civile pèse sur le royaume.

Philippe II suit avec inquiétude les antagonismes français. Il s'interroge sur les capacités du nouveau roi, François II, un gringalet de quatorze ans que l'on vient de marier à Marie Stuart, jeune fille très grande et à la peau transparente. Agée de seize ans, cette reine de France est aussi reine d'Ecosse. Heureusement, estime Philippe II, bien que légalement majeur, le trop jeune monarque laisse à sa mère « Madame Catherine », au cardinal de Lorraine et surtout au très catholique duc de Guise, parent de Marie Stuart, le soin de gouverner la France.

En Espagne, alarmée par les rumeurs d'une infiltration calviniste, l'Inquisition renforce la censure. En cette même année 1559, soutenue par l'opinion, la mise à l'index détruit de nombreux ouvrages jugés hérétiques. Le roi est un fervent défenseur du catholicisme dans le pays où cette religion est la plus ardente. Les motivations royales s'appuient aussi sur des considérations géographiques : l'islam au sud et la menace croissante du protestantisme au nord renforcent son caractère de défenseur d'une foi inviolable. Au moins la paix assure-t-elle l'hégémonie espagnole en Italie. Mais voici que, loin d'Espagne, de nouveaux troubles agitent les Pays-Bas. L'aristocratie locale se sent menacée dans ses privilèges par la régente, Marguerite de Parme (ou d'Autriche), demi-sœur naturelle de Philippe II. Son frère vient de lui confier la régence des Pays-Bas ; en fait, il la place sous la tutelle d'une sorte de conseil secret, la *Consulta*, composé de trois hommes, dont le Bourguignon Granvelle, véritable maître du pays. Seule une petite fraction de la noblesse est calviniste et certains de ses membres les plus éminents, tel Guillaume d'Orange, s'interrogent sur la nouvelle religion, mais la présence de la garnison espagnole ne fait qu'aviver les tensions.

A Vienne et en Autriche, Ferdinand Ier consolide l'Empire

Des circonstances, tant familiales que politiques, vont conduire au drame final. Même si, chez les Habsbourg, la personnalité et le rang de Philippe II placent l'Espagne au cœur de leurs préoccupations et de leur puissance, on ne doit pas oublier la branche cadette de la dynastie représentée par le frère de Charles Quint, l'empereur Ferdinand Ier, oncle de Philippe II qui règne en Autriche. Si sa lèvre inférieure est tombante – c'est la célèbre lippe Habsbourg –, il est plus gai que ne l'était son frère, aimant la musique et la lecture, et se montre curieux de tout. Certains de ses proches le comparent à un « baril de poudre » parce que, dans ses enthousiasmes, il est capable d'exploser. Passionné, il a rempli la Bibliothèque impériale de Vienne de précieux manuscrits grecs, a fait découvrir aux Viennois six chamelles prises aux Turcs et exposé les premières tulipes et les premiers lilas jamais vus dans le monde occidental. Ce tempérament éclairé et joyeux est une réaction à l'enfance sinistre et morbide qui fut la sienne. Lui aussi avait suivi le cercueil de son père errant en une pénible procession à travers l'Espagne comme l'exigeait sa mère, hagarde ; lui aussi l'avait vue sombrer dans la démence et mériter son surnom de Jeanne la Folle. Et quand, lui, qui était né en Espagne et y avait été éduqué, avait dû céder sa place à l'aîné et gagner les Pays-Bas, le choc avait été rude, lui laissant un sentiment d'injustice.

Après bien des atermoiements, Charles Quint, sentant venir sa fin, lui avait transmis le titre d'empereur avec la mission de surveiller l'Europe centrale toujours convoitée par les Turcs avec le soutien de ce félon de François Ier. Pas question d'oublier son premier titre, emblématique, d'archiduc d'Autriche, ni ceux de roi de Styrie, Carinthie, Carniole, Bohême et Hongrie. Sur la route venant de Constantinople, Ferdinand Ier est donc le vigilant concierge du monde chrétien. Si, pour la postérité, son souvenir est plus effacé que celui de Philippe II, l'empereur qui succède à Charles Quint a autant de responsabilités que le roi d'Espagne et sa situation géographique, à Vienne, est plus périlleuse que celle de son frère. Philippe II est aux prises avec des contestations intérieures à ses Etats, Ferdinand est menacé à ses frontières orientales. Et il lui a fallu une patiente énergie pour ne plus être un prince espagnol parlant mal allemand et devenir autrichien. Le même problème, bien qu'inversé, qu'avait affronté son frère Charles Quint. Ferdinand et son épouse Anne battent tous les records de progéniture dans les cours d'Europe : ils ont quinze enfants dont douze survivront. Par leur mère, du sang étranger, français et polonais, est heureusement mélangé à celui des Habsbourg. Ferdinand et Anne sont très unis et visiblement heureux. Comme son frère, comme François Ier, comme Henri VIII, Ferdinand est toujours à court d'argent. Et s'il en a, il le dépense pour son épouse. A un conseiller qui lui reproche sa générosité conjugale, il répond : « Il vaut mieux dépenser de l'argent pour sa femme légitime que courir les prostituées[1]. »

Face aux exigences réformatrices de Luther, Ferdinand avait beaucoup mieux compris que le trafic des indulgences, sous la supervision de Rome, choquait les esprits et troublait les consciences. Et, plus que son frère, il avait mesuré le danger politique de la Réforme : si les princes allemands soutenaient si ouvertement la scission, c'était pour mieux réduire l'autorité impériale. Et le vif intérêt de son fils Maximilien pour la nouvelle religion avait provoqué une grave crise entre l'empereur et son fils jusqu'à ce que celui-ci renonce, officiellement, à embrasser l'hérésie. Trois de ses sœurs, religieuses, avaient certainement prié avec ferveur pour le remettre dans le droit chemin et Philippe II avait fait connaître son soulagement. Le 25 juillet 1564, Ferdinand Ier, succombant à une phtisie que ses médecins avaient été incapables de diagnostiquer, rend son âme au Dieu qu'il a toujours servi, ayant préalablement disposé que ses splendides œuvres d'art et ses curiosités resteraient définitivement à Vienne, dans le palais de la Hofburg, sans pouvoir être divisées. Le nouvel empereur est son fils aîné, Maximilien II, âgé de trente-sept ans, qui a épousé une de ses cousines, Marie, l'avant-dernière fille de Charles Quint. Il laisse en bon ordre la partie orientale de l'empire des Habsbourg.

Le dégénéré Don Carlos conspire contre son père Philippe II

C'est alors que se produisent des incidents dévastateurs entre Philippe II et son fils déséquilibré, Don Carlos. Le roi est désespéré de le voir ne s'intéresser qu'à une seule chose… la nourriture ! Il est bien le petit-fils de Charles Quint ! A peine a-t-il fini un repas qu'il recommence à

1. Jane de Jongh, *Mary of Hungary, Second Regent of the Netherlands*, New York, Norton and C°, 1953.

manger, son organisme étant, pense-t-on, infesté d'un ver solitaire. Sa voix est de plus en plus féminine, son bégaiement s'accentue et sa jambe droite reste plus courte que l'autre. La poitrine saillante, il boite affreusement. Tous les soins et l'éducation que son père a voulu lui faire donner n'ont servi à rien. En plus, une nuit, alors que par un escalier mal éclairé il allait rejoindre – selon la rumeur – la fille d'un jardinier qui ne répugnait pas à être honorée de son attention, il est tombé, s'est ouvert le crâne et a pratiquement perdu la vue. Appelé en hâte, le chirurgien Vésale, que le roi avait envoyé au chevet d'Henri II agonisant après son tournoi fatal, avoue son impuissance. Don Carlos accumule les « désavantages », selon le mot, pudique, d'un franciscain à son chevet avec des apothicaires. Comme Don Carlos devient menaçant avec sa dague, son père en conçoit une haine atroce. Son fils, délirant, s'amuse à battre ses valets et ses chevaux… Que faire de ce déchet ? Qui pourrait accepter de l'épouser, sans parler des conséquences sur une hypothétique – et calamiteuse – paternité ? Pour défier son père, Don Carlos annonce qu'il va épouser sa cousine Anne, une fille de Maximilien II. Philippe II, effaré, s'y oppose. Le « fiancé », l'esprit de plus en plus perturbé, comprend que son père veut l'éliminer de sa succession. Alors, cet homme contrefait, maintenant âgé de vingt et un ans et qui veut exister par n'importe quel moyen, entreprend de conspirer contre son père en soutenant les révoltés des Pays-Bas. La situation s'y est détériorée depuis que le roi a ordonné à la régente Marguerite de renforcer les châtiments à l'encontre des hérétiques. Le 5 avril 1566, une délégation de plus de deux cents nobles hollandais, catholiques et protestants confondus, se présente au palais de Bruxelles pour réclamer l'abrogation de l'Inquisition dans le pays. La régente ne les reçoit pas et, circonstance aggravante, ils sont chassés par un de ses conseillers qui les traite de « gueux ». Le mot, malheureux, fait fortune, et c'est sous cette appellation désobligeante que les aristocrates incitent à la révolte contre le pouvoir espagnol. Pourquoi y a-t-il encore une garnison espagnole alors que la guerre contre la France est finie ? Pourquoi les impôts ne cessent-ils d'augmenter ? Autant de mesures choquantes. Au milieu de l'été, la rébellion se durcit et l'opposition religieuse se double d'une opposition politique : des milliers de gens affamés s'attaquent aux églises et aux symboles catholiques qui soutiennent un clergé étranger – espagnol –, donc haï. Après une longue réflexion, Philippe II envoie, en 1567, une armée de 9 000 hommes commandée par le duc d'Albe qui avait joué un rôle majeur dans la victoire de Charles Quint à Mühlberg. Don Carlos tente de s'enfuir aux Pays-Bas, emprunte de l'argent et sollicite même l'appui du demi-frère de son père, Don Juan d'Autriche. A Bruxelles, la répression du duc d'Albe est sanglante. Sur la grand-place, il fait dresser un échafaud et décapiter en public le comte de Horn et son parent le comte d'Egmont, malgré l'intervention de l'empereur Maximilien II[1]. Le bain de sang continue avec la condamnation, par un Conseil des troubles, de plus de 9 000 personnes et l'exécution d'un millier d'entre elles dans la Flandre et le Brabant. Ces persécutions vont contraindre de nombreux Hollandais à se réfugier à l'étranger, sous la bannière de Guillaume d'Orange, chef de la résistance à la terreur et qui se convertira au calvinisme.

Philippe II a-t-il voulu la mort de son fils et de la reine ?

La tragédie politique devient un drame familial dont les circonstances demeurent troubles, incertaines, polluées par des rumeurs et des soupçons dont les fondements sont invérifiables. La question est double : Don Carlos a-t-il

1. Le comte d'Egmont, brillant capitaine, avait eu une conduite exemplaire à la bataille de Saint-Quentin. Bien que catholique, il s'était rapproché des protestants, en particulier de Guillaume d'Orange-Nassau, dit le Taciturne, pour établir un compromis en faveur de la tolérance. La mémoire d'Egmont a été honorée par une tragédie en prose de Goethe (1787) à laquelle Beethoven apporta une musique de scène aux accents héroïques (1810), dont l'ouverture est célèbre.

voulu attenter à la vie de son père ? Philippe II a-t-il fait assassiner son fils ? Une nuit de janvier 1568, le roi, accompagné du Grand Inquisiteur, le cardinal Espinosa, entre dans la chambre où se repose Don Carlos. La lueur vacillante des torches confère à la scène la dimension d'une effroyable machination. Pendant que des domestiques clouent des panneaux de bois sur les fenêtres, le malheureux fils du roi d'Espagne tombe à genoux devant son père, pleure, lui demande s'il va le tuer et essaie de se jeter dans le feu de la cheminée. La chambre de Don Carlos est métamorphosée en prison. Ce n'était pas une visite mais une arrestation par le roi lui-même. Dans une lettre, Philippe II informe le pape de sa décision pathétique : « [...] Puisque, pour mes péchés, il a plu au Seigneur que ce prince ait tant de défauts, et si grands, en partie mentaux, en partie dus à sa condition physique, manquant totalement des qualifications nécessaires pour régner, j'ai affronté les risques immenses qui auraient surgi s'il m'avait succédé. »

C'est, évidemment, une explication de bon sens. Mais ensuite ? Maximilien II, à l'autre bout de l'Europe, accablé par la nouvelle mais pris par diverses affaires qui le retiennent à Vienne, regrette de ne pouvoir « se rendre en Espagne par le chemin le plus rapide pour rendre visite au roi et lui parler en personne ». De toute façon, il serait sans doute arrivé trop tard...

L'été 1568, en Espagne, est une fournaise. Le prisonnier fait verser des seaux d'eau sur le sol et se couche dessus entièrement nu. Il dévore des fruits et boit des litres d'eau très fraîche. A la mi-juillet, il ingurgite « un gros pâté fortement épicé, fait de quatre perdrix qu'il dévora en entier ». Son dernier repas. Sa fin est atroce : la fièvre, les frissons, l'indigestion, il vomit l'hostie des derniers sacrements et demande à voir, si l'on peut dire, son père. En vain. Réduit à l'état d'épave disloquée, il meurt le 24 juillet, officiellement « des suites de ses propres excès », ce qui n'est pas impossible. Toutefois, on parle d'empoisonnement et Guillaume d'Orange s'en fait volontiers le propagateur, insistant sur la brutalité du traitement infligé à l'infant. Empoisonnement criminel ? Ou intoxication accidentelle, voire inéluctable quand on songe à sa boulimie phénoménale ? Le roi est accusé. Certes, sa volonté de faire juger son fils est à charge, mais cette confrontation n'eut jamais lieu. Rien ne prouve que Philippe II ait ordonné la mort de son fils, qui était, il est vrai, un fardeau cauchemardesque depuis des années. Et rien ne prouve que dans son soutien aux insurgés des Pays-Bas Don Carlos ait voulu attenter à la vie de son père. Le roi demeure muré dans un silence impressionnant. Rien ne prouve davantage, comme on l'a insinué, que Don Carlos ait eu une liaison avec sa belle-mère, la reine Elisabeth. Ce soupçon est pourtant aiguisé trois mois plus tard, en octobre, lorsque la fille d'Henri II, enceinte de plusieurs mois, est au plus mal. Elle ne cesse de s'évanouir et de pleurer la mort de son beau-fils. Exaspéré, le roi lui interdit de verser des larmes ! Ses médecins lui infligent des saignées. C'est pire : elle accouche prématurément et meurt, âgée de vingt-trois ans ; l'enfant ne survit pas, c'était une fille. Le décès de la reine paraît, lui aussi, suspect. Une nouvelle médisance se répand : le roi, en réalité jaloux de son fils, aurait inspiré la mort de sa jeune femme infidèle... En dix ans de mariage, Elisabeth de Valois, douce et intelligente, n'avait pas trouvé à la cour de Philippe II la quiétude et l'estime qu'elle pouvait attendre de son rang. Elle avait donné au roi deux filles mais pas le fils qui aurait atténué la répulsion permanente que provoquait l'infortuné Don Carlos, escorté du spectre infamant de sa grand-mère, Jeanne la Folle. Très aimée des poètes, la défunte reine inspire des louanges lors de ses obsèques. Parmi les jeunes auteurs, encore inconnus, qui pleurent Elisabeth de Valois, on cite le nom d'un certain Miguel de Cervantès Saavedra qui compose un sonnet et une élégie sur le trépas prématuré de Sa Majesté. Pour la troisième fois, Philippe II est veuf. Entouré d'une légende noire, est-il maudit ?

L'Escorial ou les fastes de l'austérité

Si Charles Quint y avait fait reconstruire son Alcazar arabe, élargir son château fort en 1537 et présidé plusieurs assemblées des Cortes, Madrid ne prend son importance définitive qu'avec Philippe II. A Vienne, même si, pour des raisons financières, les remparts contre les Turcs ont supplanté les bâtiments Renaissance, ses cousins résident dans une capitale du Saint Empire ; il est donc indispensable de doter le royaume d'Espagne d'une ville digne du pouvoir. Les Habsbourg ibériques ne sauraient être moins bien installés que ceux d'Autriche. Tolède est donc délaissée et, en 1561, le roi transfère la Cour au centre de la Meseta – et du pays –, ce qui fera de Madrid la capitale la plus haute d'Europe, à près de six cent cinquante mètres d'altitude. La cité médiévale, dont on peut encore suivre le tracé tortueux des ruelles autour de la future Plaza Mayor, va s'agrandir et sa population tripler. Pourtant, c'est à une quarantaine de kilomètres au nord-ouest que l'esprit du règne de Philippe II est le mieux représenté. Et du château de Madrid, où il réside, le roi peut surveiller avec une longue-vue les travaux qu'il a ordonnés sur le versant sud de la sierra de Guadarrama.

Ce n'est pas une fantaisie mais le résultat d'un vœu. En souvenir de la mémorable bataille de Saint-Quentin, gagnée le 10 août 1557, fête de saint Laurent, le roi avait juré de faire construire un monastère en souvenir du martyre du saint, supplicié sur un gril. Le plan du monastère aurait donc la forme d'un gril gigantesque, long de deux cent six mètres et large de cent soixante et un. Si l'on considère cet extraordinaire ensemble (monastère, palais, mausolée et église), on ne peut qu'admirer la rapidité des travaux, exécutés par mille cinq cents ouvriers, qui n'ont duré que vingt et un ans, de 1563 à 1584, un exploit pour l'époque, d'où l'exceptionnelle unité de style de l'édifice, ascétique dans son matériau, le granit gris. Sévère dans sa vie, le roi l'est aussi en tenant sa promesse sacrée. Philippe II a choisi le projet de l'architecte Juan de Toledo qui, après sa mort en 1567, sera suivi, à quelques modifications près, par son successeur, Juan de Herrera. Le roi apprécie la sobriété des lignes majestueuses, à l'opposé du goût très orné en vogue sous le règne de son père. Philippe II inspecte souvent l'état du chantier, au pied du mont Abantos où se niche l'Escorial. Voulant augmenter le nombre de religieux initialement prévu, le commanditaire oblige le second maître d'ouvrage à surélever l'édifice. Par l'espacement asymétrique des fenêtres, il parvient à donner une certaine élégance aux perspectives horizontales. Sur la façade, au-dessus des armoiries de Philippe II, se dresse une monumentale statue de saint Laurent. Dans la très impressionnante salle des Batailles, le souverain fait peindre une immense fresque, longue de cinquante mètres, illustrant, au sud, la victoire de Jean II de Castille sur les Maures à Higueruela en 1431 et, au nord, la sienne, à Saint-Quentin, à l'origine de son vœu. Le roi est satisfait, l'Escorial a la grandeur d'un palais et l'austérité d'un monastère. Il y vivra comme un moine, dans de très petites pièces seulement décorées de la céramique de Talavera, en Estrémadure, au bas des murs ; dans sa chambre, grâce à une porte donnant accès à l'église, ce solitaire peut, de son lit, suivre les offices.

Pendant les travaux de l'Escorial, Philippe II concentre son action sur trois fronts, l'un en Espagne même, le deuxième aux Pays-Bas, le dernier en Méditerranée. Leur point commun est de menacer la suprématie européenne des Habsbourg et le catholicisme. A Grenade, les Maurisques (ou Morisques), musulmans espagnols convertis de force et officiellement chrétiens depuis 1499, ont conservé leur langue et diverses coutumes arabes. Ils constituent une importante minorité religieuse et raciale qui n'a jamais voulu – ou pu – s'assimiler complètement au reste de la population. Craignant qu'ils ne facilitent un débarquement sur le sol ibérique, en particulier à Séville où arrivent les métaux précieux d'Amérique, le roi approuve des mesures répressives ; elles ne font que provoquer un soulèvement et, durant deux ans, la province de Grenade est ravagée par de violents combats jusque dans les montagnes. Philippe II charge son demi-frère naturel, Don Juan d'Autriche, qui semble doué pour l'art militaire, de mater les révoltes à coup de déportations massives dans tout le territoire. Puis, les Juifs convertis subissent d'odieuses discriminations, mais aux yeux de l'intransigeant roi, l'essentiel est obtenu : le protestantisme est extirpé d'Espagne. Aux Pays-Bas, la « révolte des gueux » s'intensifie ; les insurgés hollandais se rendent maîtres du port de Brielle, à l'extrême sud de la Hollande. Commandant les « gueux », William von Lumey avait fait serment de se laisser pousser les cheveux et les ongles jusqu'à cette première victoire. Le duc d'Albe a beau répéter qu'il s'agit d'un événement « insignifiant », le roi, furieux, y voit une « plaie inguérissable » ; il ne se trompe pas, cette défaite aura de lourdes conséquences. La régente Marguerite de Parme, Gantoise de naissance, belle et cultivée, qui comprenait les Flamands, avait recherché la conciliation. Désapprouvant la répression, elle s'était retirée à l'arrivée des troupes espagnoles envoyées en renfort ; cette fille naturelle de Charles Quint refusait d'endosser la responsabilité du massacre. Une peinture satirique montre Philippe II à califourchon sur une vache symbolisant ses Etats en rébellion ; le duc d'Albe, son représentant, trait l'animal ; le duc d'Alençon, frère d'Henri III, favorable aux huguenots et figurant la France, lui tire la queue ; la reine Elizabeth lui donne du foin tandis que Guillaume d'Orange caresse la vache pour la rassurer ! L'Europe entière s'ingère dans les affaires, juteuses, des Pays-Bas.

Pourtant, dans l'esprit de Philippe II, le plus grand péril demeure la progression des Turcs. En dépit de la mort de Soliman en 1566, au cours d'un siège en Hongrie, les assauts ottomans se multiplient le long du Danube. A Vienne, l'empereur craint une vague musulmane qui submergerait l'Europe centrale. Que faire ? Engager une bataille sur mer, loin de l'Autriche et de l'Espagne, en organisant une Sainte Ligue composée de puissances maritimes efficaces. L'artisan principal en est le 225e pape, Pie V, un Italien qui fait régner une austérité espagnole à Rome.

Après la publication d'un *Catéchisme romain*, issu du laborieux concile de Trente, d'un bréviaire et d'un missel, il a réaffirmé l'autorité du Saint-Père sur les monarques. C'est ainsi qu'en 1570 il excommunie la reine d'Angleterre Elizabeth Ire à la suite de l'emprisonnement de Marie Stuart. Sans résultat notoire... S'il échoue à réunir de nombreux princes, il obtient la participation, essentielle, de l'Espagne, de Venise et même du seigneur de Monaco dans la constitution d'une flotte. L'affaire exige une minutieuse préparation. Philippe II en profite pour se remarier la même année avec sa nièce Anne, fille de sa sœur Marie et de l'empereur Maximilien II. Un étrange mariage si l'on se souvient que l'archiduchesse avait été, initialement, convoitée par l'irresponsable Don Carlos. Une fois encore, son père, en somme, le remplaçait. Mais beaucoup plus graves sont les ravages prévisibles de la consanguinité avec cette union « [...] que L'Eglise n'eût pas tolérée chez de simples mortels. Elle resserrait certes les liens avec Vienne, mais inaugurait des pratiques fâcheuses qui allaient se multiplier au siècle suivant [...][1] » et engendrer des désastres génétiques. Philippe II balaie les objections et minimise les risques ; il a quarante ans, il lui faut absolument un héritier mâle légitime et le pape Pie V accorde sa bénédiction avec réticence, du bout des lèvres.

Dans l'après-midi du 17 novembre 1570, la noble cité castillane de Ségovie est en liesse. Autour de la cathédrale, rare survivance du style gothique en pleine Renaissance – elle avait été édifiée par Charles Quint après la révolte, écrasée, des *comuneros* en 1511 –, une population ovationne l'arrivée d'un carrosse et d'une escorte d'hommes d'armes. A l'intérieur, Philippe II et celle qui va devenir sa quatrième épouse, Anne d'Autriche[2]. La jeune femme (elle a vingt-trois ans) tremble de froid malgré son manteau d'hermine.

---

1. Jean Béranger, auteur d'une *Histoire de l'empire des Habsbourg, 1273-1918*, Fayard, 1990.
2. Cette archiduchesse Habsbourg ne doit, évidemment, pas être confondue avec celle que nous connaîtrons également sous le nom d'Anne d'Autriche, qui sera l'épouse de Louis XIII en 1615.

Ségovie est perchée sur un rocher triangulaire, dans un site très original à mille mètres d'altitude. « [Anne] ne voit rien de la foule brillante qui les entoure et ne regarde que ce roi qui la conduit, cet homme que jusqu'ici elle admirait et qu'elle se sent prête à aimer. Sous le visage fermé de son époux, elle lit de la joie et beaucoup de tendresse. La veille au soir, ne lui a-t-il pas dit et répété combien l'émouvaient sa beauté et le bonheur qu'il ressentait à désormais partager sa vie[1] ? »

Accablé de drames et de soucis, père et veuf soupçonné des pires forfaits, il ne peut se soustraire à l'obligation dynastique d'assurer sa descendance. C'est une contrainte politique qui s'impose au roi, ainsi qu'il l'a exprimé à l'empereur Maximilien II : « Je serais bien heureux de rester en l'état où je me trouve ; mais alors, je n'accomplirais pas le devoir qui est le mien envers Dieu et envers mes sujets, que je place toujours avant mon contentement particulier[2]. »

Cette obligation, fardeau des monarchies, peut-elle s'accompagner d'un bonheur tardif et qui n'a cessé de le fuir ?

A quarante ans, le roi se remarie avec une nièce.
Le bonheur enfin ?

Chez Philippe II, le poids de ses épreuves ne peut s'effacer ; c'est en noir qu'il s'habille par respect pour la mémoire de sa précédente épouse (les deux premières n'ont pas droit à cette pensée). L'apprenant, Anne fait apporter sa plus belle robe… de deuil. En velours noir, le corps mince

1. Catharina de Habsbourg, *Ces Autrichiennes nées pour régner*, traduit de l'espagnol par François Rosso, Michel de Maule, 2006. Très originale étude, qui comble une lacune, sur dix princesses Habsbourg qui furent des souveraines d'Europe. L'auteur est une petite-fille du dernier couple impérial d'Autriche-Hongrie, Charles et Zita.

2. *Op. cit.* et H. Kamen, *Felipe de Espana*, Madrid, Siglo XXI Editores, 1998.

et bien fait, les yeux gris-bleu et de longs cheveux d'or, la nièce, arrivée de Prague après un voyage de plus de quatre mois, fait la révérence à son oncle. Il la relève car elle devient sa femme. La quatrième. Elle surmonte l'épreuve de la rencontre avec ses deux belles-filles, les infantes Claire Isabelle Eugénie, l'aînée, et Catherine Michelle, qu'Elisabeth de Valois a données à Philippe II. Du haut de ses quatre ans, Claire Isabelle Eugénie s'exclame, déçue : « Cette dame n'est pas ma mère, elle a les cheveux blonds. » Anne prend les deux sœurs dans ses bras, les embrasse et leur dit : « Quoique je ne sois pas votre mère, je vous aimerai comme si je l'étais. »

Sur le visage du roi, que tant de malheurs ont creusé, on peut constater l'apaisement et même la joie. Philippe II, pessimiste et anxieux il y a encore quelques semaines, ne quitte guère Anne et parle « du grand amour qu'il y a entre nous ». Peu à peu, le souvenir d'Elisabeth s'estompe. L'influence française, dans les usages de la Cour, s'éloigne. Le roi remet en pratique un protocole vieux de trente années, du temps de sa mère la reine Isabelle, née infante du Portugal. L'étiquette n'en est que plus rigoureuse. Enfin accueillie à Madrid, reçue avec des feux d'artifice, des arcs de triomphe, des fontaines jaillissantes et des musiciens partout, la reine Anne voit-elle la réalité, moins plaisante selon un gentilhomme de sa suite, consterné que Madrid soit « la plus sale et la plus crasseuse de toutes les villes d'Espagne. Après dix heures du soir, ce n'était guère amusant de se promener dans les rues, car on entendait vider les vases de nuit et déverser les ordures ». Honnêtement, au XVIe siècle, Madrid n'est pas la seule capitale à tolérer ces désagréments !

A la nouvelle de la grossesse d'Anne, le roi est à la fois heureux et inquiet et on le comprend : il a déjà perdu deux épouses en couches. Attentionné, il se soucie de la chaleur étouffante dans les appartements de la reine aménagés à l'intérieur du vieil Alcazar arabe qu'avait reconstruit Charles Quint. Il ose une prodigieuse entorse aux convenances, souhaitant que la reine « ne couche désormais que dans ma chambre, qui la nuit est fraîche ».

A Lépante, la flotte turque est anéantie par la Sainte Ligue

L'heure de l'affrontement avec les Turcs est venue après que le sultan Selim eut attaqué Chypre et se fut emparé de Nicosie. Pourquoi la Sérénissime république de Venise est-elle associée au roi d'Espagne ? Parce que les pirates barbaresques, protégés par les Ottomans, compromettent le commerce maritime des Vénitiens. Et en Italie, les possessions de Philippe II sont régulièrement assaillies. Il faut donc intervenir en Méditerranée. Le lieu choisi est Lépante, près de Patras, à l'entrée du golfe de Corinthe, une ville fortifiée par Venise depuis 1417 et qui résiste aux tentatives turques. La coalition est placée sous le commandement de Don Juan d'Autriche, l'Espagne étant le principal contributeur à l'opération. Le 9 octobre 1571, au large de Lépante, les navires de la Sainte Ligue détruisent la majeure partie de la flotte d'Ali Pacha et libèrent plus de 10 000 esclaves chrétiens. Les combats ont duré trois heures. Les galéasses vénitiennes, galères surchargées d'artillerie et véritables garnisons flottantes, sont commandées par Agustin Barbarigo. Il périt, peut-être trahi par l'amiral génois Andrea Doria qui combattait sous pavillon espagnol.

Parmi les blessés graves, un poète-soldat de vingt-quatre ans, qui s'était battu en Italie et à Chypre, a reçu trois coups d'arquebuse, deux dans la poitrine, le troisième dans le bras gauche. C'est Cervantès, vite surnommé « le manchot de Lépante[1] ».

1. Plus tard, en 1575, Cervantès, à bord d'une galère au large des Saintes-Maries-de-la-Mer, est capturé par les Turcs, emmené à Alger, emprisonné et esclave pendant cinq ans. Multipliant les tentatives d'évasion, il subit des représailles. Il écrira à Mateo Vásquez, le secrétaire de Philippe II, pour qu'il intervienne et paie sa rançon. Sans succès…

Cette bataille est doublement importante. Techniquement, on a assisté au dernier combat de l'histoire occidentale impliquant des navires à rames. Désormais, l'artillerie de longue portée exigera des navires plus faciles à manœuvrer, uniquement à voiles. Politiquement, cette victoire de la Sainte Ligue a un immense retentissement positif à Madrid, à Vienne, en Hongrie et dans les régions danubiennes. La chrétienté est en joie quand elle apprend que l'invincibilité de la flotte turque n'est plus qu'une ancienne légende. Aux Pays-Bas, la réaction est naturellement opposée, la répression espagnole étant aggravée ; des milliers de sujets hollandais commencent à se réfugier à l'étranger. Curieusement, la victoire de Lépante ne change rien dans l'immédiat, comme si les coalisés, après cette démonstration d'une force chrétienne unie, ne savaient comment exploiter leur succès. Don Juan d'Autriche, devenu le héros de Lépante, prend une revanche sur toutes les humiliations que sa condition de fils bâtard de Charles Quint lui avait infligées, même si, en 1554, son père l'avait légitimé par testament. Dévoilant son ambition, l'enthousiaste vainqueur songe, un moment, se constituer un empire personnel grâce aux terres prises aux Ottomans, puis envahir l'Angleterre et y épouser Marie Stuart. Deux projets fous, deux échecs… et aucun soutien de son frère dans ces affaires. Des courtisans le surnomment, par opposition au roi, « le prince imprudent ».

Madrid, 4 décembre 1571. Depuis plus de six heures, Philippe II est au chevet de sa femme. A 2 heures du matin, Anne accouche d'un garçon. Quel soulagement ! L'avenir de la dynastie est enfin assuré. Il est prénommé Ferdinand, en hommage à son arrière-grand-père, le fondateur du royaume de l'Espagne unifiée. A l'aube, l'heureuse nouvelle est saluée comme il convient : cent vingt coups de canon réveillent les Madrilènes et des cavaliers sont envoyés dans les villes importantes. Toutes les cloches carillonnent. Deux mois après la victoire de Lépante, Dieu semble enfin bénir les Habsbourg d'Espagne. Mais, vers l'âge d'un an, l'infant tombe malade ; le visage rougi, il ne cesse de pleurer. Les médecins semblent dépassés, comme souvent. Philippe II ne quitte presque pas son fils, la reine le veille, angoissée. Ce n'est qu'au bout de quatre jours que l'héritier s'endort normalement. On rend grâces au Ciel. L'alerte est passée et la famille regagne l'Escorial où se poursuivent les travaux, sous la supervision attentive du roi. L'atmosphère n'est pas joyeuse si l'on en croit l'ambassadeur de France qui compare l'édifice à « un couvent de nonnes ». C'était voulu, Excellence !

La princesse d'Eboli, borgne, est maîtresse du roi et d'un ministre…

Mais cette sanctification quasi permanente, qui baigne une harmonie conjugale à laquelle personne n'osait plus croire, n'empêche pas une rumeur de circuler entre Madrid et l'Escorial. Voici que des aigris, sans doute en disgrâce, reparlent d'une certaine princesse d'Eboli, âgée d'une trentaine d'années, dont l'existence est très romanesque. Fille d'un vice-roi du Pérou, elle s'est d'abord fait remarquer parce qu'elle est aussi borgne qu'un pirate – elle a perdu l'œil droit quand elle était enfant – mais son œil gauche est, dit-on, fort beau et son visage parfait malgré le bandeau qu'elle porte comme un charme supplémentaire. Ensuite, elle aurait été la maîtresse de Philippe II alors qu'elle n'avait pas quinze ans, c'est-à-dire lors du mariage bref, agité et stérile du roi avec Marie Tudor. En même temps, elle aurait aussi accordé ses faveurs au favori et secrétaire d'Etat du roi, le vieux Don Antonio Pérez. Devenue princesse par mariage, celle qui était née Anna de Mendoza y la Cerda accoucha d'un fils qui ressemblerait – toujours la rumeur ! – à Sa Majesté catholique le roi d'Espagne, d'où une certaine influence de cette femme sulfureuse à la cour guindée du Habsbourg espagnol… Puis, la rumeur s'éloigne ; elle reviendra… encore plus épicée !

Philippe II travaille surtout le matin, abattant un labeur administratif considérable qui épuise ses dix-neuf secrétaires.

Au moins n'est-il pas dérangé par ses ministres et les innombrables porteurs de placets. Et la reine aime la forêt voisine où elle chasse à l'arc et à l'arbalète. Le couple passe aussi des heures à des recherches historiques, géographiques et scientifiques. Curieuse de tout, Anne dispose d'un professeur qui lui transmet son savoir, sans jamais se lasser. C'est dans cette ambiance sereine – la reine est bientôt de nouveau enceinte – qu'un messager, arrivé de France, fait remettre au roi une effroyable nouvelle, celle du massacre de la Saint-Barthélemy, perpétré contre les protestants le 24 août 1572. Comment la France en était-elle arrivée à une telle horreur ? Et quelles conséquences peuvent être redoutées, notamment de la part des protestants des Pays-Bas et des Etats germaniques ?

Depuis quelque temps, les relations franco-espagnoles s'étaient rafraîchies. La reine mère, Catherine de Médicis, avait refusé au duc d'Albe l'autorisation de traverser la France pour se rendre, au plus vite, d'Espagne vers les Flandres où la révolte s'étendait. Philippe II avait considéré ce refus comme très inamical. Cette attitude s'ajoutait à l'autre refus de « Madame Catherine » de participer à la Sainte Ligue. En accroissant le prestige espagnol dans le monde chrétien, la victoire de Lépante mettait en évidence le manque de soutien de la Florentine. Depuis dix ans, « Madame Catherine », désireuse d'atténuer les antagonismes religieux, avait tenté l'apaisement intérieur en accordant des édits de pacification. Mais cette politique avait échoué avec le massacre de protestants en 1562, suivi d'exactions commises par des catholiques. L'amnistie des rebelles huguenots n'était rien d'autre, selon l'ambassadeur de Philippe II, que « la paix du diable ». La guerre de Religion était devenue une guerre civile permanente sous des apparences de conciliation et de pardon ; la haine entre le parti catholique, conduit par les Guises, et le parti de la religion réformée, incarné par Coligny, était définitive. De plus, l'amiral de Coligny, dont le destin se confond avec celui du parti huguenot, s'était dangereusement rapproché du jeune roi Charles IX (avec l'aide d'un cadeau de 150 000 livres et de 20 000 livres de revenus d'une abbaye...) et avait obtenu une place au Conseil. C'était plus grave. L'influence de Coligny sur le roi inquiète sa mère ; Catherine de Médicis juge dangereux cet amiral qui a semé la terreur dans le Midi du royaume.

Cependant, la reine-régente, estimant la France isolée et en danger, s'était rapprochée de la maison d'Autriche afin de dissiper les « malentendus ». En 1570, elle avait réussi à marier le fragile Charles IX à la seconde fille de l'empereur Maximilien II, la douce, bienveillante et austère Elisabeth d'Autriche. Qu'une Habsbourg, née à Vienne, soit reine de France ne pouvait qu'aider le Louvre et la Hofburg à vivre en bonne entente. Elle a seize ans, Charles IX, vingt-deux. Le roi accepte de renoncer à sa liaison, déjà ancienne, avec une certaine Marie Touchet, mais pouvait-il, ce tuberculeux affaibli depuis deux ans, s'opposer à son intransigeante mère ? Certainement pas, la politique matrimoniale faisant aussi partie de l'arsenal de la descendante de banquiers florentins qui s'efforce de maintenir l'équilibre, chancelant, de la monarchie française. L'archiduchesse Elisabeth sera une souveraine effacée et ne jouera aucun rôle à la Cour où la rigueur de son comportement contrastera avec les mœurs françaises à la mode toscane. Il semble qu'elle ait regretté Vienne et, devenue veuve, se hâtera d'y retourner.

Un engrenage infernal provoque l'horreur de la Saint-Barthélemy

Spectaculairement rentré en grâce, Coligny souhaitait venir en aide à la « révolte des gueux » (ce surnom dont les Flamands étaient si fiers) et avait promis son aide à Louis de Nassau, envoyé en France par son frère Guillaume d'Orange. L'amiral expliquait qu'un conflit au-delà des frontières unirait les Français contre l'ennemi commun, l'Espagne. « Ou la guerre civile ou la guerre étrangère », répétait Coligny au roi, qui se laissait convaincre en l'appelant « mon père », ce qui exaspérait Catherine. Elle était décidée à ne pas faire la guerre à l'Espagne, inopportune et trop risquée. L'idée d'une « croisade protestante » des Français aux Pays-Bas ne pouvait que déchaîner une violente réaction catholique. Malgré la désapprobation de sa mère, Charles IX avait répondu à la demande de Coligny qui avait envoyé 4 000 protestants à Mons, assiégé par Louis de Nassau. Ce fut un désastre : les Français furent écrasés à Quiévrain, dans le Hainaut, et les Espagnols ne firent pas de quartier à ces belligérants venus de l'extérieur et qui s'étaient mêlés d'une affaire ne les concernant pas. De plus, la reine Elizabeth Ire d'Angleterre, protestante, fit savoir qu'elle n'admettrait pas que les Français envahissent les Flandres.

A ces complications internationales, qui impliquaient l'Espagne, s'était ajouté une crise à la cour du Louvre. Henri de Bourbon, roi de Navarre, protestant, devait épouser Marguerite de Valois, catholique. La perspective de ce mariage « mixte » choquait le pape, qui tardait à faire parvenir son autorisation. Philippe II avait pris ce prétexte et celui de la tentative française d'aide aux « gueux » pour menacer d'entrer en guerre contre la France. On connaît la suite : le meurtre de l'amiral de Coligny, la faiblesse, aussi coupable qu'hypocrite, de Charles IX toujours sous l'influence de sa mère, le rôle trouble de celle-ci et les massacres du 24 août. Un traumatisme national.

A l'Escorial, l'enchaînement des provocations et le bain de sang de la Saint-Barthélemy pétrifient Philippe II. Il ordonne la célébration de plusieurs *Te Deum* tandis que l'empereur Maximilien II, catholique, se dit consterné et accablé. Les huguenots de Suisse et des Pays-Bas distribuent des pamphlets vengeurs contre les Valois. Le dernier fils de Catherine de Médicis, le duc d'Alençon, reprend l'idée d'envahir les Pays-Bas, affirmant une surprenante sympathie calviniste. En réalité, il est furieux de ne pas avoir été nommé lieutenant général du royaume, se perd dans des intrigues de cour et, avec l'appui de l'Angleterre, ourdit des complots qui sont tous déjoués. Pour le roi d'Espagne, la France est coupable d'un tragique désordre qui perturbe profondément l'Europe en donnant aux protestants toutes les raisons de réagir. Une poudrière… Le 12 août 1573, la reine quitte l'Escorial pour accoucher à Madrid. Mais les cahots de la route précipitent le terme prévu par la nature, et en pleine nuit, avant d'atteindre le château de Madrid, Anne met au monde un deuxième fils. Il aura le double prénom de Charles Laurent, référence à Charles Quint et à l'Escorial, loin d'être achevé.

La princesse d'Eboli rentre en scène… pour le pire !

Cette même année, la princesse d'Eboli, veuve, fait une expérience décevante de la vie monastique. D'ailleurs, personne ne l'aurait imaginée devenir contemplative, loin des hommes… Son jeu ambigu est découvert par un conseiller de Don Juan d'Autriche à Bruxelles, Escobedo. Il gagne Madrid pour informer Philippe II. Le ministre Pérez allume un contre-feu ; il parvient à convaincre le roi qu'Escobedo est un félon qu'il faut éliminer. En réalité, Pérez, affolé, fait tout pour éviter qu'on ne connaisse sa liaison avec l'exubérante princesse. Pis : elle a aussi été la maîtresse de Don Juan d'Autriche ! Une fois encore, selon ces rumeurs, Philippe II constate que le héros de Lépante ne met plus de limite à ses divers appétits, tant personnels que politiques. Le roi ordonne à Pérez de se débarrasser d'Escobedo qui n'a eu que le tort de découvrir un scandale fâcheux pour la Cour. Le 3 mars 1578, il tombe sous les coups de six spadassins. La princesse aurait été mêlée au meurtre. La suite tient du feuilleton puisque la veuve d'Escobedo blanchit la mémoire de son mari tandis que Pérez, convaincu de mensonge et accusé de concussion, est soumis à la torture et condamné à mort. Par protection, la princesse évite d'être convoquée au procès mais, sur ordre royal, elle sera incarcérée en 1579 à la forteresse de Pinto. Pérez, finalement gracié par Philippe II mais emprisonné, s'évadera, fuira en Aragon puis en France. Sur ordre de

Philippe II, la princesse d'Eboli sera enfermée dans sa propre résidence de Pastrana, achevant sa vie comme elle l'avait commencée, dans la débauche. Elle y restera quatorze ans après le drame et disparaîtra à l'âge de cinquante-deux ans, entourée de ses dix enfants. On assura, sérieusement, qu'elle avait été une bonne mère[1]...

Le 23 mai 1575, à l'Escorial, Philippe II fête son quarante-huitième anniversaire. La reine a organisé une réunion de famille mais l'événement que l'on doit retenir est l'inauguration, au deuxième étage, de la bibliothèque, l'une des plus belles d'Europe. D'une longueur de cinquante-quatre mètres, ses étagères en bois précieux ont reçu, à cette date, plus de 4 000 volumes et de très rares manuscrits, tant hébreux qu'arabes[2]. Le roi, suivant l'exemple de François Ier qui avait créé le dépôt légal en France, a demandé qu'un exemplaire de chaque livre publié dans le royaume soit déposé à cette bibliothèque. Sa décoration est un chef-d'œuvre de la Renaissance, en particulier le plafond qui honore les Arts libéraux et, aux deux extrémités, la Philosophie et la Théologie. Des portraits des Habsbourg d'Espagne y seront plus tard exposés mais Charles Quint y figure déjà. Le roi, à son habitude, joue le rôle d'un guide éclairé pour son épouse, encore enceinte. Il est prévenant, délicat, et ses attentions à l'égard d'Anne sont touchantes. Un ambassadeur de Venise note : « Le roi rend visite à la reine trois fois chaque jour : le matin avant la messe, pendant la journée avant son travail et le soir avant de se coucher. Ils couchent dans deux lits bas séparés d'une paume (une planche de bois) mais comme ils sont couverts d'un grand rideau, on dirait qu'ils ne font qu'un. Le roi manifeste beaucoup de tendresse pour la reine. »

1. Dans le *Don Carlos* de Schiller et le *Don Carlos* (ou *Don Carlo*) de Verdi, ces auteurs lui donneront un rôle en prenant des libertés avec la vérité historique.

2. A la mort de Philippe II, on comptera plus de 10 000 volumes, dont beaucoup seront détruits dans l'incendie de 1671 ou disparaîtront lors des guerres napoléoniennes. Aujourd'hui, la bibliothèque de l'Escorial compte plus de 40 000 volumes et plus de 2 700 manuscrits allant du Ve au XVIIIe siècle.

Il a enfin trouvé le bonheur conjugal, purgé des extravagances amoureuses de la princesse d'Eboli. Si à l'Escorial la reine organise des festivités champêtres (avec le rituel de la tonte des brebis par les bergers), à Madrid Anne encourage les représentations théâtrales, en particulier les œuvres gaies. « On s'est beaucoup diverti, dans les appartements de la princesse Jeanne, d'une comédie que Sa Majesté a ordonné qu'on y donnât. A 4 heures de l'après-midi, Mesdames les infantes ont rejoint Sa Majesté et se sont amusées de la pièce comme si elles avaient vingt ans, et les princes de même », nous dit l'archiduchesse Catharina de Habsbourg[1]. Quelques années plus tard, en 1583, à l'emplacement de l'actuel Teatro Español, le répertoire national commencera d'être interprété au Corral del Principe. C'est à Madrid, le 14 avril 1578, que la reine donne naissance à son quatrième fils, Philippe. Entre-temps, le troisième, Diego, était né. L'avenir de la dynastie n'est plus une angoisse. Moins de deux ans plus tard, ce sera sa première fille, Marie.

Cette enfant affaiblit tellement sa mère que le roi, fou d'inquiétude, fait chercher un prêtre qui a des talents de guérisseur. Il force la reine à avaler une… perdrix avec des tranches de lard rôties ! Elle aurait pu périr étouffée. Elle est sauvée, sans doute par le *magnificat* chanté par le religieux pour accompagner la roborative prescription !

Au Portugal, Philippe II accomplit le rêve d'Isabelle la Catholique

Son arrière-grand-mère le souhaitait. Il y pensait depuis des années. L'occasion se présente à l'été 1580 lorsque le roi Sébastien de Portugal, neveu de Philippe II, ayant été tué à Ksar el-Kébir, au Maroc, au cours d'une désastreuse campagne contre les Maures (18 000 victimes, une centaine de survivants seulement), la dynastie portugaise n'a pas

1. *Op. cit.*

d'héritier. De tous les prétendants à la couronne, Philippe II est géographiquement le plus proche, même si ses liens avec la dynastie d'Aviz sont lointains, encore qu'il soit le petit-fils du roi Manuel Ier et, à ce titre, bénéficie du prestige de son illustre ancêtre. En s'appuyant sur une armée commandée par le duc d'Albe, le roi d'Espagne n'a aucun mal à convaincre l'aristocratie portugaise de la légitimité de ses droits. En revanche – et c'était inattendu –, les grandes familles du négoce espagnol sont opposées à cette annexion du Portugal, craignant la concurrence économique lusitanienne. Philippe II fait des promesses aux uns et aux autres : il n'y aura pas de représentation espagnole dans les institutions judiciaires et législatives ; le portugais restera la langue officielle ; les terres et biens portugais ne seront pas transmissibles à des Espagnols (ni à tous autres étrangers) et les colonies portugaises, comme le Brésil, ne deviendront pas espagnoles. Il faut noter que, pour l'essentiel, ces engagements seront tenus et que, finalement, les finances précaires du Portugal bénéficieront de cette union ibérique.

Philippe II prend donc la route de Lisbonne, apprenant bientôt qu'une épidémie, amplifiée par la chaleur, y a fait près de 6 000 morts. Le roi arrête ses 47 000 hommes avant la frontière. La reine suivait, avec ses enfants et ses deux belles-filles, cette caravane. Hélas, l'épidémie se joue de la frontière et des précautions, et même autour de l'Escorial il y a de nombreuses victimes. Et soudain, le roi est contaminé. Valdès, son médecin personnel, écrit dans ses *Mémoires* combien la reine prend de risques, jugeant que ce n'est pas sa santé qui compte mais celle du roi : « Craignant pour la vie de son époux, s'abîmant en de ferventes oraisons, elle offrit à Dieu sa vie pour que le roi ne perdît point la sienne et ne quittât point le royaume et l'Eglise d'Espagne, d'une importance si essentielle pour le monde entier[1]. »

1. F. Susarte, *Bodas y Partos de las reinas de España*, Alicante, Instituto Alicantino de Cultura Juan Gil-Albert, 2000, et *op. cit.*

Philippe II survit mais c'est la reine qui a la fièvre, des rougeurs sur tout le corps, une respiration difficile. Elle est encore enceinte, de six mois. Les soins prodigués sont inefficaces. A l'aube du 26 octobre 1580, elle meurt dans sa trente et unième année, son bébé aussi. Il est possible qu'épuisée par ses grossesses répétées elle n'ait pas été capable de résister au fléau dont la nature n'a pu être déterminée. Elle laisse un mari effondré, inconsolable, qui la fait inhumer à l'Escorial où ils avaient vécu heureux et unis, dans ce qui deviendra le Saint-Denis des rois d'Espagne. La douleur brise Philippe II, il ne songe qu'à rejoindre celle qu'il a tant aimée. Il jure qu'il ne se remariera pas. Il restera veuf. Et pourtant, son calvaire ne fait que commencer…

Il faut s'interroger sur l'ambition portugaise du monarque. L'année suivante, non sans mal, il obtient des Cortes d'être intronisé roi Philippe Ier du Portugal. En vérité, cette union forcée, qui allait priver le Portugal de son indépendance pendant soixante ans, a une autre motivation. L'annexion voudrait tempérer le grave échec espagnol aux Pays-Bas. En effet, la « révolte des gueux » qui sévissait depuis des années dans les sept provinces du Nord (dont la Hollande, la Zélande, la Frise, la Gueldre et Groningue), majoritairement calvinistes, avait gagné celles du Sud. Mais les excès des calvinistes avaient vite indisposé ces provinces, majoritairement catholiques. Celles-ci s'étaient rapprochées de l'Espagne en formant, en 1579, l'Union d'Arras comprenant l'Artois et le Hainaut fidèles à Philippe II. Auparavant, les dissidents du Nord avaient constitué les Provinces-Unies, un Etat fédéral aspirant à un régime républicain. Au moment de sa campagne portugaise, le roi d'Espagne a donc perdu une grande partie des Pays-Bas, ce qui constitue une catastrophe. L'Espagne, et donc les Habsbourg, pourraient-ils perdre davantage dans la région ? Il faudra toute l'habileté militaire et diplomatique du fils de Marguerite de Parme, Alexandre Farnèse, pour rétablir la situation en 1585. Elevé en Espagne, ce gouverneur général des Pays-Bas est l'un des plus jeunes hommes de guerre du

XVIe siècle. Il combat les protestants et reconquiert peu à peu les villes méridionales, en particulier Anvers, qui avait pris son essor après le déclin de Bruges et fondé, dès 1460, la première Bourse de commerce européenne. Le retour d'Anvers dans l'obédience espagnole doit énormément à Alexandre Farnèse. Un soulagement pour le solitaire de l'Escorial dont le court habit noir contraste avec le mur blanchi à la chaux de son cabinet de travail, presque une cellule monacale. Vieilli, fatigué, la mise du souverain n'est éclairée que par le minuscule bélier de la Toison d'or qui pend sur sa poitrine. Et son esprit n'est égayé que par la présence de ses enfants, en particulier sa fille aînée, Isabelle Claire Eugénie, que lui avait donnée Elisabeth de Valois. Elle est le principal soutien de son père et a commencé à s'occuper des enfants d'Anne lorsqu'il se trouvait au Portugal pour s'imposer comme souverain.

Après l'exécution de Marie Stuart, le roi veut envahir l'Angleterre

Le couronnement d'Elizabeth d'Angleterre avait été mal accepté par la maison d'Autriche. D'innombrables rumeurs couraient sur un éventuel assassinat de cette reine qui soutenait les protestants des Pays-Bas contre l'Espagne de Philippe II et ceux de la France d'Henri III. Léger, enthousiaste et réputé pour ses manières élégantes, Don Juan d'Autriche, le demi-frère du roi d'Espagne, était aussi pieux que lui et engagé dans la défense de la religion catholique. Son projet d'envahir l'Angleterre et d'épouser la déjà légendaire Marie Stuart était resté une utopie. Et depuis, le héros de Lépante, la tête pleine de chimères, avait lutté contre les révoltés des Pays-Bas mais sans grands moyens. Après quelques victoires, il était mort d'une maladie contagieuse, en 1578, près de Namur.

Philippe II est très soucieux de Marie Stuart, à la fois courageuse et inconsciente dans sa conviction catholique.

Un ambassadeur du roi, Bernardino de Mendoza, parvient à entrer en contact avec elle. Ils échangent une correspondance secrète. La reine d'Ecosse s'y déclare prête à déshériter son fils hérétique Jacques au profit de Philippe II. Mais un complot, fomenté par le catholique anglais Babington, implique l'ambassadeur Mendoza. Le jeu espagnol est découvert en 1586, Marie Stuart est condamnée par sa cousine. Après trois mois d'hésitation hypocrite, l'intraitable Elizabeth Ire signe l'ordre de décapiter la robuste catholique. L'exécution de la séduisante reine rebelle (qui avait été traînée de prison en prison pendant dix-neuf ans) le 8 février 1587 sert de prétexte à Philippe II pour organiser un débarquement en Angleterre. En fait, ce projet lui a été soumis à plusieurs reprises, la dernière fois en 1585, alors que le commerce entre les deux pays a pratiquement cessé. Et depuis trente ans, c'est-à-dire depuis l'accession des souverains à leurs trônes respectifs, les relations anglo-hispaniques étaient placées sous le signe de l'hostilité. Même le curieux mariage de Philippe avec Marie Tudor avait été mal jugé par l'opinion anglaise, choquée d'un mariage entre catholiques dans un pays protestant. Au souper qui avait suivi, les favoris de la reine avaient manifesté leur réprobation en servant Marie Tudor sur un plat d'or et Philippe sur un plat d'argent… L'union commençait mal ; on sait qu'elle ne dura guère. Philippe, catholique et étranger, fut rendu injustement responsable des massacres de protestants ordonnés par « Marie la Sanglante ». Un autre élément du contentieux ne doit pas être oublié ; il s'agit de la rivalité en mer des Antilles. Philippe II considérait qu'il disposait d'un monopole commercial dans ces îles, mais l'énergique et tenace Sir John Hawkins ne cessait d'attaquer les navires du roi d'Espagne, aidé par un de ses jeunes cousins prometteur, le futur corsaire de la reine, Sir Francis Drake.

La colossale entreprise connue sous le nom d'Invincible Armada n'est pas favorablement accueillie par le plus fameux amiral espagnol, Santa Cruz. Il estime qu'il faut réunir au moins cinq cents vaisseaux, soit une dépense de plus de quatre millions de ducats, somme insupportable pour le Trésor de Madrid qui renfloue déjà les finances portugaises. Et il est clair qu'il faut conserver des navires dans les ports espagnols et à Lisbonne, aussi bien pour la guerre que pour le négoce. Philippe II doit donc se résoudre à un compromis ; une flotte moins nombreuse quittera le Portugal pour rejoindre l'armée d'Alexandre Farnèse aux Pays-Bas, en partie sous contrôle espagnol. De là, les troupes seraient transportées en Angleterre sous la protection de navires espagnols. A l'Escorial enfin achevé, le roi, qui aurait tant voulu en faire connaître les secrets à sa chère Anne, travaille à son plan dans une petite pièce sans fenêtres ; c'est son bureau. L'immense forteresse-monastère comprend 4 000 pièces, 86 escaliers et des dizaines de kilomètres de couloirs, mais c'est de cette cellule que Philippe II expédie ses ordres. Il y reçoit ses ministres et y prend ses repas pour ne pas perdre de temps. L'Invincible Armada occupe toutes ses pensées. Santa Cruz, qui n'est toujours pas convaincu de la viabilité du projet, ajourne le départ à plusieurs reprises, estimant que la flotte n'est pas suffisamment préparée. En 1587, un délai inattendu lui est fourni par les Anglais eux-mêmes lorsque Drake détruit ou capture, dans le port de Cadix, plus de vingt navires espagnols et une cargaison de poudre destinée aux canons de l'Armada. Cet exploit, d'une formidable audace, aurait dû faire comprendre à Philippe II que les espions d'Elizabeth étaient partout pour l'excellente raison que l'Angleterre s'attend perpétuellement à affronter un débarquement ; Elizabeth ne peut oublier que du temps de son père Henri VIII, à deux reprises des Français avaient tenté l'opération. Lorsqu'on transmet à Philippe II la liste des pertes dans le port de Cadix, estimée à 172 000 ducats, le roi répond : « La perte n'est pas très grande mais l'audace de la tentative, elle, l'a vraiment beaucoup été… »

En effet ! Comme s'amuse à le répéter Drake dans les tavernes amies : « J'ai brûlé la barbe du roi ! »

C'est un signe, minimisé par le roi, qui ne saurait confondre religion et superstition…

Mais au secrétaire de la reine, l'aventureux Drake avoue que son coup de main lui a permis de voir de près ce dont dispose, dans un seul port, Philippe II. Et Drake, bien que fier, est anxieux : « J'ose à peine écrire ce que nous avons appris sur les forces considérables dont dispose le roi d'Espagne. Préparons-nous vigoureusement en Angleterre, et d'abord sur mer. »

Tout le monde se prépare. Vivres, munitions et matériel sont acheminés depuis Naples, la Sicile, Milan, Barcelone et Carthagène à destination de Lisbonne. Mais pour les astrologues et autres voyants, l'année 1588 s'ouvre sous de funestes auspices. Tous prédisent des phénomènes naturels d'une ampleur rarement vue et bientôt la chute d'un grand royaume. L'Espagne possédant les plus vastes territoires est facilement désignée, ce qui provoque l'inquiétude chez les gens de mer réquisitionnés pour l'Armada ; beaucoup abandonnent leur poste et même leur navire. Philippe II réagit en exigeant de l'Eglise qu'elle condamne toutes formes de prophétie et de sorcellerie. La vérité oblige à dire que l'Angleterre, menacée des pires calamités, réagit de la même façon, en publiant un pamphlet démontrant la fausseté des prédictions.

Une expédition sous la protection divine mais très mal préparée

Cependant, au début de janvier 1588, les uns comme les autres doivent admettre que tout n'était pas faux dans ces présages : de mémoire humaine, personne n'avait connu en cette saison autant de tempêtes et de pluies diluviennes. Des cataractes tombent sur Lisbonne le 9 février, le jour de la mort de l'amiral Santa Cruz, qui était hostile à l'expédition. Un autre signe… Et il pleut toujours, trois semaines plus tard, lors de l'arrivée de son successeur, le duc de Medina Sidonia, promu capitaine général de l'Armada. Or, cet homme de trente-huit ans, de petite stature mais large d'épaules, qui possède des orangeraies en Andalousie et contrôle une partie de la pêche au thon, a vu et fait beaucoup de choses mais… il n'a jamais commandé une escadre ni même assisté à une bataille navale !

Et encore plus anormal, ce soldat a écrit au roi : « […] Ma modeste expérience m'a appris que je souffre du mal de mer et que je prends toujours froid […]. » Philippe II était resté sourd à ces arguments, convaincu que le grand nom du duc serait capable de se faire respecter des capitaines ombrageux. Ajoutons que, selon l'usage, le duc devait contribuer généreusement au financement de l'expédition, ce qu'il fit, après avoir essayé de rappeler qu'il avait déjà 900 000 ducats de dettes. L'honneur d'être nommé à la tête de l'Armada méritait un effort !

Curieusement, par une sorte de lassitude combinée de fatalité, le roi avait conclu les objections ducales par ces mots : « Si vous devez échouer, vous échouerez. » Philippe II est-il lucide ? Est-il informé, par exemple, qu'à l'arrivée de Medina Sidonia à Lisbonne en mars 1588, rien n'a été fait depuis la mort de Santa Cruz ? Les approvisionnements de toutes sortes jonchent le sol, les vivres sont en partie avariés et l'eau n'est pas potable. La plupart des hommes engagés n'ont reçu ni solde ni vêtements appropriés. Sur 22 000 prévus, près de 20 % sont malades, morts ou ont déserté. Avec méthode, le duc réorganise tout. Un espion ayant obtenu des renseignements sur la puissance de feu de l'ennemi, Medina Sidonia exige la fabrication, en trois mois, aux arsenaux de Madrid et de Lisbonne, de soixante-six canons en bronze ; il modifie la répartition des pièces car, si certains navires ont des canons, d'autres n'en ont pas, tandis que ceux qui sont armés n'ont ni poudre ni boulets ! Tout au long de ce printemps pluvieux, le roi presse le duc, l'accable de conseils, d'encouragements et d'instructions, pour appareiller au plus vite : « Assurez-vous de la présence de pilotes expérimentés pour vous conduire dans la Manche. Naviguez près de la côte anglaise de façon à éviter les hauts-fonds et les bancs de sable qui longent les côtes française et flamande. Gardez la flotte rassemblée [...]. »

Suivent des ordres en cas de dispersion, pour l'envoi de messages au duc de Parme qui, lui seul, doit débarquer des troupes sur le sol anglais. L'ultime recommandation royale traite de la vie spirituelle pendant la navigation de l'Armada. Plaçant son expédition sous le signe du Tout-Puissant, Philippe II indique que les prières seront dites deux fois par jour par les prêtres et moines embarqués. Et surtout, pas de filles à bord ! On découvre alors qu'il y a six cents femmes installées et à peine cachées. Le duc, scandalisé, les fait expulser de la flotte et même de Lisbonne, ce qui déchaîne les vociférations des hommes. Le calme revient, à peu près, avec la promesse de trouver en Angleterre des filles « gaillardes et plantureuses » !

Enfin, malgré un tangible manque de préparation, « la plus grande force navale qui eût jamais vogué sur les mers », dit-on, met à la voile le 9 mai 1588. On compte cent trente navires, espagnols et portugais en majorité, dont les équipages parlent toutes les langues pratiquées dans l'Europe catholique. Avec près de 28 000 hommes, 2 431 canons, 123 790 boulets, deux cent quatre-vingts tonnes de la meilleure poudre, soixante tonnes de mèches, 7 000 arquebuses, 10 000 piques ou hallebardes, quarante fourgons attelés à des mules, quatre-vingt-cinq chirurgiens, dix-neuf juges et cinq administrateurs pour les premiers temps de l'occupation, des vivres pour six mois, Philippe II a confiance. Le roi a même établi les menus remis à chaque capitaine : du fromage le mercredi et le samedi, 180 grammes de poisson le vendredi, 180 grammes de viande le dimanche, lundi et mardi étant jours d'abstinence. De plus, 147 000 futailles de vin et 12 000 barriques d'eau douce, sans oublier quelques tonnes d'or, ont été embarquées. C'est une croisade maritime titanesque qui doit couronner un siècle de victoires espagnoles sur les Sarrasins et sur les Turcs. La *Felicissima Armada* (« la plus heureuse armée navale »), laborieusement rassemblée en deux semaines, bénie par l'archevêque de Lisbonne, vogue sous la brise de printemps. Elle est puissante, impressionnante. Très fiers, les Espagnols la prétendent « invincible »…

L'Invincible Armada est anéantie par les tempêtes

Ce qu'ils ignorent, c'est qu'à force de vanter leur Armada et de donner, à longueur de semaines, des détails aussi bien sur les bateaux que sur les châtiments qu'ils infligeront aux hérétiques, toute l'Angleterre et même divers pays d'Europe ont eu le temps de décortiquer les dessous de l'expédition, ses forces et ses faiblesses. Une brochure londonienne, imprimée à Fleet Street – qui deviendra, plus tard, la rue du siège des plus grands journaux –, dévoile aussi bien les règlements du bord, les points de rendez-vous, que la répartition des vivres et quantité d'informations. Non seulement l'Angleterre se préparait à cette tentative d'invasion (sans doute depuis deux ans), mais elle savait tout de l'ennemi. L'orgueil et la naïveté ibériques avaient livré à l'adversaire des renseignements si précieux qu'on les énumérait dans les auberges du royaume. Or, ce que personne ne pouvait prévoir, le désastre ne devrait presque rien à l'art de la guerre maritime. Ce sont les caprices des vents, dévastateurs pour les Espagnols, favorables pour les Anglais, qui décidèrent de l'issue, s'ajoutant au manque total d'expérience du duc de Medina Sidonia, qui, entre autres bévues, ne tint pas compte des marées…

Dès la première rencontre avec l'ennemi, au début d'août, les navires espagnols sont dispersés puis entraînés par de violents coups de vent jusqu'au nord de l'Ecosse. Durant plusieurs jours, la tempête s'acharne sur les galions, pataches, caraques, galères, galéasses et hourques aux pavillons rouges décorés d'or de Philippe II. Lorsque la flotte espagnole peut enfin reprendre sa route vers le sud, la moitié de ses navires font naufrage sur les côtes d'Irlande et d'Ecosse. Le désastre est à la mesure de l'ambition folle du fils de Charles Quint, irréparable. L'un des épisodes les plus évocateurs de cette catastrophe est la reddition de Pedro de Valdès, commandant la *Nuestra Señora del Rosario*, à Francis Drake, vêtu de blanc, à bord de son bateau bien nommé, le *Revenge*. Valdès, « résolu à mourir en combattant », ne voit aucun déshonneur à remettre son épée au plus grand marin de l'époque. Son mât de misaine effondré sur l'étrave, le navire espagnol avait été remorqué vers la côte anglaise. C'était la première et la plus belle prise de l'escadre espagnole. En cet été mémorable, Dieu n'était pas espagnol.

La déroute de l'Armada, vaincue et déchiquetée, coïncide avec le trentième anniversaire du couronnement d'Elizabeth Ire. Le 10 décembre, en l'honneur de ces deux événements, elle fait célébrer à Londres un service solennel d'action de grâces. Son triomphe dans les rues rappelle la Rome antique. Seule dans un carrosse surmonté d'un dais et attelé à deux chevaux blancs, la souveraine triomphante est suivie d'un cortège de dignitaires. Dans la cathédrale, Elizabeth écoute un prédicateur magnifier la sagesse divine qui s'était rangée du côté des Anglais. Puis, elle entend un hymne dont elle a composé elle-même les paroles :

> Il a fait se lever les vents et la mer
> Pour disperser mes ennemis.

On parla des « vents de Dieu », pour privilégier le rôle du destin au détriment du génie des hommes. La reine posera ensuite pour une peinture glorifiante où sa main droite, dominatrice, caresse un globe terrestre. Derrière elle, deux petits tableaux célèbrent les bons vents envoyés par le Ciel. L'ensemble annonce la maîtrise des mers par l'Angleterre. La guerre navale s'en trouve modifiée pour trois siècles. Pour la première fois, une bataille, si l'on met à part l'irremplaçable concours des vents, a été livrée par des navires seuls et leur artillerie, sans abordage à coups d'épée et de sabre dans des combats au corps à corps.

A l'Escorial, c'est dans un silence pesant et digne que Philippe II reçoit les nouvelles. Il les accepte comme un châtiment, avec la grande fermeté d'âme qui lui est naturelle. Vieilli, souffrant de la goutte comme son père, ses cheveux ont blanchi et son visage est cireux. Il prend immédiatement les mesures que lui inspire sa compassion, installant des hôpitaux pour les rescapés blessés, allouant des pensions aux veuves et aux orphelins. Dans l'église, on prie pour les survivants et un *Requiem* est chanté pour les morts. Philippe II a-t-il pleinement conscience de la portée politique de cette débâcle ? Ce n'est pas certain si l'on se réfère à la surprenante remarque qu'on lui attribue : « J'ai envoyé mes navires contre des hommes, non contre les vents et les tempêtes. »

Le roi n'est pas un marin mais, quelque temps plus tard, il fait preuve d'humilité et de résignation, écrivant à un archevêque : « Il est bien connu que les opérations navales sont vouées à l'incertitude. »

Tandis que l'Espagne entière rejette la responsabilité de la défaite sur Medina Sidonia, le roi se contente de le dispenser de toutes obligations ultérieures et le renvoie chez lui, à Sanlúcar, où il finira ses jours au milieu de ses orangeraies. Le seul officier de haut grade sanctionné pour son obstination et son incompétence est Valdès, condamné à une peine de prison. On peut penser que même si le roi s'en remet aux décisions de la Providence, il n'en est pas moins atteint.

Mais il n'abandonne pas l'idée d'une invasion de l'Angleterre. A trois reprises, il lancera de nouvelles expéditions, dont la dernière atteindra partiellement son objectif : pendant trois mois, les Espagnols, débarqués dans le Kinsale, sur la côte sud de l'Irlande, resteront maîtres du terrain jusqu'à ce qu'une armée anglaise les renvoie sans représailles, dans un geste chevaleresque. L'Angleterre restera donc une obsession chez Philippe II, presque jusqu'à la fin de sa vie. Un moine raconta que le roi ayant prié dans sa chapelle privée à l'Escorial avait ensuite saisi un chandelier d'argent posé sur l'autel et fait le vœu de le faire fondre pour participer aux dépenses d'une nouvelle flotte. Le roi d'Espagne est si entêté qu'il aurait mérité d'être roi d'Angleterre.

Le rêve de Philippe II était, en cas de victoire, de rétablir le catholicisme dans le royaume d'Elizabeth Ire et d'achever l'encerclement de la France. Il lui faut se rendre à l'évidence : la religion réformée n'a cessé de s'étendre ou de provoquer des divisions tragiques. Divers événements avaient inquiété le roi d'Espagne. Depuis la Saint-Barthélemy, les protestants allemands étaient intervenus dans les guerres de Religion qui ensanglantaient la France. Après de longues négociations, le prince Henri de Condé, chef du parti huguenot, avait promis au fils de l'Electeur palatin, Jean-Casimir, le gouvernement de Metz, Toul et Verdun. Celui-ci était entré en France à la tête de 4 000 hommes, dont 2 000 lansquenets, et avait rejoint Condé le 8 décembre 1576, entre Strasbourg et la Moselle. L'empire des Habsbourg se trouvait engagé entre les persécutions et les représailles. Puis, le 19 février 1582, François de Valois, duc d'Anjou, frère d'Henri III et quatrième fils de Catherine de Médicis, était entré dans Anvers, tout simplement par le pont-levis. Soutenu par Elizabeth d'Angleterre – qu'il avait essayé, vainement, d'épouser –, le dernier fils d'Henri II avait intrigué avec Guillaume d'Orange puis s'était proclamé duc de Brabant et comte de Flandre. Mais la présence de ce prince catholique sans ressources, petit et contrefait, doté d'une ambition qui le dépassait, avait indisposé la population protestante. Sa « folie d'Anvers » s'était transformée en une piteuse fuite, dont la sienne, laissant près de mille morts sur le pavé anversois. La tuberculose avait emporté ce conspirateur remuant et sans scrupules en 1584, à l'âge de quarante ans. Avec lui s'était éteinte la branche des Valois puisque son frère, le roi Henri III, n'avait pas de fils. La couronne devait donc passer à Henri de Bourbon, roi de Navarre. Ce prince protestant était devenu l'héritier du trône de France. Or, sa mère, Jeanne d'Albret, était une fervente huguenote et Henri lui-même s'était converti de force au catholicisme, sous menace de mort, lors de la Saint-Barthélemy, puis avait regagné sa

Navarre où il était revenu au protestantisme. Il était relaps, retombé dans l'hérésie qui perturbait l'Europe. Depuis l'Escorial, Philippe II s'interrogeait : les Français catholiques, menés par le clan des Guises et la Ligue, accepteraient-ils d'avoir un jour un roi protestant, quelle que soit sa popularité ? Cette éventualité augmente l'inquiétude de Sa Majesté catholique.

La seule consolation du roi est sa fille Isabelle Claire Eugénie

Moins de deux semaines après le triomphe officiel d'Elizabeth Ire sur la désastreuse Armada, Henri III, qui redoutait d'être déposé par les ligueurs, décide de faire mettre à mort Henri de Guise. L'assassinat, théâtral, du duc de Guise à Blois puis, six mois plus tard, le meurtre, par vengeance, du roi qui l'avait ordonné par le moine fanatique Jacques Clément, modifient la perspective. Les catholiques n'ayant pas pardonné la mort du chef de la Ligue, Philippe II entrevoit la possibilité d'une union avantageuse entre les Habsbourg et la France déchirée. Il charge un de ses ambassadeurs de proposer le mariage de sa fille Isabelle Claire Eugénie avec un prince français de son rang, évidemment catholique. Pour le roi d'Espagne, ce serait un moyen d'écarter ou d'affaiblir le successeur huguenot d'Henri III. L'ultime recommandation de Charles Quint à Philippe II n'avait-elle pas été : « Maintenez la foi catholique dans toute sa pureté » ? Une étroite relation unit Philippe II à sa fille aînée ; elle accomplit des tâches normalement réservées à la reine, mais il n'y a plus de reine et il n'y aura pas de cinquième épouse. Avec les années, surtout depuis l'installation presque permanente du roi à l'Escorial, et à la demande de son père, Isabelle participe aux conseils d'Etat. Elle a vingt-deux ans et fait preuve de solides qualités politiques. Le monarque, si refermé sur lui-même, lui confie les documents les plus secrets et les courriers diplomatiques pour recueillir son avis. Philippe II et l'infante passent des heures à discuter, à examiner les affaires et à envisager les solutions. C'est un spectacle insolite de voir le fils de Charles Quint déambuler avec sa fille dans le *Patio de los Evangelistas.* Isabelle, qui ne veut pas avoir l'air de suivre son père qui avance douloureusement, le précède pour mieux l'entendre ; elle porte un petit écritoire en ébène pour noter ce qui doit être retenu, étudié, refusé, approuvé. Une fille, une confidente, une conseillère de gouvernement baignée de l'atmosphère mystique du lieu, de la messe matinale aux côtés de son père jusqu'à la bénédiction du repas vespéral. Impressionné par ses dons, le roi souhaite lui confier les fonctions de gouvernante des Pays-Bas et de Franche-Comté. Toutefois, il y a une dramatique raison à la proximité permanente entre le père et la fille. Des cinq enfants, dont trois fils, que lui avait donnés sa dernière épouse Anne, quatre sont morts… Le fléau de Dieu s'est acharné sur la descendance de Philippe II avec une tragique rigueur. Mais il est possible que ce soit le roi lui-même qui ait transmis la syphilis à sa femme, ce « mal napolitain » ou « mal français » (selon les opinions !). Une tare souvent congénitale dont il n'est pas toujours aisé de fixer l'origine…

La perte de trois garçons avait accablé le roi ; il ne lui reste qu'un héritier mâle, Philippe, âgé de vingt ans, qui lui paraît peu intéressé par les questions politiques. La fatalité ou la colère divine va-t-elle encore frapper ? Philippe saura-t-il régner ? Son père est soucieux. Ayant marié au duc de Savoie sa fille cadette, Catherine Michelle, née d'Elisabeth de Valois, c'est donc pour compenser les faiblesses de son fils qu'il initie Isabelle Claire Eugénie aux affaires de l'Espagne et du monde. Une tendre complicité unit le père et la fille. Mais comme rien n'est jamais simple, la position d'Isabelle Claire Eugénie, maintenant en permanence auprès de Philippe II et dont les avis sont recherchés, ne la rend pas très disponible pour le mariage, d'où le calcul de son père impliquant la France. Les catholiques français sont favorables à la jeune femme, belle, intelligente, élégante amazone, férue de chasse et ardente catholique puisqu'elle est, par sa mère, la petite-fille d'Henri II. Avec une telle prétendante, pourquoi la recherche d'un prince français est-elle si lente ? Pourquoi le roi d'Espagne, lui-même initiateur de cette solution, ne la soutient-il pas avec plus d'allant ? On peut trouver deux explications à ce manque d'enthousiasme du côté de l'Escorial. Le prince héritier Philippe n'étant pas « un successeur fermement établi », selon la formule, délicate, de l'ambassadeur de Venise, le roi lui-même a préféré conserver sa fille auprès de lui. Soudain, il n'est plus urgent de marier Isabelle à un prince français. Ajoutons que l'ambassadeur d'Espagne auprès de la cour de France a sans doute commis un impair diplomatique en laissant entendre que le roi d'Espagne avait recherché d'autres époux pour sa fille. Au Louvre, où l'on affrontait des drames épouvantables, cette soudaine désinvolture avait déplu. Depuis le retour des survivants de l'Armada, la recherche d'un gendre avait beaucoup occupé Philippe II. Finalement, il avait retenu l'archiduc Albert, frère de sa dernière épouse, Anne. Un neveu, très aimé, qui deviendrait un gendre ? La proche parenté devrait être un obstacle à cette union mais le roi a été séduit par le sérieux d'Albert et sa haute spiritualité qui lui a valu le chapeau de cardinal auquel il devrait renoncer. Son oncle a tellement apprécié son comportement dans la campagne de conquête du Portugal qu'il lui en a confié la vice-royauté, plaçant un Habsbourg d'Autriche à l'extrémité de la péninsule Ibérique totalement soumise à la couronne d'Espagne.

L'Escorial, le tombeau d'une ambition

Au début de 1598, Philippe II se préoccupe de constituer la dot de sa fille, ce qui est délicat. La réalité qui avait provoqué l'échec de Charles Quint, à savoir l'éparpillement géographique des territoires qui rendait physiquement invisible leur souverain, s'est imposée à son fils. La faiblesse de tous les empires est toujours la même, c'est l'éloignement.

C'est à cause des milliers de kilomètres séparant Madrid de Vienne et Anvers de Naples que le protestantisme, mal évalué à ses origines et mal compris, a pu s'étendre et, par une succession d'erreurs catastrophiques, se muer en force politique d'opposition au prix du sang versé. On ne peut gouverner efficacement sur de telles distances quand on sait qu'il faut des semaines de cheval, voire des mois de navigation, pour apprécier réellement une situation difficile. La réaction est toujours en retard sur l'urgence. Un des vieux conseillers de Philippe II, Don Cristóbal de Moura, résume parfaitement le problème en proposant une solution : « Ni tout l'or du Pérou, ni les soldats d'Espagne, d'Italie, d'Allemagne ne suffiraient à l'emporter sur les rebelles des Flandres. Seul un prince qui vivrait parmi eux parviendrait à les gouverner. Placez ici un des vôtres avec la dignité de souverain ; ainsi l'Espagne ne tiendra-t-elle plus les Flandres, et celles-ci resteront à la maison d'Autriche, et l'union qui a toujours existé entre ses deux branches apportera à l'Espagne d'innombrables bénéfices[1]. »

La question des Pays-Bas espagnols est donc toujours la pomme de discorde. Le roi d'Espagne, très affaibli par sa goutte et ses angoisses confessionnelles, tente de mettre un terme à la crise permanente. Il fait un geste, fortement aidé par l'attitude d'Henri IV, qui, ayant admis que « Paris vaut bien une messe », est revenu au catholicisme… après avoir changé six fois de confession. Le 13 avril 1598, par le fameux édit de Nantes, le roi de France et de Navarre a confirmé aux protestants leur liberté de culte et a reconnu le catholicisme comme religion d'Etat. Les guerres de Religion étaient enfin terminées en France. Pour le roi d'Espagne, il est temps d'agir de même chez lui. Le 2 mai, à Vervins, aujourd'hui dans l'Aisne, Philippe II signe la paix avec la France qui rétablit les clauses du traité du Cateau-Cambrésis de 1559 et met fin aux ingérences de Madrid

1. Ruth Betegon, *Diez Isabel Clara Eugenia*, Barcelona, Plaza y Janes, 2004, et Catharina de Habsbourg, *op. cit.*

dans la politique du roi Bourbon. Depuis vingt ans, la sécession des Provinces-Unies était une réalité. Avec un navrant retard de vingt années, Philippe II accorde l'indépendance aux Pays-Bas et nomme sa fille Isabelle Claire Eugénie à leur tête, comme il y songeait. Une souveraineté partielle mais l'Espagne conserve la Franche-Comté bourguignonne et le Charolais. L'infante et l'archiduc, redevenu laïc, allaient pouvoir se marier.

En marge de ces considérations, la vérité est que Philippe II n'a plus les moyens d'engager le moindre conflit. Le corps couvert d'ulcères, il ne quitte plus l'Escorial. Sa retraite, définitive et digne, est assombrie par la déplorable économie de son royaume. Pour la troisième fois, il a été acculé à une banqueroute en 1596. Depuis 1590, la prospérité castillane s'était effondrée. Au lieu d'avoir été investie en Espagne, la majeure partie des richesses du Nouveau Monde avait rempli les coffres des banquiers allemands, autrichiens et italiens, en remboursement de dettes colossales, dont les frais de guerre. L'inflation était un autre facteur de ruine des paysans ; beaucoup avaient déserté leurs terres, l'agriculture régionale avait périclité. L'augmentation des prix, estimée à 400 %, paralysait l'exportation des produits manufacturés. Enfin, les impôts, qui épargnaient la noblesse, constituaient une source de mécontentements légitimes. La situation laissée par Charles Quint n'avait fait qu'empirer. L'Espagne s'était agrandie – des îles asiatiques s'appelaient les Philippines –, mais elle s'était affaiblie.

Sentant venir sa fin, Philippe II, depuis la fenêtre de sa petite chambre, assiste aux préparatifs de ses funérailles. Parfois, la douleur lui arrache un cri. Le 13 septembre 1598, entouré de ses conseillers spirituels et de ses saintes reliques, serrant dans ses mains décharnées le crucifix de son père, il s'éteint, à l'âge de soixante et onze ans. Sa plus grande souffrance n'était ni l'échec de l'imprudente Armada ni l'abandon forcé d'une partie des Pays-Bas. C'était la frustration de ne pas avoir un fils digne de lui succéder, sentiment d'autant plus aigu qu'en quatre mariages, s'il avait eu neuf enfants, cinq de ceux que lui avait donnés sa dernière épouse n'avaient pas survécu et le souvenir de Don Carlos, l'un de ses deux fils qui n'avaient pas disparu en bas âge, était resté un cauchemar complexe, un tourment et peut-être une culpabilité. Longtemps, il fut reproché à Philippe II de ne pas avoir porté le deuil de ce malheureux, une attitude choquante qui n'avait pu qu'entretenir les soupçons chez un homme aussi attaché à la religion. C'était son secret, sans doute le pire. Seules les deux filles d'Elisabeth de Valois avaient adouci sa vieillesse et apporté un peu de joie au fils de Charles Quint. Il laisse le souvenir d'un souverain dont la véritable personnalité a été faussée par ce que nous savons de l'Escorial, étonnant mélange d'austérité et de somptueuse décoration interne. Une dévotion minutieuse, des crimes perfides, un attachement fanatique au protocole, la recherche, touchante, d'une intimité familiale, le goût des fleurs, des oiseaux et de quelques beaux meubles, un rituel de moine n'en font ni un saint ni un tyran cruel. Sans génie, il aurait voulu égaler son père mais était assez intelligent pour connaître ses limites. L'histoire s'était chargée de les lui rappeler.

6

Rodolphe II, l'empereur alchimiste (1576-1612)

Le paradoxe n'est pas mince : depuis la mort de Charles Quint et la division de la maison d'Autriche en deux branches, le rameau cadet a conservé la dignité impériale mais il est celui dont on parle le moins. Ces cousins Habsbourg, à commencer par l'empereur, ont dû se contenter, si l'on peut dire, de l'Alsace, des duchés souabes et autrichiens, de la Bohême et de ce qui reste de la Hongrie non occupée par les Turcs. Un monde largement germanique, l'allemand et ses dialectes constituant un ciment chez les Habsbourg d'Europe centrale. Ceux-ci ont un immense avantage sur leurs parents d'Espagne : leurs territoires sont, à peu de chose près, d'un seul tenant. Cela ne rend pas forcément les communications plus faciles, surtout l'hiver, mais l'absence d'éparpillement n'oblige pas l'empereur, par exemple, à demander au roi de France un droit de passage, souvent aléatoire, sur son sol. Il y a donc une véritable unité géographique dans ce qui, la Suisse exceptée, reste, par définition, le berceau de la dynastie et de ses premières conquêtes. C'est une force. Et après Charles Quint, aucun membre du cousinage ibérique ne ceindra la couronne d'or du Saint Empire, ce privilège restera celui de la branche autrichienne.

Pour atteindre les Pyrénées depuis le Rhin ou le Danube, il faut des semaines ou des mois, selon les circonstances.

Rendre visite à la famille en Espagne est une expédition. Il convient donc d'y rester longuement afin d'amortir les fatigues et les frais d'un tel déplacement. Il y avait toujours un motif. A la fin de l'année 1567, l'empereur Maximilien II, qui avait épousé la fille aînée de Charles Quint, avait été alerté sur le comportement de plus en plus insensé de Don Carlos à Valladolid. Etait-il vraiment fou ? Voulait-il tuer son père ? Que complotait-il avec les Pays-Bas ? Les rapports remis à Maximilien II étaient inquiétants. Quelle était la part des rumeurs et des ragots ? Il y avait encore plus grave : la propre fille de Maximilien II, Anne, était plus ou moins promise à Don Carlos ! Ce mariage austro-espagnol, à l'initiative de Philippe II, était lui-même une folie, heureusement vite abandonnée. Anne n'épouserait pas ce cousin bossu aux yeux de loup mais le roi, Philippe II. Pour être sûr qu'on ne l'avait pas abusé sur la santé mentale et physique de son neveu, l'empereur avait envoyé en Espagne deux de ses fils, frères d'Anne, l'aîné, l'archiduc Rodolphe, âgé de seize ans, et son frère Ernest, son cadet d'un an. Ils avaient été témoins de la dégradation de leur cousin et de son emprisonnement. Et ils avaient suivi son cercueil. Les soupçons, les insinuations et même les épais silences entourant la mort énigmatique de Don Carlos les avaient beaucoup frappés. La froideur et la gravité du protocole espagnol les avaient changés, ce qui préoccupait l'empereur lorsqu'ils étaient enfin revenus de leur séjour espagnol. Et quand, disait-on à l'empereur, Philippe II avait fait jurer à l'archiduc héritier Rodolphe qu'il resterait toujours un bon catholique et que même après la mort de son père il devrait « persécuter l'hérésie de toutes ses forces », cela dénotait une méconnaissance de la situation à Vienne et à Prague. En effet, si Philippe II combattait les protestants et les Turcs loin de l'Espagne, dans les Etats germaniques (au sens large), l'opposition religieuse était à portée d'arbalète. A la différence de l'Espagne, le danger se trouvait à l'intérieur. Avec finesse, Maximilien II, s'exprimant en plusieurs langues, dont le français et un peu le tchèque, avait préconisé la tolérance, l'apaisement, le dialogue en Autriche et en

Bohême. C'était le bon sens : la Réforme était partie de Saxe et avait été bien reçue des princes devenus protestants. Lui-même, sensible aux idées réformatrices, voulait composer pour éviter le bain de sang qui ravageait la France. Les milliers de morts de la Saint-Barthélemy l'horrifiaient et il fustigeait l'exemple qu'il fallait absolument éviter. L'Empire était chrétien, y faire le lit des divisions était suicidaire ; son seul mot d'ordre recommandait de faire front devant le seul véritable danger : les Ottomans, lesquels avaient envahi la Hongrie en 1566 et, malgré une paix officielle, l'empereur avait été contraint de leur payer un tribut annuel, de faire face à de nombreuses incursions. Dans un courrier au doge, un ambassadeur de Venise écrit : « Ici [en Autriche] les gens se sont entendus pour se tolérer les uns les autres. Dans les communautés mixtes, la question est rarement posée de voir si quelqu'un est catholique ou protestant… Protestants et catholiques se marient entre eux sans soulever le moindre scandale ni même le moindre commentaire. »

L'empereur prône la recherche de l'équilibre, dans le souvenir de la politique de son père Ferdinand Ier, sans cesser d'être fidèle au catholicisme romain ; il laissait se développer la Contre-Réforme animée par les Jésuites. L'évolution de Maximilien II lui avait valu des critiques sévères. On l'avait accusé de jouer double jeu, d'être indécis, et ses sympathies pour la Réforme avaient failli le faire écarter du trône impérial avant son avènement. Elevé à la cour d'Espagne, il s'était écarté de ses exigences et n'aimait pas du tout son neveu Philippe II, trop cassant, demeuré enfermé dans un carcan psychologique.

A l'été 1576, accompagné de son épouse et de quatre de leurs six enfants, il se sent très mal après un repas. Est-ce un poisson plus très frais ? Des fruits mal lavés ? Un vin hongrois trop capiteux ? Il semble aller mieux puis son état s'aggrave. Il n'a que quarante-neuf ans lorsqu'il meurt d'on ne sait quoi exactement mais peut-être, d'après certains anatomistes, d'une crise cardiaque. Son successeur, Rodolphe II, va donner à l'Europe centrale un nouvel éclat au détriment de l'Espagne au prestige pâlissant. Ce sera la revanche, éblouissante, de Prague sur Vienne et Madrid.

Rodolphe II transfère la capitale impériale de Vienne à Prague

A vingt-quatre ans, le nouvel empereur est un personnage original, complexe, au caractère fantasque et instable. Pessimiste, méfiant, bizarre, il prend le prétexte d'un tremblement de terre à Vienne pour transférer à Prague la capitale de l'Empire en 1582. Il veut, intellectuellement, y fonder une nouvelle cité, à rebours de la volonté de son père qui, dix ans plus tôt, avait institué à Vienne l'Ecole espagnole d'équitation, laquelle devait connaître une célébrité jamais démentie jusqu'à aujourd'hui. Comment ne pas considérer comme une insulte l'installation de superbes chevaux espagnols dans les écuries pragoises ? On imagine la consternation et l'amertume des Viennois, délaissés par un monarque intelligent, raffiné et visionnaire. L'accession des Habsbourg au trône de Bohême, qui remontait à 1526, avait été marquée par le couronnement de Ferdinand Ier dans la cathédrale Saint-Venceslas le 24 octobre de la même année. Mais l'idée d'y fixer la résidence impériale avait été abandonnée au lendemain de l'incendie qui avait détruit le quartier de Mala Strana, le 2 juin 1541. Reconstruit, le château peut accueillir la Diète sous un plafond aux gigantesques nervures gothiques défiant la pesanteur. Le nouvel empereur a de plus amples projets que ses prédécesseurs. A Prague, Rodolphe II attire les plus grands esprits de son temps et, grâce à lui, la capitale de la Bohême devient un phare de la civilisation occidentale. Mécène, passionné, selon une mode très répandue, d'astrologie et de chimie, il soutient l'astronome Johannes Kepler qu'il installe dans un observatoire, le musicien Philippe de Monte et un peintre italien, l'aristocrate milanais Giuseppe Arcimboldo, dont le talent, original, avait déjà diverti Ferdinand Ier et Maximilien II à Vienne. Ses tableaux fantastiques sont souvent des « têtes composées », assemblages surprenants de fruits, de légumes, d'animaux et d'objets. Dans ses allégories, l'artiste déploie une imagination folle, à la fois drôle et dérangeante, qui enchantera, plus tard, les surréalistes. En même temps, le souverain fait venir des toiles de Titien, de Raphaël et de Vinci, les achète en empruntant, lui aussi, aux banquiers Fugger et commande à des ébénistes d'œuvrer à des cabinets de curiosités truffés de pièges et de tiroirs secrets. Prague devient un centre florissant du maniérisme et le souverain vante son entourage, véritable société internationale du savoir et des recherches en tous genres. On peut, déjà, parler d'une école de Prague ; on y vient d'Anvers, de Cologne, de Bâle, d'Amsterdam, car la curiosité de l'empereur est insatiable. La petite Moldau (Vltava en tchèque), modeste affluent de l'Elbe, prend soudain des prétentions danubiennes. Vienne, abandonnée par la cour des Habsbourg, se sent victime d'un exil intérieur injuste. La punition va durer vingt-huit ans.

Edifié sur la colline qui domine Prague, le vieux palais royal dans l'enceinte du château (Hradschin), où réside Rodolphe II, s'enrichit de trésors où sont collectionnés, dans quatre immenses salles, les livres rares, les manuscrits et des instruments étranges, souvent très beaux mais dont l'emploi reste délicat et l'utilité incertaine. La population des quartiers est intriguée par l'activité dans le palais. L'empereur est entouré de personnages versés dans les sciences occultes, les uns confectionnant un élixir de vie, les autres à la recherche de la mythique pierre philosophale. Des magiciens assurent qu'un de leurs miroirs permet de lire l'avenir, l'autre de deviner les pensées. Un Anglais prétend fabriquer de l'or avec rien. L'empereur est d'abord intéressé car il a des lubies et sa curiosité est insatiable. Mais il suspecte des charlatans qui prétendent avoir la solution de toutes les difficultés et résoudre tous les maux. Quand ce visiteur, après plusieurs manipulations incompréhensibles, ne parvient pas à produire son or et ne présente, piteusement, que du plomb, il est jeté en prison.

De l'or, il y en a dans les minuscules maisons reconstruites après l'incendie de 1541, dans une étroite rue en pente qui descend du château. On l'appelle « la Ruelle d'or ». Après les archers de la garde qui y vivaient, des artisans s'y installent. La légende – la Bohême est très riche en récits surnaturels et en contes – raconte que c'est là que travaillent les alchimistes impériaux. L'ésotérisme hante le quartier et quand on apprend que certains apprentis essaient de saisir « des rayons de Lune » pour en extraire un poison (!), c'est, assurément, parce que le diable a ses acolytes dans « la Ruelle d'or ». Prague en tire une réputation démoniaque et d'antre de la magie noire. Abracadabra !

Absorbé dans ses expériences, parcourant avec fébrilité les corridors, allant d'un laboratoire à un autre tel un maître surveillant ses disciples et ne côtoyant plus que des « savants universels », l'empereur vit dans un monde artistique et scientifique un peu confus mais fascinant et dont les apports sont incontestables. Son visage, à la fois long et bouffi, est comme enserré dans la collerette plissée et empesée que les Médicis ont mise à la mode ; la fraise est portée aussi bien par les hommes que par les femmes. Chez le souverain Habsbourg, elle semble avoir été imaginée pour soutenir son menton en galoche, la signature morphologique familiale. Sa laideur physique ne prive pas sa personne d'un charme rassurant mais il rit fort peu, s'exalte pour une idée puis retombe, prostré, abattu. Il compense sa timidité par des colères brutales, des décisions brusques. Rodolphe II ne séduit pas ses contemporains, il les trouble et souvent les inquiète. L'ambassadeur de Venise observe que « ses beaux cheveux et sa barbe ondulée, ses grands yeux regardant alentour avec une certaine patience faisaient une grande impression sur tous ceux qui le rencontraient ».

L'empereur est entouré de mages, d'astronomes et d'alchimistes

Inséparables des Médicis et des princes florentins, les astrologues ont envahi les cours d'Europe avec leur renommée et leurs cartes célestes. A Prague, l'astrologue de Rodolphe II est un astronome danois nommé Tycho Brahe. Pendant vingt ans, ce personnage au savoir encyclopédique avait étudié le ciel depuis un observatoire sur une île que lui avait octroyée le roi de Danemark Frédéric II. Mais ayant accumulé des montagnes de dettes, sa disgrâce avait été prononcée et sa pension supprimée. La réputation d'un Rodolphe II amateur de cosmographie et angoissé par son avenir l'avait incité à tenter sa chance à Prague. En démontrant, pour la première fois, le phénomène de réfraction de la lumière et en énumérant un catalogue de 777 étoiles, le Danois avait fortement séduit l'empereur. Devenu son protégé, il travaille avec l'Allemand Kepler, un protestant victime de la Contre-Réforme dont les fameuses lois prouveront le mouvement des planètes autour du Soleil. Kepler publiera même un traité auquel il donnera le nom de son protecteur impérial, les *Tabulae Rudolphìnae* et il sera l'un des pères de l'astronomie moderne. Proscrits, les deux érudits sont installés dans le Belvédère à l'italienne, l'élégant pavillon d'été qui avait introduit à Prague l'esthétique de la Renaissance. Tycho Brahe, devenu indispensable – il soigne même la goutte héréditaire de Rodolphe II –, se propose d'établir la destinée du souverain en se fondant sur les influences astrales qui s'exercent sur lui depuis l'heure de sa naissance, en observant l'état du ciel et des astres à ce moment précis. L'horoscope annonce deux prédictions inquiétantes : un proche parent de l'empereur essaierait de l'assassiner et il serait raisonnable qu'il ne se marie pas. Or, lors de son séjour en Espagne, l'archiduc Rodolphe avait été fiancé à sa petite cousine l'infante Isabelle Claire Eugénie, la fille aînée de Philippe II. Mais le temps passe, il repousse ses noces et finit par annuler ce projet qui ne l'enthousiasmait guère. L'infante, lassée d'attendre dix-huit ans que Rodolphe se décide et qui avait atteint l'âge de trente-trois ans, a épousé, comme on l'a vu, l'archiduc Albert avec lequel elle allait régner sur la partie des Pays-Bas demeurée espagnole. L'empereur se console dans les bras de la fille de son antiquaire officiel dont il aura de nombreux enfants naturels anormaux et aussi, dit-on, avec une Italienne, d'une famille bourgeoise installée à Prague. Il reste l'angoisse d'un meurtrier qui serait parmi les proches du monarque. Un de ses hôtes dont les travaux seraient stériles ou une imposture ? Un valet fatigué de servir des banquets nocturnes dans une atmosphère cabalistique ? Un cuisinier qui aimerait que l'or promis serve à acheter de grasses volailles pour se nourrir, car dans ce château où il n'y a pas de vie de cour, le bouillon n'est pas gras…

Les sorciers, les magiciens, les alchimistes et l'aréopage de talents (beaucoup avérés, certains usurpés) plongent l'empereur dans un univers fantastique, presque irréel, mais aucun de ses protégés, pourtant disposés à lui prédire l'avenir, n'est capable de lui montrer la réalité immédiate, en bas de la colline du château. Il suffirait de descendre « la Ruelle d'or », d'écouter les échevins, de lire les courriers diplomatiques arrivés de Vienne pour savoir ce qui se trame. Si, au lieu d'être seulement un original, Rodolphe II avait été aussi un vrai politique, il aurait tenu compte des convulsions spirituelles et des mécontentements survenus dans les terres habsbourgeoises, les siennes puisqu'il est roi de Hongrie depuis 1572 et roi de Bohême ainsi que de Germanie depuis 1575. Rodolphe II ne rêve que d'une cohabitation paisible entre les catholiques et les protestants mais n'est pas conscient des conséquences de la mise à l'écart de Vienne ; elle vaut à l'empereur la sympathie des Tchèques mais l'hostilité des Allemands et des Hongrois. Ils ne lui pardonnent pas le dédain dont ils sont victimes. En s'apparentant au docteur Faust, dont l'histoire vient d'être publiée, l'empereur prouve qu'il est plus attiré par le Malin que par la politique ; il a donc du mal à maintenir la cohésion de ses Etats. Une insurrection paysanne embrase la Haute et la Basse-Autriche mais elle tourne à la débâcle à cause de la Contre-Réforme. Les ordres monastiques et les Jésuites ont pour mission de rendre à Vienne son rôle effacé. Ils répondent à l'appel d'un futur cardinal, l'archevêque de Vienne, Mgr Melchior Khlesl, qui pourfend ce qu'il appelle encore « l'hérésie ». En 1590, le prélat apprend, avec stupeur, que 80 % des Viennois sont protestants. Un décret impérial d'expulsion les frappe et plusieurs congrégations se répartissent le terrain de la reconquête spirituelle qui s'appuiera sur les travaux des architectes italiens ; ces artistes feront disparaître les lignes élancées, pour ainsi dire verticales, du gothique, au profit de rondeurs qui serpentent et s'enroulent dans les églises, autour de statues d'angelots potelés. Le premier style baroque, par ses volutes, ses dorures et sa surcharge monumentale, a pour mission de séduire les âmes rebelles. Le souverain, inquiet de la montée du protestantisme, favorise la Contre-Réforme. Par les armes, il impose un gouvernement catholique à la ville libre d'Aix-la-Chapelle qui, depuis 1562, a été supplantée par Francfort pour l'élection des princes allemands. En 1583, il adopte le calendrier grégorien que vient d'établir le pape Grégoire XIII, réduisant l'année de onze jours par rapport au calendrier julien. Agissant ainsi, Rodolphe II donne à Rome un gage d'orthodoxie catholique…

Rodolphe II perd toutes ses couronnes, sauf la dignité impériale

En 1597, la santé de l'empereur s'altère. Misanthrope, il ne quitte plus son palais, surveillant avec minutie le travail de ses orfèvres, admirant ses collections et refusant de recevoir les ambassadeurs étrangers. Sa mélancolie paralyse l'œuvre de ses ministres. En cas d'urgence, il ne reçoit que dans ses écuries. Son incapacité à prendre des mesures rationnelles suscite l'opposition de ses frères, en particulier de l'archiduc Mathias à qui il doit céder le trône d'Autriche en 1608. De plus en plus solitaire et aigri, le monarque ne peut empêcher la sécession des Etats de Bohême en 1609 bien qu'il leur ait accordé, dans un célèbre document appelé la Lettre de Majesté, le 9 juillet, la liberté religieuse pour les confessions non catholiques. Cette concession révèle un échec pour ce souverain qui avait voulu interdire aux pasteurs de prononcer leurs prêches. En réalité, ces renoncements forcés correspondent à une abdication sans exil et c'est Mathias qui est proclamé chef de la maison de Habsbourg. Rodolphe II s'éteint au matin du 20 janvier 1612, âgé de soixante ans, dans son château de Hradschin où il avait eu le droit de se maintenir. Il n'a aucune postérité légitime. Son valet venait de lui passer une chemise propre quand il s'est effondré. Diverses légendes accompagnent ses derniers instants. Il n'aurait pas supporté la mort, la veille, de son fidèle vieux lion – qui terrorisait les gardes – et de ses deux aigles favoris ; il les avait toujours nourris lui-même. Progressivement, Rodolphe II avait perdu toutes ses couronnes, sauf celle « qu'il n'était au pouvoir de personne de lui ôter : la couronne impériale[1] ». Son règne, pour troublé qu'il fut pendant trente-six ans, laisse dans la conscience des Tchèques une image positive ; grâce à ses idées fantasques, à son goût éclairé, Prague a dispensé un rayonnement culturel exceptionnel en Europe.

Vienne n'attendait que la fin de cet empereur qui n'était pas taillé dans le marbre des grands politiques pour prendre sa revanche et s'approprier certains de ses plus beaux trésors.

1. Dorothy Gies McGuigan, *op. cit.*

7

De Philippe III à Charles II, les paradoxes du Siècle d'or (1598-1700)

Il a hérité de la chevelure rousse et du physique élancé de son père, mais pas de sa volonté politique ni de son sens, aigu, de l'autorité de l'Etat. Lorsque Philippe III, âgé de vingt ans et le visage dépourvu de barbe, succède à Philippe II, le nouveau roi d'Espagne est précédé d'une réputation favorable mais en réalité peu flatteuse. Certains courtisans le jugent très religieux, aimable, consciencieux et animé du souci de bien faire ; d'autres, mieux informés, savent que sous le vernis des bonnes manières, il est sans envergure, rebelle aux affaires publiques, mais passionné d'art et d'architecture. Philippe III est né le 14 avril 1578 dans le centre nerveux de l'Empire, alors surnommé *« El Madrid de los Austrias »* (« le Madrid des Autrichiens »), qui est devenu, aujourd'hui, le vieux Madrid. On sait que, sous Philippe II, la ville était passée de 20 000 habitants à plus de 60 000 cinquante ans plus tard. Depuis son règne, l'empreinte des Habsbourg est visible, les couvents et les palais ont proliféré et son fils entend continuer à faire de Madrid une rivale de Vienne et de Prague. Prince des Asturies depuis 1582, il est aussi devenu roi du Portugal – où le joug de Madrid deviendra plus pesant –, de Naples, de Sardaigne et de Sicile, souverain des Pays-Bas, de la Franche-Comté et du Charolais. Il reçoit vite un surnom ;

parce qu'il est dévot, sous les galeries du palais on l'appelle « le Pieux », ce qui est mérité. C'est un des très rares points communs avec son géniteur. Mais le roi aime aussi beaucoup les fêtes ; il est vrai qu'elles sont souvent d'inspiration religieuse.

Soulagés, ses ministres constatent vite que le monarque est indifférent aux problèmes du gouvernement et n'a absolument pas envie de poursuivre l'effort paternel. Son sens du devoir l'incite à s'acquitter de ses obligations, sans y déroger mais sans zèle. Pour le gouvernement central, le roi se repose entièrement sur son homme de confiance, Francisco Gomez de Sandoval y Rojas, duc de Lerma. Ce favori s'attache à poursuivre la politique pacifique de l'Espagne vers la fin du règne précédent, un apaisement qui avait été imposé par le manque de ressources. Le gouvernement n'a pas le choix. En effet, si le royaume est encore immense, les incessantes guerres pendant soixante-dix ans et les constructions grandioses, tel l'Escorial, ont grevé le Trésor, malgré les richesses d'Amérique. Les quantités d'argent qui en proviennent sont moins importantes qu'avant, les colonies se convertissent peu à peu à l'agriculture et les capitaux sont le plus souvent investis sur place, au profit des industries locales.

Trois autres proches du roi sont nommés aux affaires italiennes. Le duc d'Osuna est vice-roi de Naples, le marquis de Villafranca gouverneur de Lombardie et Alfonso de la Cueva est ambassadeur à Venise. Ainsi commence une révolution en Espagne, « le règne des favoris », impensable sous Philippe II. Un an après son avènement, Philippe III épouse sa cousine Marguerite de Styrie, fille de l'archiduc Charles, qui lui donnera huit enfants[1].

En 1601, jugeant que la vie à Madrid est trop onéreuse, il transfère la capitale à Valladolid. Cet exil n'aura aucune utilité ; les dévaluations et la hausse des prix engendrent

1. Egalement appelée Marguerite d'Autriche, elle ne joue aucun rôle et ne doit pas être confondue avec deux de ses homonymes l'ayant précédée, celle qui avait obtenu la paix des Dames et la fille naturelle de Charles Quint.

l'une des pires misères que le royaume ait connues. En 1607, Madrid, qui avait montré sa mauvaise humeur, reprendra son rôle de capitale. C'est le début d'initiatives, certaines incohérentes, qui prouvent l'affaiblissement de l'Espagne. Ainsi, le duc de Lerma se souvient qu'en Irlande, en 1595, les comtes d'Ulster avaient proposé la couronne d'Irlande à Philippe II. La démarche, qui passait pour extravagante, visait à s'allier aux Espagnols pour mieux nuire aux Anglais[1]. En 1604, après avoir tenté, sans succès, de soutenir des rebelles irlandais, dont O'Donnell et Tyrone, le roi signe avec le successeur d'Elizabeth Ire un traité qui met fin aux hostilités avec l'Angleterre ; mieux valait, en effet, chasser le fantôme de l'Armada[2]. En 1609, deux décisions ont des effets contraires, l'un positif, l'autre catastrophique. Une trêve de douze ans est signée avec les Pays-Bas où le souvenir des exactions du duc d'Albe, qui avait agi comme un boucher enragé, est difficile à oublier. En revanche, quand Philippe III, sur les conseils pressants du duc de Lerma, signe le décret d'expulsion des Morisques, le départ de 275 000 hommes, femmes et enfants est une très grave faute politique doublée d'un non-sens économique. Au-delà de l'aspect humain, les conséquences sont lourdes, car les Maures christianisés sont une main-d'œuvre très experte en agriculture, notamment dans l'irrigation des zones arides. Le pays se trouve privé de ses travailleurs les plus actifs. A cause de leur départ, l'économie espagnole sera pénalisée et la misère va s'étendre. Les paysans désertent la campagne, espérant survivre dans des villes déjà surpeuplées et sales. Une autre mesure, motivée par les meilleures intentions, est également néfaste. Dans un but charitable, le roi donne le choix aux Indiens de travailler soit les grands domaines d'Amérique, soit dans

1. Voir, sur cette question méconnue des relations hispano-irlandaises, Pierre Joannon, *Histoire de l'Irlande et des Irlandais*, Perrin, 2006, réédition « Tempus », 2009.

2. La dynastie Tudor s'est éteinte avec la mort de la reine Elizabeth Ire. C'est le fils de Marie Stuart qui est monté sur le trône. Il est roi d'Angleterre sous le nom de Jacques Ier et roi d'Ecosse sous celui de Jacques VI.

les villes. Cette autorisation achève de ruiner l'Espagne d'outre-océan et Philippe III doit finalement renoncer à sa décision.

Fille de Philippe III, Anne d'Autriche épouse Louis XIII

L'Espagne, de Philippe III à Charles II, est un pays où de colossales fortunes voisinent avec la plus effroyable pauvreté. L'effondrement des ressources urbaines balaie ce qu'on pourrait qualifier de classe moyenne ; le nombre de gens sans aucun secours atteint un seuil critique. Les *hidalgos*, fils de la petite noblesse, se disputent les emplois dans l'Eglise, puissante et riche, la carrière militaire et l'administration, seules institutions où il semble possible d'avoir des subsides à peu près réguliers. Dans la vie familiale, la femme, qu'elle soit mère, épouse ou fille, est en retrait, prisonnière d'un cadre très strict hérité, en grande partie, de la civilisation arabe.

Le XVIIe siècle espagnol est une époque de splendeur artistique et de misère humaine. Celle-ci, spectaculairement confrontée à la pompe royale, va servir de thème à plusieurs peintres. Ils seront les miroirs du Siècle d'or pour les uns, siècle de boue pour les autres. Vélasquez et Murillo vont fixer, d'une magistrale façon, des instants de vie, à la Cour comme dans le peuple. A la palette du premier répondra le pinceau du second. Ils sont les témoins d'une somptueuse décadence. La seule véritable réussite diplomatique du règne de Philippe III se situe en 1611 lorsqu'il scelle une alliance avec la France du jeune roi Louis XIII, déclaré souverain à la mort d'Henri IV bien que pas encore majeur. Son royaume se limite, approximativement, au nord sur la Somme, à l'est sur la Meuse et la Saône. La Franche-Comté appartient à l'Espagne, la Savoie à son duc, Avignon et le Comtat Venaissin au pape. Cette France, encore réduite, compte environ seize millions d'habitants. Peu de temps avant d'être assassiné, Henri IV avait préparé une expédition outre-Rhin en vue d'aider deux princes réformés allemands à récupérer l'héritage du duc de Clèves et de Juliers, leur parent, bien qu'à Vienne l'empereur ait mis le séquestre sur le duché qu'il destinait à un prince catholique. Il espérait ainsi accroître son influence sur la région rhénane, ce qui constituait une menace pour la France qui aurait été enserrée entre les deux puissances impériale et espagnole. Le bon roi Henri avait aussi poussé son allié Charles-Emmanuel de Savoie, appuyé par des troupes françaises venues du Dauphiné, à mener une offensive contre les Espagnols du Milanais. Après quelques escarmouches, on s'en était tenu là et le duc de Savoie, abandonné à lui-même, fut contraint de se soumettre au roi d'Espagne. Pour la France, il semblait dangereux pendant une régence, celle de Marie de Médicis, de déclencher une nouvelle guerre européenne. Il est donc décidé que Philippe III marierait sa fille, l'infante Anne d'Autriche (une infante autrichienne : on voit que la terre d'origine de la puissance habsbourgeoise continue son immersion ibérique), avec Louis XIII, tandis que l'aînée des sœurs de ce dernier, Elisabeth, serait promise au prince des Asturies, le futur Philippe IV. Ces deux mariages avaient déjà été envisagés par Henri IV. L'amitié retrouvée entre les deux trônes catholiques est soumise à Marie de Médicis dont l'embonpoint prématuré (la bonne cuisine italienne !) ne nuit pas à la prestance ; elle n'y voit pas d'objection. L'accord avec Madrid devait rester secret mais il ne le demeure pas longtemps, ce qui inquiète les huguenots, qui craignent de nouvelles persécutions. L'échange des deux princesses a lieu, selon un protocole minutieux, dans un double pavillon monté sur pilotis au milieu de la Bidassoa. Rubens immortalise la scène sur un tableau exposé au Louvre. Le mariage du réputé triste et digne Louis XIII avec Anne d'Autriche est célébré le 28 novembre 1615. Les Pyrénées ne sont plus un obstacle à l'entente entre les deux monarchies.

Le gouvernement de Philippe III est donc libre d'agir en Italie (guerres contre la Savoie de 1614 à 1617 et contre Venise, de 1613 à 1617) et surtout dans l'Empire avec la promesse de la cession des possessions autrichiennes d'Alsace. Pendant ce temps, le roi d'Espagne ordonne, en 1617, de grands travaux madrilènes. Sur l'emplacement d'un ancien marché connu pour la boucherie et la boulangerie, l'architecte Juan Gómez de Mora, s'inspirant du style austère mais adouci de l'Escorial, construit la splendide Plaza Mayor. Avec ses toits pentus, ses balcons en fer forgé, ses arcades et ses clochetons, la Plaza Mayor offre un décor castillan théâtral. Au centre, on installe une statue équestre de Philippe III, commencée par Jean de Bologne et achevée par un de ses élèves. Vélasquez représente aussi le monarque en magnifique cavalier sur une monture piaffante. A regarder cette peinture, au Prado, on ne peut deviner que Philippe III est un souverain médiocre, soumis en permanence aux idées de son principal ministre, le duc de Lerma, ni que le roi est le maître d'un monde en déclin. Mais dans certains lieux de Madrid, l'illusion de la puissance a pris d'autres formes. Dans le quartier des Huertas, après une vie fort aventureuse, Cervantès a achevé la première partie de *Don Quichotte*, ce chevalier en proie aux rêves de grandeur. Beaucoup de lecteurs se reconnaissent dans le héros qui brise sa lance contre les moulins à vent. Dans les tavernes (il y en a près de huit cents !), il retrouve son rival en notoriété, un dramaturge au talent prolifique, Felix Lope de Vega. Ainsi, la littérature a-t-elle conféré à la capitale, pour la première fois, un rôle prédominant dans la vie culturelle ; le quartier prendra, plus tard, le surnom de *barrio de los Literatos* (« quartier des écrivains »).

En 1618, par une révolution de palais, le souverain est contraint de renvoyer le duc de Lerma. Un sursaut de volonté ? Pas même, puisque le favori est remplacé par son fils, le duc d'Uceda, à un moment où surgissent des complications internationales qui auraient exigé des dirigeants efficaces en Espagne. Ils seront dépassés par les événements. Philippe III apprend ce que l'Europe craignait, le réveil de la haine religieuse. Tout commence en Bohême, chez l'empereur Mathias, frère de Rodolphe II.

La guerre de Trente Ans commence en Bohême

A Prague, un temple ayant été fermé et le culte réformé interdit en ville, le palais royal est envahi. Des Tchèques protestants s'en prennent à deux lieutenants gouverneurs catholiques et un secrétaire, tous représentant l'empereur. Ce 23 mai 1618, ils sont jetés par une fenêtre du château. Si aucun des trois hommes n'est tué, l'incident, très grave, connu sous le nom de défenestration de Prague, est le premier acte de la guerre de Trente Ans. Le conflit couvait depuis que Mathias avait fait élire roi de Bohême puis de Hongrie son neveu Ferdinand de Styrie, un ancien élève des Jésuites acharné à rétablir la foi catholique en Europe centrale. Après la mort de Mathias, Ferdinand était devenu empereur, mais les Tchèques, refusant de le reconnaître comme leur souverain, avaient appelé sur le trône de Bohême l'Electeur palatin Frédéric V, un calviniste chef de l'Union évangélique et gendre du roi d'Angleterre Jacques Ier. Une fois encore, les hostilités entre catholiques et protestants vont reprendre. Pour le plus grand malheur de l'Europe. Que va faire l'Espagne des Habsbourg ? Philippe III ne peut se soustraire à une alliance avec son cousin Ferdinand II, ni avec l'archiduc Albert, maître à Bruxelles, ni avec le roi de Pologne et encore moins avec le duc Maximilien Ier de Bavière qui a constitué la Sainte Ligue catholique allemande. L'affrontement a lieu le 8 novembre 1620, sur une colline à l'ouest de Prague. Face à l'armée protestante du roi de Bohême – armée assez hétéroclite, scindée en trois tronçons –, en seulement une heure, l'armée catholique est victorieuse. Cette bataille de la Montagne Blanche met un terme aux efforts des réformés pour s'affranchir de la tutelle des Habsbourg. Mais la guerre continuera. Ses trente années de massacres, de pillages, de vols, de viols, sans parler de la disette et des épidémies, coûteront aux Etats allemands 40 % de la population campagnarde et 30 % de celle des villes. L'Europe sortira traumatisée de cette guerre de Religion à l'échelle continentale. La tragédie française n'avait-elle donc pas servi de leçon ?

Philippe III fait de la Plaza Mayor le centre de Madrid. Régulièrement, le couple royal y assiste à des divertissements en tout genre, courses de taureaux, tournois et autodafés. En 1621, à la suite d'une nouvelle révolution de palais, on y exécute Rodrigo Calderón, le secrétaire du duc de Lerma, l'ancien favori du roi. Le peuple madrilène hait le condamné qui était prétentieux, mais son attitude face au bourreau est si courageuse qu'aujourd'hui encore on utilise l'expression « plus orgueilleux que Don Rodrigo sur l'échafaud »... Philippe III s'éteint le 31 mars 1621, à quarante-trois ans. En sa faveur, il y a les bonnes relations avec la France et les embellissements de Madrid. En sa défaveur, son action personnelle fut d'une navrante médiocrité et à l'intérieur du royaume, la crise est profonde. Toutefois, malgré ses échecs, il laisse à son fils aîné Philippe IV un héritage territorial intact et l'espoir de reprendre le contrôle de tous les Pays-Bas.

Le nouveau souverain a seize ans. Ce passionné d'étiquette, dont l'éducation a été très soignée, est un curieux mélange : il est à la fois débauché et d'une piété sincère. Il suit le – mauvais – exemple de son père en laissant gouverner son favori nommé Premier ministre, le comte d'Olivares, qui va épuiser l'Espagne en lui imposant des efforts dont elle n'est plus capable. Le sursaut arrive trop tard. Certes, la tâche d'Olivares n'est pas simple, puisqu'il s'agit de remettre de l'ordre et d'assainir les finances. Portant les titres de grand chambellan et de chancelier des Indes, Olivares, né à Rome et fils du grand trésorier de Castille, a l'ambition de confier à une *junte* le soin de vérifier les comptes depuis... 1592 ! Il arrête des mesures mettant fin aux dépenses extravagantes de la Cour, combat le luxe, crée un impôt du timbre. La famille royale, qui avait connu l'opulence sous le règne du sévère Philippe II, rechigne à réduire ses fastes. En plus, la cour de Madrid est encombrée d'une noblesse exigeante qui ne peut plus subvenir à ses besoins à cause de l'effondrement économique. On murmure, on se plaint, on se provoque en duel pour un *punto de honor*. Que de mécontents ! Pour les calmer, Olivares trouve, miraculeusement, de l'argent qu'il engloutit dans des somptuosités en trompe-l'œil, sans oublier son propre profit. Honnête au début, il succombe à la griserie du pouvoir. Sa politique centralisatrice, avec l'extension des lois de Castille à tout le royaume, provoque des insurrections. Ces révoltes sont aiguisées par l'obligation faite aux Cortes des provinces de fournir de nouveaux subsides, notamment pour la participation espagnole à la guerre de Trente Ans. En 1631, la Biscaye se soulève, suivie par la Catalogne, qui, ô provocation !, va se placer sous la protection de la France. Il y a plus grave avec la situation au Portugal. Les troupes lusitaniennes sont forcées de se battre dans la guerre de Trente Ans, d'où de nouvelles taxes ; l'Espagne devient de moins en moins populaire et la résistance à Madrid augmente régulièrement. La révolte est entretenue secrètement par la France, qui envoie quelques espions sur les bords du Tage pour affaiblir l'Espagne engagée dans la guerre de Trente Ans. Outre-mer, les Hollandais et les Anglais se servent de ces difficultés pour briser le monopole maritime de Lisbonne ; des gens d'Amsterdam s'établissent dans le Nord du Brésil, d'autres à Ceylan. Comme ils sont protestants, la croisade pour la foi catholique subit une défaite coloniale. A Lisbonne, grandes familles, négociants et modestes artisans partagent le même sentiment, les rois d'Espagne sont de moins en moins acceptables. Et acceptés. Philippe II n'était pratiquement pas revenu après son couronnement. Mépris ? Regrettable oubli ! Philippe III avait mis en pièces les garanties données par son grand-père. Imprudence ? Inconscience ! Le 1er décembre 1640, le soulèvement et l'assassinat du représentant de Philippe IV, Vasconcellos, qui avait pressuré le Portugal, consacrent l'avènement de la dynastie de Bragance avec son premier monarque, curieusement chiffré Jean... IV. La situation est bizarre : ni l'Angleterre, ni la France, ni les Provinces-Unies, ni le pape ne reconnaissent l'indépendance du Portugal. Seule l'Espagne, embourbée dans d'autres affaires et tenue à distance sur la frontière par des Portugais héroïques, reconnaît, provisoirement, cette restauration. Mais Philippe IV est vexé. Il rend Olivares responsable de la catastrophe et, selon la loi applicable aux favoris, il disgracie le puissant ministre qui a régenté le pays pendant vingt-deux ans. C'est sans doute la reine, née Isabelle de Bourbon, qui a ourdi le renvoi de ce personnage plus puissant que le roi et d'une maladresse confondante. Le ministre se disait ami des Lettres et des Arts mais faisait arrêter ceux qui le raillaient dans leurs écrits. Il avait fait condamner un auteur à la plume acérée, Francisco de Quevedo y Villegas, qui l'attaquait dans une pièce satirique. Circonstance aggravante, on avait trouvé ce brûlot… sous la serviette du roi ! Olivares a enchaîné échec sur échec. Rompre la trêve avec les Provinces-Unies, enlever la Valteline aux Suisses puis être obligé de la leur rendre, conspirer contre Richelieu et entrer dans la guerre de Trente Ans ont encore davantage affaibli l'Espagne. Olivares meurt désespéré de n'être plus qu'un banni. Il est remplacé par un de ses neveux. La position de favori est instable mais elle peut être héréditaire.

Vélasquez est le metteur en scène du Siècle d'or

Il ne faudrait pas en déduire que Philippe IV passe tout son temps à faire des bâtards à ses maîtresses pour remplacer ses enfants légitimes qui meurent presque tous. A la différence de son père, il s'intéresse à l'Etat et suit les affaires, mais par intermittence. A certains moments, il travaille beaucoup, annote les dossiers, s'informe mieux et décide parce qu'il est bien conseillé, en particulier par une religieuse, Maria de Agreda. Mais soudain, les questions politiques l'ennuient ; alors réapparaît chez lui l'héritage psychologique paternel, l'indifférence, l'inertie, le trône vide. Le nouveau favori, Luis de Haro, installé en janvier 1643, arrive au pire moment. Le 16 mai, dans les Ardennes, Rocroi est investie par les Espagnols qui jugent la France affaiblie par la mort de Richelieu. Le duc d'Enghien, âgé de vingt-trois ans et futur Grand Condé, décide de dégager la place forte. Après avoir fait passer son armée par un défilé, il fait irruption dans la plaine et met en déroute ses adversaires par une glorieuse charge de cavalerie. L'infanterie de Philippe IV, considérée comme invincible (encore !), est battue. Rocroi démontre le rôle déterminant de la cavalerie et la décadence militaire de l'Espagne. Elle devra reconnaître l'indépendance des Provinces-Unies au traité de Munster, en 1648, puis, onze ans plus tard, abandonner le Roussillon et l'Artois à la France de Louis XIV, en application du traité des Pyrénées. En mariant sa fille Marie-Thérèse au Roi-Soleil, Philippe IV entre dans l'orbite française. Il y a encore des Pyrénées et le roi de France regarde souvent dans cette direction.

De tous les Habsbourg ayant régné sur l'Espagne, Philippe IV est sans doute le plus marqué physiquement. Malingre, défiguré par son énorme mâchoire, il plaît pourtant aux femmes. Il est roi… Sa première épouse, Elisabeth de Bourbon, lui a donné un seul fils, Baltasar Carlos, décédé en 1646. La seconde, Marie-Anne d'Autriche, lui donne trois garçons. Bonheur ? Malheur : un seul survit, né en 1661, le maladif Don Carlos au prénom maudit. Et, collectionneur de liaisons, le roi a un enfant naturel qui sera plus connu que les autres, Don Juan José d'Autriche, né à Madrid en 1629. Vice-roi des Pays-Bas, il subira la défaite des Dunes en 1658 et intriguera après la mort de Philippe IV contre la reine régente Marie-Anne, activité pour laquelle il a des dispositions…

Le véritable souverain du règne de Philippe IV est Vélasquez, car il est son metteur en scène. Né en 1599 dans une riche famille de Séville, mais d'un père portugais, Diego Rodriguez de Silva y Vélasquez est le roi du Siècle d'or dans le domaine de la peinture. Le monarque de Madrid, très connaisseur, appelle à la Cour cet artiste qui avait débuté par les sujets religieux avant de représenter la vie quotidienne la plus humble. Ayant peint Philippe IV en 1623 (et son ministre Olivares la même année !), Vélasquez obtient, naturellement, la charge de peintre du roi. Il a vingt-quatre ans. Son originalité est d'appréhender des sujets officiels sans solennité mais avec simplicité. Sous sa main, la vie de cour se rapproche de la vie du peuple ; Vélasquez peint toute l'Espagne, illustre et anonyme. Le roi n'apparaît pas qu'à cheval ou en costume de chasse ; on le voit aussi en prière. *Les Ménines* (1656), sans doute l'œuvre la plus fameuse de Vélasquez, ose montrer le peintre au travail avec, au premier plan, l'infante Marguerite-Thérèse, âgée de cinq ans, et ses demoiselles d'honneur dont deux sont des naines. Quelle évolution depuis le temps où le jeune Vélasquez peignait des scènes de genre très réalistes, les *bodegones* (« auberges »), présentant *La Vieille Cuisinière* ou *Le Porteur d'eau* avec un saisissant réalisme !

Plus étonnante est l'autre mission que le monarque confie à l'artiste ; il en fait son courtier. Vélasquez achète pour les collections royales d'inestimables tableaux français, italiens et flamands qui orneront le palais du Buen Retiro que le roi fait construire à Madrid entre 1630 et 1640. Son parc, alors réservé à la famille royale, abrite un lac artificiel où sont organisées des reconstitutions de batailles navales. Peut-être pour venger, en miniature, le désastre de l'Armada…

Depuis le mariage de Louis XIV avec Marie-Thérèse d'Autriche en 1659 – une nécessité politique –, les relations franco-espagnoles ont évolué. En France, le roi commence son règne personnel à la mort de Mazarin. Fouquet ayant été sacrifié à la raison d'Etat, Louis XIV entend faire savoir qu'il est le premier souverain d'Europe et que le temps de la Fronde est révolu. Une affaire, de peu d'importance, illustre de quelle façon le roi de France entend être maître chez lui et faire respecter son autorité, entre autres par l'Espagne. Le 10 octobre 1661, le comte d'Estrades, ambassadeur du roi de France à Londres, s'étant pris de querelle avec le baron de Watteville, ambassadeur de Philippe IV, pour une question de préséance, Louis XIV fait un éclat. De son beau-père, le roi d'Espagne, il obtient une déclaration officielle selon laquelle les diplomates espagnols devraient, désormais, céder le pas aux diplomates français. La monarchie française est absolue, le protocole à son image. Une question d'amour-propre, sans conséquences planétaires, mais qu'il faut mettre en perspective avec la suite des événements. En effet, malgré sa décadence et ses revers, l'Espagne demeure la première puissance européenne, mais si elle enserre dangereusement la France de ses possessions, ce n'est plus du côté des Pyrénées, le Roussillon étant devenu français. En revanche, à l'est, la Franche-Comté espagnole fait de Langres et de Dijon des places frontalières ; au nord, la situation est plus préoccupante puisqu'il n'y a aucun obstacle naturel notable ; à moins de deux cents kilomètres de Paris, la Flandre est toujours partie intégrante des Pays-Bas espagnols. Du côté de l'Empire, si les traités de Westphalie (1648) avaient transféré au roi de France tous les droits dont jouissait l'empereur en Alsace, les termes en étaient ambigus et l'Alsace, de toute manière, n'avait aucun contact direct avec le territoire français : la Lorraine et la Franche-Comté les séparaient. Pour permettre aux troupes du roi de France de se rendre en Alsace, la paix de Vincennes, conclue en 1661, leur réserve des routes à travers la Lorraine où existent, il faut s'en souvenir, d'importantes enclaves françaises liées à la possession des fameux trois évêchés de Metz, Toul et Verdun. C'est une véritable marqueterie territoriale ; la frontière est davantage une zone un peu floue qu'une ligne précise.

Rumeur à Madrid : le roi d'Espagne aurait eu trente-deux enfants naturels !

La fin du règne de Philippe IV est particulièrement triste. Lorsqu'il meurt à Madrid en 1665, son successeur, son fils Charles II, âgé de quatre ans, est l'unique survivant mâle légitime d'une accablante série de deuils ; feu le roi, que l'on dit être le père de trente-deux (!) enfants naturels, a perdu… quinze enfants. Que s'était-il passé ? Sa première épouse, fille d'Henri IV, était morte en 1644, en mettant au monde une fille ; la seconde, Marie-Anne, fille de Ferdinand III, est une nièce de Philippe IV qu'il a demandée en mariage en 1647. Elle arrive à la cour de Madrid deux ans plus tard, horrifiée de découvrir qu'une reine d'Espagne n'a jamais le droit de rire en public ! D'ailleurs, comment pourrait-elle être séduite par cet époux quadragénaire qui, sous prétexte de rencontrer des poètes et les écouter déclamer leurs vers au clair de lune, passe ses nuits en débauche dans Madrid et ses journées à s'entretenir avec des religieuses dans l'espoir d'une rémission divine ? Pourtant, elle sait que son mariage n'a qu'un but : donner un héritier au roi d'Espagne. Après avoir perdu un premier fils, elle met au monde, en 1661, un deuxième garçon, Charles. Par on ne sait quelle aberration, sa robustesse fait l'admiration de toute la Cour mais l'on sait que l'honnêteté n'est pas la qualité première des courtisans. En effet, deux ans plus tard, au cours de la cérémonie de présentation du futur roi d'Espagne par son père, les courtisans et les Grands d'Espagne – qui ont le privilège de rester couverts devant Philippe IV – constatent que le jeune prince des Asturies est un avorton rachitique qui peine à se tenir debout. Quatre ans passent mais on doit encore l'aider à ne pas tomber. Les portraits de l'infant, d'abord très idéalisés, feront place, vers l'âge de douze ans, avec le pinceau de Juan Carreño de Miranda, à un adolescent plus réaliste. Charles a le regard sans flamme, un visage long et d'une rare étroitesse ; on prétend qu'il ne sait ni lire ni écrire. Le futur roi d'Espagne est infirme de multiples façons. De santé très fragile, il est atteint de troubles digestifs, d'évanouissements et d'éruptions soudaines. Le drame n'est pas qu'il soit incapable de régner, mais qu'il soit le seul héritier légitime du souverain d'Espagne. Un cauchemar pour la maison de Habsbourg.

Les précautions de Philippe IV pour sauver l'intégrité de la monarchie seront aussi inutiles que vaines. Sous la régence de sa mère, Charles II (qui est aussi Charles V de Sicile) est le témoin inconscient d'une décennie désastreuse. Le pouvoir est entre les mains inexpertes du jésuite Nithard et de l'aventurier Valenzuela, deux favoris sans envergure. Plus grave, ils agissent au nom d'un enfant si chétif qu'aucune cour européenne ne peut douter de sa mort prochaine, ce qui ouvrirait la succession d'Espagne. Louis XIV peut y prétendre puisqu'il a épousé l'infante Marie-Thérèse, laquelle, en l'absence de loi salique, peut monter sur le trône. Marie-Thérèse n'ayant renoncé à ses droits que contre le versement, par l'Espagne, d'une dot de 500 000 écus d'or qui n'a jamais été payée, le roi de France peut se sentir libre d'agir. En son temps, le très informé Mazarin savait que la monarchie ruinée de Philippe IV serait incapable de payer. Madrid pressent le danger. Pour équilibrer les éventuelles prétentions, fondées, du roi de France, une sœur cadette de Marie-Thérèse, l'infante Marguerite-Thérèse, est mariée à l'empereur Léopold Ier, âgé de quinze ans, en 1666, peu après le décès de Philippe IV. Par le contrat de mariage – qui était prêt depuis trois ans –, le roi de France et le souverain du Saint Empire, déjà cousins germains puisque leurs mères étaient sœurs du défunt Philippe IV, se retrouvent presque à égalité dans la succession d'Espagne dont se soucie toute l'Europe. Louis XIV a un léger avantage car sa mère, Anne d'Autriche, et son épouse, Marie-Thérèse, sont l'une et l'autre filles aînées de rois d'Espagne.

D'ailleurs, dès la mort de Philippe IV, en septembre 1665, la France avait constitué son dossier sous le nom de *Traité des droits de la Reine très chrétienne*. Il s'appuyait, essentiellement, sur le droit de dévolution, une vieille coutume du Brabant d'après laquelle, pour un héritage, les enfants d'un premier lit ont une part privilégiée par rapport à ceux du deuxième lit. Marie-Thérèse est donc seule héritière, Charles II n'a aucun droit. Madrid objecta que cet usage ne concernait que les particuliers et n'avait jamais été appliqué à une famille royale.

Louis XIV recevra-t-il les 500 000 ducats d'or dus par l'Espagne ?

On rappela aussi que Marie-Thérèse avait renoncé à tous ses droits. Mais, du côté français, on rétorqua que la dot, juridiquement liée à cette renonciation, n'ayant jamais été soldée, elle était devenue caduque. Le conflit peut-il éclater sous le prétexte, très officiel, que le roi d'Espagne doit toujours 500 000 écus d'or au roi de France ? Ce serait le véritable prix de la guerre.

Précisons qu'aucun des deux prétendants n'envisage de revendiquer la totalité de l'héritage espagnol et des plans de partage sont élaborés.

C'était sans compter avec le destin qui va tout bouleverser. Si Charles II n'est épargné par aucun mal, contrairement aux supputations diplomatiques, il survit ! En très mauvaise santé, c'est indiscutable, mais il survit. Dans ces conditions, pourquoi ne pas le marier ? Madrid cherche une future reine qu'un mari si peu engageant ne rebuterait pas ; il faudrait faire un effort et être généreux avec l'épousée !

Le souci du prestige de la France à l'extérieur et celui, personnel, de Louis XIV sont à la base de la guerre franco-espagnole de 1667. Au début du mois de mai, le roi Bourbon adresse à Madrid son *Traité des droits de la Reine* en même temps que ses troupes entrent en Flandre. Cette guerre, dite « de Dévolution », est presque une promenade militaire, une série de sièges rondement menés. Le 2 juin, Turenne, petit-fils, par sa mère, de Guillaume le Taciturne, prend Charleroi. Le 21, le roi de France, qui tient à être physiquement au milieu de ses troupes, se présente devant Tournai ; la première tranchée est ouverte le lendemain, la ville est prise le 25 et le château livré aux Français le 26. A Courtrai, Louis XIV conduit une armée en désordre parce que les réformes de Louvois n'ont pas encore eu leur plein effet, mais des villes comme Douai et Ath tombent à leur tour. Seule Lille ose tenir dix-sept jours, mais ne peut résister davantage au siège méthodique conduit par Vauban dont la réputation va grandir aussi bien chez les assiégeants que chez les assiégés. En février 1668, Condé s'empare de la Franche-Comté. Autant Turenne, prudent, tenace, prépare soigneusement ses campagnes, autant Condé est un improvisateur de génie. Dole, foyer de résistance espagnole, tombe au bout de quatre jours et Besançon, dans un méandre du Doubs et protégée par sa citadelle, voit ses forts de Chaudanne et de Brégille tomber aux mains françaises. Vienne va-t-elle réagir ? Le Habsbourg impérial peut-il abandonner le Habsbourg royal ?

A Madrid, l'annonce de ces victoires est amplifiée par l'habileté diplomatique de Louis XIV qui a empêché l'empereur d'intervenir. L'ambassadeur de France à Vienne, Grémonville, a réussi un chef-d'œuvre : il a maintenu Léopold Ier dans la neutralité en signant avec lui un projet de partage des possessions espagnoles. De sa part, c'est reconnaître les droits du roi de France à la succession d'Espagne et la nullité de la renonciation de Marie-Thérèse[1]. Et au-delà du geste, Louis XIV est persuadé que l'empereur, très soucieux de la progression des Turcs, abandonnera, tôt ou tard, les Pays-Bas espagnols. Le roi de France est victorieux mais devant l'alliance de la Hollande, de l'Angleterre et de la Suède, il négocie rapidement le traité d'Aix-la-Chapelle, signé le 2 mai 1668. La France évacue la Franche-Comté qui reste espagnole ; l'Espagne cède à Louis XIV douze places sur la frontière nord, dont Lille et Douai, mais conserve Maubeuge, Valenciennes, Cambrai et Saint-Omer, des cités plus ou moins enclavées dans le territoire français. Encore une marqueterie... provisoire !

En 1675, à quatorze ans, Charles II est officiellement majeur, toujours souffrant mais toujours vivant alors que de doctes médecins avaient prédit qu'il ne dépasserait pas sa dixième année... Chez les faibles, une piètre santé est une armure qui permet parfois la longévité. Il devrait déjà être mort ; à la stupeur générale, cet avorton va vivre encore vingt-cinq ans « en équilibre instable au bord de la tombe » écrit Philippe Erlanger[2]. Le passage de son frère naturel Don Juan d'Autriche au pouvoir, de 1677 à 1679, ne permet pas d'éviter à l'Espagne la perte de la Franche-Comté et de l'Artois selon la paix de Nimègue du 17 septembre 1678. Même si la France abandonne Courtrai et Charleroi,

1. Voir Joëlle Chevé, *Marie-Thérèse d'Autriche, épouse de Louis XIV*, Pygmalion, 2008.
2. Dans *Philippe V d'Espagne*, Perrin, 1978.

c'en est bien fini de la prépondérance espagnole. Trente-cinq années seulement se sont écoulées depuis la victoire de Rocroi. La France est désormais la première puissance européenne et la ville de Paris salue Louis XIV du titre de Louis le Grand. Un nouvel astre éclaire l'Europe.

En 1679, puisque Charles II survit à tout, Madrid entend le marier en espérant qu'il sera en état de procréer... On choisit une très jolie princesse, Marie-Louise d'Orléans, fille aînée de Monsieur, frère du roi de France et sœur aînée de la duchesse de Savoie. La malheureuse, déjà épouvantée à la vue du portrait – amélioré ! – de Charles II, est carrément terrifiée lorsqu'elle est présentée à ce faible de corps et d'esprit. Le comble est qu'elle lui plaît beaucoup ! Elle parvient à l'égayer ; entre deux crises d'épilepsie, il est presque normal. Il attend qu'elle lui donne des enfants mais tous ses espoirs sont déçus.

Louis XIV, qui était déjà le cousin germain et le beau-frère de Charles II, est également devenu, par cette union, son oncle ; il suit donc avec une grande attention les absences de grossesse de Marie-Louise. A celle-ci, Charles II reproche bientôt d'être stérile. Pour qu'elle puisse enfanter, son mari accepte qu'une cohorte d'exorcistes viennent chasser, à grand renfort d'eau bénite, le diable de la couche nuptiale car seul le Malin peut contrarier la nature... Les incantations et transes extatiques des exorcistes (qui ressemblent plutôt à des sorciers) n'ont qu'un seul effet : la reine est affolée par cette cour parallèle rivalisant, en excentricités, avec les nains et les bouffons de Leurs Majestés. Après d'innombrables séances, Marie-Louise n'attend toujours pas d'héritier. A vingt-huit ans, elle meurt. On murmure que le parti autrichien, très vexé de ses échecs en maternité, l'a empoisonnée... et Charles II, lui, survit aussi à ce chagrin !

Pendant qu'on lui cherche une nouvelle épouse – les candidates ne se bousculent guère –, l'empereur Léopold Ier est menacé à Vienne, d'abord par une nouvelle épidémie de peste qui frappe près de 10 000 personnes, puis par une autre menace turque. Il faut préciser que l'ambassadeur du

Roi-Soleil auprès de la Sublime Porte a donné au sultan l'assurance que son roi ne soutiendrait pas l'empereur au cas où une armée ottomane se présenterait devant Vienne. Louis XIV a donc changé de camp et sa décision fait de lui l'instigateur indirect de cette nouvelle campagne.

L'empereur Léopold Ier est le vainqueur officiel des Turcs à Vienne

Elle dure trois mois à l'issue desquels Vienne est sur le point de tomber aux mains des Ottomans. Lorsque, le 12 septembre 1683, à la bataille du Kahlenberg – des collines dominant la forêt viennoise –, les 310 000 Turcs renoncent à prendre Vienne, c'est largement grâce au courage du roi de Pologne Jean Sobieski. Mais le prestige de la spectaculaire victoire catholique rejaillit sur l'empereur Léopold et le Saint Empire. La monarchie autrichienne, cœur de l'Empire, devient une grande puissance et le cauchemar de la menace des infidèles, qui durait depuis plus d'un siècle, s'éloigne. Une constatation amère pour Louis XIV obligé d'être comparé, s'agissant de gloire, à un Habsbourg pourtant peu doué pour l'art militaire ! Il est vrai que la défense chrétienne a été aidée par les désordres du commandement turc. Et, servi par la Providence, Léopold Ier va entreprendre la reconquête de la Hongrie, poussant même ses troupes jusqu'à Belgrade. En conséquence, Louis XIV s'était trompé une première fois : il avait profité de ce que Vienne était en danger pour annexer, en pleine paix, des territoires impériaux jadis français. Il en voulait particulièrement à la Hollande, cette « République de marchands et de fromages », selon le mot de Colbert. Par la révocation de l'édit de Nantes, le roi de France s'était trompé une deuxième fois car il n'avait pas mesuré que cette décision catastrophique lui aliénerait la majeure partie de ses alliés protestants comme le Brandebourg et la Suède. Et la Hollande, faisant taire ses préventions sur Guillaume d'Orange, le soutient ; il devient Guillaume III, roi d'Angleterre. La monarchie anglaise est à peu près le seul Etat européen qui ne soit pas dressé contre la France. La guerre qui suit voit Charles II s'associer à la ligue d'Augsbourg qui s'achève par une paix signée dans un petit village au sud de La Haye, Ryswick, entre septembre et octobre 1697. Les tentatives d'hégémonie française en Europe ont échoué. Si, à Ryswick, Louis XIV conserve Strasbourg, il doit rendre presque tous les territoires concédés à Nimègue. Face à l'Europe coalisée, la France a tenu bon. Elle n'a pas reculé mais elle n'avance plus. On parlera d'une « paix blanche » pour qualifier celle de Ryswick, car, en réalité, la santé du roi d'Espagne est si alarmante qu'il eût été périlleux que la succession d'Espagne s'ouvrît dans une Europe en guerre.

Depuis Versailles, le roi regarde à nouveau en direction de Madrid car Charles II n'a toujours pas renoncé à procréer ; il n'a que vingt-cinq ans et même si son aspect demeure infantile et contrefait, comment ne serait-il pas humilié par la mémoire de son père qui avait engrossé tant de femmes ? En 1690, Charles II se remarie. Il épouse Marie-Anne de Bavière-Neubourg. Belle, intrigante, la princesse bavaroise, devenue reine d'Espagne, agit comme le roi son époux : elle a sa favorite ! Marie-Anne ose être l'amie très intime d'une baronne allemande, protestante, ce qui lui vaudra d'être accusée de détournement de fonds par les catholiques[1] ! Mais, au bout de quatre mois, la rumeur de l'impuissance de Charles II, qui circulait depuis quelque temps, se répand à la Cour et gagne toute l'Espagne. Des libelles, épigrammes et pamphlets passent sous cape, de main en main ; on se gausse, les commentaires gras font rire le peuple et les courtisans affamés de confidences d'alcôves et de baldaquins. Ce quatrain, à la fois ironique et résigné, connaît un grand succès :

---

1. La seconde épouse de Charles II a inspiré Victor Hugo pour sa pièce *Ruy Blas* (1838). On retrouve le personnage d'une ravissante reine d'origine bavaroise à la cour d'Espagne dans le désopilant film de Gérard Oury *La Folie des grandeurs* (1971). Cette libre et très drôle parodie de l'amour du valet Ruy Blas pour la souveraine est l'exemple, parfait et rarissime, d'une savoureuse et très soignée comédie en costumes.

Il y a trois vierges à Madrid :
La bibliothèque de notre cardinal
L'épée du duc de Medina
Et notre souveraine, la reine[1].

Ainsi, le vrai coupable de l'absence d'héritier serait le roi lui-même ? En 1698, les messes, les offrandes, les pèlerinages et les potions roboratives n'ayant eu aucun succès, il n'est plus possible d'ignorer le problème de la succession d'Espagne, c'est-à-dire celle de la branche aînée des Habsbourg qui n'a pas d'héritier. L'affaire met en compétition le roi de France et l'empereur, tous deux fils et époux de princesses espagnoles. Léopold Ier, l'empereur, se refuse à tout partage et réclame l'ensemble de l'héritage pour son fils cadet, l'archiduc Charles, qui n'a pas encore quinze ans. Mais cette réunion de la Grande Espagne, colonies comprises, aux domaines d'Europe centrale ne manquerait pas de rompre l'équilibre européen au profit de la maison de Habsbourg. Les puissances maritimes, telles l'Angleterre et la Hollande, ne pourraient accepter cette reconstitution de l'univers de Charles Quint. Avec elles, Louis XIV entame des négociations où il se montre modéré ; il ne demande qu'une part de l'héritage espagnol. Le plus étonnant de ces combinaisons diplomatiques est que par un marchandage évolutif des Etats européens se partagent le gâteau espagnol sans prendre l'avis du principal intéressé, le peuple ! De plus, et particulièrement à Madrid, les étrangers, Français et Autrichiens, sont jugés indésirables, alternativement ou ensemble, coupables de se mêler de ce qui ne les regarde pas. Pour les Espagnols, les intrigues de Versailles et de Vienne sont aussi indécentes les unes que les autres ; chaque parti envoie ses agents, qui des diplomates, qui des religieux, avec mission de convaincre. Dans son entourage madrilène, Charles II est assailli par des personnages

1. John Langdon-Davies, *Carlos, the King who would not die,* Englewood Cliffs, New Jersey, Prentice Hall, 1963, et Dorothy Gies McGuigan, *op. cit.*

influents qui veulent le pousser à maintenir intacte la vieille monarchie. Ces courtisans entretiennent une pathétique illusion de plus ; l'Espagne est exsangue, au point que dans les campagnes, pour vivre, on troque des marchandises. L'argent manque et la plupart des pièces de cuivre en circulation sont fausses. A Madrid, les plus nobles familles doivent gager puis vendre leurs meubles pour subsister. Les acheteurs sont des étrangers, ce qui dresse les Espagnols contre eux. Le marquis de Villars, ambassadeur de France qui avait été en poste à Vienne lors du siège de 1683, rapporte qu'à la suite d'une nouvelle dévaluation le roi lui-même est privé de ses revenus ! Après la grandeur, l'effondrement, mais souvent avec fierté, voire arrogance, dans l'atmosphère incroyable d'un pays replié sur lui-même.

Comment sauver l'héritage espagnol, qui, malgré sa misère, sa léthargie administrative, la corruption de ses fonctionnaires, la paresse de ses élites, la perte de plusieurs provinces et du Portugal, s'étend encore sur une partie des Pays-Bas, le Milanais, les Deux-Siciles, le Mexique, le Pérou et les Indes orientales et occidentales ? Quel peut être l'avenir pour cette monarchie qui comprend vingt-trois royaumes, sans compter celui, en expansion, des mendiants qui ont envahi les rues, et dont le souverain, affreusement diminué, n'a pu assurer sa descendance ? Même dans les caveaux de l'Escorial où il a cherché une aide en implorant l'âme de ses parents et de sa première épouse, le roi n'a entendu qu'un silence hostile. Le Panthéon des Rois, achevé en 1654, où s'est recueilli Charles II, est une chambre octogonale revêtue de jaspe où reposent, depuis Charles Quint, presque tous les souverains espagnols. A gauche de l'autel sont superposés les sarcophages des monarques et, à droite, ceux de leurs épouses ayant assuré une succession. De cette impressionnante nécropole, Charles II est revenu abattu. Certains ont fini par prendre en pitié le pauvre Charles II qu'ils appellent le « martyr », et ce n'est pas excessif : jamais le destin ne s'est autant acharné sur un Habsbourg. Et toute l'Europe attend de se partager les dépouilles de la puissance espagnole, à commencer par la France puisque Louis XIV n'a toujours pas perçu ses 500 000 ducats d'or. En ces temps de fausse monnaie espagnole, si, par miracle, Sa Majesté était enfin désintéressée, il conviendrait de vérifier le paiement pièce par pièce !

Charles II, sans enfants, refuse de partager son héritage espagnol

A Vienne, Léopold Ier, sur ses gardes, suit les combinaisons de Louis XIV qui, dès 1698 puis au début de l'été 1699, montrait sa faveur pour un partage. Le dauphin de France recevrait Naples, la Sicile et la province basque de Guipuzcoa. Lorsqu'elle est connue, l'idée de ce dépeçage horrifie Charles II et Marie-Anne. Selon Voltaire : « Quand ce nouvel affront fut connu à la cour de Madrid, le roi fut sur le point de succomber à sa douleur et la reine, sa femme, fut transportée d'une si vive colère qu'elle brisa les meubles de son appartement et surtout les glaces et les autres ornements qui venaient de France : tant les passions sont les mêmes dans tous les rangs. »

Les 3 et 25 mars 1700, le roi de France signe deux nouveaux traités, l'un avec Guillaume III d'Angleterre, l'autre avec les Provinces-Unies. Cette fois, l'archiduc Charles disposerait de l'Espagne, de ses colonies et de ses Pays-Bas qui ne pourraient jamais être réunies aux fiefs autrichiens. Par un accès de gourmandise politique, Louis XIV s'adjugerait le Milanais, mais uniquement pour l'échanger, dès que possible, contre la Lorraine. De même, la Sicile, appropriée puis rendue, permettrait à la Savoie ducale et au comté de Nice de devenir français. Selon ce plan, en se mêlant de la succession d'Espagne, Louis XIV cherche à rendre plus claires les frontières françaises.

A Madrid, après bien des calculs et une ultime réunion du conseil de la Couronne, il apparaît que la meilleure solution est de transmettre la couronne d'Espagne à un seul prince à condition qu'il disposât d'assez de forces pour maintenir la cohésion. Malgré ses rancunes contre la France et devant l'impopularité des Autrichiens à Madrid, Charles II reconnaît que seul le roi de France est assez puissant pour s'opposer au démantèlement de la monarchie. Et, en dépit de ses guerres malheureuses et ruineuses, la France a les structures et les ressources pour soutenir une Espagne qui serait défaillante. Charles II, dont les forces déclinent, hésite. Il sollicite l'avis du pape.

Le 16 juillet 1700, Innocent XII confirme au roi, toujours perplexe, que l'intérêt de l'Espagne et celui de la chrétienté exigent de donner « la préférence à la maison de France ». Voltaire, encore lui, estime joliment que le pape « traita ce cas de conscience d'un souverain comme une affaire d'Etat, tandis que le roi d'Espagne faisait de cette affaire d'Etat un cas de conscience ».

Après deux testaments, Charles II en rédige un troisième. Il se prononce pour un prince français qui ne semble pas devoir être appelé à monter sur le trône, le duc Philippe d'Anjou, second fils du dauphin, ou, à défaut, le duc de Berry, son cadet. Si ces deux petits-fils de Louis XIV se dérobaient, la branche autrichienne serait appelée à son tour, en la personne de l'archiduc Charles. Le plus important est que, dans chacun des cas, tout partage comme tout cumul de couronnes est exclu. Ce testament est secret, peu sont ceux qui en connaissent les détails. Charles II signe ses dernières volontés le 2 octobre 1700. Il est en larmes et, devant l'échec de sa vie, soupire : « Dieu seul donne les royaumes parce qu'ils lui appartiennent. Déjà, je ne suis plus rien ! »

Charles II, qui avait fait attendre l'Europe quarante ans, est le dernier souverain Habsbourg d'Espagne. Et il choisit un Bourbon pour lui succéder à Madrid. Se rendait-il compte que ni l'Angleterre, ni les Provinces-Unies, ni surtout l'Empire ne supporteraient un tel accroissement de la puissance française ? Pensait-il qu'en laissant la Grande Espagne aux mains de la France, qui avait été l'ennemi héréditaire de la maison d'Autriche, l'empereur Léopold Ier ne réagirait pas ? Pedro Calderón de la Barca, l'ultime grand poète du Siècle d'or, disparu en 1681, avait dépeint, dans *La vie est un songe*, un prince captif répugnant à affronter les réalités de la vie. Il se réfugiait dans les rêves parce que rien ne vient ternir leur éclat. Calderón l'avait répété à Charles II mort le 1er novembre 1700 : « Toute la vie est un songe. » Pour les Habsbourg, ce songe était devenu un mauvais rêve.

Cette alliance entre la France et l'Espagne est le plus vieux rêve de Louis XIV, maintenant âgé de soixante-deux ans. Le 16 novembre 1700, le roi de France, arbitre des peuples et des nations, présente à l'ambassadeur d'Espagne le duc d'Anjou, « le roi que l'Espagne demande », ce qui est la surprenante vérité. Et Louis XIV recommande au diplomate de saluer son souverain un genou en terre. Dans ses *Mémoires*, le marquis de Sourches, qui n'a pas les réticences de feu Saint-Simon, écrit : « Ce fut ce jour-là que se passa à Versailles la plus grande et la plus extraordinaire scène qui se fût jamais passée dans l'Europe. » Le roi fait ouvrir toutes grandes les portes de son cabinet où il se tient avec son petit-fils et, devant la Cour fébrile, annonce : « Messieurs, voici le roi d'Espagne. »

Le duc d'Anjou est devenu Philippe V. Le subterfuge du chiffre ne peut faire illusion, c'est un Bourbon qui va régner sur le trône de Philippe II et les Bourbons ont une couronne de plus. Sans doute à cause de ses innombrables mariages consanguins, la dynastie des Habsbourg paie des siècles de politique matrimoniale. Si Louis XIV avait refusé le testament de Charles II, l'archiduc Charles, fils de l'empereur, serait devenu roi d'Espagne. Permettre une France encerclée, le cauchemar de François Ier, était impossible. En acceptant le choix du défunt Habsbourg, Louis XIV, qui avait réfléchi huit jours, allait dresser l'Europe contre la France. C'était inévitable. Pour défendre Philippe V, son grand-père serait donc obligé de faire la guerre à l'Empire et à l'Espagne…

La guerre de Succession d'Espagne bouleverse toute l'Europe

Elle va durer de 1702 à 1714. Sous le nom de guerre de Succession d'Espagne, le confit est gigantesque puisque la maison d'Autriche reçoit le soutien de l'Angleterre et des Provinces-Unies exaspérées qu'un prince français règne à Madrid. Cette guerre est difficile, ruineuse, riche en rebondissements, et ses conséquences sont parfois inattendues. Le 1er février 1701, le parlement de Paris enregistre des lettres patentes précisant que Philippe V, roi d'Espagne, conserve ses droits à la couronne de France au moment même où, à Madrid, il reçoit l'hommage de ses sujets espagnols… Le prince Eugène de Savoie, qui jadis avait demandé, en vain, un régiment à Louis XIV, était passé au service de l'Autriche depuis 1683 ; il devient l'un des plus redoutables adversaires de la France et un collectionneur d'art hors pair à Vienne, ce qui est doublement regrettable pour Louis XIV. Autre surprise, l'Espagne, mal défendue par la France, perd Gibraltar le 1er août 1704 et, pendant plus de trois cents ans, Madrid réclamera à Londres le retour de ce rocher mythique dans le giron espagnol. Sans succès, jusqu'à présent…

Deux mois après la désignation du Bourbon, l'archiduc Charles, second fils de l'empereur Léopold, arrivé en Espagne par le Portugal, prend Barcelone et s'installe à Madrid où, héritier incontestable de la maison d'Autriche, il se fait proclamer roi d'Espagne sous le nom de Charles III ! Il y a deux rois d'Espagne, un Bourbon et un Habsbourg ! Le premier est en fuite.

Est-ce un retour des Habsbourg où la branche cadette se substituerait à la branche aînée sans descendance ? Les défaites militaires subies par la France compromettent le rêve de Louis XIV. Dunkerque est détruite, Lille et Maubeuge occupées par les Hollandais et Strasbourg par les impériaux. Les coalisés veulent chasser Philippe V. La disette, un froid si vif, en l'hiver 1709, que le vin du roi gèle dans son verre à Versailles, et le manque d'argent rendent la cause française de plus en plus précaire. La couronne d'Espagne coûte très cher. Mais Louis XIV, vieux lion, sait encore se défendre. Sans doute sous l'influence de Mme de Maintenon, qui lui a fait renoncer aux frivolités et a suivi de près toute l'affaire espagnole, le roi donne l'exemple : il fait fondre sa vaisselle d'or et, à la honte des courtisans, Sa Majesté se nourrit dans du « vulgaire ». Le roi s'est « mis en faïence » clame-t-on à Versailles ! Les ressources qui ont été obtenues permettent cependant de payer des troupes peu entraînées, mal nourries et pas très motivées, mais qui veulent bien se battre. Dans un ultime effort, deux victoires, Malplaquet (1709) et Denain (1712), où les hommes de Villars chargent à la baïonnette, sauvent la France de l'invasion. Dans le même temps, Louis XIV, ayant refusé de revenir sur son choix et déclaré qu'il préférait « faire la guerre à ses ennemis qu'à ses enfants », envoie une armée au secours de son petit-fils. Il faut dire que Philippe V et sa jeune femme de dix-huit ans avaient touché le cœur du peuple espagnol par le courage dont ils faisaient preuve, ayant été chassés deux fois de Madrid. Le 10 décembre 1710, le duc de Vendôme, commandant une armée franco-espagnole aux côtés de Philippe V, remporte une victoire décisive sur les forces anglo-impériales. La bataille de Villaviciosa affermit définitivement le roi Bourbon sur le trône d'Espagne. A Vienne, l'empereur Charles VI perd tout espoir de régner sur les Espagnols. Il est le seul monarque qui refuse de signer le traité négocié du 29 janvier 1712 au 11 avril 1713 dans l'hôtel de ville d'Utrecht. Pendant douze années, l'Europe a été en guerre parce qu'elle avait suivi l'empereur qui s'en tenait à de vieux principes et au droit, sans doute parce que Léopold Ier était, jusqu'à sa mort en 1705, un souverain malgré lui et d'un autre temps.

Enfin reconnu par tous, Philippe V renonce à toute prétention sur la couronne de France. Parmi les conséquences, nombreuses, de la laborieuse guerre de Succession d'Espagne, il en est une, imprévisible, qui concerne particulièrement la maison d'Autriche. Par le traité de paix signé à Rastatt en 1714, l'Autriche agrandit ses Etats héréditaires au détriment de sa puissance impériale et l'Electeur de Brandebourg voit confirmé son titre de roi de Prusse. Les Hohenzollern dominent désormais l'Allemagne du Nord et deviennent de dangereux rivaux pour les Habsbourg. L'Espagne n'est décidément plus à la mode.

8

Charles VI
ou le refus de la fatalité
(1711-1740)

Né à Vienne en 1685, deux ans après le dernier siège, l'archiduc Charles est élevé dans le souvenir de la menace ottomane. L'année de sa naissance, la Chambre impériale et royale, autrement dit le cabinet de Sa Majesté Léopold Ier, autorise des aubergistes viennois « à préparer sous forme de café le breuvage turc ». L'habitude de déguster le café dans un endroit portant ce nom était lancée ; elle allait devenir un fondement de la vie viennoise et partir à la conquête de l'Europe. Avec le café et les croissants, souvenirs d'un autre siège plus ancien, Vienne doit beaucoup aux Turcs…

Charles de Habsbourg n'a pas une adolescence facile. Il a dix-huit ans, en 1703, lorsque son père, l'empereur Léopold Ier, sous la pression de l'Angleterre et de la Hollande, l'envoie en Espagne pour chasser du trône le petit-fils de Louis XIV qui l'occupe depuis deux ans. Un usurpateur, ce Bourbon ! Par son mariage avec sa cousine Marie-Thérèse d'Espagne, Léopold avait considérablement renforcé les prétentions des Habsbourg à la couronne de Madrid. Sur son ordre, son fils Charles, on l'a vu, s'est proclamé roi d'Espagne sous le nom de Charles III en arrivant à Madrid mais il n'a pu se maintenir. L'Espagne était en pleine confusion et le vieux roi de France avait même tenté de s'emparer du trône impérial. Un Bourbon empereur ? Louis XIV y avait effectivement songé ; il était le seul à avoir eu cette idée folle et sa candidature eût mis le feu de la mer du Nord à la Méditerranée et de l'Atlantique à la mer Noire. Après la mort de son père en 1705, donc pendant la guerre de Succession d'Espagne, c'est le frère aîné de Charles, Joseph Ier, né en 1678, qui avait accédé à la dignité impériale. Celui-ci avait littéralement secoué l'Autriche qui s'endormait, lutté contre la pesanteur des institutions et confirmé le prince Eugène de Savoie dans ses hautes fonctions militaires. Avec le concours de l'Anglais Marlborough, Joseph Ier avait enregistré de beaux succès : les Habsbourg occupaient la Catalogne et Valence entre 1706 et 1708 ; ils pouvaient encore espérer compromettre le maintien de Philippe V à Madrid. Par ailleurs, leurs victoires dans le Milanais, à Naples, en Sicile et aux Pays-Bas confirmaient leur autorité bi-séculaire sur l'Italie, en dehors des territoires de la papauté. Ces heureuses nouvelles étaient contrebalancées par des échecs ou des difficultés survenus sur d'autres fronts, par exemple en Transylvanie où l'aristocratie hongroise, voulant s'affranchir de la domination autrichienne et s'allier à la France, avait appelé le Hongrois François Rákóczy à l'aide. Et citons encore le roi Charles XII de Suède, l'adversaire de Pierre le Grand pour le contrôle de la Baltique. Le Suédois, génial stratège mais piètre politique (ce qui n'empêchait pas Voltaire de chanter ses bienfaits jusqu'au ridicule), menaçait de s'allier à Louis XIV. L'empereur Joseph Ier avait été obligé de signer une convention humiliante pour éviter l'ouverture d'un front nordique dans l'infernale guerre de Succession d'Espagne. Il aurait sans doute pu s'imposer en Europe si l'Angleterre, par un revirement politique interne, n'avait désavoué Marlborough. Cette défection capitale arrivait au moment où Joseph Ier avait enfin maté la révolte hongroise. Il n'avait pu savourer ce retour au calme dans la *puzsta*. Il était mort en 1711, seulement âgé de trente-trois ans ; la variole, à laquelle il avait échappé étant enfant, l'avait emporté en quelques jours. Il ne laissait que des filles.

En lui succédant, son frère est proclamé empereur sous le nom de Charles VI. Ce chiffre, inévitablement rapproché de Charles Quint, laisse-t-il supposer que les Habsbourg vont encore essayer de reprendre la couronne d'Espagne ? Y aurait-il, cent cinquante ans après la mort de l'illustre ancêtre, une nostalgie d'empire démesuré ? Une provocation ? On pourrait le croire puisque Charles VI est le seul souverain qui refuse de signer la paix d'Utrecht en 1713 ; toutefois, en dépit de ses protestations et de ses efforts, le nouvel empereur ne parvient pas à faire remettre en question l'avènement de Philippe V. Charles VI est mécontent mais isolé. Un an plus tard, lorsque les belligérants se réunissent dans le très beau château baroque du margrave Louis de Bade à Rastatt, face aux sept signataires, dont le maréchal de Villars et le prince Eugène, Charles VI ne peut se dérober. Dans la salle monumentale, il est obligé d'apposer son paraphe pour recevoir les anciennes possessions italiennes de l'Espagne (Naples, la Sardaigne – qu'il échangera contre la Sicile –, une partie de la Toscane ainsi que les Pays-Bas méridionaux). En échange, il ne conteste plus – du moins à haute voix ! – le maintien de Philippe V sur le trône espagnol. Charles VI a conscience que l'avenir des Habsbourg et de l'Autriche est dans le Centre de l'Europe, de part et d'autre du Danube. D'ailleurs, pour le maître du Saint Empire, il est révélateur que cette réunion devant régler définitivement le casse-tête espagnol se tienne dans un château dont l'ancien propriétaire, obsédé par la menace turque (on l'avait surnommé Louis le Turc !), s'était aussi méfié de la politique floue de Louis XIV. Les nombreux souvenirs des campagnes contre les Ottomans rassemblés si près de la Forêt-Noire prouvaient que les Badois avaient été entretenus dans la crainte d'une invasion.

Quatre ans passent. Louis XIV s'est éteint, son petit-fils renforce l'influence centralisatrice française en Espagne et Charles VI, grâce aux victoires du prince Eugène, consolide la position des Habsbourg au nord de la Bosnie, en Serbie, à Belgrade et dans une partie de la Valachie. Le traité de Passarowitz (1718) reconnaît que ces territoires sont reconquis aux dépens des Turcs, mais Charles VI, en homme d'ordre et qui surveille ses comptes, a compris l'intérêt de faire du commerce avec l'Empire ottoman, très demandeur de nouveaux marchés. A la fin de l'année, la monarchie autrichienne est l'Etat le plus vaste et le plus peuplé d'Europe mais, comme d'habitude, manquant d'unité.

Musique, architecture, théâtre : l'empereur est un vrai Viennois !

Charles VI est un souverain à la fois organisé et plein de fantaisie, un curieux mélange de prévision et d'improvisation. Il respecte les rites de la vie officielle, la messe du matin, puis le Conseil, ensuite des audiences et des dîners et soupers avec sa jolie épouse, mais en public, selon l'étiquette. A la Hofburg, dès qu'il a été empereur, à l'âge de vingt-six ans, il a suivi les habitudes de son père. En ville et dans le pays, il peut être fort différent, faire des farces, parler patois pour qu'on le comprenne mal et tester la patience des fonctionnaires à qui il demande un renseignement, s'envelopper dans un énorme manteau qui empêche les sentinelles de le reconnaître. Une attitude due à son goût pour le théâtre, goût que partageait son père. Sa véritable passion est de quitter l'hétéroclite palais que son père avait fait en partie remanier pour profiter de Vienne. Après la déroute ottomane de 1683, l'aspect de la ville a rapidement changé. L'esthétique encore médiévale s'est rapidement fondue dans le foisonnement du baroque, tant en architecture qu'en sculpture et en peinture. La capitale sert d'écrin au développement des spectacles et de la musique ; les Habsbourg ont toujours été musiciens et si le Viennois a eu, très tôt, les oreilles aussi délicatement choyées, il le doit largement à la dynastie. En parcourant la ville où il est né, l'empereur suit les travaux de divers édifices et monuments, souvent marqués du génie des maîtres de la nouvelle beauté, les Fischer von Erlach père et fils. Une signature familiale, un même nom pour la splendide église Saint-Charles-Borromée, la monumentale Bibliothèque impériale et le manège d'hiver, construit de 1719 à 1735, qui abrite enfin l'Ecole d'équitation fondée par Maximilien II en 1572 (un empereur protestant et gendre de Charles Quint : une rareté !) pour les évolutions des majestueux chevaux lipizzans. Dans ce superbe manège tout blanc, ceinturé de deux galeries et d'une colonnade, Vienne continuait – et continue – de parler d'Ecole espagnole puisque les lipizzans sont un croisement d'andalous et d'arabes[1]. La loge impériale, surmontée d'un fronton triangulaire, englobe un tableau de Charles VI à cheval, peint par deux artistes différents, Hamilton pour la monture, Auerbach pour le souverain. Il a l'air très sévère dans sa cuirasse aux articulations incrustées d'or, arborant le grand cordon de la Toison d'or. Il faut noter que la robe de son cheval, blanc bien sûr, et sa selle, rouge, sont les couleurs de l'Autriche à travers les siècles et les régimes, de l'archiduché à la République en passant par l'Empire sous ses diverses acceptions. C'est Charles VI qui inaugurera le manège. Les écuyers, dans un ordre impeccable, prendront l'habitude de saluer l'empereur en se découvrant. Aujourd'hui encore, l'usage veut que le maître du manège retire son bicorne devant la loge officielle. Poursuivant sa promenade au milieu des vignes,

1. Le terme de lipizzan, utilisé surtout à partir du XIXe siècle, vient du haras d'origine situé à Lipizza, en Carniole, près de Trieste, qui, au XVIe siècle, fait partie des terres de la maison d'Autriche. Après 1918, Lipizza se trouvant dans une région cédée à l'Italie puis, en 1947, à la Yougoslavie, les étalons et la jumenterie furent partagés entre ces pays. Après 1920, l'Autriche fonda un nouveau haras de lipizzans dans le sud, à Peeburg (Piber), en Styrie. Entre 1942 et 1952, les chevaux, dont l'élevage avait été subordonné à la Wehrmacht, furent transférés à Hostau, en Haute-Autriche, avant de regagner la Styrie. Fin avril 1945, dans les combats entre troupes soviétiques et allemandes, les lipizzans sont évacués par train. L'opération, placée sous la protection de l'armée américaine, offre une mémorable reprise équestre au général Patton, lui-même ancien cavalier ayant participé aux épreuves de dressage des Jeux olympiques de Stockholm en 1912. Après l'éclatement de la Yougoslavie communiste en 1991, Lipizza, devenue Lipica, se trouve aujourd'hui en Slovénie. On y élève toujours des chevaux magnifiques au pelage blanc.

Charles VI peut ensuite admirer le Belvédère inférieur et le supérieur, ces deux élégants palais édifiés par le prince Eugène après qu'il eut pris Belgrade. Il y donne d'éblouissantes fêtes estivales qui suscitent une jalousie, un peu caustique, de l'empereur. Et ses œuvres d'art accumulées avec tant de goût sont en compétition avec les trésors de la Couronne…

Etant en paix avec les Turcs et les Hongrois (les remparts élevés contre eux dans les faubourgs sont d'un autre temps), Charles VI n'a qu'un souci mais qui l'obsède : il n'a pas de fils. En 1716, après huit ans de mariage heureux, l'impératrice, née Elisabeth-Christine de Brunswick-Wolfenbüttel, protestante obligatoirement convertie, lui avait donné un garçon, Léopold. Bonheur et réjouissances. Hélas, six mois plus tard, l'enfant était mort. Médecins et nourrices s'étaient accusés mutuellement sur la question de l'allaitement de l'archiduc et l'opportunité de son sevrage ; ces pénibles invectives avaient ajouté la colère au chagrin du couple. L'empereur, effondré, était hanté par une angoisse permanente : allait-il voir l'extinction des Habsbourg en Autriche après avoir subi la fin de la lignée espagnole à cause de son cousin Charles II ? Les circonstances n'étaient pas identiques puisque Charles VI et sa femme avaient prouvé leur capacité à procréer, mais le résultat pouvait être le même. Les Habsbourg étaient-ils maudits ? Etaient-ils condamnés à disparaître dans le berceau même de leur destinée ? En réalité, le monarque avait déjà pris deux décisions spectaculaires qui devaient, selon lui, conjurer la fatalité. Echaudé par la catastrophe espagnole dont il souffrait toujours, Charles VI avait réuni son Conseil le 19 avril 1713, pour lui signifier, d'abord, que les Etats de la monarchie étaient « indivisibles et inséparables ». Aucun partage ne serait admis au moment de sa succession. Puis – et c'était beaucoup plus audacieux –, il envisageait le cas où il aurait un ou des héritiers mâles, mais aussi l'hypothèse où sa femme ne lui donnerait que des filles ; elles hériteraient par primogéniture, comme les garçons. Enfin, s'il disparaissait sans avoir eu d'enfants, la couronne reviendrait à ses nièces, filles de son frère Joseph Ier C'était un testament politique révolutionnaire, déposé dans les formes chez le notaire de Sa Majesté, sous le titre de « pragmatique sanction ». L'empereur avait donc tout prévu sur un beau parchemin. Mais ses sujets, dans leur complexe diversité, allaient-ils entériner cette succession inédite chez les Habsbourg d'Autriche ? Les Etats germaniques n'appliquant que la loi salique, que se passerait-il ? Remarquons l'ironie de la prudence impériale : elle ressemble aux lois de la couronne d'Espagne admettant, depuis longtemps, la transmission du pouvoir aux femmes. Le modèle espagnol pour l'Empire ! Et quelle serait la réaction des puissances européennes, toujours méfiantes à l'égard des descendants de Charles Quint ? L'essentiel était de tout préserver dans l'unité, sans rien disperser, et que un ou une Habsbourg hérite de cet ensemble. L'installation d'un Bourbon sur le trône de Madrid restait traumatisante. Elle demeurerait une exception. Ce qui était remarquable dans la pragmatique sanction était aussi sa date. En 1713, l'empereur n'avait que vingt-huit ans, sa femme vingt-deux. Une maternité n'était donc pas urgente même si elle était souhaitable. Justement, mariés depuis cinq ans et très épris l'un de l'autre, ils n'étaient toujours pas parents. Charles VI avait donc agi par sagesse, en pressentant l'avenir.

Stupeur en Europe : Charles VI veut que sa fille aînée lui succède

Comme si la Providence voulait mettre les précautions de l'empereur à l'épreuve, un an après avoir perdu leur fils, Charles VI et son épouse ont une fille, l'archiduchesse Marie-Thérèse, née le 13 mai 1717. La pragmatique sanction semble avoir été imaginée pour elle. Sans doute Charles VI eût-il préféré un fils. Le couple impérial avait suivi les prescriptions de ses médecins, Charles VI ingurgitant des vins hongrois très alcoolisés et l'impératrice de mystérieuses liqueurs « qui réussirent seulement à faire virer au rouge écarlate son teint de lis et de rose », ce qui était dommage car elle était fort belle, avec des cheveux blonds et des yeux très bleus. Mettant toutes les chances de leur côté, les souverains avaient même entrepris des pèlerinages traditionnels et des cures, prenant les eaux à Karlsbad (Karlovy Vary en tchèque). On s'en remettait à toutes les croyances. Le voyage jusqu'à Prague et aux collines de Bohême, épuisant, fut une épreuve politique, car, depuis que les Tchèques réformés avaient été écrasés à la bataille de la Montagne Blanche, un siècle plus tôt, la rancœur qu'inspiraient les Habsbourg restait vive. Mais la visite avait été calme, le mauvais temps ayant peut-être dissuadé les Tchèques d'une manifestation hostile.

Les grossesses de l'impératrice se suivent et se ressemblent. Au prix d'infinies précautions, la vaillante épouse accouche de deux autres filles, dont une disparaîtra à cinq ans. C'était à croire que Charles VI avait eu un pressentiment, sa progéniture survivante était exclusivement féminine. A plus de quarante ans, ses chances d'avoir un fils sont de plus en plus ténues ; il est désormais inutile, au cas où sa femme, âgée de trente-deux ans, tomberait encore enceinte, de faire décorer ses appartements avec des tableaux et des statues d'hommes pendant neuf mois, ces œuvres d'art masculines n'influeront pas sur le sexe de l'enfant espéré. En revanche, il est urgent d'informer les Etats de l'Empire qu'une femme, en l'occurrence Marie-Thérèse, sera l'unique héritière de son père et donc son successeur. Une situation sans précédent !

L'empereur commence une tournée des différentes Diètes en 1720. Après quelques réticences, le texte est approuvé par les Hongrois, qui se trouvent ainsi juridiquement intégrés aux fiefs des Habsbourg, puis en Croatie et en Transylvanie. En Saxe et en Bavière, la pragmatique sanction est mal reçue, ce que prévoyait Charles VI. Chez ces princes et ducs Electeurs, on estime avoir des successeurs (trop nombreux !) pour assumer la dignité impériale et des droits (trop faibles !) à faire respecter. En dehors de l'Empire, la Grande-Bretagne consent à accepter la décision de Charles VI en 1731 à la condition que l'empereur dissolve la Compagnie d'Ostende qu'il avait fondée en 1722 pour associer les Pays-Bas autrichiens aux colonies espagnoles et qui, à l'évidence, gênait le commerce maritime britannique. Londres était conciliant mais voulait en finir avec les chimères habsbourgeoises de l'empire universel. Et l'Espagne, cette épine dans le cœur de l'empereur ? Une invraisemblable combinaison est mijotée entre Vienne et Madrid. Le clan espagnol autrichien, fort réduit, jette ses ultimes prétentions dans l'idée d'un mariage entre l'archiduchesse Marie-Thérèse et l'infant Don Carlos, second fils de Philippe V[1].

On croit rêver !

C'est alors qu'il recherche approbation et soutien que Charles VI est entraîné dans un nouveau conflit européen. En 1733, le trône de Pologne est vacant à la mort d'Auguste II qui était aussi Electeur de Saxe. Dans l'Empire il protégeait les luthériens, mais pour régner sur la Pologne voisine il s'était converti au catholicisme. Prince baroque aux goûts fastueux, c'est à lui que l'on doit les transformations de Dresde en une brillante capitale de la Saxe, « la Florence de l'Elbe ».

Charles VI et la Russie soutiennent la candidature de son fils, Auguste III, tandis que la France de Louis XV appuie celle de Stanislas Leszczyński, beau-père du Bien-Aimé, élu par la Diète de Varsovie. On peut penser que si Charles VI est favorable à Auguste III, c'est pour avoir son aval sur la pragmatique sanction. Dès 1734, Stanislas est chassé du trône de Pologne par les Russes, un exil qu'il avait déjà connu en 1709 sur ordre de Pierre le Grand. La tutelle de la Russie sur la Pologne se resserrait.

Ainsi commence la guerre de Succession de Pologne, vingt ans après celle d'Espagne. Si elle est beaucoup plus brève, ses conséquences sont aussi importantes pour l'Europe, qui semble se spécialiser dans les guerres civiles

1. Ce Don Carlos deviendra, en 1759, le roi d'Espagne Charles III.

pour une couronne. La France est alliée de l'Espagne, de la Sardaigne et de la Bavière ; en face, l'Autriche est alliée à la Russie et à la Saxe. Après deux ans – on s'est battu aussi bien sur le Rhin qu'en Italie où les Sardes et les Espagnols espéraient conquérir des territoires –, c'est un Français, le cardinal de Fleury, qui parvient à faire taire les armes en 1735. Cet homme de plus de quatre-vingts ans avait été le précepteur de Louis XV ; le roi l'a nommé ministre d'Etat en 1726 et il s'est montré un politique habile et un gestionnaire efficace. Et c'est lui, malgré sa recherche de paix, qui, au nom du roi de France, avait déclaré la guerre à l'empereur pour soutenir le roi de Pologne détrôné. Mais derrière l'appui qu'il apporte à son beau-père en grande difficulté, Louis XV, en parfait accord avec Fleury, est dans un rôle d'entremetteur.

L'amour est au milieu de la guerre de Succession de Pologne

En effet, depuis quelque temps, l'archiduchesse Marie-Thérèse, qui approche de sa quinzième année, est très éprise du jeune duc François-Etienne de Lorraine qu'elle a rencontré à Prague. Entre la maison d'Autriche et la famille de Lorraine, les liens sont anciens et nombreux. En remontant à la génération précédente, le grand-père du duc, marié à une demi-sœur de l'empereur Léopold Ier, commandait l'armée impériale en 1683, lors de la victoire sur les Turcs. Et le père du duc avait été très proche de Charles dans sa jeunesse. En somme, le Lorrain, qui a hérité du duché à la mort de son père en 1729, était presque en famille. François-Etienne arrive à la cour d'Autriche – où il est reçu avec maints égards – au moment où Charles VI est attristé car il sait qu'il n'aura pas de successeur masculin. Et si le duc, qui semble tant plaire à sa fille, devenait un mari pour elle ? Et si, en qualité d'époux de Marie-Thérèse, l'héritière, il devenait empereur, ce gendre serait, en somme, le fils que Charles VI a espéré pendant plus de vingt-cinq années. Le cardinal de Fleury joue très finement car il a compris la menace : alliée à l'Autriche, la Lorraine, donc l'Empire, menacerait la France. Paris serait à moins de trois cents kilomètres de la frontière. A Saint-Denis, Louis XIV s'en retournerait dans sa tombe ! Si Fleury s'est résigné à faire la guerre, c'est pour un échange subtil et très risqué. Louis XV donnerait son accord à la pragmatique sanction à la condition que le duc, gendre de l'empereur, cède la Lorraine à la France. Réunie à l'Alsace, elle constituerait un sensible agrandissement du territoire tout en repoussant la frontière impériale vers le Rhin. Et comme il fallait bien dédommager le duc, il recevrait un autre duché, celui de Toscane, où le dernier des Médicis allait s'éteindre sans héritier, en juin 1737, au bon moment. Quelle courtoisie ! Avec Florence, la maison d'Autriche conserverait une position enviable en Italie.

En quelques semaines, les ministres du roi Bourbon et de l'empereur Habsbourg sont d'accord et le roi Stanislas, installé dans le superbe château de Lunéville, ne fait plus obstacle au retour d'Auguste III sur le trône de Pologne. Le beau-père de Louis XV reçoit, à titre viager, les duchés de Lorraine et de Bar (Bar-le-Duc), lesquels, à sa mort, reviendront à la France. Le principal intéressé, François-Etienne, va mettre quelque temps à se laisser déposséder de son duché. La valse des couronnes est lente. Lorsque l'ambassadeur de France lui présente l'acte de renonciation, un geste d'une portée historique considérable, le fiancé de Marie-Thérèse hésite. Un secrétaire lui tend une plume, il la prend puis la repose. Sans doute le mécontentement de sa mère taraude sa conscience. Il reprend la plume, la repose encore. Alors, un des ministres de l'empereur, le baron Bartenstein, estimant qu'il avait été assez patient, dit, en français et sans être aimable : « Pas de renonciation, pas d'archiduchesse… »

Celui qui n'est plus duc de Lorraine s'est décidé par amour, un élément incontrôlable qui est une force – ou une faiblesse – dont la politique se sert. Alors que, pour respecter les convenances, les deux jeunes gens avaient été séparés avant leur union, François-Etienne avait répondu sur-le-champ à un courrier de Marie-Thérèse daté de trois jours plus tôt : « [...] Je peux vous assurer que les jours me sont insupportables où je n'ai pas le bonheur de me jeter aux pieds de ma fiancée bien-aimée[1]. »

L'archiduchesse est aussi enflammée, selon l'ambassadeur d'Angleterre, Sir Thomas Robinson, qui avait écrit à son ministre : « [...] Malgré la dignité de la contenance pendant le jour, elle [Marie-Thérèse] soupire et languit toute la nuit après le duc de Lorraine. Quand elle dort, ce n'est que pour rêver à lui ; quand elle se réveille, c'est uniquement pour parler de lui à sa dame de compagnie. Aussi n'est-il pas vraisemblable qu'elle puisse jamais oublier l'homme pour lequel elle se croit née. Et jamais elle ne pardonnera à ceux qui la mettraient en péril de le perdre. »

Elle et lui sont sincères. Et impatients. Il a vingt-huit ans, Marie-Thérèse neuf de moins. Cette hâte va leur permettre de se marier le 12 février 1736. Le cardinal de Fleury triomphe avec la paix de Vienne (1738) qui consolide la position de la France comme arbitre en Europe. Le ministre n'a cessé d'appeler à un accord. A quoi cela sert-il de stabiliser la monnaie, de réduire les dépenses et de consacrer grâce à la corvée royale ce qu'il faut pour l'entretien des routes qui permettront de développer le commerce et des embryons d'industrie si l'on se bat toujours ? A Versailles, les nombreux opposants aux Habsbourg se taisent : le royaume du Bien-Aimé est sorti agrandi et renforcé de la guerre. Pour une fois, elle avait été utile.

Charles VI est aimé. Des statuettes en ivoire sont proposées dans les échoppes viennoises. On y voit le monarque à cheval étendant un bras protecteur sur une paysanne en superbe costume de Haute-Autriche, agenouillée, remer-

1. Correspondance de Marie-Thérèse, 9-12 février 1736. Cité par Jean-Paul Bled dans *Marie-Thérèse d'Autriche*, Fayard, 2001.

ciant. Mais l'année 1736 voit la disparition du vieux prince Eugène, illustre compagnon et conseiller de l'empereur. A soixante-treize ans, le fastueux prince Eugène était un mythe ébréché de l'Europe parce qu'il avait vécu trop longtemps. Il avait commandé les armées des Habsbourg sous trois empereurs ; il s'était mêlé de tant d'affaires (parfois avec talent, souvent sans compétence) qu'il était devenu indispensable. Ses très hautes fonctions et son influence étaient telles qu'on l'avait surnommé « l'empereur dans la coulisse ». Il était au courant de tout. Brillant soldat, diplomate se méfiant de la France (Louis XIV l'avait méprisé), mécène inspiré ayant construit ses palais viennois sur la route empruntée par les Turcs qu'il avait souvent écrasés, la guerre de Succession de Pologne l'avait remis en selle ; il avait absolument voulu repartir au combat. Hélas, comme l'observe Jean Béranger : « [...] Il donna le spectacle affligeant d'un grand capitaine gâteux : les impériaux collectionnèrent les défaites, révélant à la fois l'incapacité de leur chef et le rapide déclin d'une armée qui s'était naguère révélée une des meilleures d'Europe[1]. »

A son décès, Charles VI achète les deux palais du Belvédère et y entrepose des œuvres d'art. Puis, un an plus tard, il s'embourbe dans un conflit inutile et ruineux avec l'Empire ottoman. Cette malheureuse guerre balkanique, où Vienne comptait sur Saint-Pétersbourg, contraint l'Autriche à céder la plupart des acquisitions de la paix signée à Passarowitz vingt ans plus tôt. Perdre la Serbie et Belgrade est humiliant, le sultan lui-même est surpris de la déroute autrichienne. L'Empire est affaibli et des concessions inquiétantes ont été faites à la Prusse et au Hanovre. En 1740, les Européens peuvent s'interroger : l'Autriche est-elle une grande puissance ? Elle est devenue fragile. Ses finances sont dans un état pitoyable, une grande partie des revenus de l'Etat ne servant qu'à éponger des dettes sans fin. La plupart des domaines de la

1. Jean Béranger, *op. cit.*

Couronne sont hypothéqués. Et on ne peut plus croire en l'armée, sous-payée, mal entraînée, elle qui, malgré la diversité de ses effectifs, avait été autrefois extraordinairement unie. Cette lamentable guerre austro-turque enterrait une seconde fois le prince Eugène. Cependant, si Charles VI n'avait pu donner un fils à l'Empire, il avait assis les bases de l'unité autrichienne et pressenti l'idée d'un nouvel empire plus modeste que le conglomérat saint, romain et germanique qui se disloquait.

A l'automne 1740, l'empereur a beaucoup changé physiquement. Les faiblesses de la dynastie réapparaissent. Maux d'estomac et crises de goutte torturent cet homme de cinquante-cinq ans. Il chasse encore, c'est une des deux passions qui lui restent, avec la musique. Début octobre, le souverain se trouve à une soixantaine de kilomètres au sud-est de Vienne, au bord du Neusiedl, le plus grand lac salé d'Europe, où il a fait construire un pavillon. Les oiseaux abondent dans cette région où commence la plaine hongroise. Le temps est glacial. Charles VI, trempé, prend froid. Sa grosse carcasse ruisselle. Transporté à Vienne, il y meurt le 20 octobre. Dans tous ses tracas, ses réussites et ses erreurs, l'empereur qui avait voulu tout organiser conserva, jusqu'à sa dernière heure, son humour qui décontenançait souvent ses interlocuteurs. A son chevet, ses médecins, que Molière aurait pu mettre en scène, se perdaient dans de savantes et oiseuses discussions pour connaître l'origine de son mal. Il était question de champignons vénéneux mais ces messieurs n'étaient pas d'accord. Comme toujours ! Alors, selon Ludwig Reiners, le mourant interrompit la discussion à base de formules latines, cet artifice des médecins pour impressionner : « Et il suggéra que l'un d'eux se dévoue, après son autopsie, et vienne lui dire au Ciel exactement ce dont il était mort[1]. »

1. Repris par Dorothy Gies McGuigan, *op. cit.*

Charles a révolutionné la maison d'Autriche non seulement par sa succession, inédite, mais par le mariage de Marie-Thérèse. Née Habsbourg, elle est devenue Habsbourg-Lorraine. Une autre histoire commence.

9

Le monde de Marie-Thérèse (1740-1780)

Aujourd'hui encore, dans le canton suisse d'Argovie, berceau revendiqué de la dynastie des Habsbourg, de jeunes couples veulent se marier sous son portrait. Cette tradition porte bonheur. Marie-Thérèse et son époux incarnent, en effet, une légende de l'histoire où sont entremêlés en permanence les vies privées et l'exercice du pouvoir. Leur union, fondée sur l'amour et la raison d'Etat, est d'une grande originalité. Archiduchesse d'Autriche âgée de vingt-trois ans à la mort de son père, l'empereur Charles VI, elle a épousé un prince intègre, soldat malchanceux dans la désastreuse et dernière guerre austro-turque lancée par son beau-père, administrateur sans génie mais honorable.

Que représente-t-il ? Un grand nom mais qu'il n'a plus le droit de porter seul puisqu'il a échangé son duché de Lorraine et de Bar contre celui de Toscane, promu grand-duché, et donc un nouveau titre ; cette négociation lui laisse le goût amer de l'abandon forcé. François-Etienne ne se sent pas l'héritier des Médicis, ni même leur remplaçant. Il ne viendra qu'une fois à Florence, avec son épouse, au début de 1739. On ne l'y reverra pas et on gouvernera en son nom, sur son ordre, mais à distance. D'ailleurs, bien que Parme et Plaisance fassent aussi partie du dédommagement, la maison d'Autriche ayant perdu Naples et la Sicile au profit de l'Espagne, l'Italie a moins d'attraits. La dot de

François-Etienne était son nom ; il l'a donné à son épouse, ce qui a engendré un nouveau patronyme, Habsbourg-Lorraine (et non l'inverse...), une association insolite entre la maison d'Autriche et celle des Bourbons, ennemis quasi perpétuels des Habsbourg mais qui deviennent alliés par ce mariage puisque, à court terme, la Lorraine doit être intégrée au royaume de France. En attendant, la seule réussite du roi détrôné Stanislas de Pologne, dont les ennuis sont à l'origine de cette union, sera l'embellissement de Nancy avec, bien sûr, son admirable place Stanislas, magnifiquement restaurée.

Que représente Marie-Thérèse ? Un défi à l'Europe. Les multiples efforts – et concessions – de son père devaient permettre à cette jeune femme d'être considérée comme un homme pour hériter légitimement d'une succession prestigieuse. Jamais l'Empire n'a été dirigé par une femme. Beaucoup jugent que c'est impossible. Qu'apporte-t-elle à son mari ? Une mosaïque de peuples, au moins une douzaine, où coexistent, entre autres, des Allemands, des Tchèques, des Roumains, des Serbes, des Hongrois, des Ukrainiens... Ils sont environ 14 millions, éparpillés autour d'un noyau central, l'Autriche au sens élargi, c'est-à-dire en y incluant la Bohême et la Hongrie. Au moment où Marie-Thérèse doit succéder à son père, la situation politique et donc territoriale est complexe. Il convient de la rappeler. Depuis exactement trois siècles, soit depuis Frédéric III, les Habsbourg ont possédé, sans interruption, la dignité impériale. Mais s'ils sont empereurs du Saint Empire romain germanique, leurs possessions ne font pas toutes partie de l'Empire, par exemple les Pays-Bas, la Hongrie, la Transylvanie, des parcelles d'Italie et des Balkans. Identifier les terres impériales à celles des Habsbourg serait donc une grave erreur. Jean-Paul Bled le rappelle opportunément : « C'est dire que le destin de la monarchie autrichienne ne se confond pas avec celui du Saint Empire. Celui-ci n'en continue pas moins d'être une des aires politiques où les Habsbourg exercent leur influence et ils sont bien résolus à ne pas s'en laisser déposséder. En chaque occasion où les Valois ou les

Bourbons ont cherché à les dépouiller de la dignité impériale, ils ont œuvré et manœuvré pour la conserver avec succès[1]. »

L'héritage de Marie-Thérèse est un gigantesque puzzle d'environ trois cents Etats, certains étant de minuscules principautés, d'autres des villes libres. Leurs politiques ne vont pas nécessairement dans le sens voulu par l'empereur, les affrontements religieux, dont la guerre de Trente Ans, l'ont dramatiquement rappelé. Des Etats comme la Saxe, la Bavière et le Hanovre cherchent à s'émanciper. Que des territoires en apparence isolés, comme Fribourg-en-Brisgau ou le duché de Bade, soient sous le contrôle des Habsbourg permet au Saint Empire d'exercer son influence sur cette région rhénane. Enfin, si depuis cent vingt ans la chancellerie d'Empire siège à Vienne, il y a désormais une chancellerie d'Autriche, également viennoise, mais qui en est séparée. Sur des domaines qui avaient rétréci, Charles VI s'est attaché à renforcer l'autorité habsbourgeoise, concentrée sur une grande Autriche.

Le mariage de Marie-Thérèse et sa qualité d'héritière constitue une spectaculaire transition entre une ancienne Europe et un monde redessiné. Consacrant la fin de règnes exclusivement masculins et la suppression de l'indépendance de la Lorraine, cette union renforce la féminisation du pouvoir occidental dans ce siècle qui comptera plusieurs impératrices de Russie dont la plus célèbre, Catherine II, et annonce l'extension, rassurante, du territoire français. Marie-Thérèse apporte donc beaucoup à François-Etienne. Il a cette chance. Comme l'assure un dicton germanique, « le mariage est bon si la dot de la femme est importante »... Trop importante ! Dès son avènement, la fille de Charles VI déchaîne les jalousies, les trahisons et même les parjures. Son tort ? Ce n'est pas seulement d'être une femme mais d'être une femme qui ose assumer les fonctions impériales. Entre son statut annoncé d'héritière et son avènement, la pragmatique sanction, souvent acceptée du bout des lèvres,

1. Jean-Paul Bled, *Marie-Thérèse d'Autriche*, *op. cit.*

allait entrer en application en cet hiver 1740. Lors de son mariage, quatre ans plus tôt, beaucoup avaient secrètement espéré que l'époux de Marie-Thérèse rétablirait l'équilibre grâce à ses fonctions. Il avait été admis à la conférence secrète, le Conseil de l'empereur, qu'il présiderait en son absence. Charles VI l'avait nommé gouverneur général des Pays-Bas, ce qui n'était pas une sinécure, et lui avait octroyé le grade de lieutenant général. C'était beaucoup. C'était trop pour les qualités militaires limitées du gendre de Sa Majesté. Les généraux avaient méprisé ce commandant en chef inexpérimenté et, vexé de n'avoir pu briller au feu, François-Etienne avait honte. L'état-major, qui était lui-même coupable d'inorganisation, avait traité le duc d'incapable. En vérité, dans cette affaire, avec ou sans lui, cette guerre austro-turque était perdue d'avance. Et on ne pouvait accuser l'âge du prince Eugène dans sa dix-neuvième bataille : il était mort après avoir livré, piteusement, la dix-huitième...

A vingt-trois ans, Marie-Thérèse n'a aucune expérience politique

L'Europe regarde Marie-Thérèse. On la scrute comme un animal étrange. Les diplomates envoient courrier sur courrier à leurs maîtres. L'un d'eux, le comte Podewils, est particulièrement attentif. Il est l'ambassadeur du roi de Prusse à Vienne. Or Frédéric II, monté sur le trône des Hohenzollern six mois avant l'avènement de Marie-Thérèse, a beaucoup souffert d'avoir vu la Prusse éclipsée par l'Autriche. On ne peut douter qu'il cherche à inverser cette domination et que son intérêt très mesuré pour les femmes ne le pousse à une démonstration rapide. Comme nous connaissons Marie-Thérèse surtout plus âgée, en mère d'une abondante famille, le portrait qu'en dresse le ministre prussien, après l'entrée sur la scène politique de la jeune femme qui intrigue toutes les cours, est instructif. On peut supposer qu'il n'était pas, a priori, favorable : « Marie-Thérèse a la démarche aisée et le port majestueux, sa silhouette est imposante, sa figure ronde et pleine, ses cheveux sont blonds avec une pointe de roux, ses yeux très grands pleins de vie et de douceur, d'une couleur bleu foncé, font impression. Son nez régulier n'est ni arqué ni camus. Ses dents blanches se montrent de la façon la plus charmante quand elle rit. Bien que grande, sa bouche est plutôt jolie. Elle a la nuque et la poitrine bien faites et ses mains sont délicieuses. »

Un examen très détaillé ! En résumé, la jeune Marie-Thérèse est plutôt bien de sa personne et elle a du charme, l'arme absolue. Elle a même conservé la fraîcheur de ses dix ans. Elle parle et écrit un allemand cocasse, un français estropié, apprécie l'italien – et tout ce qui vient d'Italie – et s'exprime aussi en latin, langue très juridique. Elle ignore les autres langues de la Babel danubienne.

Entre 1737 et 1740, elle avait mis au monde trois filles. Son père ne pouvait que se féliciter de sa pragmatique sanction. Sa propre fille serait-elle capable de lui donner un petit-fils ? N'y aurait-il plus de garçons dans cette dynastie ? Le syndrome espagnol revenait mais l'empereur avait tout prévu. En juillet de la même année 1740, l'archiduchesse héritière perdait sa fille aînée, Marie-Elisabeth, âgée de trois ans. Une année de douleurs puisque son père allait disparaître trois mois plus tard. Selon l'attitude qu'ont souvent les cours au XVIIIe siècle, entre compassion et courage, la mère éprouvée fait front avec son époux qui l'aime et l'entoure. Les Habsbourg observent un culte de leurs morts dans la crypte des Capucins ; depuis 1633, selon le vœu de l'empereur Mathias, décédé en 1619, et de son épouse Anne, c'est dans la crypte de la sobre église de cet ordre mendiant que reposent les corps de la famille impériale. La présentation y est déjà théâtrale : les tombeaux des parents de Marie-Thérèse, Charles VI et plus tard Elisabeth-Christine, seront gardés par des têtes de mort couronnées.

Politiquement, si Charles VI pensait avoir habilement préparé sa succession, il a laissé une situation intérieure catastrophique, une dette publique abyssale et, à une exception près, des conseillers âgés dont la seule initiative est de ne plus rien entreprendre. Ils ont à peine la force d'attendre leur trépas et leur courage est derrière eux. Cette archiduchesse, trop jeune et trop jolie, agace ces septuagénaires satisfaits. Certains des anciens conseillers de son père osent regretter, sans discrétion, qu'elle ne soit pas un homme, car, pensent-ils, être une femme affaiblit les dons ! On lui reconnaît des qualités, mais que peut-elle en faire ? Marie-Thérèse est entourée de quelques incapables bornés et prétentieux, d'autant plus hostiles qu'elle sait qui sont les corrompus… Mais le plus grave est que l'empereur n'a absolument pas instruit sa fille de la réalité et de ses arcanes ; même si son éducation a été très complète et si dès 1732 – elle avait quinze ans –, elle assistait, pour la forme, au Conseil, elle n'a été informée d'aucune affaire d'envergure. Son instruction politique est nulle. Comment s'y retrouver dans cette nébuleuse qu'est l'Empire ? Comment y faire reconnaître l'entité autrichienne et la défendre ? Et surtout, dans l'immédiat, comment faire respecter ses droits pour éviter tout morcellement du domaine des Habsbourg ? Les monarchies sont stupéfaites que cette loi organique rédigée par Charles VI prenne la valeur d'un article du droit européen. L'héritière manque de tout sauf d'intelligence et d'énergie. Celle que l'on ne peut appeler l'impératrice – elle ne l'est pas – est la proie facile pour une coalition qui serait adroitement menée. L'autre danger n'est pas seulement symbolique : la couronne impériale pouvait échapper aux Habsbourg, ce qui ne s'était pas produit depuis l'an 1440. Pour empêcher cet affront, Marie-Thérèse va proposer la candidature de son mari.

En fait, c'est d'un chantage qu'elle est très vite victime. Le jeune roi de Prusse (il a cinq ans de plus qu'elle) est un parfait hypocrite assoiffé de revanche, son père ayant été humilié par celui de Marie-Thérèse. Dès qu'il avait été informé du décès de Charles VI, Frédéric II et la cour prussienne avaient pris le deuil. La courtoisie ne dure guère, elle n'était qu'un leurre. Huit semaines plus tard, le 16 décembre 1740, ses troupes pénètrent en Silésie, sans déclaration de guerre. Une surprise totale. Comment une telle perfidie est-elle possible chez un prince lettré et féru de musique, à l'esprit fin, ouvert au rationalisme ? Il agit ainsi pour trois raisons. La Silésie, possession habsbourgeoise depuis deux siècles, est riche - elle procure aux Habsbourg près du quart de leurs ressources – et une partie de sa population est protestante ou convertie au catholicisme sans conviction. Il suffirait de peu pour raviver la ferveur luthérienne. Ensuite, l'armée prussienne, formée et forgée par son père, le célèbre « Roi-Sergent » Frédéric-Guillaume, et qui aligne le chiffre impressionnant de 80 000 hommes, a besoin d'un peu d'exercice. Rien de tel qu'une annexion sans avertissement pour regonfler le moral des soldats. Enfin, Frédéric II n'a aucun scrupule et sa misogynie le pousse à provoquer une femme, jeune et novice, alors qu'elle est dans une situation embarrassante. Il est convaincu qu'il lui sera facile de dépouiller cette charmante archiduchesse dépourvue d'expérience.

Un ennemi rusé, impatient et sans scrupules : Frédéric II de Prusse

Cynique, le jeune roi demande à Marie-Thérèse de lui céder cette province qu'il a investie au nom de droits très anciens mais très discutables. En échange, Frédéric II donnerait sa voix à François-Etienne lors de l'élection impériale. Le Prussien est sûr de sa manœuvre, Marie-Thérèse est obligée d'accepter.

C'est la première erreur psychologique de l'agresseur et le premier affrontement entre deux puissances futures rivales dans le monde germanique ; l'Europe en sera meurtrie. Indignée, Marie-Thérèse répond à l'envoyé du roi Hohenzollern qu'elle préfère « périr que de traiter avec lui ». On lui trouve une énergie virile. Elle est indignée et les 23 000 soldats de ce sournois de Frédéric II ne l'inquiètent pas, l'essentiel est de ne pas céder, sinon l'héritage de son père partira en lambeaux. L'envahisseur, rusé, faussement

Armoiries des provinces de l'Empire austro-hongrois (1867-1918) vers 1895 (première partie).

Frédéric III (1415-1493), élu à l'âge de 25 ans, est le seul Habsbourg couronné à Aix-la-Chapelle, puis à Rome, le 19 mars 1452. On lui doit la devise : « Il appartient à l'Autriche de gouverner l'univers. » Attribué à Hans Burgkmair le Vieu Kunsthistorisches Museum, Vienn

Au centre : l'empereur Maximilien Ier (1459-1519). La dot de sa première épouse, Marie de Bourgogne, fille de Charles le Téméraire, le place à la tête de l'Etat bourguignon, rival du roi de France Louis XI. Bernhard Strigel, Kunsthistorisch Museum, Vienne.

Rodolphe de Habsbourg (1218-1291) est le premier de la famille élu empereur du Saint Empire. Il est couronné à Aix-la-Chapelle le 24 octobre 1273. Détail d'un ancien vitrail de la cathédrale Saint-Etienne à Vienne.

Ferdinand Ier (1503-1564), frère cadet de Charles Quint. Empereur en 1556, il tente d'instaurer la paix religieuse entre catholiques et protestants. Né en Espagne, il règne et meurt à Vienne. Ecole flamande, musée Condé, Chantilly.

Maximilien II (1527-1576). Empereur en 1564, fils de Ferdinand Ier, il montre sa sympathie pour la Réforme et accorde des libertés religieuses dans les pays danubiens. Antoon van Dashorst, Museo del Prado, Madrid.

A gauche : Charles Quint (1500-1558), par Titien. Empereur allemand (1519-1556) et premier roi d'Espagne (1516-1556) sous le nom de Charles Ier, il est maître d'un gigantesque empire où le soleil ne se couche jamais, mais n'a pas saisi l'importance de la Réforme. Huile sur toile de Titien, château d'Ambras, Innsbrück.

Rodolphe II (1552-1612). Empereur en 1583, il transfère la capitale impériale de Vienne à Prague, s'entoure d'alchimistes, d'astrologues, d'astronomes et protège le peintre Arcimboldo. Peu préoccupé de politique, grâce à lui Prague devient un haut lieu de la culture européenne. Huile sur cuivre de Joseph Heintz l'Ancien, Kunsthistorisches Museum, Vienne.

Monument funéraire de Philippe II (1527-1598), roi d'Espagne, à l'Escorial. Ce fils de Charles Quint, qui n'est pas empereur, est ici entouré de trois de ses quatre épouses : Marie de Portugal, Elisabeth de Valois et Anne d'Autriche. La deuxième était Marie Tudor. Sculpture de Leoni Pompeo, vers 1586.

Ferdinand III (1608-1657), empereur en 1637, ici en roi de Bohême et de Hongrie, vers 1634-1635. Contraint de continuer la guerre de Trente Ans, il affronte les Suédois et les Français et subit la dure paix de Westphalie (1648) qui consacre la division religieuse allemande. Huile sur toile de Jan van den Hoecke, Kunsthistorisches Museum, Vienne.

Léopold Ier (1640-1705), empereur en 1658. Il doit faire face au réveil de la menace d'une invasion turque. Né et mort à Vienne, il y favorise l'épanouissement de l'art baroque avec de grands architectes, tels Fischer von Erlach père et fils.
Huile sur toile de Guido Cagnacci, Kunsthistorisches Museum, Vienne.

Joseph Ier (1678-1711), empereur de 1705 à 1711, imprégné du sentiment national allemand qui s'éveill[e]. Luttant contre la France, il voit s'éteindre la branche espagnole des Habsbourg avec l'arrivée, à Madrid, du petit-fils de Louis XIV, le Bourbon Philippe V.
Huile sur toile d'Antoine Schoonjans, Kurpfälzisches Museum, Heidelberg.

Charles VI (1685-1740), frère de Joseph Ier, en grand maître de l'ordre de la Toison d'or. Empereur de 1711 à 1740, il est à la tête de l'Etat d'Europe le plus vaste et le plus peuplé. N'ayant qu'une fille, l'archiduchesse Marie-Thérèse, il rédige la « pragmatique sanction » pour qu'elle puisse lui succéder. Il y aura une guerre de Succession d'Autriche (1740-1748).
Huile sur toile de Johann Gottfried Auerbach, Heeresgeschichtliches Museum, Vienne.

Fille de Charles VI, Marie-Thérèse est son héritière, contestée, en 1740. En épousant le duc de Lorraine (*à gauche*), elle transforme la dynastie des Habsbourg en Habsbourg-Lorraine. Son mari est élu empereur en titre, mais elle incarne la réalité du pouvoir, comme si elle était un homme. Sur ce tableau de famille, sont représentés douze de leurs seize enfants.

Atelier de Martin van Mytens II, musée du château, Versailles.

Joseph II, *à droite* (1741-1790), empereur de 1765 à 1790, partage le pouvoir avec sa mère Marie-Thérèse jusqu'en 1780. Adepte des Lumières, son trop ambitieux programme reçoit le nom de joséphisme. *A gauche*, son frère Léopold II, (1747-1792), empereur de 1790 à 1792. Un exemplaire de l'ouvrage de Montesquieu *De l'esprit des lois* est à leur côté.

Huile sur toile de Pompeo Batoni, Kunsthistorisches Museum, Vienne.

François II (1768-1835), dernier souverain du Saint Empire (1792-1806) dissous par Napoléon, devient le premier empereur d'Autriche (1804-1835). Il est le père de l'archiduchesse Marie-Louise, deuxième impératrice des Français.
Huile sur toile de Friedrich von Amerling, Kunsthistorisches Museum, Vienne.

Elisabeth de Wittelsbach, dite Sissi (1837-1898), impératrice d'Autriche (1854) en épousant François-Joseph, reine de Hongrie (1867), assassinée à Genève le 10 septembre 1898.
Photographie de Neubauer, vers 1863.

Au centre : François-Joseph en 1904, grand maître de la Toison d'or. Son règne (1848-1916) est l'un des plus longs de l'histoire.
Huile sur toile de Wilhelm List, Caisse d'épargne de la poste, Vienne.

L'archiduc héritier Rodolphe d'Autriche-Hongrie, ici vers 1885. Seul fils du couple impérial, il meurt, mystérieusement, à Mayerling le 30 janvier 1889.
Photographie de Karoly Koller.

François-Ferdinand, neveu de François-Joseph, et son épouse Sophie arrivent à Sarajevo le 28 juin 1914. Leur assassinat déclenche, par le jeu des alliances, la Première Guerre mondiale.

Le 30 novembre 1916, Vienne enterre François-Joseph. Son petit-neveu et successeur l'empereur Charles Ier, son épouse, l'impératrice Zita et, entre eux, leur fils aîné, l'archiduc Otto, âgé de quatre ans.

Le 10 mai 1951, Nancy est en fête pour le mariage de l'archiduc Otto avec la princesse Regina de Saxe Meiningen. Une foule considérable accueille le descendant des Habsbourg-Lorraine.

Nancy, 10 mai 2001. Entourés de leurs sept enfants et de leur famille, Otto et Regina célèbrent leurs noces d'or. Le maire, André Rossinot, rend hommage à l'archiduc qui s'est mis, inlassablement, au service de l'Europe.

Le 10 novembre 1982, la veille de son retour triomphal à Vienne après soixante-trois ans d'exil, l'impératrice et reine Zita reçoit Jean des Cars au château de Waldstein, dans le sud de l'Autriche. Elle conteste la version officielle du drame de Mayerling.

L'emblème de la Toison d'or. Ordre de chevalerie créé en 1429 par le duc de Bourgogne Philippe III, dit le Bon, il passa à la maison de Habsbourg avec Maximilien en 1477, devint un ordre autrichien, puis, avec Charles Quint, également espagnol.
Pendentif de 1856, musée de la Légion d'honneur, Paris.

Le château de Habsbourg aujourd'hui, dans le canton d'Argovie (Suisse). Il est à la fois le fief officiel de la dynastie au XIIIe siècle et un symbole de la résistance helvétique dans l'histoire de son identité.

Armoiries des provinces de l'Empire austro-hongrois (1867-1918) vers 1895 (seconde partie).

aimable, propose une concession. Rien n'y fait. Selon Eugen Guglia, Marie-Thérèse, de nouveau enceinte en priant le Ciel que ce soit un fils, fait preuve d'une fermeté admirable : « Plutôt les Turcs devant Vienne, plutôt la cession des Pays-Bas à la France, plutôt des concessions à la Bavière et à la Saxe que de renoncer à la Silésie[1]. »

La Prusse est donc l'adversaire déclaré de l'Autriche. A défaut de savoir politique, la fille de Charles VI va vite connaître les hommes de pouvoir. Elle sera plus inflexible que la plupart d'entre eux, « jamais intimidée, jamais ébranlée, jamais découragée », dira le duc de Broglie, admiratif. A la fois amusé et pas vraiment surpris, le roi de Prusse attend l'armée autrichienne en Silésie, près de 15 000 combattants péniblement rassemblés, car ils étaient dispersés et il a fallu les faire venir de diverses provinces, mal commandés et démoralisés par leurs précédentes défaites. Seule la cavalerie peut encore faire illusion. Puisqu'il s'estime déjà chez lui, Frédéric II choisit le terrain de la bataille, à Mollwitz[2]. L'affrontement a lieu le 19 avril 1741. Même si, pour l'histoire, les Autrichiens sont défaits, Frédéric II n'est pas le glorieux vainqueur qu'il aurait voulu être. Il a pris peur et s'est réfugié dans un moulin, bien loin des canons ! C'est un de ses maréchaux, le comte de Schwerin, qui a provoqué la déroute habsbourgeoise. Mais, pour l'Europe, cette défaite est un encouragement. En effet, tous ceux qui avaient signé la pragmatique sanction et juré à Charles VI qu'ils ne toucheraient pas à l'héritage de sa fille n'attendaient que sa déconfiture militaire pour contester les droits de Marie-Thérèse. Sans doute une victoire des généraux de Marie-Thérèse eût-elle retenu les prédateurs. Mais puisque les armes l'ont décidé, la lâcheté est collective et le roi de Prusse n'est pas le seul à miser sur la faiblesse apparente de la jeune héritière. L'Electeur de Bavière montre son appétit pour la Bohême, et la France, reniant elle aussi sa promesse, envisage de le soutenir, ce qui convient à l'Espagne

1. *Maria Theresia. Ihr Leben und ihre Regierung*, Munich/Berlin, 1917.
2. Au sud de Breslau, aujourd'hui Wroclaw, en Pologne.

et à la Savoie. En deux mois, une coalition anti-Habsbourg est dressée contre Marie-Thérèse, qui voit, amère, Frédéric II s'allier à Louis XV contre elle. Une guerre pour la Silésie ? Ceux qui pensaient, y compris son époux, que ce territoire ne méritait pas tant de résistance sont dans l'erreur. L'héritière ne cèdera pas. Elle peut être battue, elle n'abandonnera pas, certifie qu'elle ne va pas « prostituer son honneur » ni perdre « le respect de l'Europe ». On peut lui prendre la Silésie, elle ne capitulera pas. Et de l'aube jusqu'à la nuit, elle travaille, cheville ouvrière d'un Etat qui est sur le point d'être dépecé.

Ce que ses ennemis n'ont pas compris est que la Providence, très avare ces derniers mois, vient d'offrir à Marie-Thérèse le cadeau que les Habsbourg espéraient depuis vingt-cinq ans, un fils ! Un gros garçon, baptisé Joseph, né un mois avant Mollwitz. Cette naissance au printemps 1741 atténuera les souffrances et les chagrins de l'horrible hiver du désenchantement. Après trois filles, dont deux vivantes, la fierté de Marie-Thérèse lui donnera de la force pour résister aux défaites, aux infamies, aux félonies. Et il faudra s'y faire parce qu'à vingt-quatre ans, la robuste Marie-Thérèse accouche aussi facilement qu'elle devient grosse. Six heures après sa délivrance, elle annonce, avec jubilation, qu'elle serait comblée d'être de nouveau enceinte de six mois ! Elle est prête à recommencer, elle tiendra parole en donnant le jour à seize enfants !

A Versailles, le cardinal de Fleury avait annoncé au roi, après Mollwitz : « Sire, il n'y a plus de maison d'Autriche… »

Pour une fois, l'habile prélat et ministre était mal inspiré. La monarchie autrichienne est très affaiblie mais sa maîtresse est forte. Maintenant, elle compte ceux qui ne l'ont pas trahie. Le calcul est rapide, il n'y a que les Hongrois qui peuvent la soutenir, même si le contentieux avec Vienne a été vif. Marie-Thérèse n'a rien à perdre à se tourner vers la Hongrie qui bénéficie d'une sorte d'autonomie interne permettant de protéger certaines libertés. Le climat insurrectionnel entretenu, trente ans plus tôt, par

Rákóczi s'était évanoui. Et on se souvenait que ce rebelle s'était réfugié auprès du roi de France, ce qui avait déplu aux Magyars. Enfin, Charles VI avait été habile avec les Hongrois, toujours prêts à résister à un pouvoir extérieur. Sa fille décide de se faire couronner à Presbourg[1], qui est alors la capitale de la Hongrie, terre associée de la couronne d'Autriche. En réalité, sous les apparences d'une cérémonie, Marie-Thérèse se réfugie dans la seule région où elle se sente en sûreté. Elle y fait son entrée le 20 juin 1741, vêtue à la hongroise, sur un cheval blanc. Des mains du primat de Hongrie, archevêque d'Esztergom, gigantesque basilique dominant le Danube, modifiée au XIXe siècle, Marie-Thérèse reçoit la couronne de saint Etienne. Les dignitaires crient « *Rex noster !* ». Par une aimable fiction, ce « Notre roi ! » en latin considère que l'archiduchesse Habsbourg est un homme… Peu importe, « le roi Marie-Thérèse » va régner sur la Hongrie en défendant ses privilèges. Elle en a le droit puisqu'elle a participé, selon l'usage, à la remise en état du manteau en loques porté par saint Etienne. Aucun couronnement hongrois ne peut être valide sans ce raccommodage assuré, aiguilles en main, avec le concours des dames de la noblesse. Ensuite – et ensuite seulement –, le monarque brandit son épée et prouve, en pointant sa lame aux quatre points cardinaux, qu'il défendra la Hongrie. C'est, aussi, un avertissement aux puissances menaçant la succession de Charles VI d'où qu'ils viennent ; une façon de proclamer qu'il n'y a pas que des traîtres et des rapaces… Il faut ajouter la finesse avec laquelle la nouvelle souveraine des Magyars évite de les provoquer en n'étant pas accompagnée de son mari. Le grand-duc est un étranger et il y en a eu beaucoup sur le trône hongrois, des princes d'Anjou puis de Luxembourg, sans parler des Turcs qui avaient tué 22 000 Hongrois à la bataille de Mohács ni du pillage de Buda qui avait anéanti l'indépendance magyare.

1. C'est la dénomination allemande. En hongrois, on dit Posgony. Aujourd'hui, il s'agit de Bratislava, capitale de la Slovaquie.

Trahie et en danger, Marie-Thérèse appelle les Hongrois au secours

Sagement, François-Etienne reste en retrait. Il se fera accepter plus tard. Puis, après trois mois, de nouveau à Presbourg, le « roi Marie-Thérèse » s'adresse à la Diète hongroise, en latin, selon l'usage, ce qui lui évite de révéler qu'elle ne parle pas le hongrois… Elle est en noir – son père est mort il y a moins d'un an –, et, de toute façon, le moment est dramatique ; son visage est très pâle, elle est debout et s'adresse aux descendants des victimes de la guerre de Trente Ans. Ont-ils pardonné ? Le moment est crucial. La jeune femme doit se faire entendre malgré l'émotion qui étouffe sa voix. Elle va appeler la Hongrie à l'aide. C'est son dernier espoir : « Il s'agit du royaume de Hongrie et de notre personne, de nos enfants, de la Couronne. Abandonnée de tous, nous cherchons notre unique et seul refuge dans la fidélité des Hongrois et leur courage d'antique réputation. Dans l'extrême péril où se trouvent notre personne, nos enfants, la Couronne et l'Empire, nous adjurons les Etats de nous porter un secours efficace et sans le moindre retard. Pour nous, notre mission est de rétablir la Hongrie et son peuple dans leur ancienne prospérité et la gloire de leur nom. Les fidèles Etats de Hongrie éprouveront en toutes choses les effets de notre bienveillante affection. »

A cette ultime promesse, Marie-Thérèse, épuisée, fond en larmes. Ce n'est pas une comédie ni un artifice pour attirer la compassion, elle éprouve une vraie douleur. Si les Hongrois ne lui portent pas secours, elle est perdue et la maison d'Autriche avec elle. Le vieux comte Palffy, porteur d'un nom illustre et très proche de Marie-Thérèse, racontera la réaction de l'assemblée : « Nous nous dressâmes d'un bond, comme animés d'une seule âme, nous tirâmes nos sabres et criâmes (toujours en latin) : "Notre vie et notre sang pour Votre Majesté." Nous versions des pleurs, comme la reine, tout haut, des pleurs de loyalisme, d'affection et d'indignation. »

Le discours de la souveraine de vingt-quatre ans, si affaiblie depuis le décès de son père, est remarquable. Quand on se souvient de la complexité des relations entre les Habsbourg et les Hongrois, des blessures et des rancunes, la fille de Charles VI réussit un prodigieux retournement de situation. Il était temps : au même moment, l'Electeur de Bavière, Charles-Albert, aidé par les troupes françaises du maréchal de Belle-Isle, petit-fils de Fouquet, et sous la pression d'une opinion traditionnellement antiautrichienne, entre dans Linz, en Haute-Autriche. A l'étonnement des habitants, l'impatient Bavarois est proclamé… archiduc d'Autriche ! Quelle provocation dans cette cité danubienne dont le château avait été la résidence de l'empereur Frédéric III, un Habsbourg, trois siècles plus tôt ! Sur la grand-place, la récente colonne de la Trinité rappelle que Linz a échappé à la peste, aux incendies et aux Turcs. La ville va-t-elle maintenant être l'otage du nouveau conflit européen, la guerre de Succession d'Autriche, la troisième du genre en quarante ans ?

C'est la guerre, en effet. La Diète hongroise vote la levée d'une armée de 40 000 hommes, dont 21 600 fantassins et 14 400 cavaliers. Même s'il en aurait fallu le double, même s'il faudra plus de cinq mois pour réunir ces soldats, l'événement revêt une immense portée : c'est la première intervention « spontanée » (en échange de privilèges) d'une armée hongroise pour la défense des Etats des Habsbourg. Les Magyars ont juré de défendre leur « roi Marie-Thérèse », très désavantagée par rapport à Frédéric II dont l'armée est régulière et immédiatement opérationnelle. Peu après, en novembre, les troupes franco-bavaroises s'emparent de Prague et Charles-Albert est reconnu comme roi de Bohême par la Diète tchèque. Marie-Thérèse est bouleversée : depuis 1526, les neuf empereurs Habsbourg étaient couronnés à Prague. La substitution est-elle dangereuse ? Moins qu'elle ne le redoute car de même que Frédéric II avait contrarié la jeune femme avec son armée prussienne, les inespérés secours hongrois qui lui ont été promis obligent le roi de Prusse à réviser ses plans. Il l'avoue, seule la Silésie l'intéresse. Marie-Thérèse, bien conseillée, saisit l'occasion d'une paix avec le Prussien, ce qui la soulage d'une menace permanente. Il lui faut gagner du temps, elle cède donc la Silésie à Frédéric II. C'est une stratégie éphémère, imposée par l'urgence, car la situation en Bohême est catastrophique. Si Charles-Albert et les Français poursuivent leur progression, le prochain empereur risque d'être un Wittelsbach. Pour les affaiblir, Marie-Thérèse va séparer les coalisés. Depuis la Grèce ancienne, la division des alliés a prouvé son efficacité. En un an, l'héritière de Charles VI a fait son apprentissage. Une nouvelle fois, elle rassemble toutes les volontés autour d'elle. Il faut lire la magnifique lettre qu'elle envoie au chancelier de Bohême, le comte Kinsky, son représentant : « Prague est donc perdue et les conséquences seront peut-être encore plus graves si on ne peut assurer au moins trois mois de pain [pour l'armée de Bohême], car il ne faut rien espérer de l'Autriche, et de la Hongrie rien avant trois mois. Oui, Kinsky, c'est le moment d'avoir du courage pour sauver la patrie et votre reine. Sinon, je serais une pauvre princesse. Ma décision est prise : il faut tout mettre en jeu pour sauver la Bohême. Déterminez-vous à partir de cela et prenez vos dispositions. [...] Encore une fois, c'est le moment critique ; n'épargnez pas le pays, nous devons le sauver. Avec vos gens, aidez comme vous le pourrez afin que le soldat soit satisfait et qu'il ne lui manque rien. Vous savez encore mieux que moi combien en dépend. Tenez-vous près de mon mari qui se dépense tant pour ses troupes comme pour le pays, qui dit lui-même que les gens font ce qu'ils peuvent et que cela fait mal au cœur, mais que, si on ne peut obtenir du pays le nécessaire, on doit le lui prendre. Vous direz que je suis cruelle, mais je sais que toutes les cruautés que je peux commettre maintenant pour sauver le pays seront réparées au centuple et je les réparerai, mais, pour le moment, je ferme mon cœur à la pitié. J'ai confiance en vous, vous savez que je le fais et combien il m'est agréable que vous me soyez fidèle et je me flatte que cela ne sera pas en vain et que, après que j'ai été jusqu'à présent toujours malheureuse, Dieu m'accordera pour finir sa bénédiction. Je vous plains tous que je rends malheureux. C'est une de mes plus grandes peines, mais pour cela vous trouverez toujours en moi un cœur reconnaissant[1]. »

N'est-ce pas à la fois l'ordre d'un général en chef et une confession ? Marie-Thérèse est un soldat et reste une femme, déterminée mais sensible. Depuis la mort de son père, elle n'a eu aucun répit, d'autant moins que la jeune épousée, très heureuse en amour, est presque toujours enceinte ou en train de donner le sein au dernier-né, entre deux conseils de gouvernement, dans l'urgence et l'angoisse.

Marie-Thérèse, perpétuellement enceinte, est la mère de ses peuples

Elle est une mère nourricière qui est aussi celle de ses populations disparates. Elle résumera, bien plus tard, sa philosophie en écrivant dans son testament politique : « Quoique aimant ma famille et mes enfants, je n'aurais pas hésité à être avant tout la mère de mes Etats et à leur donner la préférence si cela avait été nécessaire. »

Même si l'on sait que la cour de Vienne est très familiale et que le XVIIIe siècle n'a pas les pudeurs affichées par les époques suivantes, Marie-Thérèse offre un spectacle étonnant à ses conseillers. Une manœuvre diplomatique ? D'abord, un enfant à nourrir ! De l'argent à trouver pour ses soldats ? Oui, si on peut lui enlever l'inquiétude qu'elle a d'un enfant malade. Si la mère délègue à une gouvernante la responsabilité de veiller sur ses enfants (sept naîtront entre 1737 et 1745, dont deux garçons), elle exige d'être informée sans délai de leur santé. Elle se dit prête à affronter tout souci dans ce domaine, donnant ses instructions :

1. Eugen Guglia, *op. cit.*

« Il ne faut pas redouter de m'effrayer par une nouvelle déplaisante. Je me suis habituée à être prête à toutes sortes d'événements, comme il n'en frappe que trop souvent les personnes de tous âges et de toutes conditions. »

Marie-Thérèse et son mari seront très atteints par la mortalité infantile, élevée à l'époque. Sur seize enfants, ils en perdront six. Dans cette épreuve aussi, la fille de Charles VI réagit avec courage, soutenue par sa foi. Sa vie privée est rognée par ses responsabilités. Sans arrêt, elle passe du berceau à la table couverte de cartes commentées par ses généraux, stupéfaits de son dynamisme. Le Conseil vit à l'heure de la maternité et inversement. La maman n'a qu'un regret, celui de ne pouvoir être en campagne auprès de ses soldats quand elle attend un bébé. Frédéric II, lui, est toujours sur le terrain. Il est vrai qu'il est peu embarrassé d'enfants. Au feu, François-Etienne remplace son épouse avec assez de jugement pour confier la réalité du commandement à des officiers d'expérience. Sa candidature au trône impérial a été fragilisée en proportion des revers militaires et des difficultés de l'héritière. Ce qu'elle redoutait se produit le 24 janvier 1742. La Diète, réunie à Francfort, porte son choix sur Charles-Albert de Wittelsbach. Un Bavarois est élu empereur sous le nom de Charles VII. Comme dans le cas de Philippe V en Espagne, Marie-Thérèse subit l'affront, cette comédie du chiffre. Charles VI, son père, était un Habsbourg ; un Wittelsbach ne saurait, légitimement, lui succéder ; ce Charles VII est un imposteur. Elle justifie sa colère en rappelant, avec justesse, que l'Electeur de Bohême n'a pu participer au vote. Le résultat est donc sans aucune valeur. Mais personne n'écoute cette femme de vingt-cinq ans qui refuse bruyamment l'évidence. Sur quels arguments le Bavarois a-t-il accédé au trône ? Né à Bruxelles, âgé de quarante-cinq ans, très aimable, joueur, parfois un peu lourd comme le style rococo qu'il affectionne, il a épousé une des filles de l'empereur Joseph Ier, donc une nièce de feu Charles VI. Provoquant Marie-Thérèse et niant le contenu de la pragmatique sanction, il s'est improvisé comme héritier mâle par alliance. C'est lui, en fait, qui a déclenché la guerre de Succession d'Autriche.

Au début, Charles-Albert a de la chance et l'appui de la France, Louis XV et Fleury ayant de bonnes relations avec la Bavière. Mais ce nouvel empereur n'a pas l'envergure d'un homme d'Etat et aucune vision politique, même à moyen terme. Il a joué, il a gagné, il va perdre. En effet, à peine est-il reconnu comme empereur que les troupes de Marie-Thérèse reprennent la Bohême et occupent Munich. Trois semaines après avoir été porté à la dignité impériale, le Bavarois ne peut plus parader dans sa capitale ! Sa situation est plus ridicule que paradoxale. Autre mauvaise nouvelle, les mêmes Autrichiens reprennent Linz après que Marie-Thérèse eut confié l'opération à un vénérable et fidèle maréchal, ancien compagnon du prince Eugène. Elle l'a ému en lui écrivant qu'elle se sentait « une reine abandonnée du monde entier avec son héritier ». Soldat de parole, il a lu ce courrier à son état-major. Et d'un seul cri, ses officiers ont juré, en latin : « Nous mourrons pour Marie-Thérèse ! » A chaque fois qu'elle a besoin de ses troupes, l'infatigable héritière balaie les hésitations, dissipe les doutes de son entourage ; elle sait trouver les mots qui bouleversent. Dans cet univers masculin, elle est une femme seule à qui Dieu a confié une mission. Et, avec intelligence, elle rappelle aux indécis qu'elle accomplit son devoir, faire respecter la volonté de son père et rafraîchir la mémoire de ceux qui lui avaient juré obéissance. Son grand talent – elle l'aura jusqu'au bout – est d'être le personnage qu'elle doit être et que personne n'attendait. Les circonstances l'ont drapée dans le rôle d'une héroïne de tragédie antique. Sa détermination n'empêche pas les échecs, les défaites face à un Frédéric II éblouissant stratège et tacticien, les attentes entre deux négociations, les fausses trêves et les réactions étrangères. Parmi ces dernières, relevons le soutien anglais. En 1742, l'arrivée d'un nouveau Premier ministre à Londres permet au roi George II, sous la pression d'une opinion publique belliqueuse, d'être favorable à une politique de grandeur à l'extérieur. Le prétexte est tout trouvé puisque le roi de Grande-Bretagne et d'Irlande, né à Hanovre, est aussi l'Electeur de Hanovre. Comme son père, il se préoccupe davantage de son électorat germanique que des affaires étrangères de son royaume ; pour lui, la guerre de Succession d'Autriche le concerne directement et, de plus, c'est une excellente raison de faire la guerre à la France puisqu'elle est contre l'Autriche. Le cabinet de Sa Majesté d'outre-Manche envoie une aide financière à Marie-Thérèse en lui recommandant de ne pas se disperser dans la lutte contre la Prusse. L'héritière est consciente que si elle veut se retourner contre les Franco-Bavarois, elle a besoin du soutien de Londres. Alors, puisque Frédéric II tient tant à la Silésie, elle se résigne car il lui faut regagner Prague. Et si le roi de Prusse, satisfait d'avoir émerveillé ou contrarié l'Europe centrale par des démonstrations de discipline, laisse Marie-Thérèse tranquille, il n'y a pas à hésiter. Le 28 juillet 1742, le traité de Berlin, qui fait suite aux préliminaires de Breslau, accorde la presque totalité du territoire silésien à la Prusse, avec ses richesses et sa population de plus d'un million d'habitants. Pour l'héritière Habsbourg, cette cession forcée est un crève-cœur. Tout avait commencé par là ! Elle s'était jurée de périr plutôt que de donner la Silésie à cet hypocrite et intellectuel roi de Prusse. Mal à l'aise, elle se promet une revanche. En attendant, elle a les mains libres pour se retourner contre les Franco-Bavarois ; il est urgent de reconstituer l'union de ses Etats héréditaires. Les forces austro-hongroises, enfin en ordre de marche (ce sont les premières de l'histoire), se dirigent vers Prague où le maréchal de Belle-Isle, menacé d'être encerclé, prend le parti de regagner la France en décembre en laissant 6 000 hommes, blessés, malades, désormais hors d'état de combattre.

1743. Le destin semble, peu à peu, favoriser Marie-Thérèse. Le 2 janvier, le jour même où Charles-Albert a l'outrecuidance de se faire couronner à Francfort, Marie-Thérèse prépare son retour à Prague sans hâte, car elle observe attentivement le danger représenté par les nouvelles grandes puissances, la Prusse et l'Angleterre. Comme

Potsdam, la ville-caserne chère à Frédéric II, Londres s'intéresse beaucoup aux événements danubiens. En attendant de se rendre à Prague, la souveraine fête à Vienne le départ des Français et des Prussiens à l'issue de la guerre de Silésie. Un carrousel est organisé dans le manège d'hiver. Une foule choisie est rassemblée entre les hautes colonnes blanches. Marie-Thérèse, dans l'éclat de ses vingt-cinq ans, mène le quadrille. Cette parade équestre, dont la tradition, originaire d'Italie, remonte au début du siècle précédent, divise des groupes de cavaliers selon des évolutions codées et imposées. Sur ses cinquante-cinq mètres de long et dix-sept de large, le manège est plein. Dans les vastes écuries qui peuvent abriter jusqu'à six cents chevaux, l'écuyer en chef a sélectionné de superbes étalons. Huit carrosses décorés, à deux chevaux, sont conduits par des hommes. Sous le regard de sa mère, l'impératrice douairière Elisabeth-Christine, Marie-Thérèse, l'allure très masculine, monte un lipizzan né avec une robe foncée qui s'éclaircit à l'âge de six ans. Pour une femme dont les hommes couronnés contestent l'autorité, la haute école est une façon d'exister. Un magnifique tableau de ce *Carrousel des Dames*, peint vingt-deux ans plus tard par Martin Van Meytens, est toujours exposé dans un salon de Schönbrunn.

« Vive Marie-Thérèse ! Vive notre roi de Bohême ! »

Marie-Thérèse l'a vite compris, l'échiquier européen n'est plus celui qu'a connu son père ; c'est une raison de plus pour consolider les bases de la maison d'Autriche. Le 12 mai, le « roi de Hongrie » est couronné « roi de Bohême » dans Prague en liesse. Sa promesse de maintenir « les Etats de Bohême dans les anciens droits et privilèges » est certainement amère pour celle qui a dû brader la Silésie, mais il faut continuer à repousser les Franco-Bavarois. En juin, à Dettingen, une armée anglo-hanovrienne bat les Français du maréchal de Noailles. Marie-Thérèse s'en réjouit ; elle avait remarqué que, depuis six mois et la mort du cardinal de Fleury, la ligne ascendante de la France s'était incurvée. C'était peut-être le moment d'en profiter pour tenter une folie, reprendre l'Alsace et... la Lorraine de son cher époux !

Or, en 1744, les succès militaires de l'Autriche exaspèrent Frédéric II. Comment ? Marie-Thérèse, cette maternité permanente, s'entête ? Si elle veut reprendre la Silésie, la Prusse lui reprendra la Bohême ! Mais les deux ennemis ne sont plus seuls à se disputer des morceaux, choisis, de l'Europe centrale. Voici une chance pour celle qui brandit l'étendard des Habsbourg, elle n'est plus isolée. L'Angleterre, les Provinces-Unies, la Savoie et la Russie sont à ses côtés. En face, la France, la Bavière, l'Espagne et la Suède. La succession d'Autriche implique maintenant une dizaine d'Etats.

Alors que la fille de Charles VI tente, encore une fois, de reprendre la Silésie, l'inexistant empereur Charles VII, ballotté par les événements comme il l'avait été lors de sa curieuse élection, tombe malade. Il meurt au début de janvier 1745 dans la résidence d'été des ducs de Bavière, le château de Nymphenburg, aux portes de Munich, où il avait fini par revenir, honteux. En trois ans, Charles-Albert n'a été qu'un fantôme d'empereur et il a déconsidéré la fonction. La voie est libre pour François-Etienne. Enfin !

Le fils du défunt Bavarois, l'Electeur Maximilien-Joseph, se hâte, en avril, de traiter avec Marie-Thérèse. En échange de la Bavière qui lui sera restituée, le Wittelsbach s'engage à voter pour celui qu'on persiste à appeler le duc de Lorraine. Encore mieux : il ne s'attaquera plus à l'héritage habsbourgeois. Après cinq ans de chaos, la pragmatique sanction reçoit valeur juridique de la part du duché qui le premier l'avait contestée. Peu de temps après, le conflit régional, parfois local, qu'avait été la guerre de Succession d'Autriche se déplace en passant au second plan le 11 mai 1745, lors de la célèbre bataille de Fontenoy.

Marie-Thérèse tient à montrer à Louis XV que l'Autriche se fait respecter. Si elle n'envoie que 8 000 hommes à Fontenoy, c'est essentiellement pour faire comprendre à d'Argenson, secrétaire d'Etat aux Affaires étrangères de Louis XV, qu'elle n'avait pas apprécié qu'il soutienne la candidature au trône impérial de l'Electeur de Saxe, Auguste III. Comme on l'a dit, Marie-Thérèse a « son » prétendant ! Auguste III, prudent ou élégant, n'avait pas voulu s'opposer à l'héritière Habsbourg dont la réputation d'obstinée n'était pas fausse. Que l'Autriche participe à la bataille de Fontenoy correspond aussi à la lutte contre la mainmise des Français sur les Pays-Bas. Marie-Thérèse ne regrettera pas de ne pas être à Fontenoy, où elle aurait rencontré Louis XV. Son absence lui a évité d'assister à la déroute des Anglais, qui avaient eu tort de tirer les premiers. Elle avait mieux à faire à Vienne, bombardant ses nourrices d'instructions, ses conseillers d'ordres, ses ambassadeurs de recommandations, le tout avec des fautes d'orthographe et de syntaxe à faire douter de son éducation. Et puis, Marie-Thérèse aime danser tard, travailler tôt, écouter avec gourmandise ou inquiétude le rapport de ses espions dans une petite pièce octogonale capitonnée. Par son inépuisable résistance physique et sa phénoménale capacité de travail, la fille de Charles VI s'est imposée. Joie suprême, François-Etienne est élu empereur le 13 septembre 1745. Il n'avait aucun rival mais Frédéric II, furieux, a refusé de donner sa voix. Quinze jours plus tard, comme il l'avait promis, le roi de Prusse inflige en Bohême une défaite au beau-frère de Marie-Thérèse, Charles de Lorraine, toujours aussi médiocre dans ses interventions. Il semble impossible de battre l'armée dont le fondateur avait fait de Potsdam un Versailles prussien, une ville habitée aux trois quarts par des militaires. Heureusement, cette triste nouvelle arrive aux oreilles de Marie-Thérèse après la cérémonie impériale. François-Etienne est couronné à Francfort le 4 octobre, jour de la Saint-François. Pour l'histoire, il devient l'empereur François Ier. Dans sa tenue, il aurait provoqué le fou rire de sa femme, ce que Goethe, qui n'était pas né, expliquera en écrivant que Marie-Thérèse avait cru voir… « le fantôme de Charlemagne » ! A ceci près que la Toison d'or n'existait pas à l'époque carolingienne. François Ier n'est pas un Habsbourg mais peu importe, la fille de Charles VI l'est aussi pour lui. Le double patronyme Habsbourg-Lorraine est une fin et un commencement[1]. Désormais, l'épouse de François Ier est impératrice, mais on sait déjà que le véritable souverain se prénomme Marie-Thérèse. Elle n'a pas besoin d'un couronnement.

L'un de ses plaisirs est de vivre à Schönbrunn. Depuis le moulin du XIVe siècle et le petit manoir du XVe, cette résidence d'été, alors en pleine campagne, a connu bien des malheurs, du château de chasse dévasté par les Hongrois à celui, reconstruit, puis incendié par les Turcs, jusqu'aux travaux sous le règne de Charles VI. Sa fille les a repris il y a un an, avec divers projets, le jardin, la gloriette qui va surmonter la colline derrière le château modifié par l'architecte italien Pacassi. Elle compte aussi installer une ménagerie et terminer, enfin, les appartements. La guerre contre la Prusse est-elle sans fin ? Frédéric II est sournois. Bien qu'il se prétende l'opposé de Machiavel, il en a la perfidie, la ruse et l'esprit calculateur. Marie-Thérèse est son contraire : elle est généreuse, son esprit est clair et elle n'est pas politiquement jalouse. Mais la Silésie reste son obsession ! Et sa faiblesse. De défaite en incertitude, elle signe le traité de Dresde du 21 décembre 1745. Si cet accord met fin, officiellement, aux hostilités entre la Prusse et l'Autriche, Frédéric II est sans illusion. Croire la parole de cette femme intraitable ? Certainement pas ! En revanche, il a beau jeu d'annoncer qu'il reconnaît comme régulière l'élection de François Ier à la tête de l'Empire. Il lui était impossible de prétendre le contrairc…

Même Marie-Thérèse a « travaillé pour le roi de Prusse » !

La suite de la guerre de Succession d'Autriche ne concerne plus directement le domaine autrichien des Habsbourg.

1. A l'époque, en France, on dira souvent « la maison de Lorraine d'Autriche » ou Lorraine-Habsbourg, surtout, évidemment, en Lorraine.

Les opérations importantes ont lieu hors d'Allemagne, mais tous les protagonistes, épuisés, ruinés, aspirent à la paix. Ces guerres, prétendument « en dentelles », sont inutiles et coûteuses. C'est à Aix-la-Chapelle (encore Charlemagne...) que les plénipotentiaires se retrouvent en avril 1748. Le traité n'y est signé que le 28 octobre. Marie-Thérèse est définitivement reconnue comme maîtresse des Etats des Habsbourg, amputés de la Silésie livrée à son meilleur ennemi, d'une petite partie du Milanais offerte au roi de Sardaigne et des duchés de Parme et de Plaisance remis à l'Espagne. C'était peu puisque l'impératrice avait sauvé l'essentiel, dont la Hongrie et la Bohême. La pragmatique sanction ne serait plus jamais discutée. Mais, par son ambassadeur à Versailles, il lui revient une rumeur qui résume tout ce qui s'était passé depuis son avènement. Si, en France, la paix a été d'abord accueillie avec satisfaction, le mécontentement gagne vite la population quand elle apprend que Louis XV, répugnant à un « marchandage », avait rendu les Pays-Bas qu'il avait conquis. Le peuple est déconcerté. Avait-on gagné pour tout perdre ? Dans Paris, un pamphlet circule, intitulé *Bête comme la paix*. Et tout le monde se plaint, répétant « Nous avons travaillé pour le roi de Prusse », une expression qui ne devait plus se perdre. C'est exact. La paix n'a rien réglé et le véritable bénéficiaire de l'interminable et calamiteuse guerre de Succession d'Autriche est Frédéric II. La Prusse n'a pas fini de faire de l'ombre à la maison d'Autriche. Elle est son ennemie.

Il est temps de s'occuper des affaires intérieures, lesquelles sont souvent étrangères à la vision qu'on peut en avoir de Vienne. Marie-Thérèse entreprend de tirer les leçons de sa récente expérience. Elle annonce des réformes qui doivent tenir compte de la diversité de ses Etats, avec le souci de ne heurter aucune susceptibilité. Le domaine de la Couronne compte alors 22 millions d'habitants, répartis entre les Etats héréditaires (duchés d'Autriche, de Styrie, de Carinthie, la Carniole et le Tyrol), les royaumes de Hongrie et de Bohême, des possessions italiennes (Lombardie,

Istrie) et flamandes (Luxembourg, Brabant, Flandre). Chacun de ces territoires – sans communauté de langue ni de religion – jouit d'institutions qui lui sont propres, disposant d'une Diète et d'administrations particulières, dans un système d'inspiration fédérale. Ce sont des libertés auxquelles l'impératrice ne saurait toucher ; le volume de Montesquieu, *De l'esprit des lois*, qui vient de paraître, est aussi lu et commenté à Vienne.

En 1749, le chancelier-comte Haugwitz, ancien administrateur de la Silésie au temps de Charles VI, se consacre à l'organisation de la chancellerie d'Etat, d'une Cour suprême d'appel, d'une ébauche de ministère de la Guerre gérant une armée permanente d'au moins 100 000 hommes et d'une sorte de directoire chargé des affaires financières de Bohême et de Hongrie. Derrière ces mesures, Marie-Thérèse, consciente de la lourdeur des rouages administratifs, entend reprendre et poursuivre l'œuvre unificatrice de ses prédécesseurs en simplifiant les organes du pouvoir central. En établissant le premier cadastre, pour répartir l'impôt foncier, elle améliore les rentrées fiscales ; l'assainissement des finances ne peut plus attendre mais la situation matérielle restera précaire pendant les deux tiers du règne. Un certain redressement économique sera l'œuvre de François-Etienne, l'empereur, beaucoup plus compétent en administration financière et en organisation de manufactures qu'en politique et en art militaire.

Lorsque l'impératrice, avertie qu'elle a besoin de ministres aux idées neuves, interroge son Conseil privé sur l'orientation que devrait prendre la politique autrichienne, c'est le plus jeune qui répond, le comte Wenzel von Kaunitz, âgé de trente-huit ans. Issu de la noblesse de Bohême, il avait été ministre de l'Empire aux Pays-Bas pendant deux ans et très habile négociateur autrichien à Aix-la-Chapelle. Au grand étonnement mais aussi au grand plaisir de la souveraine, il préconise une alliance décisive avec la France, jusque-là le principal adversaire de la monarchie des Habsbourg, et un combat sans merci contre son insupportable ennemi, la Prusse. Cette dernière recommandation a pour but la reconquête de la Silésie ! Avec de tels arguments, Kaunitz se fait remarquer et se concilie, évidemment, la sympathie de l'impératrice. L'année suivante, elle l'envoie en qualité d'ambassadeur à Versailles. Il sait gagner la confiance de Mme de Pompadour. L'intelligente marquise charge un de ses protégés, l'abbé de Bernis, de préparer l'entente entre l'impératrice et le roi de France. Pendant près de trois ans, Kaunitz et Bernis élaborent un plan, mais sans progresser réellement. Rappelé à Vienne, Kaunitz peut annoncer à la souveraine qu'il ne manque qu'un acte d'hostilité de Frédéric II contre la France pour que l'entente avec elle soit effective. Nommé chancelier d'Etat à quarante-deux ans, en prévision du conflit qu'il souhaite contre la Prusse, il établit, en 1754, la conscription sur la base d'effectifs fixes par province. L'impératrice a enfin une armée permanente. Kaunitz travaille dans l'aile de la Hofburg édifiée entre 1717 et 1719. La fonction donnera son nom à cette partie du palais. Encore aujourd'hui, les bureaux du chancelier et du gouvernement autrichien sont installés dans cette aile dite de la Chancellerie.

Egalement en charge de la diplomatie, le brillant Kaunitz guette la « faute » de Frédéric II. Celle-ci tardant, un traité est signé à Versailles le 1er mai 1756. Fruit de patientes intrigues, il consacre le « renversement des Alliances ». La France et l'Autriche concluent une alliance défensive, s'engageant à s'assister mutuellement en cas d'agression. Le 11 janvier 1757, l'accord est étendu à la Russie ; la tsarine Elisabeth obtient le consentement de Louis XV à la traversée de la Pologne. En France, ce bouleversement heurte l'opinion publique, traditionnellement hostile à la maison d'Autriche et pleine de sympathie envers Frédéric II, le « despote éclairé » apprécié des philosophes. Voltaire a passé près de trois ans à Potsdam, hébergé dans l'une des quatre chambres d'hôtes. En 1750, l'académicien français avait été nommé chambellan de Sa Majesté le roi de Prusse. Ayant besoin autant de soutiens que de reconnaissance, Voltaire cherchait un mécène à sa mesure. « Il me faut une impératrice dans mes intérêts », avouait-il sans gêne au comte d'Argental. Marie-Thérèse menait une vie trop simple pour le cynisme voltairien. C'est Frédéric II qui avait répondu. Les dîners servis sur une table ronde avaient été brillants. Mais, de flatterie en fâcherie, l'hôte avait fini par se disputer avec le maître de Sans-Souci dont l'humeur n'était pas adoucie par ses interprétations à la flûte traversière. Au moins, leurs échanges, parfois caustiques, se déroulaient-ils dans une belle langue française, assortie de quelques rébus. Furieux, Frédéric II avait fait séquestrer Voltaire quelques jours !

L'alliance franco-austro-russe est complétée par l'entrée du roi de Suède, de la plupart des princes allemands et de l'Electeur de Saxe dans ce pacte de défense. Kaunitz a magnifiquement œuvré, il a réuni une coalition dont la cible principale – pour ne pas dire unique – est évidemment la Prusse. Devant une telle hostilité, il était impensable que Frédéric II ne tombât pas dans le piège. Le 2 août, il adresse un ultimatum à Marie-Thérèse. Elle l'ignore, il se jette sur la Saxe. Cette soudaine incursion déclenche un nouveau conflit, la guerre de Sept Ans, qui commence, en octobre, par une défaite autrichienne à Lobositz. Cela n'empêche pas Kaunitz d'annoncer l'inéluctable défaite de la Prusse puisque, face à une puissante coalition européenne, Frédéric II est seulement soutenu par les Anglais. Mais, en fait, cette guerre est double. L'une, qui affectera peu le territoire des Habsbourg, oppose la Prusse aux coalisés et se déroule principalement en Prusse, en Bohême, en Saxe et (bien entendu !) en Silésie, l'autre sur mer et opposant les colonies françaises et anglaises d'Amérique du Nord.

Rapidement, Frédéric II est privé des subsides de l'Angleterre, obligée de consacrer toutes ses forces à la guerre maritime. Le Prussien, à la tête d'environ 150 000 hommes, tente d'empêcher la jonction entre les troupes de Marie-Thérèse et celles de l'Electeur de Saxe. Pendant près de deux ans, de l'été 1757 à l'été 1759, le roi de Prusse est dans une situation difficile, sur trois fronts, face à trois armées qui convergent vers Berlin. Les forces coalisées se resserrent. Le 12 août 1759, les Austro-Russes battent les Prussiens à Kunersdorf. Quatre jours plus tard – quatre jours seulement ! –, un courrier arrive dans la cour d'honneur de Schönbrunn, apportant la nouvelle de cette victoire. L'impératrice Marie-Thérèse est au balcon, soulagée. Bernardo Bellotto a peint la scène, dans une dominante miel, en accord avec la couleur du château et de ses communs, le fameux « jaune Marie-Thérèse » que l'on retrouvera dans toute l'Europe centrale, notamment à Prague et à Buda. Enfin ! Les Autrichiens occupent la Silésie !

La défaite de Marie-Thérèse assure la gloire de Frédéric II

A Vienne, quel soulagement ! C'est dans une profonde allégresse que la ville fête l'entrée d'Isabelle de Parme, infante d'Espagne, destinée à être l'épouse de l'archiduc héritier Joseph. Après trois filles, il est le premier garçon, né en 1741. Pour son fils, Marie-Thérèse surpasse en fastes les traditionnelles réceptions de familles princières où les Habsbourg sont passés maîtres depuis la Renaissance. Il suffit de regarder l'extraordinaire tableau que les artistes de l'atelier de Van Meytens ont fixé, encastré dans un mur de Schönbrunn. La scène se situe le 5 octobre 1760, devant la Hofburg et l'église des Augustins, la paroisse de la Cour. Les bourgeois viennois, revêtus d'insolites armures, sont disposés sur deux rangs. A chaque coin de rue, des dragons à cheval, également en armure, montent la garde. Devant les portes et les fenêtres, des musiciens jouent des mélodies autrichiennes et espagnoles, le mariage scellant la réconciliation des deux couronnes. Riches et pauvres sont confondus dans la joie d'un véritable spectacle mis en scène avec un soin grandiose. Après le défilé du régiment de l'empereur, voici plus de cent vingt carrosses attelés à quatre ou à six chevaux. Ce cortège provoque une paralysie comme on n'en avait jamais connu à Vienne et digne des calamiteux « embarras de Paris » qui avaient déchaîné les sarcasmes de Boileau. La Cour, qui compte maintenant près de deux mille personnes, prend des allures de gigantesque caravane. Après la cérémonie religieuse, Vienne est illuminée de telle façon qu'un témoin d'origine hongroise, Georg Rettegi, assure que l'Europe « n'en avait vu jusque-là nulle part ailleurs ». Plus de trois mille lampions se reflètent dans les vitraux de la cathédrale Saint-Etienne et jettent des lumières vacillantes jusqu'au quatrième étage des maisons. Dans la cour de la Hofburg, d'innombrables cierges et flambeaux éclairent une joyeuse bousculade. Tout Vienne danse car ce mariage est aussi une histoire d'amour, ce que n'avaient osé espérer les diplomates lors de leurs négociations. Les mariés ont chacun dix-neuf ans, Isabelle est mélancolique et romantique, Joseph un peu fruste et timide. Le festin de noces, servi le lendemain dans des couverts d'or, et les concerts dans la salle de la Redoute le 10 octobre sont l'objet de courriers minutieux envoyés à toutes les cours européennes. Un portrait de Marie-Thérèse seule, arborant les insignes impériaux, rappelle que c'est bien elle la souveraine. Elle attend des nouvelles, rassurantes, de ses soldats entrés en Prusse.

Mais le destin, ce généralissime qui surgit toujours sans être attendu, vient au secours de Frédéric II alors qu'il est dans une situation critique, en dépit de son habileté guerrière et de l'immense valeur de ses soldats. Le 6 janvier 1762, la tsarine Elisabeth Ire de Russie, fille de Pierre le Grand, meurt inopinément. Pour la première fois, ses troupes et celles de Marie-Thérèse allaient entrer dans Berlin et auraient sans doute mis un terme à l'épanouissement de la puissance prussienne. Frédéric II jubile. Il ne supportait pas davantage la Habsbourg que la Romanov. A celle-ci, il décerne une épitaphe raffinée, dans l'élégante langue de Voltaire qu'il apprécie tant et qui est celle des diplomates : « La bête est crevée ! »

Après cette merveilleuse nouvelle, Frédéric II a la satisfaction de rencontrer immédiatement le successeur d'Elisabeth Romanov, son neveu, un jeune duc devenu le tsar Pierre III. Luthérien né à Kiel, allemand jusqu'à la pointe de ses bottes, il voue une admiration aveugle à Frédéric II et ne se passionne que pour les exercices militaires. A la colère des Russes, il a introduit le système prussien à Saint-Pétersbourg, des commandements aux uniformes. Il se hâte de signer une paix séparée avec son mentor le 5 mai et lui rend toutes les conquêtes des Russes depuis le début de la guerre ; cette fois, ce sont eux qui ont « travaillé pour le roi de Prusse[1] » !

Ne subissant plus les assauts des cosaques ni ceux des soldats suédois, Frédéric II peut revenir à la guerre offensive. Il avait traversé de lourdes épreuves et avait même songé, dit-on, à se suicider, mais, in extremis, son extraordinaire faculté d'adaptation et sa force de caractère l'ont sauvé du désespoir.

Le 21 juillet 1762, avec la victoire de Burkersdorf, l'éternelle lutte pour la Silésie tourne à son avantage. C'est une triste journée pour Marie-Thérèse, contrainte de faire émettre du papier-monnaie pour faire face à la crise de trésorerie liée aux dépenses de guerre. L'Autriche est privée de l'aide russe et les 100 000 Français lancés en Westphalie contre les Prussiens ne peuvent compenser le départ des coalisés. Par ailleurs, les revers coloniaux poussent Louis XV à négocier une paix peu honorable, « ni bonne ni glorieuse », selon le mot du roi, de moins en moins « Bien-Aimé ». C'est le traité de Paris, du 10 février 1763. Cinq jours plus tard, Marie-Thérèse et Frédéric II signent, entre eux, la paix de Hubertsbourg. Elle confirme à la Prusse la possession de la Silésie, ce qui a coûté 200 000 hommes à la monarchie française. Ils sont morts pour la Silésie, c'est-à-dire pour rien. On comprend que Bernis, secrétaire

1. Ce comportement proprussien, qui tourne au délire, finit par susciter, dans les régiments russes, une opposition fatale à Pierre III. Le 10 juillet 1762, il est contraint d'abdiquer. En 1745, il avait épousé une princesse allemande, Sophie d'Anhalt-Zerbst, la future Catherine II, qui sera très compromise dans l'assassinat de son mari après son arrestation. Voir, du même auteur, *La Saga des Romanov*, Plon, 2008, réédition Pocket, 2010.

d'Etat aux Affaires étrangères disgracié par le roi pour avoir revendiqué la paix, ait reconnu l'insanité de cette guerre en confessant que « notre rôle avait été extravagant et honteux ». Finalement, le piège conçu par Kaunitz s'est retourné contre l'Autriche. La popularité de Frédéric II est à son zénith, toute l'Europe salue son prestige. Le diable déguisé en apôtre de la tolérance. Parmi les multiples conséquences de la guerre de Sept Ans, pendant que la France, alliée de Marie-Thérèse, s'enlisait en Prusse, l'Angleterre poursuivait, presque sans entraves, l'extension de son empire colonial. Quant aux Etats allemands, ils se retrouvent au même point qu'en 1748.

Pauvre impératrice Marie-Thérèse ! Du vainqueur auréolé par l'esprit des Lumières elle obtient néanmoins une promesse : il votera pour le fils de l'acharnée Habsbourg-Lorraine en cas de vacance du trône impérial, autrement dit si son très effacé empereur de mari venait à disparaître. Un tel engagement ne coûte rien. Frédéric II, immense personnage adepte des coups de force et peu respectueux des usages juridiques, reste d'abord et d'après ses principes « le premier serviteur de l'Etat ». Le sien. Pas celui de l'Empire…

Le régime de Marie-Thérèse : travail, bonne chère, divertissements

Marie-Thérèse est très représentative de son époque, le siècle des Lumières, mais avec souplesse et pragmatisme. Tout en elle est équilibre. Soucieuse de renforcer l'autorité de l'Etat par la centralisation et le développement d'une administration enfin efficace, elle a vite écarté son excellent époux du pouvoir réel. Elle l'aime, elle l'accompagne à la chasse, apprécie qu'il surveille l'éducation de leurs enfants (le dernier, Maximilien-François, est né en 1756, un an après Antonia, la future Marie-Antoinette), encourage ses travaux en sciences naturelles – une passion chez les Habsbourg – et a l'intelligence d'être indulgente à ses frasques discrètes. Ses seize grossesses, son travail aussi incessant que ses épuisantes distractions, au jeu, au bal, à l'opéra (italien, de préférence), et son bel appétit lui ont donné cette silhouette très enveloppée dans des reflets de taffetas que les peintres, donc l'histoire, retiendront. Frédéric II avait interrogé son ambassadeur sur la transformation physique de son adversaire, cherchant à y déceler des signes de faiblesse ou de mauvaise santé qu'il pourrait exploiter. C'était le même diplomate qui en avait dressé, des années plus tôt, un portrait flatteur : « Elle n'a pas le souci de sa beauté, elle se préoccupe tout aussi peu de son habillement ; en dehors des jours de gala elle s'habille très simplement et la cour suit son exemple. »

En 1744, elle avait fait ouvrir la pharmacie impériale dans la partie nord des écuries de la Hofburg[1]. Les travaux étaient supervisés par son médecin personnel, le Hollandais Gerard Van Swieten. C'est ce curieux praticien qui aurait indiqué au mari de Marie-Thérèse la recette infaillible pour avoir des enfants. Visiblement, la recette était bonne ! Mais pour empêcher son illustre patiente de trop manger, il avait élaboré une recette d'un autre genre. Alors qu'elle se restaure confortablement comme tous les gens qui se lèvent très tôt et travaillent beaucoup, Swieten s'installe à côté de Sa Majesté. Au fur et à mesure qu'elle absorbe les aliments, il prend les mêmes, en quantités identiques, et les mélange dans un seau d'or pour qu'elle comprenne ce qui se passe dans son estomac ! Malgré cette démonstration peu appétissante, le physicien aux idées nouvelles échouera. Marie-Thérèse ne suit qu'un régime, le travail, la famille, les divertissements, tout étant minuté et très organisé. L'âge, les enfantements (en moyenne un tous les quinze mois) et un tempérament contraire à la coquetterie, pourtant fréquente dans les cours du XVIIIe siècle, font d'elle la « mère tutélaire » de sa famille et de ses populations qui

1. Fermée en 1995, l'ancienne pharmacie de la Cour, qui a heureusement conservé son style baroque, abrite un intéressant musée des lipizzans.

ne sont que des millions d'autres familles. Dans tous les cas, elle est, physiquement ou par l'esprit, au milieu de ces cercles intimes qu'elle affectionne. La joie d'être avec les siens se retrouve avec le bal masqué qu'elle donne pour le mariage de sa sœur Marie-Anne, sa cadette d'un an, qui devait mourir à vingt-deux ans. C'est encore le Manège d'hiver qui sert d'écrin à cette fête, une féerie éclairée par cent trente immenses chandeliers et cinquante-deux miroirs. Ceux-ci non seulement démultiplient les lumières, mais permettent aussi de vérifier l'allure d'un cheval pendant une cabriole. Huit mille invités se pressent. Des jeux prennent pour cibles des « têtes de Turcs », médiocre vengeance contre les Ottomans après une nouvelle guerre perdue contre eux. Très économe pour elle-même, l'impératrice dépense sans compter quand le prestige impérial l'exige.

Ardente chrétienne, elle adopte une politique d'intolérance religieuse contre les Juifs, les protestants, et même, parfois, contre les catholiques trop imbus de privilèges. Son aversion à l'encontre de la communauté juive s'exerce principalement à Prague où, selon elle, ses membres ont été d'une coupable compréhension à l'égard d'ennemis successifs des Habsbourg, en particulier les Bavarois et les Prussiens. Marie-Thérèse peut pardonner mais elle a de la mémoire. Souvent déçue par l'attitude de l'Eglise et du pape, elle diminue l'autonomie du clergé et l'autorité de Rome. Dans le domaine de l'éducation, qui lui est cher – elle est très sévère dans l'instruction de ses enfants et punit les paresseux –, elle accepte la création d'un collège de Jésuites à Vienne, dès 1746, édifié par un architecte venu de Lorraine. Depuis le début du XVIIe siècle et parce qu'ils avaient permis à Ferdinand II d'éliminer les réformés de Vienne, les Jésuites bénéficient du monopole de l'enseignement de la philosophie et de la théologie à l'université. Si Marie-Thérèse souscrit à la fondation du collège, c'est pour deux raisons essentielles. D'abord, l'enseignement est, majoritairement, dispensé en allemand et rien ne vaut une langue pour unifier des peuples différents. Cet allemand est, de plus en plus, parlé avec des accents tchèque, hongrois, slave du Sud et même des intonations italiennes, voire espagnoles.

Mais dans cette Babel danubienne qu'est l'Empire, l'allemand servira de repère. Ensuite, les Jésuites enseignent une histoire où l'étude de l'Antiquité est secondaire tandis que l'Europe des Temps modernes et de l'Empire est favorisée ; Marie-Thérèse tient à ce que les élèves connaissent le monde dans lequel ils vivront. Les langues vivantes, l'art, l'architecture et le droit sont bien traités, ce qui formera une élite civile, militaire et commerciale. L'impératrice a fait sienne cette remarque de Pierre le Grand : « Il n'y a pas d'Etat sans serviteurs bien formés. » Toutefois, l'emprise intellectuelle des Jésuites sur les jeunes esprits finira par agacer l'impératrice. Après avoir apporté des réformes à leur fonctionnement en 1761, elle suivra l'avis de son chancelier, jugeant que trop de jeunes gens qui pourraient être utiles aux affaires publiques s'enferment dans des couvents. Il faudra beaucoup d'habileté à la souveraine pour ne pas faire des Jésuites de nouveaux persécutés. Elle finira par admettre l'expulsion de la Compagnie en 1773 ; cette décision, dont elle n'est pas l'initiatrice, met fin à un Etat dans l'Etat. Mais Vienne a conservé son symbole de la Contre-Réforme et de son application artistique, le baroque en majesté, avec sa prolifération de baldaquins, de fausses tentures, de tribunes superposées, de niches, le tout surchargé de dorures et de couleurs tendres qui confèrent aux églises l'apparence d'un théâtre. Il est intéressant de noter que cette débauche ornementale est à l'opposé de la simplicité des goûts personnels de la souveraine. Dans le palais impérial de la Hofburg, l'aile dite Léopoldine, édifiée trois siècles plus tôt, n'est guère confortable. Si Marie-Thérèse en fait sa résidence principale, c'est sans plaisir. Tout y est sombre, sans circulation d'air et vétuste. Supportant mal ces pièces étouffantes, elle n'y vit et n'y travaille que pendant la mauvaise saison. Schönbrunn est son havre. Elle s'y plaît[1].

Les bonnes relations avec l'Espagne se poursuivent avec les fiançailles de son deuxième fils, Léopold, né en 1747, avec l'infante Marie-Louise. Hélas, alors que sa suite se trouve à Innsbruck, la capitale du Tyrol, au matin du 18 août 1765, l'empereur se réveille mal en point. Il respire difficilement et se plaint de douleurs au ventre. Dans la journée, il semble aller mieux mais l'impératrice demeure inquiète. En fin d'après-midi, François-Etienne s'effondre et expire en quelques minutes. Il avait cinquante-sept ans. Le choc est épouvantable pour Marie-Thérèse. Une mort si brutale, si inattendue... L'impératrice est secouée de sanglots mais incapable de parler. A sa neuvième fille et douzième enfant, Marie-Josèphe, elle écrit : « Tu perds un père incomparable et moi un époux, un ami, le seul objet de mon amour. Depuis quarante-deux ans, nos cœurs, nos sentiments n'avaient qu'un seul et même but ; nous avons été élevés ensemble ; toute mon infortune depuis vingt-cinq ans ne me paraissait supportable que parce que je l'avais pour soutien. »

L'entourage de l'impératrice craint que cette femme si forte, physiquement et moralement, ne songe à abdiquer. Sa vie de femme est achevée. Veuve, peut-elle poursuivre son œuvre politique ? L'harmonie qui réglait son existence personnelle est détruite. On ne la verra plus autrement qu'en noir, le visage non poudré, sans aucun ornement. Comme ses robes, elle donne ses bijoux, celles-ci aux femmes chargées de son service, ceux-là à ses filles. On a beaucoup glosé sur l'inexistence politique du défunt, mari presque sans reproche, compagnon infaillible mais absent de la table du Conseil.

Si, comme l'estime Jean Béranger, il était « empereur pour le reste de l'Europe, il demeurait pour la monarchie autrichienne un prince consort[2] », le désarroi de Marie-

1. Voir, du même auteur, *Le Roman de Vienne*, réédition « Tempus », 2008.
2. *Op. cit.*

Thérèse devant ce vide soudain marque, vraisemblablement, sa première épreuve de femme après celles qui l'avaient accablée, comme mère, lors de la perte de plusieurs enfants. Officiellement, son mari s'était placé en retrait ; il n'en avait été que plus présent dans sa vie.

Après la mort de son mari adoré, l'impératrice va-t-elle abdiquer ?

Dans l'immédiat, après quelques jours partagés entre le désespoir et la réflexion, elle décide que son fils Joseph succédera à son père en qualité d'empereur. Mais, connaissant bien son successeur désigné, âgé de vingt-quatre ans, son ambition politique, son impatient besoin d'agir et son goût pour le rationalisme dont il a fait preuve dans les mémoires déjà adressés au Conseil d'Etat, elle le nomme corégent des territoires héréditaires des Habsbourg. La situation est inédite : l'empereur règne seul, le souverain autrichien est associé au gouvernement du noyau central. Associé et surveillé, car sa mère est réservée sur les idées qu'il professe d'être un « despote éclairé » et de bouleverser l'ordre établi. L'exemple de Frédéric II est désastreux. En résumé, comment concilier le prestige impérial et le carcan monarchique ? Certainement pas, selon Marie-Thérèse, en méprisant les gens, en rabaissant les honnêtes et en colportant des jeux de mots qui ne font qu'humilier les plus dévoués serviteurs de l'Etat. La mère et le fils vont s'affronter sur l'organisation administrative et le malheureux chancelier Kaunitz est quasiment pris en otage. Les menaces de démission succèdent aux trêves, le climat général restant à la discorde qu'on ne saurait imputer au seul conflit des générations. En 1772 a lieu un événement considérable – dont les conséquences ont laissé des traces sensibles –, le partage de la Pologne, le premier comme on le sait. La Prusse, la Russie et l'Autriche découpent le manteau polonais ; malgré les scrupules de Marie-Thérèse, la Galicie revient aux Habsbourg, sauf Cracovie, tandis que le Nord, excepté Dantzig, devient prussien et que la Lituanie passe sous le joug de Saint-Pétersbourg.

A l'inverse de sa mère, qui s'était attelée sans faille à une réorganisation urgente, Joseph voyage beaucoup en Europe, en tout cas beaucoup plus que pour les visites d'usage, obligatoires, aux souverains voisins. Il y affine sa culture et son intelligence, brasse des chiffres, des informations et des observations précieux sur l'Europe agitée d'idées nouvelles. Mais il n'est pas toujours attendu avec bonheur : ses deux tentatives auprès de Frédéric II restent vaines et vont même tourner à l'affrontement. Rien de nouveau !

L'un de ses voyages les plus importants est celui qu'il entreprend en France, en 1777. Pour une impérieuse raison : sa sœur l'archiduchesse Antonia, sa cadette de quatorze années, est devenue la reine de France Marie-Antoinette.

Par raison d'Etat et avec le souci d'affermir l'alliance de l'Autriche avec la France – ce qui avait tellement déplu à Versailles et au-delà –, Choiseul, en charge des Affaires étrangères, avait organisé le mariage du dauphin Louis avec la plus jeune des filles de Marie-Thérèse. Cela permettait aussi au ministre de contrebalancer l'influence de Mme Du Barry, la nouvelle favorite de Louis XV qui ne l'aimait pas. « L'impératrice ne laissait pas partir sa plus jeune fille pour la cour de France sans quelque appréhension », rappelle Evelyne Lever dans sa passionnante analyse de la correspondance de Marie-Antoinette[1] : « Mais comment aurait-elle pu modeler à son image cette enfant attendrissante, jolie, sensible et primesautière ? Marie-Antoinette avait l'art de plaire mais nulle autre envie que de s'amuser. Elle refusait de fixer son attention sur tout objet sérieux et n'entendait rien à la politique. Marie-Thérèse connaissait

1. *Marie-Antoinette, correspondance (1770-1793)*, édition établie, présentée et annotée par Evelyne Lever, Tallandier, 2005. Voir aussi, du même auteur, le très complet *Marie Antoinette*, Fayard, 2001, et sa contribution au colloque *Marie-Antoinette face à l'histoire* que j'ai animé à la Sorbonne le 30 septembre 2006. Actes publiés par les Editions François-Xavier de Guibert, 2008.

les défauts de cette petite enjôleuse, qui n'obéissait qu'à sa fantaisie. »

Dans ces conditions, comment et pourquoi l'impératrice consent-elle à ce mariage d'Antonia, à peine âgée de quinze ans, avec le petit-fils de Louis XV qui n'en a que seize ? Toujours pour appliquer la vieille stratégie des alliances matrimoniales, laquelle, on l'a vu, n'avait pas donné que des résultats heureux. C'est le destin de l'Autriche, sous l'autorité des Habsbourg, qui détermine cette opition. En l'occurrence, ce choix est proposé par la France. « Préoccupée par l'avenir de ses Etats, poursuit Evelyne Lever, la souveraine destinait ses enfants au service de la dynastie. Chacun, selon ses moyens, devait contribuer à consolider son œuvre. Par leurs mariages, les archiduchesses étaient sacrifiées à sa diplomatie. Peu importait la personnalité du mari qu'elle leur attribuait ; seul comptait son rang sur l'échiquier européen. » On reste étonné que Marie-Thérèse, objet d'un enjeu essentiel lors de son mariage mais qui savait l'importance de la relation amoureuse, n'hésite pas à livrer ses filles à la froide raison d'Etat. Que de risques ! Et, s'agissant du destin d'une autre de ses filles, l'aînée, Marie-Josèphe, promise au « roi de Naples, Ferdinand IV, lequel passait pour débile, Marie-Josèphe mourut de la variole, sa sœur Marie-Caroline la remplaça : les princesses étaient interchangeables ». Ce ne sont plus des enfants mais des pions et l'impératrice en a plusieurs dans son jeu. Le bonheur, qui, avec la Révolution française, passera pour « une idée neuve en Europe », n'est ni prévu ni, surtout, indispensable. « Pourvu qu'elle fasse son devoir envers Dieu et son époux et qu'elle fasse son salut, dût-elle être malheureuse, je serai contente », écrit, sans états d'âme, l'impératrice. Ce mariage entre l'insouciante et enjouée archiduchesse et le dauphin, dévot et aimant la vie simple, est donc, précise Evelyne Lever, un « gage de l'alliance franco-autrichienne de 1756, pièce maîtresse de la politique extérieure des Habsbourg ».

Chaque mois, Marie-Antoinette et sa mère s'écrivent en secret

Mais Marie-Thérèse est, en réalité, consciente des défauts de sa fille, comme de ceux de toute sa progéniture. L'*Augustissima* mère sait qu'Antonia est légère face au poids que représente sa mission d'être la future reine de France. Les dons de l'archiduchesse ne suffisent pas ; elle aura besoin de conseils en permanence, d'où la correspondance entre la mère et la fille. L'une doit protéger et guider l'autre dans cette cour de Versailles « séjour des perfidies », selon l'ambassadeur de l'impératrice, Mercy-Argenteau, disciple et successeur de Kaunitz, dans un courrier du 16 avril 1771. Chaque mois, Marie-Thérèse écrira à sa fille, secrètement, en lui recommandant de déchirer ses lettres ; elle fera de même avec celles que Marie-Antoinette lui enverra. L'impératrice sait que cette correspondance est dangereuse. Elle sera confiée à un courrier spécial qui passe par Bruxelles en début de mois, arrive à Versailles une dizaine de jours plus tard et repart vers le 15 pour Vienne, toujours par Bruxelles, une voie sûre pour échapper à tous les espions. Mais ces précautions seront inutiles : à Versailles, la dauphine est surveillée par ses gens qui sont à la solde de l'ambassadeur de sa mère. Certains voudraient qu'elle soit devenue, selon le protocole, de cœur et d'esprit français. D'autres souhaiteraient qu'elle n'oublie pas les intérêts autrichiens, au nom de l'alliance… Une position ambiguë. Marie-Thérèse ne veut prendre aucun risque avec celle que son époux appelle vite « tête à vent » à cause de ses inconséquences, de son goût des coteries et de sa délicieuse mais insupportable légèreté.

L'archiduchesse avait d'abord plu à la Cour. Malgré son front un peu trop bombé et ses lèvres trop épaisses, elle avait un teint tellement frais et lumineux que son charme était indéniable. Elle avait même séduit Louis XV. Son jeune âge faisait presque oublier ses défauts naturels, son caractère instable, son inaptitude inquiétante à appliquer son esprit à quelque chose de sérieux et – ce qui est encore plus grave – sa paresse. Mais la première erreur de Marie-Antoinette, qui s'entendait bien avec Mesdames, les filles de Louis XV, fut de mépriser la favorite royale, Mme Du Barry. A sa décharge, il n'y avait pas de favorite à la cour de Vienne.

Lorsque, le 16 mai 1770, le mariage avait été célébré, les réjouissances populaires avaient été endeuillées par le début d'incendie place Louis XV (de la Concorde) au moment du feu d'artifice. La panique dans la foule fit des centaines de morts et de blessés. Certains y virent un signe. D'autres ajoutèrent que la dauphine porterait malheur puisque « elle était née le jour des morts »... Le voyage de son frère Joseph, trois ans après qu'elle est devenue reine, a plusieurs motifs. L'un d'eux, très délicat, est de s'informer sur les relations intimes de sa sœur avec Louis XVI. Il a fallu six années au couple pour avoir des rapports physiques considérés comme normaux et toutes les hypothèses et explications ont été avancées sur cette question. On se bornera, ici, à relever l'inquiétude de l'impératrice devant le comportement de sa fille qui ose écrire que son mari, vivement intéressé par le fonctionnement d'une forge, elle n'y jouerait pas le rôle de Vulcain ! Et la passion du roi pour la serrurerie commence à faire rire par les premiers pamphlets. Ce pauvre homme aurait-il perdu la clef de son épouse ? Marie-Thérèse, de plus en plus inquiète, somme sa fille de mener une vie conjugale épanouie. Mais la reine lui répond, dans une lettre du 10 septembre 1777, que « le roi n'a pas de goût de coucher à deux ». L'impératrice met l'épouse frustrée en garde. Si elle n'avait pas d'enfant, elle pourrait être répudiée, ce qui serait une catastrophe pour la maison d'Autriche. « Un changement dans notre alliance me donnerait la mort, vous aimant si tendrement », écrit Marie-Thérèse le 1er février 1778. C'est peu après que Marie-Antoinette est politiquement sollicitée par sa mère et son frère. Joseph II compte s'emparer de la Bavière, un vieux fantasme des Habsbourg, à l'occasion de la succession des Wittelsbach. Frédéric II réagirait certainement en défendant, habilement, le principe des libertés germaniques contre l'empereur. Par ses lettres, Marie-Thérèse endoctrine sa fille. Et son ambassadeur est chargé de compléter la présentation de l'affaire pour que Louis XVI intervienne aux côtés de son allié autrichien. Or, le roi, que l'on présente toujours comme faible et disant oui à toutes les lubies de sa femme, refuse d'engager la France dans cette campagne de Bavière qui risquerait de s'étendre à toute l'Allemagne. « Mais cette fois, observe Evelyne Lever, il s'agit d'une affaire d'Etat et non d'un caprice. Sa réponse est sèche et mesurée. Il ne cèdera pas. » Même si la tentative d'intoxication de Louis XVI a échoué, l'engagement de la reine en faveur de la politique des Habsbourg lui fera beaucoup de tort. On l'accusera vite d'être restée « l'Autrichienne » et de représenter le parti de l'impératrice à la cour de Versailles. On peut enfin relever que la réputation de timidité et d'incompétence du roi a été largement caricaturée. Louis XVI ne voulait pas cautionner systématiquement sa belle-mère et son beau-frère. De plus, il venait d'engager la France dans la guerre d'Indépendance de l'Amérique. Au sein des tracas et des déconvenues de l'impératrice, il y aura une joie – et un soulagement – pour elle, la naissance, enfin, d'un enfant du couple royal, le 19 décembre 1778. C'est une fille, Madame Royale, ce qui déçoit, entre autres, Marie-Thérèse, même si la légende de l'impuissance ou de la malformation du roi est, après huit années de ragots, soudain moins en vogue.

L'impératrice a droit aux mêmes honneurs que les hommes

Vienne, 20 novembre 1780. L'impératrice est veillée par les siens. Il n'y a plus d'espoir mais la grande dame est parfaitement consciente. Confessée, munie des ultimes sacrements, Sa Majesté a mis sa conscience en ordre. Après avoir reçu ses enfants un par un, elle est d'une impressionnante sérénité. Vers neuf heures du soir, elle veut se lever mais s'effondre immédiatement sur un canapé. Joseph II, qui n'a cessé d'être auprès d'elle depuis cinq jours, ose lui faire cette remarque : « Votre Majesté est mal couchée... »

Elle répond, stoïque : « Oui, mais suffisamment pour mourir. »

Elle s'éteint peu après, âgée de soixante-trois ans. En quarante ans d'un règne à la fois difficile et brillant, elle a joué tous les premiers rôles pour la maison d'Autriche. On l'a vue, tour à tour, pathétique et entêtée dans son duel avec Frédéric II, éblouie et maternelle en prenant le petit Mozart sur ses genoux après qu'il eut enchanté la Cour à Schönbrunn, intraitable avec ses enfants lorsqu'ils la décevaient, généreuse en ouvrant les jardins du Prater pour l'agrément des Viennois, visionnaire en transformant sa capitale qui est passée de 88 000 à 175 000 habitants pour en faire, entre autres, une métropole du spectacle et inaugurer ainsi une merveilleuse tradition. Jean-Paul Bled a raison d'écrire : « Marie-Thérèse siège en bonne place au Panthéon de l'Europe monarchique. » Si on la compare à d'autres souveraines ayant marqué l'histoire, comment est-elle perçue ? Elizabeth Ire d'Angleterre est cruelle, Catherine II de Russie admirable mais dissolue, Catherine de Médicis fascinante mais guère économe du sang de ses adversaires, Isabelle la Catholique force l'admiration mais est coupable d'intolérance. Marie-Thérèse a des défauts, bien sûr, mais, semble-t-il, aucun vice, sinon un bel appétit de la vie. Par son sens de l'autorité chrétienne, elle représente la tradition des Habsbourg, et par la construction d'un Etat moderne, elle annonce l'avenir, c'est-à-dire le futur empire d'Autriche, qui naîtra des cendres du Saint Empire. Elle a personnifié l'évolution sans révolution. Elle a été une femme dans un monde d'hommes. Ennemis et partisans l'ont combattue ou soutenue mais toujours respectée. En 1888, sous le règne de François-Joseph, après douze ans de travaux qui allaient, une fois encore, transformer Vienne, un monument fut inauguré sur la place Marie-Thérèse, entre le musée des Beaux-Arts et celui des Sciences naturelles. Sur vingt mètres de haut, le sculpteur allemand Caspar von Zumbusch a placé, au sens propre, trois catégories d'hommes aux pieds de l'impératrice. On compte quatre généraux, quatre chanceliers dont Kaunitz et un Liechtenstein, et enfin seize célébrités incarnant divers talents, dont Mozart et Haydn. Pas une seule femme ! Elle eut peu de rivales. A défaut de remporter des victoires contre le roi de Prusse, elle avait aboli bien des frontières sociologiques. Que Napoléon, dans un silence respectueux, se soit découvert et recueilli devant deux tombeaux, celui de Frédéric II à Potsdam et celui, spectaculaire, de Marie-Thérèse et de son mari assis dans leur lit et se regardant, dans la crypte des Capucins à Vienne, est révélateur. Pour l'empereur victorieux et l'ennemi qui fut, un moment, maître de l'Autriche (en détruisant le Saint Empire) et de la Prusse, Marie-Thérèse fut un grand monarque. Fille du dernier mâle de la dynastie des Habsbourg, contestée à ses débuts parce qu'elle était une femme mais qui avait su le rester, elle méritait définitivement les mêmes honneurs que les hommes.

10

De Joseph II à François II, du Saint Empire à l'empire d'Autriche (1780-1804)

Maintenant, il peut exercer personnellement le pouvoir. Joseph II a trente-neuf ans. Déjà reconnu, en 1764, roi des Romains, son élection à la tête du Saint Empire est une formalité mais, par réaction envers les usages observés par ses parents, il refuse de se faire couronner. Marie-Thérèse était une réformatrice, il sera un souverain révolutionnaire. Pour des raisons autant personnelles que philosophiques. Son attitude remonte à l'enfance, très dure, qui fut la sienne, puisque sa mère l'avait élevé sans ménagement, n'hésitant pas à le fouetter elle-même quand elle jugeait sa conduite inacceptable. Comme pour beaucoup d'hommes ayant eu une génitrice imposante, sa mort est une libération. Il a vécu dans un environnement où s'activaient beaucoup de femmes, trop à son goût. Un carcan qu'il brise immédiatement. L'une de ses premières mesures est de se débarrasser de ce gynécée encombrant, inutile, et qui lui rappelle, sans doute, l'ombre de l'impératrice mère, exigeante nourricière absolue. Il donne six mois à ce qu'il nomme, par dérision, la « république féminine » pour évacuer la Hofburg. Cet ordre d'exil concerne aussi bien les anciennes gouvernantes et veuves de courtisans que les sœurs de l'empereur, invitées à rejoindre des couvents et institutions comparables loin de Vienne, au Tyrol, en Carinthie, où elles prieront pour la famille… « On crie beaucoup mais je ne m'en soucie point », écrit-il à son frère Léopold. Celui-ci, observant la métamorphose de la vie dans le palais impérial, dit à l'un de ses amis : « Joseph ne supporte pas la moindre critique. Il est imbu des principes les plus arbitraires et les plus tyranniques. »

Jugeant les méthodes de Marie-Thérèse surannées, il en prend le contre-pied, comme le tsar Paul Ier lorsqu'il succèdera à sa mère Catherine II. L'examen des comptes de la monarchie lui en fournit le prétexte. Malgré trois guerres et des combinaisons diplomatiques risquées (avec la France, notamment), on s'était beaucoup amusé à Vienne sous le règne de Marie-Thérèse et la ville avait connu une sorte de couronnement intellectuel et artistique. Mais ce foisonnement avait ruiné l'Etat. La dette publique s'est encore creusée. En revanche – quel paradoxe ! –, la situation personnelle des Habsbourg n'a plus rien à voir avec la gêne que Marie-Thérèse avait connue dans son enfance. Son mari, le discret François-Etienne, avait reçu de la France une jolie somme pour la cession de son duché ; il l'avait bien placée, spéculant modérément et soutenant quelques activités économiques préindustrielles prometteuses, par exemple en encourageant l'amélioration des mauvaises routes. Grâce à lui, à la mort de l'impératrice, les Habsbourg-Lorraine disposaient de moyens qu'ils n'avaient jamais connus et qu'ils conserveront jusqu'à l'effondrement de leurs Etats, à la fin de la Première Guerre mondiale.

Mais la patine des siècles, l'éducation et l'habitude du pouvoir imposent naturellement la pudeur dans les affaires d'argent ; à l'Etat exsangue, Joseph II fait don de 22 millions de florins, la fortune personnelle qu'il a héritée de son père. S'il y a une chose qui ne change pas avec l'empereur, c'est son style de vie. Il conserve son très modeste appartement dans l'aile Léopoldine datant de son arrière-grand-père mais qui avait été remaniée au XVIIe siècle dans le style baroque. Ici, point de fastes. Comme au temps de Marie-Thérèse, Joseph II habite trois pièces modestes, au mobilier simple et à la lumière rare. Les « despostes éclairés » de la seconde moitié du XVIIIe siècle ont des éclats intérieurs. Ne pouvant révolutionner la génétique, Joseph II est un aussi grand travailleur que l'était sa mère. Il dort sur un étrange grabat, un lit de campagne, puisqu'il a déclaré la guerre à l'Etat en danger.

De son austère logement, il communique avec l'autre aile du palais, celle de la Chancellerie. De façon à ne pas perdre de temps dans l'examen des dossiers (la même hantise que sa mère et Catherine II), on lui installe « une espèce de monte-charge par lequel les papiers arrivaient jusqu'à sa table de travail et en repartaient[1] ». L'été, l'empereur est debout à cinq heures, six heures l'hiver. Comme sa mère… Il se couche rarement après onze heures du soir et repasse toujours d'abord par son bureau au cas où une urgence exigerait son avis ou sa signature. Son valet et le secrétaire de permanence (il y en a six) ne se reposeront pas tant que la bougie du chandelier en étain brûlera. Sa Majesté déteste la lenteur, fustige l'Etat et ses fonctionnaires qui s'endorment, tout doit aller vite. Il apprécie de prendre une décision le soir pour qu'elle soit appliquée dès le lendemain.

Ce rythme est celui d'un homme seul. Joseph II a perdu son épouse Isabelle en 1763 après seulement trois ans de mariage heureux. Elle a été victime d'une épidémie de petite vérole (la variole) qui a frappé la famille impériale et ravagé plusieurs cours. Désespéré du diagnostic, il avait veillé l'agonisante sans discontinuer. Veuf et sans enfants, Joseph ne pouvait surmonter son chagrin. A sa mère, il écrivait : « Je ne me sens consolé qu'au moment où je me retrouve seul dans ma chambre, lorsque je contemple le portrait de ma femme aimée et lis ce qu'elle a écrit. […] Souvent, je crois la voir devant moi ; je lui parle […]. Je conserve jusqu'aux plus petits bouts de papier qui me viennent d'elle. »

Inconsolable, Joseph n'avait pu échapper à la manie matrimoniale de sa mère, cherchant une seconde femme pour son fils et caressant, bien entendu, l'espoir d'un petit-fils.

1. Dorothy Gies McGuigan, *op. cit.*

Deux fois veuf, Joseph II restera célibataire

Marie-Thérèse avait songé à la sœur de la disparue, Louise de Parme. Joseph n'avait guère été enthousiaste à l'idée d'épouser son énergique belle-sœur. Le projet avait vite échoué puisque la princesse était promise au prince des Asturies, le futur roi d'Espagne Charles IV. Dans sa tournée des candidates, l'impératrice avait alors porté son choix sur Josepha de Bavière. Elle permettait d'adoucir les relations entre les Habsbourg et les Wittelsbach. C'était, politiquement, un avantage, mais apparemment le seul puisque « Joseph, l'esprit toujours pénétré du souvenir d'Isabelle, prend aussitôt la jeune femme en aversion. Au surplus, il lui trouve un physique sans grâce. Après leur première rencontre, il la décrit affligée d'une petite taille et d'une corpulence peu avenante, de taches rouges sur le visage, d'une vilaine dentition[1]. »

Mais chez Marie-Thérèse, un choix nuptial était pire qu'une déclaration de guerre, on ne s'y dérobait pas ! Un an après la disparition d'Isabelle, harcelé par sa mère et le chancelier Kaunitz, Joseph avait épousé Josepha, mais la communauté de leurs prénoms ne fut pas favorable à leur rapprochement. Ce n'était pas un couple, pas même une association, ce n'était qu'indifférence et absence.

L'impératrice, très contrariée des mauvaises manières de son fils, lui recommanda d'écrire à Josepha lorsqu'il devait s'absenter. Il répliqua : « Je préférerais écrire au Grand Mogol ; cela me causerait moins d'embarras[2]. » On ne peut établir chez lui la part de réaction contre l'obligation imposée par sa mère ni la part de sa sincérité à l'égard d'une seconde épouse qui l'insupporte. Moins de trois ans plus tard, la Bavaroise succombait, elle aussi, à la petite vérole ; en ces tristes moments, Joseph II confirma son manque de tact : il ne veilla pas la malheureuse, laissant cette tâche à

1. Jean-Paul Bled, *op. cit.*
2. *Ibid.*

Marie-Thérèse, belle-mère désolée de cette situation et soucieuse que son fils aîné n'ait pas d'enfants. La variole lui laissa le visage grêlé, gage d'un dévouement de grande dame.

Deux fois veuf, le nouvel empereur resterait célibataire. On ne lui connaîtra aucune maîtresse et il n'est guère sentimental ; selon l'ambassadeur de Louis XVI, des relations purement physiques et rapides avec la fille d'un jardinier lui suffiront, sa nature n'étant pas exigeante. A l'inverse de sa mère, il n'a pas non plus la passion de la table ; il mange et boit peu, limitant cette pause au strict nécessaire pour ne pas retarder son travail. Son repas, souvent pris dans son cabinet de travail, est composé de cinq mets – tout de même ! – apportés ensemble par ses valets depuis les lointaines cuisines du palais, après de longs couloirs. Comme Sa Majesté est absorbée dans ses lectures, les plats sont empilés sur un poêle qui doit les maintenir au chaud.

Au nord de Vienne, près du Danube, dans le parc d'Augarten qu'il a fait ouvrir au public, comme le Prater en 1775, le souverain aime se retrouver dans un petit pavillon construit par un architecte italien et qu'il a fait rénover. « Je dîne tout seul dans mon jardin avec un immense plaisir. La tranquillité règne ici. » Cet ermitage est proche de la célèbre manufacture de porcelaine qui s'était développée sous Marie-Thérèse ; sans concurrencer le Sèvres ni, en Saxe, le fameux Meissen, son monogramme dit « A la Ruche » était devenu réputé au milieu du siècle. Physiquement, Joseph II s'est empâté. Son visage est allongé mais non déformé comme celui de ses ancêtres – il est vrai que son père lorrain a modéré la lippe Habsbourg – et son front, déjà dégarni, est très haut. Ayant déclaré que la philosophie est « la législatrice de son empire », il surprend ses sujets en portant volontiers un uniforme militaire, au tissu fatigué, ou un habit peu voyant mais toujours barré du grand cordon rouge-blanc-rouge lui donnant une allure martiale. En revêtant pour la première fois son habit de chef de guerre,

Joseph II s'amuse à dire : « Mon grand chambellan va s'évanouir en me voyant ainsi[1] ! »

Le chambellan a d'autres raisons d'être perturbé avec la simplification du protocole. La révérence est supprimée, de même que le baisemain, courtoisie réservée en Europe à des souverains masculins, au pape et aux dignitaires de l'Eglise. Les fêtes, grandes réceptions et galas qu'affectionnait Marie-Thérèse disparaissent, la frivolité est rangée au musée. Seul le bal du jour de l'An échappe à la rigueur[2]. Toutefois, contrastant avec la tristesse de la cour privée de divertissements, la vie viennoise est animée et brillante. La ville connaît une période florissante de son histoire musicale. L'épicurien Gluck, fils d'un garde-chasse devenu un compositeur riche, fêté et consacré à Paris où l'avait appelé son ancienne élève Marie-Antoinette, est revenu à Vienne la dernière année du règne de Marie-Thérèse. Admirateur de l'opéra italien, il prépare le public germanique à l'opéra allemand. Haydn, fils d'un charron mélomane et ancien choriste à la cathédrale Saint-Etienne, a passé trente années au service de trois princes hongrois Esterházy à Eisenstadt, mais est resté en contact avec Vienne ; ses symphonies et sa musique de chambre l'ont rendu célèbre jusqu'à Londres. Enfin, Mozart, libéré de son statut de domestique par le coup de pied au derrière que lui administre l'archevêque de Salzbourg, Mgr Colloredo, arrive à Vienne la première année du règne de Joseph II. L'empereur pouvait-il oublier que, vingt ans plus tôt, le jeune Wolfgang glissait sur les parquets luisants de Schönbrunn, embrassait l'archiduchesse Antonia, future reine de France, en lui promettant qu'il l'épouserait, et stupéfiait une cour d'abord incrédule et soupçonneuse, puis enchantée de ses prouesses au clavier ? Marie-Thérèse, honneur exceptionnel, avait reçu Mozart, son père et sa sœur dans la salle des Glaces,

1. Karl Eduard Vehse, *Memoirs of the Court, Aristocracy and Diplomacy of Austria*, traduction anglaise de Franz Demmler, Londres, H.S. Nichols, 1896.

2. Issu de cette tradition, aujourd'hui encore, chaque 31 décembre, le Bal de l'Empereur, à la Hofburg, connaît un grand succès et ouvre la saison des bals.

celle-là même où les ministres prêtaient serment. Quand, au début du règne de Joseph II, Mozart s'installe dans la capitale où il composera des chefs-d'œuvre de maturité et connaîtra une angoissante gêne financière (il déménagera dix-huit fois en dix ans !), Vienne a déjà la réputation d'être sans indulgence à l'égard de ceux qu'elle applaudit. Comme il est devenu adulte, Amadeus émerveille un peu moins les salons. Un jaloux le met en garde : « Au bout d'un moment, les Viennois réclament encore du nouveau[1]... »

Joseph II ouvre la monarchie danubienne aux Lumières

Il a « trop de génie pour plaire » diront ses ennemis, nombreux parce qu'il a, aussi, le don d'agacer ! Et de provoquer les laborieux par son apparente facilité. Comme tous les Habsbourg, Joseph II aime la musique. A-t-il un talent ? Pas particulièrement, mais il joue volontiers du piano et du violoncelle. Il a même composé, dit-on. Et lorsqu'il se met à la flûte, il souhaite ne pas être dérangé car « aucune affaire d'Etat, fût-elle urgente, ne mérite qu'on sacrifie une heure de musique par jour ». On voit l'empereur au concert, à l'opéra et au Burg Theater que sa mère avait fondé en 1741 sur la place Saint-Michel, en face de la Hofburg. Après le spectacle, il s'attarde peu. Pourquoi ce souverain qui a, certes, souffert d'un partage – faux en réalité – du pouvoir avec sa mère est-il aussi sec, rigide et froid ? Parce que son caractère a été nourri de la lecture des philosophes français ; il croit qu'en réformant l'Etat, il réformera la société. Si Joseph II ouvre la monarchie danubienne aux Lumières, sa mère avait initié ce mouvement. Marie-Thérèse s'entourait d'hommes épris d'idées de justice et de savoir, comme le juriste von Sonnenfels, qui préconisait l'abolition de la torture, ou son médecin personnel,

1. Voir, du même auteur, *Sur les pas de Mozart,* avec des photographies de Jérôme da Cunha, Perrin, 1991, nouvelle édition mise à jour en 2006.

l'obstiné Van Swieten, rénovateur de l'Université et de son enseignement médical à défaut d'avoir pu empêcher l'impératrice de devenir obèse et même presque impotente. Mais, foncièrement catholique, elle n'avait pas contesté certains dogmes et principes. Son fils est profondément anticlérical et admirateur des monarchies absolues quand elles libèrent le clergé de l'autorité romaine. L'un de ses mentors est un certain Febronius, pseudonyme latinisant qui cache Mgr de Hontheim, coadjuteur de l'archevêque de Trêves. Le système religieux voulu par Joseph II prend, naturellement, le nom de joséphisme, que l'on peut comparer au gallicanisme anglais. Il prétend effectuer un retour aux coutumes des premiers siècles en faisant du clergé un instrument au service de l'Etat. Mais de même qu'il déteste perdre du temps à table, Joseph II entend aller vite dans ses réformes. Il bouscule les traditions et les coutumes. L'Eglise est surveillée et contrôlée. Ainsi, il confisque de nombreux monastères et couvents mais, à leur place, multiplie les cures de campagne et les écoles primaires. En 1781, il signe l'édit de Tolérance qui, appliqué successivement aux différents Etats héréditaires, accorde la liberté de culte aux non-catholiques, luthériens, calvinistes et orthodoxes ; en cinq ans, le nombre des protestants passe de 75 000 à 157 000. Dans chaque village, une affiche allégorique est placardée ; on y voit l'empereur, près du Christ en croix, expliquant ce que doit être le christianisme. La religion catholique, ciment de la monarchie, est remise en question, de nombreuses fêtes et processions supprimées. L'enseignement est laïcisé et la censure ecclésiastique abrogée. L'empereur, carte en main, modifie les circonscriptions des diocèses et des paroisses. Son interventionnisme spirituel lui vaut un surnom ironique de la part de Frédéric II : il appelle Sa Majesté impériale « mon frère le sacristain » !

Joseph II prend une autre mesure spectaculaire en abolissant le servage « au nom de la raison et de l'humanité ». Pour normale qu'elle puisse nous sembler aujourd'hui, cette décision n'est pas dépourvue d'arrière-pensées économiques. En autorisant, désormais, les paysans à devenir propriétaires de leurs terres et à se déplacer librement sur les territoires de l'Empire, notamment pour s'y marier, il espère favoriser l'enrichissement de la paysannerie qui constitue l'écrasante majorité de la population.

Sur tous ses sujets, Joseph II établit un impôt identique (30 %) sur le revenu, pour accroître les ressources de l'Etat voué à être généreux. La mesure n'est pas toujours bien comprise ! En même temps, il supprime la corvée, ce travail obligatoire et non rémunéré des paysans, et assujettit la noblesse ainsi que le clergé à l'impôt foncier. Le commerce des grains et l'industrie sont encouragés par la suppression des barrières douanières à l'intérieur de l'Empire ; cette mesure est, économiquement, la plus importante, car la circulation des personnes et des marchandises était paralysée par de multiples et onéreux contrôles. Les routes sont encore améliorées. La famille Mozart avait été écoutée lorsqu'elle racontait ses accidents dans les tourbières et ses retards dans l'attente de chevaux frais. Confié, par monopole dans l'Empire, à la famille de Tour et Taxis, le service postal, déjà remarquable, sera encore perfectionné, en particulier dans le triangle Vienne-Prague-Buda, centre nerveux de la nébuleuse Habsbourg-Lorraine.

En 1782, le pape se rend auprès de Joseph II pour tenter de mettre fin à l'attitude de l'empereur qu'il estime choquante et incohérente à l'égard de l'Eglise. Pie VI, un Espagnol élu au temps de Marie-Thérèse, est très inquiet des idées avancées de son fils. La venue d'un pape dans un pays de langue germanique est un événement considérable ; c'est la première depuis trois siècles et demi. L'empereur accueille Pie VI à une centaine de kilomètres de Vienne et lui accorde personnellement l'hospitalité de la Hofburg. Ce séjour est bizarre puisque, partout, la foule se presse pour recevoir la bénédiction papale, preuve de l'attachement autrichien aux valeurs de l'Eglise romaine. Or, le pape s'est invité chez un monarque qui interdit au clergé d'aller étudier au *Collegium Germanicum* de Rome, d'envoyer des aumônes au Saint-Père et de prendre connaissance des bulles du Saint-Siège sans l'autorisation de l'Etat. De même, en repartant pour Rome, Pie VI s'arrête en Styrie, à Mariazell, où depuis 1157 le culte de la Vierge a hissé ce pèlerinage au premier rang de la dévotion populaire. Sous le règne de Marie-Thérèse, en 1757, le sanctuaire avait attiré près de 400 000 pèlerins. L'empereur prend congé de son hôte en lui offrant un crucifix orné de diamants et un carrosse de voyage, bien suspendu, pour les voyages de Sa Sainteté. Mais, peu après, le couvent qu'il avait visité est fermé sur ordre impérial. Contradiction ? Incohérence ? Hypocrisie ?

L'empereur a besoin du soutien catholique mais au prix de remaniements et de brusqueries qui déconcertent. Que l'Etat intervienne partout ne rassure pas. La visite de Pie VI ne modifie donc pas le programme, audacieux, de Joseph II. Le Vatican, comme les sujets de l'Empire, va encore avoir des surprises. Voici que Sa Majesté vend des titres de noblesse ! L'Etat a besoin d'argent et il apparaît que le souverain a une piètre opinion des grands noms qui l'entourent et servent sa famille depuis des siècles. Par une sorte de surprenante mise aux enchères, Joseph II distribue des titres, tarifés selon l'importance, de baron (le minimum, pour 6 000 florins), le maximum atteignant 500 000 florins pour être appelé prince. Il y en a pour tous les orgueils et toutes les bourses ! Les belles résidences viennoises sont alors secouées d'indignation. Comment ? N'importe quel marchand enrichi peut se mettre à la hauteur d'une famille qui a défendu l'Empire contre les Turcs ? On imagine le mépris de la vieille aristocratie à l'encontre de ce qu'elle appelle, sur un ton sarcastique mais en joli français, « la noblesse de bagatelle »... De plus, les anciennes et fidèles lignées de la Couronne voient leurs privilèges rognés et leurs mauvaises habitudes dénoncées ; ainsi, désormais, lorsque le porteur d'un nom prestigieux aura fait un enfant à une fille pauvre, il devra pourvoir à l'éducation de l'enfant. Une révolution !

Le frère de Marie-Antoinette a l'idée fixe des réformes

Joseph II est très soucieux de la santé publique et la mort de Louis XV, emporté par la petite vérole, l'a beaucoup inquiété. L'empereur, suivant en cela l'exemple de sa mère, fonde un hôpital militaire où des praticiens qui ont acquis l'expérience du champ de bataille pourront enseigner, soigner et opérer des patients. Le bâtiment, appelé le Joséphinum, est édifié au nord-ouest de Vienne, sur le modèle de l'Hôtel-Dieu à Paris, que le frère de Marie-Antoinette avait visité. Ce bâtiment, dans le style du baroque tardif, est doté d'une imposante bibliothèque. Mais la curiosité de cette Ecole de médecine est sa collection de figures de cire, voulue par Joseph II. Se souvenant que Pierre le Grand, au siècle précédent, avait fait l'éducation du peuple russe en lui montrant des spécimens humains conservés dans l'alcool, l'empereur choisit d'aider les médecins. Lors de son voyage en Italie en 1769, il s'était rendu au musée anatomique de Bologne puis avait admiré, à Florence, des reproductions de corps en cire. Il fait venir à Vienne l'auteur des sculptures, Paolo Mascagni, et lui commande un millier de figurines. Il est probable que la publication – mouvementée – en France des onze volumes de planches de l'*Encyclopédie* ait influencé Joseph II par son immense valeur pédagogique. L'ensemble viennois reçoit le nom d'*Anatomia Plastica* et devient vite célèbre. A l'entrée de ce musée, derrière le corps en cire d'un homme allongé nu, au système veineux et artériel mis en évidence, un buste de Joseph II, à l'antique, honore la mémoire du fondateur. D'ailleurs, le quartier prendra son nom ; ce sera la *Josefstadt*.

Le monarque, habité par l'idée fixe de réformes, poursuit la mise en œuvre de sa conception d'une société évoluée. En 1783, il transforme le mariage sacramentel en union civile, autorise l'union de catholiques avec des non-catholiques et reconnaît le divorce. Dans les séminaires, l'enseignement est dispensé suivant de nouvelles instructions.

Un an plus tard, l'allemand est imposé comme langue officielle unique. C'est à ce moment que sont connues les premières réactions hostiles à ces vagues de transformations brutales. Sous la conduite d'un paysan, la population de Transylvanie se révolte pour défendre son identité linguistique hongroise. Et, après avoir toujours refusé de se faire couronner en Bohême et en Hongrie, l'empereur commet une grave faute politique en faisant transférer de Presbourg à Vienne la couronne de saint Etienne, symbole du nationalisme magyar. Par cette décision, qui se révélera funeste, le souverain met fin au statut privilégié de la Hongrie qui avait sauvé Marie-Thérèse du désastre. En 1785, les institutions maçonniques sont autorisées alors que l'impératrice avait proscrit les loges ; son fils, intéressé par leur humanisme, fait surveiller les initiés, essentiellement à cause des préoccupantes nouvelles qu'il reçoit de France. Les Juifs sont autorisés à fréquenter l'université et peuvent pratiquer la médecine en toute légalité. Quelques mois plus tard, un véritable code civil, dont la publication avait été entreprise par Marie-Thérèse, est publié. Si diverses mesures sont bien reçues, d'autres, mal expliquées ou ridicules, ne sont pas acceptées ou comprises. A côté des grandes – et généreuses – idées, Joseph II sombre dans une regrettable maniaquerie, un souci du détail qui se révèle infernal et gâche l'intention. Il ne voit pas le piège de la réforme permanente qui désoriente les administrés. Pis, elle les décourage. Que le souverain s'abaisse à interdire le port du corset aux fillettes, nuisible à leur développement, ou la confection du pain d'épices, qui serait la cause de troubles digestifs, est désolant. En Russie aussi on atteindra un sommet du grotesque avec la volonté du mari de la future Grande Catherine de réglementer… la vitesse du vent ! Mozart lui-même est menacé de censure, *Les Noces de Figaro* critiquant l'aristocratie, donc la monarchie.

En 1787, les opposants à la tornade réformatrice se rejoignent. Les incompréhensions intérieures se greffent sur une politique étrangère mal inspirée qui révèle la perte d'influence progressive du chancelier Kaunitz. Ce fidèle serviteur de l'Etat autrichien avait mal joué en suggérant à Joseph II de se remarier avec une parente de Louis XVI. Elle était réputée pour son embonpoint. L'empereur, qui l'avait rencontrée, était resté stupéfait de son inimaginable taille. Et il avait fui ! Il ne pouvait épouser celle qu'on appelait à Versailles « Gros-Madame »... Le 7 décembre 1787, Joseph II, qui a fini par admettre que Mozart avait du génie bien qu'il y eût « trop de notes dans sa musique », signe enfin le décret nommant Amadeus musicien de la Chambre impériale et royale, autrement dit compositeur officiel de la Cour, pour succéder à Gluck, décédé. L'empereur économe délie les cordons de sa bourse, mais les appointements du pauvre Mozart seront inférieurs à ceux que percevait Gluck. Joseph II rémunère le génie au prix du talent. C'est moins cher...

Malgré sa bonne volonté, l'empereur va échouer presque partout

Lorsque Joseph II s'allie à la Russie dans une guerre contre les Turcs en 1788, la Hongrie refuse de lui fournir un contingent militaire. Les Autrichiens sont battus car ils avaient oublié la chaleur et les fièvres ; les Turcs envahissent la Transylvanie. Encore une guerre inutile, qui assèche le Trésor impérial. Joseph II aurait dû se souvenir qu'il reprochait à sa mère ses guerres perpétuelles et ruineuses. La Styrie, la Carniole et la Hongrie sont agitées de troubles. L'idée d'échanger les Pays-Bas autrichiens contre la Bavière voisine n'est pas plus heureuse. Elle est d'autant plus impopulaire que les réformes politiques et religieuses, qui avaient introduit des bouleversements radicaux, n'ont pas été acceptées du côté de Bruxelles. Les Etats du Brabant prennent la tête du mécontentement, d'où le nom de révolution brabançonne, et battent les Autrichiens. Chaque province proclame son indépendance et une confédération des « Etats belgiques unis » s'annonce. Le vieux rêve nordique des Habsbourg s'effiloche encore un peu plus. Enfin, bien que favorable aux idéaux de la Révolution française, les menaces sur la famille royale et donc sa sœur Marie-Antoinette inquiètent Joseph II. Il n'avait pourtant pas cessé d'exhorter la reine à être irréprochable, sérieuse, généreuse... L'abolition des privilèges ? Joseph II l'approuve. Il en a été le pionnier et l'Autriche a montré la voie. Pour cet esprit imprégné de rationalisme, que le roi de France ne tienne plus son pouvoir de Dieu mais de la nation est souhaitable. N'a-t-il pas été, pendant dix ans, un « Habsbourg révolutionnaire » comme l'a si bien démontré François Fejtö[1] ? N'est-ce pas vexant d'être incompris chez soi quand on applique des principes venus d'ailleurs ? Mais l'agitation française, les premiers morts autour de la Bastille, le retour forcé de la famille royale à Paris, avec « la boulangère », lors des journées d'octobre, n'est-ce pas dangereux ?

Les trois dernières années de la vie de Joseph II additionnent les échecs, les déceptions et les renonciations. Quelle tristesse de constater que les peuples, finalement, se méfient des réformateurs, surtout quand ils veulent tout changer ! Au début, les promesses séduisent. Ensuite, l'avalanche de nouveautés et le manque d'adaptation à des particularismes sont catastrophiques. Avec dépit, l'empereur rappelle ses bonnes intentions. Il n'avait revendiqué qu'un rôle, être « l'empereur des pauvres gens ». Il fut l'empereur des mécontents. La subtilité et les nuances, qualités de sa mère, lui ont manqué et l'ordre établi s'est vengé. Etre contraint de rendre aux Hongrois la couronne de saint Etienne est peut-être la pire sanction de ses erreurs. Enfin, une santé robuste lui fait aussi défaut. Fragilisé par une toux qu'il soigne en buvant du lait d'ânesse, une irritation des yeux et les mêmes abcès, mal placés, qui avaient torturé Charles Quint et François Ier, Joseph II est alité au début de février 1790. Ses souffrances sont multiples. Il meurt à l'aube du 20 février, après avoir engagé des pourparlers de paix avec les Turcs.

1. François Fejtö, *Joseph II, un Habsbourg révolutionnaire*, Plon, 1953, réédition Perrin, 2000.

Jamais un souverain de la dynastie n'avait été aussi loin dans la mode des réformes. Jamais un empereur n'avait autant échoué dans son programme, même si d'excellentes initiatives devaient être saluées. Mais jamais non plus un souverain ne fut plus sévère à son propre égard. Il exigea que fut gravée sur sa tombe une appréciation impitoyable, dont il était l'auteur et qu'aucun de ses détracteurs n'aurait imaginée : « Ci-gît Joseph II, qui manqua dans tout ce qu'il a voulu faire. »

Ce jugement sur lui-même est terrible et il est partiellement faux. A court terme, l'empereur défunt a au moins réussi dans deux domaines essentiels, il a consolidé les finances et une armée qui – ce n'était pas prévu – devait bientôt jouer un rôle de premier plan contre la France révolutionnaire. A long terme, il a instauré des innovations qui seraient les piliers de la puissance des Habsbourg, fondues dans une doctrine appelée joséphisme. Anticléricale, elle a introduit le mariage civil en 1783 ; ainsi, la notion d'Eglise nationale devait mieux asseoir la religion et permettait l'organisation d'un Etat bureaucratique et centralisé. Mais ce 20 février 1790, la situation de l'Autriche et de l'Empire est singulièrement délicate. Le successeur de Joseph II est son frère Léopold II, deuxième fils de Marie-Thérèse, né en 1747. Grand-duc de Toscane depuis 1765, cet archiduc d'Autriche est un autre adepte du despotisme éclairé, un libéral qui a lu Montesquieu, comprend que le peuple vote lui-même ses impositions et que le gouvernement rende des comptes. Peut-être parce qu'il est plus jeune que son frère, Léopold II est déjà favorable à une monarchie constitutionnelle. Mais depuis Florence où il a régné avec une tolérance mesurée et un esprit d'ouverture qui l'ont rendu populaire, il était resté sceptique sur les effets de la rage réformatrice de son frère. Maladroite, trop rapide, trop systématique, trop dogmatique. Le mécontentement quasi général ne l'a donc pas surpris.

Léopold II affronte un lourd bilan, hypothéqué par des difficultés intérieures et extérieures. Au nord, il est menacé par la Prusse, bien que celle-ci ait changé depuis la disparition de

Frédéric II puisque son neveu, Frédéric-Guillaume II, qui n'a pas les mêmes goûts que son oncle, entretient des maîtresses à la cour de Potsdam. Du jamais vu ! Grâce à son esprit conciliant, Léopold II adoucit les frictions. Et les deux adversaires sont conscients que leur rivalité est dépassée face aux incertitudes françaises ; d'urgence, ils doivent s'entendre. Le 27 juillet 1790, par la convention de Reichenbach, la menace prussienne est éliminée. A l'est de Vienne, en Hongrie, Léopold II profite de l'inquiétude provoquée par la réforme agraire en France pour calmer les propriétaires terriens moyennant la promesse de respecter les lois et usages hongrois ; l'empereur, roi de Hongrie et de Bohême, s'engage aussi à faire des concessions aux protestants. Enfin, en août 1791, Léopold II signe la paix de Sistova qui met fin à la guerre contre les Turcs et n'apporte à l'Autriche que quelques rectifications de frontière. En un an et demi, le successeur de Joseph II a su réparer les principales erreurs de son frère et surtout éviter la dispersion de ses forces militaires alors que la situation s'aggrave en France après la pitoyable fuite à Varennes qui a dressé l'opinion contre la famille royale. L'empereur reçoit des messages de sa sœur le suppliant d'intervenir pour aider le pauvre Louis XVI. L'attitude de Léopold II face à la Révolution fut d'abord calquée sur celle de son frère, en sympathie avec les idées mais assez rapidement réservée face aux événements.

Léopold II refuse d'intervenir pour sa sœur Marie-Antoinette

Homme d'une grande finesse et très habile diplomate, le monarque autrichien observe, convaincu depuis longtemps que la monarchie absolue ne pourrait être de nouveau acceptée en France. Marie-Antoinette multiplie les appels au secours. Elle reçoit une réponse implacable, froide, modèle de maîtrise et de distance en ces temps troublés : « Nous avons une sœur, la reine de France. Mais le Saint

Empire n'a pas de sœur, et l'Autriche pas davantage. Je ne puis agir que pour protéger les intérêts de mes peuples, pas de ma famille. »

Ce n'est pas en raison de son origine familiale que « l'Autrichienne » doit être secourue. La prudence s'impose. Cependant, deux mois après le fiasco de Varennes, Léopold II commence à craindre pour la sécurité de sa sœur. Conjointement avec le roi de Prusse, l'empereur signe la déclaration de Pillnitz le 27 août 1791. Ce texte, paraphé dans un château de Saxe, à une quinzaine de kilomètres de Dresde sur la rive droite de l'Elbe, incite les souverains d'Europe, au besoin par la force, à soutenir la monarchie française. Deux conséquences sont à retenir : d'une part, les émigrés, déjà nombreux à Coblence, à Worms avec des troupes de Condé et à Vienne se sentent confortés. Une armée leur est promise mais ils ignorent qu'une clause restrictive annule cette promesse. D'une part, l'opinion publique française se déchaîne contre ces princes « allemands » qui prétendent dicter sa conduite à la Révolution et accueillent des « traîtres à la patrie ». Un mot d'ordre est lancé au club des Jacobins : « Sus à Léopold ! », avec l'idée qu'une guerre contre l'Autriche serait le meilleur moyen de réveiller l'énergie populaire et de donner un nouvel élan à la poussée révolutionnaire. Aux Tuileries, Marie-Antoinette souhaite aussi l'entrée de la France en guerre, estimant qu'en cas de succès, l'autorité du roi serait raffermie et qu'en cas de revers, l'avance des Autrichiens rétablirait une monarchie consolidée. Le 9 novembre, un décret de l'Assemblée législative déclare suspect de conjuration tout émigré qui ne serait pas rentré au 1er janvier 1792, mais Louis XVI y met son veto. Le 14 décembre, un ultimatum est lancé à l'un des princes rhénans, l'Electeur de Trèves, exigeant la dispersion des émigrés français sur son territoire. La colère monte contre un supposé « comité autrichien » aux Tuileries.

1792. On ne saura jamais exactement ce qu'aurait été le comportement de Léopold II, car, à la fin de février, après qu'un traité eut été conclu avec la Prusse, l'empereur tombe subitement malade. Pendant deux jours, se plaignant de « flux de ventre » – selon ses médecins, de « colique stomacale » –, soigné par dix-huit (!) clystères, Léopold II meurt, dans d'atroces souffrances, probablement d'une péritonite. Marie-Antoinette, désespérée, restera convaincue – sans aucune preuve – que son frère a été empoisonné. Aurait-il vraiment déclaré la guerre à la France alors qu'il avait pu rétablir, non sans mal, l'autorité des Habsbourg sur leurs terres ? Aurait-il tenté de sauver sa sœur ? C'est peu vraisemblable, car il privilégiait une alliance défensive avec la Prusse après l'attaque, par la France, de l'Alsace où des princes allemands, installés sur la rive gauche du Rhin, étaient toujours vassaux du roi de France.

C'est un prince de vingt-quatre ans qui succède à son père Léopold II, l'archiduc François. Le monarque disparu, époux de Marie-Louise d'Espagne, avait égalé sa mère Marie-Thérèse dans sa procréation : il avait eu, lui aussi, seize enfants, et François était l'aîné. Son oncle Joseph II l'avait surveillé, instruit avec dureté, n'hésitant pas à répertorier ses défauts car il n'aimait pas être déçu par son neveu. Celui-ci avait été frappé par un terrible malheur : marié très tôt, il avait perdu sa femme en couches au moment où allait disparaître son oncle Joseph II. En une même journée, on l'avait vu suivre le cercueil de l'empereur puis celui de son épouse, mère d'une petite fille mal formée qui ne devait pas survivre plus de six mois. Il s'était remarié sept mois plus tard avec une de ses nièces, fille de sa sœur Caroline, reine de Naples. Une fois encore, une dispense de la papauté avait été requise. Et obtenue.

C'était sur les épaules de cet homme à la figure allongée, aux yeux pâles, à la lèvre inférieure protubérante qu'allait être posée la dignité impériale. Inexpérimenté, mélancolique, toujours calme, il ne sourit jamais ; il en aura peu l'occasion... Sous le nom de François II, c'est lui qui reçoit la déclaration de guerre décidée par la France. Cette déclaration est très précise : elle ne s'adresse qu'au « roi de

Bohême de Hongrie », pour deux raisons. La première est que le nouvel empereur ne doit être couronné que trois mois après le décès de son prédécesseur, soit le 1er juin. La seconde est qu'en ne s'attaquant, en fait, qu'à l'Autriche, la Législative évite l'affrontement avec l'Empire, car ses tribuns savent que, désorganisées par le départ d'officiers émigrés, les troupes françaises manquent de cohésion et de discipline. Dans l'interminable contentieux franco-autrichien, il est juste de rappeler que l'agresseur du 20 avril 1792 est la France révolutionnaire et non la maison de Habsbourg-Lorraine, comme on a voulu le faire croire. En revanche, dès les premiers déboires des armées françaises sur les territoires de la Belgique et de la Hollande actuelles, les soupçons de trahison à l'encontre du « comité autrichien » des Tuileries sont fondés ; mais on ignore alors que la reine, inconsciente, a elle-même communiqué à l'ambassadeur de son neveu les plans d'attaque des Français. « L'Autrichienne »… Mais ce que personne ne pouvait prévoir est que la France allait se lancer dans un conflit qui durera vingt-trois ans, bouleversera l'Europe et tous les intervenants d'une manière durable et laissera des traces définitives, l'ensemble des guerres et coalitions étrangères ne prenant fin que le 18 juin 1815. A Waterloo.

Le manifeste austro-prussien de Brunswick menace Paris

Le 25 juillet 1792, sous la pression de Marie-Antoinette, un émigré réfugié à Coblence rédige un texte signé par le duc de Brunswick, général en chef des armées prussienne et autrichienne coalisées contre la France. Ce manifeste menace le peuple parisien. Il prévient que « s'il était fait le moindre outrage à la famille royale et s'il n'était pas pourvu immédiatement à sa sûreté, Leurs Majestés impériales et royales livreraient Paris à une exécution militaire et à une subversion totale ». Cette proclamation, connue à Paris le 1er août, a le résultat inverse de ce qui était escompté. Au lieu de terroriser les révolutionnaires patriotes, le manifeste de Brunswick exaspère la population et démontre que « la patrie est en danger » depuis trois semaines. Le 10 août, la rue parisienne se déverse aux Tuileries ; le palais est défendu par environ un millier de Suisses. A midi, Louis XVI leur ordonne de déposer les armes. C'est son dernier ordre en qualité de roi des Français. Les Suisses sont massacrés dans leurs uniformes rouges, la monarchie est déchue. Le 13, la famille royale est transférée à la prison du Temple. Le 19, l'armée de Brunswick entre en Lorraine ; sur la foi de renseignements fournis par des émigrés qui l'accompagnent, le général en chef est persuadé que les Lorrains, demeurés monarchistes, l'accueilleront en libérateur. Il est surpris de leur résistance mais prend Longwy puis Verdun. Paris a peur d'une invasion de la Champagne par les défilés de l'Argonne. Il s'ensuit l'horreur des massacres, dits de Septembre, dans les prisons parisiennes pendant quatre jours. L'empereur François II, patient, espérant de bonnes nouvelles malgré la dysenterie qui affaiblit son armée et les pluies torrentielles qui creusent les chemins en bourbiers, est stupéfait d'apprendre que parmi les quelque 1 500 victimes des massacres parisiens, il y a aussi des filles publiques. Pourquoi ? Quelle est donc cette révolution qui se baigne dans un tel flot de sang ?

Le 20 septembre, sur la colline de Valmy que domine un moulin à vent, les généraux Dumouriez et Kellermann font face à Brunswick. Celui-ci ne tient pas à prendre l'initiative du combat mais le roi de Prusse Frédéric-Guillaume II est pressé d'en finir pour s'occuper d'un nouveau partage de la Pologne entre la Prusse et la Russie. Après une tentative de négociation – suspecte – avec Dumouriez (qui avait poussé Louis XVI à déclarer la guerre à l'Autriche), Brunswick est prêt à l'attaque. La résistance de l'artillerie française, pourtant équipée de vieux canons Gribeauval, domine l'infanterie prussienne, réputée invincible depuis Frédéric II. Brunswick bat en retraite, sans doute à la suite de ses pourparlers secrets avec Dumouriez. Surprenante victoire militaire, Valmy est surtout une victoire morale empêchant le retour de l'Ancien

Régime. Goethe, qui suivait les troupes d'invasion, résume son impression en une formule qui deviendra célèbre : « De ce lieu et de ce jour date une nouvelle époque de l'histoire du monde[1]. »

A Vienne, le jeune empereur reçoit une avalanche de mauvaises nouvelles. Dans l'euphorie de Valmy, la Convention abolit la royauté et proclame la république. Quel sort sera réservé au roi et à la reine prisonniers au Temple ? Dumouriez entre en vainqueur dans Bruxelles le 14 novembre. De libératrice des princes oppresseurs, la France devient conquérante au nom de la liberté. Le 20 novembre, la découverte, aux Tuileries, d'une « armoire de fer » (en réalité un placard fermé par une porte de fer) où Louis XVI avait enfermé des documents secrets révèle les connivences du roi avec, notamment, des puissances étrangères, dont l'Autriche. La tenue d'un procès de « Louis Capet » devient inévitable. L'exécution de Louis XVI entraîne une onde de choc en Europe, Europe qui se ligue contre la République régicide. Une coalition se forme pour empêcher l'exportation de la Révolution et François II ferme son pays aux idées dangereuses. Il doit lutter contre un réveil du joséphisme, en particulier en Hongrie où la propagande jacobine a des soutiens. L'empereur devient méfiant, soupçonneux ; il accroît le nombre de ses policiers et lit dans le détail les rapports de ses informateurs.

L'invasion de la Belgique et les exactions françaises dans Bruxelles retournent l'opinion contre la Convention. Le 5 avril 1793, Dumouriez passe au service de l'Autriche. François II découvre un complot jacobin à Vienne et prend en totale aversion les idées révolutionnaires. La capitale

1. Personnage aventureux, très doué et impliqué dans diverses intrigues politiques, militaires et amoureuses, Dumouriez avait été chargé de missions secrètes par Louis XVI. Vainqueur des Autrichiens à Jemmapes, près de Mons (6 novembre 1792), puis battu à Neerwinden, en Belgique (18 mars 1793), il entre en relation, à son initiative, avec le duc de Saxe-Cobourg, et songe à marcher sur Paris. Accusé de trahison, il passe à l'ennemi et finit sa vie exilé en Angleterre où le gouvernement lui procure une pension, en échange de renseignements sur Napoléon.

autrichienne grouille d'agents royalistes mais aussi de personnages aux rôles incertains. La censure est renforcée. Lorsque l'empereur apprend l'exécution de sa tante Marie-Antoinette, il est horrifié. Progressivement, la maison d'Autriche se retrouve isolée dans sa lutte contre la France, par ailleurs plongée dans la Terreur et aux prises avec la révolte vendéenne, la disette et l'inflation. La victoire du général Jourdan à Fleurus le 26 juin 1794 permet à la France de réoccuper la Belgique. La guerre semble interminable et la Prusse finit par se lasser. Frédéric-Guillaume II juge beaucoup plus utile d'organiser un nouveau partage de la Pologne, le troisième. L'Autriche reçoit Cracovie, Lublin et la Galicie occidentale. Par le traité de Bâle du 5 avril 1795, la Prusse se retire de la coalition et abandonne la rive gauche du Rhin à la France. La Hollande et l'Espagne signent des traités avantageux pour la République. La dislocation des coalisés renforce la position française. L'Autriche, dont deux armées veillent sur la rive droite du Rhin, se retrouve seule face à la Révolution. François II resserre ses liens avec l'Angleterre.

Au printemps 1796, un vaste plan d'action est imaginé pour atteindre les Autrichiens et les Anglais sur leurs territoires. Les Français marcheraient sur Vienne par les vallées du Main et du Danube tandis que l'armée d'Italie, débouchant dans la plaine du Pô, refoulerait les Autrichiens du Milanais. Sur mer, une escadre française rejoindrait l'Irlande et ses insurgés pour combattre les Anglais. L'avancée des Français force les petits princes allemands, tels ceux de Bade, du Wurtemberg et de Saxe, à sortir de la coalition, ce qui retire à l'Empire une partie de sa substance. François II réplique. Contre les Français, il envoie son meilleur stratège, son frère cadet l'archiduc Charles. Né comme François II à Florence, Charles de Habsbourg est nommé, à vingt-cinq ans, feld-maréchal. Sa mission est de protéger l'Autriche et Vienne en arrêtant les envahisseurs qui ont assassiné sa tante.

Avec ses victoires d'Italie, Bonaparte dicte sa loi à l'empereur

Le 19 septembre, à Altenkirchen, près de Coblence, il repousse les généraux Jourdan et Marceau, blessé à mort. Les Français doivent repasser le Rhin. L'Autriche respire. En mer d'Irlande, Hoche n'est pas vaincu par les Anglais mais par une tempête hivernale ; il est contraint de faire voile vers la France sans s'être battu. Londres est soulagé. En revanche, la fulgurante campagne d'Italie révèle au monde le génie militaire de son général en chef. En trente-trois jours, le petit artilleur au teint jaune, au profil émacié et à l'accent rugueux a subjugué ses troupes mal nourries, mal vêtues et mal chaussées. Volant de victoire en victoire, Bonaparte entre dans Milan le 15 mai 1796 et promet l'indépendance aux peuples d'Italie. Il dicte sa loi à l'Autriche. Un conquérant est né. Stendhal immortalisera ce triomphe et cette entrée dans l'histoire au début de *La Chartreuse de Parme*, décrivant comment le monde avait appris « qu'après tant de siècles, César et Alexandre avaient un successeur ».

Le roi de Sardaigne, allié de l'empereur, ayant demandé un armistice pour protéger Turin, sa capitale, le général corse n'a plus que les armées des Habsbourg comme adversaires. A Castiglione, le 5 août, la garnison autrichienne, battue, salue son vainqueur ! Sur les bords du lac de Garde, Joséphine de Beauharnais, que Bonaparte a épousée l'avant-veille de son départ pour l'Italie, est menacée ; sa berline et son escorte sont prises sous le feu de canonnières autrichiennes alors qu'elle avait été mise à l'abri. Son mari stupéfie la France, les Habsbourg et l'Europe en remportant une nouvelle victoire – bientôt légendaire – au pont d'Arcole avec seulement 15 000 hommes contre 40 000 Autrichiens, après trois jours de combat dans les marais, le 17 novembre. A Rivoli, le 14 janvier 1797, les divisions françaises écrasent les corps d'armée autrichiens. Mantoue n'a plus qu'à capituler et Vienne à solliciter un armistice. Courageusement, les

Viennois ne cèdent pas au défaitisme ; au contraire, ils soutiennent leur monarque. Et il n'est rien de tel que la musique pour réveiller le patriotisme. Depuis 1792, en France, le *Chant de guerre pour l'armée du Rhin* l'avait prouvé en devenant *La Marseillaise.* Comme une réponse au chant national français, Joseph Haydn compose un hymne à la gloire de son souverain, *Dieu protège l'empereur François*, le fameux *Gott erhalte Franz den Kaiser.* Le texte de Lorenz Leopold Haschka est une véritable version monarchique de *La Marseillaise.* Il est crée au Burg Theater le 12 février, pour le vingt-neuvième anniversaire de l'empereur et en sa présence. « Le même jour, il est repris dans tous les théâtres et opéras des plus grandes villes de la monarchie[1]. »

Bonaparte a un autre objectif que l'Italie, même si leur corrélation est évidente : il veut mettre l'empereur à genoux. Et ne pas laisser cette fierté à ses généraux qui se dirigent vers Vienne. A la mi-avril, Bonaparte n'est plus qu'à une centaine de kilomètres de la capitale autrichienne. Incroyable ! Cet homme est le Diable ! Mais au même moment, les préliminaires de paix de Leoben, en Styrie, sont signés au château d'Eggenwald. Voici, pour la première fois, Bonaparte face à un Habsbourg, l'archiduc Charles, pour discuter d'une paix entre la France et l'Autriche. Tout sépare ces deux chefs mais leur talent de stratèges va les contrarier ou les accorder jusqu'en 1809. Bonaparte est victorieux et oblige la maison d'Autriche à accepter ses ordres. Selon une gravure allemande, le frère de l'empereur et le général envoyé par le Directoire, qui ont conservé leur épée au côté, se serrent la main. Ces préliminaires arrivent à temps pour les Français, car dans cette région montagneuse les hommes qui ont endossé l'exécution de Marie-Antoinette sont très mal vus, isolés et loin de leurs bases. Mais puisque Vienne a eu peur, Bonaparte, sans attendre l'aval du Directoire, est bien décidé à parler en maître. Il obtient que l'Autriche

1. Jean-Paul Bled, *Histoire de Vienne*, *op. cit.* et Henry Bogdan, *Histoire des Habsbourg*, *op. cit.* Après 1866, la mélodie de Haydn sera employée, sur d'autres paroles, pour l'hymne national allemand.

abandonne les Pays-Bas, Venise, la rive gauche du Rhin et la Lombardie ; en compensation, François II reçoit la partie orientale de la Vénétie, l'Istrie et la Dalmatie. C'est la seule province autrichienne que garde l'empereur en Italie, et encore c'est Bonaparte qui la lui laisse... provisoirement. Le traité de Campoformio du 18 octobre 1797 confirme la trêve et reconnaît la création de la République cisalpine en Milanais. En jouant le premier rôle contre l'héritier de la Révolution, l'Autriche perd beaucoup de territoires extérieurs mais est parvenue à protéger l'intégrité de ses frontières internes.

Les accords de Campoformio étant délicats à appliquer, un congrès est prévu à Rastatt, là où s'était achevée la guerre de Succession d'Espagne. Bonaparte y représente la France. L'Autriche impériale et le Directoire de la République n'étant plus en guerre, un ambassadeur est envoyé à Vienne le 8 février 1798. C'est le général Bernadotte, le contraire d'un diplomate ! Le bouillant Béarnais a de mauvaises manières, en particulier celle de donner des réceptions avant d'avoir présenté ses lettres de créance et d'accrocher le drapeau tricolore au balcon de son ambassade, ce qui n'est pas, à l'époque, dans les usages. L'un et l'autre comportement ne se font pas et choquent Vienne. Les Français qui accompagnent cet ambassadeur tonitruant et voyant sont jugés insupportables. Lorsque, avec trois semaines de retard, Bernadotte est reçu par l'empereur à la Hofburg, l'audience est fraîche tandis que l'émissaire du Directoire brûle d'impatience pour traquer les aristocrates français émigrés. Neuf semaines après son arrivée et un scandale qui a tourné à l'émeute à cause de son drapeau qu'il a refusé de décrocher, Bernadotte est contraint de quitter Vienne, furieux, vexé, humilié[1].

Attaché à une existence ordonnée et paisible, François II parvient à s'isoler malgré la dureté des temps et l'extraordinaire ascension du « Corse aux cheveux plats ». Adroit de

1. En souvenir de cet incident et du séjour peu glorieux de Bernadotte, la rue où se trouvait le palais, qui existe toujours, a été nommée *Fahnengasse* (« rue du Drapeau »). Voir, du même auteur, *Le Roman de Vienne, op. cit.*

ses mains, il construit des cages pour les oiseaux dans son atelier, range sa bibliothèque et organise des bals pour faire plaisir à sa deuxième épouse, Marie-Thérèse de Naples, qui raffole des divertissements en tout genre et aime se déguiser. Dès que la situation le lui permet, l'empereur troque son comportement sérieux pour ce qui est peut-être sa vraie nature, celle d'un mari attentif, tendre, et d'un père de famille affectueux à la tête d'une joyeuse tribu qui comptera douze enfants en seize ans de mariage. François II et sa femme sont très unis et le couple offre une image rassurante aux Viennois qui craignent d'être envahis. Par suite d'une indisposition, Marie-Thérèse de Naples doit garder la chambre et son mari n'a pas le droit de s'approcher d'elle. Il en est très malheureux et lui adresse cette lettre, menaçant de forcer sa porte :

« Ma très chère femme,

« Je vous écris deux lignes pour vous dire combien j'ai été heureux d'apprendre que vous alliez mieux… J'étais incapable de dormir tellement j'étais agité et inquiet, et maintenant j'ai un fort mal de gorge. D'être ainsi séparé de vous est pour moi la pire des privations et j'ai hâte de vous retrouver. Essayez de savoir combien de temps cette séparation est supposée durer, et faites-le-moi vite savoir, car si cela devait continuer trop longtemps, je viendrais vous voir, quoi que les médecins disent… Au revoir, et croyez-moi, à jamais,

« Votre François qui vous aime.

« P.S. : faites votre possible pour que je puisse vous voir bientôt[1]. »

L'empire d'Autriche succède au Saint Empire romain germanique

En septembre 1798, profitant de la défaite navale de Bonaparte à Aboukir, l'Angleterre lance la deuxième coali-

1. Walter Consuelo Langsam, *Francis the Good, the Education of an Emperor*, New York, Macmillan & C°, 1949.

tion contre la France. Elle comprend la Russie, l'Empire ottoman (à cause de l'expédition d'Egypte), les Deux-Siciles, la Suède, quelques princes allemands et l'Autriche, sous les ordres de l'archiduc Charles. En Allemagne et en Italie, ce frère de l'empereur a l'avantage en l'absence de Bonaparte. Le 25 mars 1799, Jourdan est battu au village de Stockach, dans le Tyrol, où le sentiment antifrançais est très vif. Si quelques succès sont enregistrés en Italie, le retour de Bonaparte renverse la situation. Le 14 juin 1800, en Lombardie, la bataille de Marengo, perdue à midi et gagnée le soir grâce à une fougueuse charge de cavalerie, donne à la France un nouvel avantage en Italie. Le 3 décembre, Moreau bat l'archiduc Jean, qui n'a que dix-huit ans, à Hohenlinden, et marche sur Vienne. Le Français n'en est plus qu'à vingt-cinq kilomètres ! Pour sauver sa capitale, l'empereur François II demande un armistice. Par le traité de Lunéville du 9 février 1801, l'Autriche confirme à la France la cession de la Belgique, de la rive gauche du Rhin et de toutes ses possessions italiennes, sauf Venise. Si la paix règne enfin sur le continent, l'autorité des Habsbourg est menacée puisque la présence française sur le Rhin est au détriment du Saint Empire. Plusieurs petits Etats sont absorbés par la France, qui peut donc intervenir dans l'Empire, ce qui était l'ambition de Bonaparte. Le 25 février 1803, la Diète de Ratisbonne et François II réorganisent et simplifient le Saint Empire, faisant disparaître des principautés ecclésiastiques, laïques et des villes libres. La Prusse, la Bavière et le Wurtemberg dominent la nouvelle structure. Le 24 mars, l'empereur signe à contrecœur le recès[1]. L'influence de l'Autriche est considérablement réduite dans le monde germanique.

François II a très bien saisi la manœuvre du Premier Consul. Ayant déjà les pleins pouvoirs, il prépare la disparition du Saint Empire, tandis que l'idée d'un Empire français, qui serait l'application juridique des victoires militaires, se

1. Acte par lequel la Diète consigne ses décisions avant que les Electeurs se retirent.

précise dans l'hiver 1803-1804. A l'évidence, le vieil empire des Habsbourg est épuisé. L'établissement du régime impérial français étant adopté le 3 mai à Paris puis confirmé par un sénatus-consulte le 18 mai, François II anticipe les événements à Vienne. Soucieux de sauvegarder et d'assurer l'hérédité impériale dans sa famille et étant donné l'importance de ses Etats, le souverain Habsbourg réunit toutes ses possessions transmissibles sous une forme nouvelle. Le 11 août 1804, il crée l'empire d'Autriche et en est le premier souverain sous le nom de François Ier. Cet acte, courageux et intelligent, évite la disparition de sa famille avec la dilution du vieil empire qui n'était plus très saint, ne dépendait plus de Rome et laissait percer de nouvelles puissances germaniques. Mais, surtout, l'empire d'Autriche pose François Ier en égal de Bonaparte qui a toutes les audaces et à qui tout réussit. Le nouveau souverain Habsbourg n'est plus élu par des princes, il se succède à lui-même en changeant de chiffre et la dévolution de sa couronne est déjà prévue. La maison d'Autriche, dont la puissance est réduite, est mieux identifiée ; elle ne fait plus partie de l'ensemble allemand et, en particulier, elle se distingue de la Prusse. Après neuf siècles d'existence et trois cents ans sous la tutelle des Habsbourg, le Saint Empire romain germanique vit ses derniers mois. Un poète, dramaturge et voyageur, observe ce fantastique évanouissement d'une des plus originales organisations politiques jamais constituées, également fascinante par sa si longue durée. C'est Goethe, né à Francfort en 1749, dans cette ville qui avait remplacé Aix-la-Chapelle en 1562 pour le couronnement des empereurs. En 1764, Johann Wolfgang von Goethe, qui avait quinze ans et dont le père était un conseiller impérial, assistait aux cérémonies fastueuses et aux réjouissances du couronnement de Joseph II. Une apothéose pour les Habsbourg. On ne verrait plus ce rituel. Quarante ans plus tard, Goethe se demande, par écrit : « Ce cher Saint Empire romain, comment tient-il encore ensemble ? »

Il ne tient plus, son agonie a été accélérée par Bonaparte qui l'a vidé de sa raison d'être pour l'étouffer. Les Habsbourg sauvent leur dynastie mais Napoléon va se couronner lui-même. Charlemagne a un nouveau successeur.

11

D'Austerlitz à Waterloo, des ennemis en famille (1804-1815)

Dans le courant de l'année 1804, la situation des Habsbourg face à Napoléon est sans précédent. Et incroyable. D'un côté, un souverain dont la lignée a occupé une position dominante en Europe pendant des siècles et qui, par prudence, s'est replié sur son noyau fondateur. En réduisant l'étendue de son pouvoir impérial, François II du Saint Empire a fait naître François Ier d'Autriche, monarque d'un seul Etat. Mais il reste, en 1804, empereur électif d'Allemagne. De l'autre côté, un général brillant, énergique, impatient, dont les succès militaires sont éblouissants et qui, en héritier de la Révolution, se propose d'être son liquidateur. Il va accepter que, pour lui, l'idéal républicain, alors représenté par le Consulat, transforme le régime en monarchie héréditaire. A Vienne, on est abasourdi ! Comment ? Après avoir écrasé les complots royalistes, exécuté ses chefs, en particulier l'herculéen Cadoudal, enlevé le jeune duc d'Enghien en pays de Bade et fait fusiller ce jeune prince innocent, petit-fils du prince de Condé, dans les fossés de Vincennes, oui, comment Napoléon oserait-il donner à la France un régime d'inspiration monarchique et héréditaire ? « Il y a des orages qui servent à affermir les racines d'un gouvernement », assure le Corse, et cette remarque est très commentée à la cour d'Autriche. Le comble était qu'au palais de Saint-Cloud les sénateurs avaient proclamé Napoléon empereur des Français « par la grâce de Dieu et la Constitution de la République » ! La maison d'Autriche restait incrédule. Il y avait de quoi : la forme impériale n'est pas dans la tradition française. Et comment peut-on créer un empire en conservant sur les monnaies les mots « République française » ? Fouché, redoutable ministre de la Police écarté depuis 1802 mais qui retrouve son poste le 10 juillet 1804, ose même, de ses lèvres blêmes, inviter Napoléon à « achever son ouvrage en le rendant immortel comme sa gloire »... C'était inouï.

Sur le fond, on comprend l'incrédulité des Habsbourg. Sur la forme aussi, il y a de quoi être étonné et même choqué. En effet, en cherchant les armes symboliques de ce nouvel empire, après avoir écarté le coq gaulois trop « animal de basse-cour » et le lion au repos, Napoléon choisit « l'aigle déployée », ancien insigne des légions romaines mais qui rappelait aussi l'aigle d'or de Charlemagne et de divers membres du Saint Empire. Et ce rapace qui fond sur sa proie symbolise bien la rapidité avec laquelle l'Empereur prend ses décisions, déplace ses armées et surprend ses adversaires.

A Vienne, pendant l'été, on en est sûr, Napoléon veut non seulement détruire le Saint Empire, mais lui substituer l'Empire français ! Puis, jugeant que « c'est avec des hochets qu'on mène les hommes », Napoléon distribue à l'hôtel des Invalides, édifié par Louis XIV, les premiers insignes de la Légion d'honneur. Et, de septembre à octobre, il entreprend avec l'impératrice Joséphine une tournée triomphale dans les départements de la rive gauche du Rhin, s'arrêtant en particulier à Cologne et à Aix-la-Chapelle. Et c'est dans la chapelle Palatine de son « illustre prédécesseur Charlemagne » que le nouveau César reçoit la reconnaissance du nouvel Empire français par le souverain Habsbourg. François II s'était déjà résigné à ne plus être, si l'on peut écrire, qu'empereur héréditaire d'Autriche, un statut immédiatement ratifié par les cours européennes.

L'ultime audace du Français est de se faire reconnaître par l'Eglise catholique et de fonder une dynastie. Il veut effacer les Bourbons comme Charlemagne a effacé les Mérovingiens. Et pour affirmer sa légitimité, il entend se faire sacrer par le pape. Non à Rome, comme jadis Charlemagne ou un empereur Habsbourg, mais à Paris ! Le souverain autrichien reçoit des courriers qui font état des remous que suscite l'idée de faire venir le pape. Les républicains, les anticléricaux, les révolutionnaires, déjà choqués par la mégalomanie du Bonaparte, font connaître leur désapprobation. Réponse inattendue de la part d'un soldat qui n'avait pas, jusqu'ici, fait grand cas de la religion : « Tout ce qui tend à rendre sacré celui qui gouverne est un grand bien. » Et cet argument prouvant qu'il s'agit uniquement de politique : « Il faut juger de l'avantage que nous en tirerons par le déplaisir qu'en auront nos ennemis : qu'en diront les Bourbons ? »

Et les Habsbourg ? Ils restent muets ! Demander à Pie VII, âgé et malade, d'entreprendre le voyage de Rome à Paris pour couronner un soldat révélé pendant les horreurs de la Révolution dépasse ce que l'on pouvait imaginer à Vienne.

Le 1er décembre, Joséphine ayant avoué au Saint-Père qu'elle n'était mariée que civilement, Napoléon, dominant son irritation, fait appeler son oncle, le cardinal Fesch, qui, le soir même, dans une chambre des Tuileries et sans témoins, bénit l'union des souverains. Joséphine a été très adroite. Le sacre du 2 décembre et son caractère sacrilège indignent l'Europe conservatrice. En exil, les frères de Louis XVI, le comte de Provence et le comte d'Artois, protestent contre cette « usurpation ». Le Saint-Père, complice de cette mascarade, n'est pas épargné. « Les forfaits d'un Alexandre Borgia sont moins révoltants que la hideuse apostasie de son faible successeur », tempête le catholique Joseph de Maistre. A Vienne, François Ier de Habsbourg-Lorraine, à qui tous les détails de la cérémonie ont été rapportés, s'interroge : devra-t-il vraiment considérer Napoléon comme son égal et un frère des monarques européens de droit divin ?

A la réflexion, un tel traitement est impossible. D'ailleurs, le tsar Alexandre Ier est très hostile à celui qu'il appelle, par dérision, « Sa Majesté corse ». Certain de ses victoires et confiant dans ses dons de stratège, l'empereur des Français se permet tout.

Le 17 mars 1805, en créant le royaume d'Italie dont il se proclame, sans états d'âme, le souverain, Napoléon réalise un vieux rêve, celui de se placer en héritier attentif des Césars. Et, sans doute, dans l'agglomérat que représente le Saint Empire agonisant, le titre de roi des Romains, qui permettait d'accéder à la dignité impériale et qu'avaient porté les Habsbourg, est-il celui qui compte le plus. C'était déjà dans ce sens que le général Bonaparte avait créé la République cisalpine et ses sœurs. C'était en Italie, où l'on avait acclamé ses triomphes, qu'il avait rencontré la gloire. Mais en annexant la République ligurienne et le duché de Parme, Napoléon indispose l'Europe. En avril, l'Angleterre, la Russie, la Suède, les Bourbons de Naples et l'Autriche forment la troisième coalition afin de lutter contre les progrès de la domination française en Italie et dans certains Etats allemands. Que Napoléon ait ceint, à Milan, la couronne de fer et qu'il transforme Lucques en principauté au profit de sa sœur aînée Elisa est une provocation de plus. Le Bonaparte se croit-il partout chez lui ?

La route de Vienne est ouverte.
Les Habsbourg s'enfuient...

Ordre est donné au général Mack, le meilleur chef autrichien avec l'archiduc Charles, d'envahir la Bavière devenue, depuis peu, l'alliée de la France. L'affaire est conduite sans déclaration de guerre car « l'Usurpateur » est un parvenu ignorant les bonnes manières. Pendant que Napoléon dirige des négociations avec les Electeurs de Bade et du Wurtemberg, sept corps d'armée (« sept torrents », selon l'auteur de la manœuvre) franchissent le Rhin, avancent vers le haut Danube et, par d'heureux combats, encerclent

Ulm. Napoléon charge Ney de prendre Elchingen, sur la rive gauche du fleuve, et, le 14 octobre, il refoule les Autrichiens et fait 3 000 prisonniers. Mack, bloqué dans Ulm et coupé de ses arrières, est contraint de capituler avec ses 33 000 hommes le 20 octobre. Pendant cinq heures d'affilée, Napoléon assiste au défilé des vaincus jetant leurs armes aux pieds du vainqueur. En quelques semaines, ce sont près de 100 000 adversaires de la France qui ont été mis hors de combat. L'empereur François est atterré : il a fait demander un armistice mais Napoléon a refusé et ce maudit Français fonce sur Vienne avec une confondante maestria. Toutefois, l'Autriche a encore la chance de pouvoir regrouper ses divisions, et leurs alliées, les forces russes, n'ont pas été vaincues. La Prusse, qui avait promis sa neutralité au Français, pourrait, éventuellement, entrer dans le confit contre Napoléon. De passage à Potsdam, le tsar Alexandre s'entretient avec Frédéric-Guillaume II et surtout avec la très belle reine Louise, très sensible au charme du petit-fils de la Grande Catherine et, surtout, ennemie acharnée de Napoléon ; elle le juge insupportable[1]. Le roi de Prusse hésite puis conclut une alliance avec le tsar. Averti par un espion, sentant le danger, Napoléon hâte les événements. La route de Vienne lui est totalement ouverte et l'avant-garde de Murat progresse à marche forcée. Au début de novembre, l'empereur François Ier, refusant d'être le prisonnier de Napoléon dans sa capitale, décide de se mettre en sûreté derrière les hauts murs de la forteresse d'Olmütz, en Moravie, où se trouve déjà le tsar[2]. Le spectacle de la famille impériale s'enfuyant avec des archives, des trésors de plusieurs siècles, des œuvres d'art n'est guère brillant. Mais il y a plus gênant, à savoir l'attitude des Viennois. Voilà des mois qu'ils entendent parler de ce Français qui bouleverse par les armes ce que la Révo-

1. Il ne faut pas confondre la reine Louise de Prusse, ravissante épouse de Frédéric-Guillaume II, avec Louise-Ulrique de Prusse (1720-1782), digne sœur de Frédéric II et épouse du roi Adolphe-Frédéric de Suède.

2. Aujourd'hui Olomouc, en République tchèque.

lution avait d'abord contesté par les idées. Les Turcs avaient fait peur. A plusieurs reprises. L'invasion napoléonienne déclenche, certes, une hostilité, mais également une curiosité. Celle-ci l'emporte sur la haine et les actions de résistance. Après la maîtrise des faubourgs, Murat tient les ponts. Vienne est incapable de se défendre ; le 13 novembre, les Français y entrent, portes ouvertes. Le lendemain, Napoléon reçoit (symboliquement !) les clés de la ville mais préfère établir son quartier général à Schönbrunn, le Versailles des Habsbourg. N'est-il pas l'égal de l'empereur en fuite ? S'installer en maître chez les Habsbourg, quelle jouissance ! Puis, il remonte vers le nord, pour affronter les Austro-Russes. Le 13, près de Znaim, une dépêche lui apprend le désastre de Trafalgar, survenu le 21 octobre. Que l'amiral Nelson y ait été mortellement blessé n'atténue pas la défaite chiffrée à dix-huit bateaux pris ou coulés sur trente-trois et 7 000 marins français et espagnols tués ou noyés. Que l'amiral Villeneuve soit prisonnier est infamant. Napoléon en tire vite la conclusion que la puissance maritime de la France est anéantie pour longtemps et qu'il n'est plus question d'envahir l'Angleterre. Seule une victoire en territoire autrichien effacera ce que l'Empereur, qui n'a guère de chance avec sa marine, qualifie de « combat imprudemment engagé » pour désigner Trafalgar. La revanche s'appelle Austerlitz[1]. Triomphale comme l'on sait, elle hisse Napoléon au plus haut niveau européen puisque cette bataille a impliqué trois empereurs, dont lui-même. Le Français a affronté l'empereur d'Autriche et le tsar de Russie, deux souverains de lignées remontant à plusieurs siècles et ayant compté des personnages aussi considérables que Marie-Thérèse et Pierre le Grand. En battant leurs armées ce 2 décembre 1805, l'empereur des Français a le privilège d'un nouveau sacre ; il s'est imposé auprès des plus grands. S'il avait souvent affronté les Autrichiens, il venait de découvrir l'armée russe. Enfin, il a conduit ses

1. Aujourd'hui Slavkov, à l'est de Brno, anciennement Brünn, en République tchèque.

ennemis à accomplir une manœuvre qui – il le prévoyait – devait les perdre. Vers 4 h 30, à la tombée de la nuit, l'empereur François et le tsar Alexandre se retirent à Olmütz. Le bilan est impressionnant : si les Français n'ont perdu que 8 000 hommes, les Austro-Russes compteront 37 000 morts et 30 000 prisonniers. Dans un de ses fulgurants raccourcis, Chateaubriand écrira : « Enchaîné à ses propres triomphes, Napoléon a été emmené à leur suite jusqu'au centre de la Moravie. » Beaucoup moins lyrique, l'empereur François Ier écrit à sa femme Marie-Thérèse la nouvelle de la défaite avec une belle économie d'émotions et de mots :

« Une bataille a été livrée aujourd'hui, qui n'a pas pris un tour favorable. Je vous prie, en conséquence, de vous retirer d'Olmütz à Teschen, avec tout ce qui nous appartient. Je me porte bien.

« Avec toute ma tendresse, François. »

Le 4 décembre, alors que les blessés ont été évacués vers Vienne, dans un moulin à Samtschitz, près d'Austerlitz, se déroule la première rencontre entre les trois empereurs. Aucun d'eux à cette date ne peut supposer que, cinq ans et divers désastres plus tard, le vaincu autrichien sera devenu le beau-père du vainqueur et qu'ils entretiendront des relations familiales. Pour l'instant, Alexandre et François, vêtus de blanc et de rouge, se présentent devant un Napoléon très aimable ; les trois hommes, chapeaux bas, sont prévenants, l'entrevue est courtoise. Le vainqueur s'incline profondément devant le souverain Habsbourg et lui dit : « Je regrette, Sire, d'être obligé de vous recevoir ici. C'est le seul palais où j'aie mis les pieds depuis deux mois… »

C'est faux : il y a moins de trois semaines Napoléon investissait Schönbrunn, sans s'y attarder il est vrai.

L'Autrichien répond, d'un ton sec : « Vos quartiers actuels vous sont si profitables, Sire, que je suis persuadé qu'ils ne peuvent manquer de vous plaire. »

Il faudra près de trois semaines pour que les négociations, commencées à Brünn (Brno), aboutissent au traité signé à Presbourg, le 26 décembre. Les clauses en sont catastrophiques pour l'Autriche.

La Confédération du Rhin prétend succéder au Saint Empire

La maison de Habsbourg doit céder à la France la Vénétie, annexée au royaume d'Italie, l'Istrie (moins Trieste) et la Dalmatie, rattachées à l'Empire français. L'Autriche doit aussi abandonner le Tyrol, le Vorarlberg et le Trentin à la Bavière. Celle-ci et le Wurtemberg deviennent des royaumes souverains selon une diplomatie matrimoniale très étudiée. Ainsi, Napoléon marie son beau-fils et fils adoptif Eugène de Beauharnais avec la princesse Augusta de Wittelsbach, fille du nouveau roi, et Stéphanie de Beauharnais, petite cousine de Joséphine, avec le futur grand-duc de Bade. En distribuant des couronnes à ses proches et à sa famille, Napoléon fait, en somme, disparaître la plus prestigieuse de toutes, celle du Saint Empire. L'Allemagne est totalement réorganisée, en particulier celle du Sud, et l'Autriche en est éliminée. Le 12 juillet 1806, une Confédération du Rhin rassemble les principaux princes allemands, lesquels ont la judicieuse idée de demander à Napoléon d'être leur protecteur, en fait leur suzerain. Par cet accord, signé à Paris, chaque Etat doit notifier à la Diète de Francfort sa séparation d'avec le Saint Empire, qui cesse d'exister. A Vienne, c'est dans l'église dite des Neuf-Chœurs-des-Anges, sur la place Am Hof, que des hérauts, à grand renfort de trompettes, proclament la dissolution définitive du Saint Empire romain germanique et la naissance de l'empire d'Autriche. En ce lieu, au cœur de la vieille cité, se trouvait la première résidence des ducs d'Autriche quand ils avaient fait de Vienne leur capitale. Puis, dans la salle du Trésor de la Hofburg, François Ier dépose, le 6 août, la couronne d'or. Il en avait été le dernier titulaire. Il avait prévu sa disparition. Il règne désormais sur l'Autriche, la Bohême, la Hongrie et la Galicie. L'essentiel de la succession est sauvé.

La tempête napoléonienne continue sans atteindre les Habsbourg. Pendant trois ans, ils se recueillent, pansent leurs blessures, réparent leurs pertes et assistent, de loin et sans y participer, à la quatrième coalition fomentée par la Prusse, très hostile à la nouvelle Allemagne, avec la Russie et l'Angleterre. L'exaltation du sentiment national resserre les liens du peuple autour des Habsbourg. C'est une coalition socio-dynastique qui se prépare. L'archiduc Charles, ministre de la Guerre, reconstitue son armée, fortifie la frontière, organise une milice de réserve territoriale tandis qu'un aristocrate d'origine rhénane, ambassadeur à Paris en 1806, Metternich, prépare une singulière revanche avec son ministre, le comte Stadion. Dans les salons viennois, on demeure confiant dans la mission historique des Habsbourg, comme le proclame le baron de Hormayer, familier du cercle littéraire de Karoline Pichler, une nationaliste dont la mère avait été très proche de l'impératrice Marie-Thérèse.

L'empereur François Ier montre l'exemple, il est patient et croit en l'avenir. En mai 1807, sa chère épouse est enceinte pour la douzième fois. Atteinte, pense-t-on, d'une pneumonie, elle accouche prématurément et meurt, laissant un mari accablé qu'il faut arracher au corps froid de Marie-Thérèse. La douleur du souverain est tangible mais son deuil est bref puisqu'il se remarie huit mois plus tard. La nouvelle impératrice, Marie-Ludovica de Modène, est une de ses cousines. Très jolie, avec un teint de porcelaine, elle a vingt ans, soit seulement quatre ans de plus que la fille aînée du monarque veuf ; il en a quarante et n'est toujours pas prêt à rester célibataire. Son troisième mariage est un événement considérable de la vie viennoise puisque, avec la noce, on inaugure, dans le faubourg de Schottenfeld, l'immense temple de la danse qu'est l'*Apollo.* Luxueux, d'un goût discutable, dans un vague style retour d'Egypte avec une statue d'Apollon au milieu de rochers, ce palais du tourbillon peut accueillir, dans plusieurs salles, près de 10 000 danseurs. Une mode nouvelle fait fureur, la valse. Les médecins la déconseillent, affirmant, dans *L'Encyclopédie des exercices du corps*, que « dès l'entrée dans la salle de danse, l'homme doué du sens du rythme est incommodé par la rapidité excessive de la valse. Ces mouvements désordonnés, ces bonds sauvages proviennent, incontestablement, non du caractère spécifique de la valse, mais du vertige propre aux danseurs ».

Une dangereuse gymnastique qui allait joyeusement bousculer Vienne, l'Autriche et le monde. Hélas, la troisième épouse de l'empereur est phtisique. La tuberculose lui interdit la danse, mais aussi la chasse, le cheval, les randonnées en montagne et même les paisibles promenades dans le parc du château de Laxenburg, aux portes de Vienne, où son mari a fait construire une imitation de forteresse médiévale qui l'amuse beaucoup. Marie-Ludovica étant astreinte à des cures thermales dans l'espoir de prendre des forces, du poids et de guérir, le vigoureux jeune marié est vite malheureux de sa solitude. Il se console dans d'autres bras ; ses conquêtes ont des surnoms, ce qui lui vaut des courriers à la fois tendres, jaloux et pleins d'humour de sa femme : « Et vous recevriez un double, un triple baiser si je pouvais le faire, mais je n'ai pas l'espoir de vous revoir si vite. D'un côté, cela vaut sans doute mieux, car, avec la mine que j'ai aujourd'hui, vous seriez capable de me vendre au marché aux puces et d'accorder vos faveurs à Spitin à ma place. Je vais essayer de devenir dodue et d'éclipser les charmes anguleux de Spitin. L'avez-vous revue, polisson[1] ? »

Au printemps 1809, les difficultés de Napoléon en Espagne et ses premiers échecs militaires incitent les Autrichiens à relever la tête. Dans le Tyrol annexé par la Bavière, l'aubergiste Andreas Hofer soulève les montagnards restés fidèles aux Habsbourg. Le 27 mars, la cinquième coalition, seulement constituée de l'Autriche et de l'Angleterre, est prête à la guerre contre l'Empire français. Andreas Hofer, « le chouan du Tyrol », se rend maître

1. Archives de la Cour, de l'Etat, Archives nationales, Vienne.

des montagnes, menace les arrières de la Grande Armée ainsi que ses communications avec l'Italie. Napoléon est contraint d'envoyer des troupes pour l'éliminer[1]. Le 10 avril, les troupes autrichiennes entrent en campagne. Le tsar, qui demeure, en principe, l'allié de Napoléon depuis les traités de Tilsit, prévient secrètement l'empereur François Ier qu'il ne participera pas aux opérations françaises car le Blocus continental, auquel il avait adhéré, ruine l'économie russe. Ayant laissé son frère Joseph en Espagne, Napoléon annonce : « [...] Je m'en vais à Vienne seul avec mes conscrits et mes grandes bottes. » Avec sa rapidité coutumière, il libère la Bavière que l'Autriche avait envahie. Le 21 avril, la garnison française de Ratisbonne capitule mais l'archiduc Charles n'en reste maître que trente-six heures. Le 23, il est vaincu à Eckmühl mais peut battre en retraite. De nouveau, comme en 1805, la route de Vienne est ouverte. Le 10 mai, arrivé à Schönbrunn, Napoléon fait bombarder les quartiers du Graben et du Köhlmarkt ainsi que les vieilles murailles qui, deux siècles plus tôt, devaient contenir les Turcs. De nombreux incendies éclatent, embrasant l'horizon où se profile la flèche de la cathédrale Saint-Etienne. Le 13 mai, à 2 heures de l'après-midi, Vienne, pétrifiée et choquée par un déluge de 2 000 boulets et un bombardement de vingt-quatre heures, capitule.

La victoire française de Wagram décourage les Autrichiens

Mais la guerre continue. Au nord du Danube, l'archiduc Charles a détruit les ponts. Napoléon les remplace par des ponts de bateaux qu'une subite crue emporte. Les Autrichiens sont menaçants. Après Essling (Aspern pour les

1. Capturé, Andreas Hofer sera fusillé à Mantoue le 20 février 1810 et deviendra le héros national du Tyrol. Voir le livre de Jean Sévillia, *Le Chouan du Tyrol, Andreas Hofer contre Napoléon*, Perrin, 1991, réédition « Tempus », 2010.

Autrichiens), les Français n'ayant pu prendre pied sur la rive gauche du fleuve, ils concentrent, en deux mois, plus de 180 000 hommes. L'ultime combat se déroule près du plateau de Wagram, au nord-est de Vienne, les 5 et 6 juillet. La bataille est gigantesque, longue et très sanglante. L'empereur d'Autriche, du haut d'une colline et armé d'une longue-vue, assiste à la défaite de ses armées et de son frère. Son commentaire est, comme d'habitude, laconique : « M'est avis qu'il ne nous reste plus qu'à rentrer à la maison[1]. »

L'archiduc Charles perd 50 000 hommes mais peut se retirer en bon ordre vers la Bohême, Napoléon 34 000. Pour la première fois, sa victoire a été chèrement acquise mais les Autrichiens sont découragés. François Ier demande un armistice ; il est conclu le 12 juillet. Cette cinquième coalition est la plus réduite, la plus rapidement disloquée et la plus catastrophique pour l'Autriche. La paix de Vienne, signée à Schönbrunn le 14 octobre 1809, ampute gravement son territoire. La monarchie des Habsbourg abandonne Salzbourg (donnée à la Bavière), la Galicie (cédée au grand-duché de Varsovie), la Carinthie, Villach, Trieste, l'Istrie et la Dalmatie sont regroupées dans les Provinces Illyriennes, qui dépendent de l'Empire français. François Ier perd trois millions et demi de sujets et l'Autriche n'a plus aucun accès à la mer Adriatique, ce qui est grave pour son économie. Enfin, le pays vaincu et occupé doit payer une indemnité de guerre fixée à 75 millions de francs-or. L'empereur François nomme Metternich chancelier et ministre des Affaires étrangères. Voir Napoléon descendre l'escalier en fer à cheval de Schönbrunn au milieu des acclamations de ses soldats avait été pénible. Ils occupent le château jusqu'au 19 novembre. Ils dépouillent la galerie du Belvédère de ses tableaux et les expédient en France. Napoléon ne visite Vienne que le soir. C'est à la lumière de torches qu'il se rend dans la crypte des Capucins où il se

1. Walter Tritsch, *Metternich und sein Monarch*, Darmstadt, Im Holle Verlag, 1952.

recueille devant le spectaculaire et surprenant tombeau de Marie-Thérèse et de son époux. Il est temps de réagir. C'est alors que la plus inattendue, la plus incroyable et la plus astucieuse des romances politiques et dynastiques va modifier le destin des Habsbourg. Et de dizaines de millions de gens.

Avec sa famille, Napoléon domine la moitié de l'Europe. Il lui manque une assurance sur l'avenir, un héritier légitime. Longtemps il s'est inquiété de savoir s'il pouvait être père. En 1806, la naissance d'un fils naturel, fruit d'une passade avec une lectrice de sa sœur Caroline, l'avait rassuré comme le rassurera la grossesse impériale de Marie Walewska qui lui donnera un autre fils. Un second mariage lui permettrait de fonder une dynastie. Certes, Joséphine est populaire, il l'aime encore mais l'absence d'un fils n'est plus supportable. De plus, le 12 octobre, deux jours avant la signature du traité de Vienne, un étudiant saxon, Frédéric Staps, avait tenté de tuer Napoléon à Schönbrunn. Refusant d'être gracié, il avait été fusillé. L'Empire était fragile et il était admis qu'aucun des frères de l'Empereur ne pourrait lui succéder. Le 30 novembre 1809, lors d'un dîner en tête à tête, l'époux de Joséphine lui annonce sa décision de divorcer pour que son nom soit transmis sans tenir compte de ses neveux. L'impératrice se serait évanouie mais on la sait vaillante dans l'adversité. Selon la légende, Napoléon, tout de même très ému, doit appeler le préfet du palais pour qu'il l'aide à la transporter dans sa chambre. De celle qu'il va quitter, il dira, plus tard : « Je l'ai réellement aimée ; je ne l'estimais pas, elle était trop menteuse. » Le 14 décembre, aux Tuileries, l'impératrice répudiée doit lire l'acte par lequel elle accepte son sort. Les frères et sœurs Bonaparte ont du mal à dissimuler leur satisfaction, ils ne l'aimaient guère. L'annulation du mariage religieux, indispensable en cas d'une seconde union avec une princesse catholique, est résolue en rappelant qu'il avait eu lieu sans les témoins d'usage, clandestinement, donc Napoléon avait été contraint d'accepter une cérémonie dont il ne désirait pas la célébration. L'argument, spécieux, est retenu. Qui oserait contrarier le maître du monde occidental qui est même admiré des Ottomans ?

Le voici donc libre de convoler à nouveau. Mais avec qui ? Dix-huit noms de princesses ont été retenus, trois s'en distinguent. Après Tilsit, désireux de consolider l'alliance avec la Russie, Napoléon avait déjà exposé au tsar Alexandre sa volonté de se séparer de Joséphine et avait songé à épouser une des sœurs de son nouvel allié. La grande-duchesse Catherine, l'aînée, ou bien la cadette, Anne, le Français n'était pas fixé, mais une Romanov ferait l'affaire. Le tsar, dont la famille n'appréciait pas du tout le « parvenu corse », s'était hâté de marier Catherine à un prince allemand. Et il avait fait traîner les négociations concernant Anne, prétextant son trop jeune âge et la différence de religion. En réalité, Alexandre Ier acceptait Napoléon comme adversaire ou allié mais pas comme beau-frère ! Il reste un nom, celui de la fille aînée de l'empereur François Ier de Habsbourg, le vaincu d'Austerlitz et de Wagram, l'archiduchesse Marie-Louise ! Si l'on veut bien considérer cette folle hypothèse, on propose à une princesse de dix-neuf ans d'être livrée à un homme épouvantable, l'ennemi juré de sa famille, de sa patrie et de sa religion. Ce même conquérant a humilié son père lors de deux défaites cuisantes et l'a obligée à fuir Vienne deux fois. Enfin, cet homme qui est l'héritier de la Révolution française est donc celui des assassins de sa grand-tante guillotinée, Marie-Antoinette. En bref, Napoléon est un monstre. Et c'est à lui qu'on veut l'unir ? Napoléon, gendre d'un Habsbourg ? A priori, la malheureuse devrait se suicider ou prendre le voile, à moins d'avoir la vocation d'une Iphigénie d'Europe centrale.

Informée, Marie-Louise répond à Metternich, porteur du projet : « Je ne veux que ce que mon devoir me commande de vouloir. Quand il s'agit de l'intérêt de l'Empire[1],

1. Celui d'Autriche, bien entendu.

c'est lui qu'il faut consulter et pas ma volonté. Priez mon père de n'obéir qu'à ses devoirs de souverain et de ne pas les subordonner à mon intérêt personnel. »

Pas d'enthousiasme, seulement l'application d'un calcul politique qui la dépasse, la résignation à la raison d'Etat. Qui, en fait, a eu l'idée de ce mariage ? Metternich et Talleyrand étaient favorables à cette alliance. L'Autriche, vaincue et menacée de démembrement par un Napoléon qui avait failli appeler les Hongrois à la révolte, n'était pas en mesure de dédaigner cette proposition comme l'avait fait le tsar. Dès la signature du traité de Schönbrunn, l'empereur François Ier a compris que l'intérêt de son pays était de se rapprocher du vainqueur, ce qui, à brève échéance, briserait définitivement l'alliance franco-russe.

Talleyrand défend le remariage de Napoléon avec Marie-Louise

Dans ses *Mémoires*, Talleyrand raconte comment il s'est fait l'avocat du mariage Habsbourg dès janvier 1810 : « [...] J'étais sur mon terrain. Je pus soutenir par d'excellentes raisons qu'une alliance autrichienne serait préférable pour la France. Mon motif secret était que la conservation de l'Autriche dépendait du parti que l'Empereur allait prendre, mais ce n'était pas ce qu'il fallait dire. »

Ainsi que l'écrit Jean Tulard : « Le mariage autrichien ne pouvait que détourner Napoléon d'un projet que Talleyrand combattait au nom de l'équilibre européen. Pour arracher l'adhésion de Napoléon, il ajoute : "Je m'adressai à l'Empereur en lui demandant qu'une princesse autrichienne apparût au milieu de nous pour absoudre la France aux yeux de l'Europe et à ses propres yeux d'un crime qui n'était pas le sien et qui appartenait à une faction." La remarque n'a pas dû faire plaisir à Fouché. Mais l'idée d'une réconciliation européenne par ce mariage fit impression sur les membres du conseil[1]. »

Visionnaire, Talleyrand veut empêcher Napoléon de détruire l'Autriche, même si elle l'a exaspéré en participant à quatre coalitions sur cinq. De même, il cherche à réduire la responsabilité de la France à une « faction » (quelques conventionnels) dans l'exécution de Marie-Antoinette pour tenter d'obtenir le pardon de sa famille. Enfin, une grande alliance, avec son empire, ne peut qu'asseoir en Europe la situation de Napoléon. En février 1810, celui-ci peut savourer, avec orgueil, le lien qu'il va contracter avec l'une des plus anciennes et des plus illustres maisons européennes.

Pour faire officiellement sa demande en mariage, Napoléon dépêche le maréchal Berthier à Vienne où il arrive après douze jours de voyage. Berthier, âgé de cinquante-sept ans, est un soldat très courageux, que l'on a vu plusieurs fois se précipiter au cœur des combats. Déjà prince de Neuchâtel, il vient d'être titré prince de Wagram, ce qui ne peut qu'indisposer les Viennois ! Mais ceux-ci – et la Cour – savent aussi qu'en juillet 1789, alors qu'il était major général de la garde nationale à Versailles, il avait protégé la famille royale et qu'en 1791 il avait aidé Madame Adélaïde et Madame Victoire, tantes par alliance de Marie-Antoinette, à s'enfuir. Il avait même été rayé des cadres à la chute de la royauté. Enfin, son caractère mesuré lui a permis de remplir plusieurs missions délicates. Non, vraiment, il n'a rien de ce rustre de Bernadotte et mérite d'être un ambassadeur extraordinaire pour une affaire peu ordinaire. Son arrivée est celle d'un messager de paix. Enfin ! Un chroniqueur, ébloui par l'enthousiasme réservé à l'envoyé de Napoléon cinq mois seulement après Wagram, écrit que

---

1. Jean Tulard, de l'Institut, dans le catalogue de l'exposition *Napoléon Ier et Marie-Louise à Compiègne, la politique de l'amour,* au musée national du Palais impérial de Compiègne (28 mars-19 juillet 2010), édité par la Réunion des musées nationaux. Cette exposition et ce catalogue ont enfin comblé un grand vide dans la connaissance de cet événement et de son contexte, tant politique qu'artistique.

Berthier avance « [...] au milieu d'un concert inouï de grands seigneurs et de peuple. Toute la cour était allée à sa rencontre avec les équipages de la Couronne qui devaient le transporter au palais. Le peuple viennois, dans un excès de contentement, voulait dételer sa voiture pour la traîner et on eut beaucoup de peine pour empêcher cette manifestation tumultueuse ».

Respectueux des usages, le maréchal se présente à la Hofburg le 7 mars, à 18 heures. Le protocole est rigoureux. Devant l'empereur François, il déclare : « La politique de mon souverain se trouve en accord avec les vœux de son cœur. Cette union de deux puissantes familles donnera à deux nations généreuses de nouvelles assurances de tranquillité et de bonheur. »

Les Bonaparte et les Habsbourg sont présentés à la même hauteur. Il n'est pas certain que le père de l'archiduchesse soit de cet avis, mais il n'a pas les moyens d'être difficile. Entre Marie-Louise. Berthier lui remet une lettre de Napoléon et un de ses portraits qu'elle accroche à son corsage. Une attention délicate ; l'archiduchesse fait tout ce qu'il faut pour effacer – ou tenter d'effacer – un passé tragique et douloureux. Le 9, elle renonce à ses droits sur la couronne d'Autriche. Après deux jours de festivités, le mariage par procuration se déroule dans l'église des Augustins, la paroisse de la Cour. La cérémonie reprend le rituel du mariage, également par procuration, de Marie-Antoinette. Par un hommage du vainqueur au vaincu, Napoléon a souhaité que ce soit l'archiduc Charles, son adversaire, qui le représente. La taille du doigt de l'Empereur étant inconnue, l'archevêque de Vienne bénit, par précaution, douze alliances de diamètres différents. Marie-Louise les emportera à Paris. Son départ est fixé au 13 mars ; lors de ses adieux à sa famille, elle distribue bijoux et diamants à ses frères et sœurs. Comment est-elle physiquement ? Les médaillons sont si trompeurs ! Berthier, qui la précède de vingt-quatre heures sur le chemin de la France, écrit à Napoléon : « Plus je connais l'impératrice, Sire, et plus je suis assuré que, quoiqu'on ne puisse pas la considérer comme une jolie femme, elle a tout ce qu'il faut pour faire le bonheur de Votre Majesté. »

L'Empereur, conciliant et confiant, répond : « Enfin, qu'elle soit bonne et me fasse de gros garçons, je l'aimerai comme la plus belle. »

Dès le 21 mars, le comte de Clary, chambellan de l'empereur d'Autriche porteur d'une lettre pour son gendre, inspecte les appartements de Marie-Louise et écrit à sa femme combien ils sont beaux.

Napoléon a toujours été pressé. Avec l'impatience d'un jeune amoureux, il balaie le protocole et, au lieu d'attendre sa future femme à Compiègne, comme prévu, le 28 mars, il saute dans une voiture de poste et ordonne de galoper au-devant de Marie-Louise. Leur rencontre a lieu à Courcelles-sur-Vesle, en Champagne, sous une forte pluie. Comme s'il l'avait toujours connue, comme si celle qui n'était déjà plus autrichienne était une proche parente qu'il n'avait pas vue depuis longtemps, l'Empereur embrasse sa nouvelle épouse sur les deux joues. La réception prévue à Soissons est annulée et le cortège imprévu arrive à Compiègne le 27 mars, vers 21 h 30. « L'Empereur aurait dû coucher à l'hôtel de la Chancellerie et Marie-Louise au château, le protocole prévoyant que, jusqu'au mariage officiel, ils ne pouvaient dormir sous le même toit, souligne Jean Tulard. Pour vaincre les scrupules de celle qui n'était encore sa femme que par procuration, l'Empereur interrogea son oncle, le cardinal Fesch : "N'est-ce pas vrai que nous sommes bien mariés ?" "Oui Sire, répondit le prélat, d'après les lois civiles." La nuit de noces se passa donc, de façon anticipée, ce soir-là, à Compiègne[1]. »

Comment est Marie-Louise ? « Dans tout l'éclat de sa jeunesse », d'après Méneval, secrétaire de Napoléon : « Des cheveux châtain clair, fins et abondants, encadraient un visage frais et plein sur lequel des yeux remplis de douceur répandaient une expression charmante. »

1. *Op. cit.*

Au musée municipal de Vienne, on peut toujours voir une tabatière ronde en ébène, recouverte d'une plaque de cuivre dorée. On y compte trois profils, celui de l'empereur François qui porte le collier de la Toison d'or, celui de Napoléon qui porte les emblèmes de la Légion d'honneur et, entre les deux, la charmante Marie-Louise, coiffée d'un diadème, le buste fort dégagé. Sous Louis XIV, Saint-Simon aurait écrit que l'archiduchesse de dix-neuf ans est « très présentée » ! Marie-Louise domine son mari d'une demi-tête mais cela ne gêne nullement le conquérant quadragénaire. Au contraire…

La nouvelle impératrice des Français n'a que dix-neuf ans

Deux jours plus tard, la famille impériale est convoquée pour connaître la nouvelle impératrice puis on gagne Saint-Cloud où se déroule le mariage civil, sous l'égide de Cambacérès, archichancelier d'Empire. Le 2 avril, trente-deux carrosses quittent le palais de Saint-Cloud. Le plus somptueux, équipé de glaces et entièrement doré, est attelé à huit chevaux andalous. Napoléon et Marie-Louise y ont pris place, lui en habit de satin blanc brodé d'or, elle en robe et manteau de cour en tulle d'argent. Le cortège, acclamé par la garde impériale qui aligne une haie d'honneur, entre dans le jardin des Tuileries après avoir traversé la place de la Concorde où, le 16 octobre 1793, Marie-Antoinette avait été décapitée. Marie-Louise serait-elle une nouvelle « Autrichienne » ? Pour elle, la situation est doublement difficile. Etre une Habsbourg-Lorraine n'est pas, a priori, un avantage. Mais succéder à Joséphine est encore plus délicat. Celle-ci est très populaire car le public ignore encore ses infidélités, ses malversations, son élégance vis-à-vis des royalistes. L'opinion ne sait pas non plus que Joséphine a osé proposer à l'Empereur de faire un enfant à une des demoiselles d'honneur qu'elle présenterait comme le sien. Napoléon avait refusé, car « on ne trompe pas le peuple » et, de toute manière, la supercherie était impossible ; Joséphine n'était plus en état d'être à nouveau mère.

Marie-Louise doit donc relever un défi très complexe, se faire accepter. La cérémonie religieuse a lieu dans le salon Carré du Louvre, transformé en chapelle. La nièce de Marie-Antoinette est maintenant unie à l'héritier de la Révolution. Selon le mot du prince de Ligne, une « belle génisse » est livrée au Minotaure par un père soucieux de sauver son empire. Pasquier, alors conseiller d'Etat, livre ses impressions : « Lorsque l'Empereur passa devant nous, nous fûmes frappés par l'air de triomphe qui régnait dans toute sa personne. Sa physionomie, naturellement sérieuse, était rayonnante de bonheur et de joie. La cérémonie, célébrée par le cardinal Fesch, grand aumônier, ne fut pas longue, mais quel ne fut pas notre étonnement lorsque nous vîmes au retour cette physionomie, tout à l'heure si radieuse, devenue sombre et menaçante. Que s'était-il donc passé dans ce court intervalle ? »

Près de l'autel, treize fauteuils sont restés vides. Treize évêques et cardinaux, nommés par Napoléon mais auxquels le pape Pie VII, prisonnier à Savone, près de Gênes, a refusé de donner l'investiture canonique, ne sont pas venus. Ils sont fidèles au Saint-Père qui n'avait pas été consulté pour l'annulation du premier mariage. Le marié est ulcéré. Bien que Rome ait été annexée à son empire, des prélats ont osé lui résister. Ces insoumis seront exilés dans diverses villes de province avec l'interdiction de porter désormais la pourpre. On les surnommera les « cardinaux noirs ».

Un nouveau séjour à Compiègne permet au couple impérial de se détendre, Napoléon ayant abrégé, comme d'habitude, les réjouissances prévues. Mais il y a tout de même une chasse à courre et une représentation de *Phèdre,* tragédie qui décrit les ravages d'une passion aveugle. L'Empereur a fait garnir les appartements de Marie-Louise avec des meubles de diverses provenances. Ici, une commode serre-bijoux, qui appartenait à Marie-Antoinette, arrive de

Saint-Cloud. Là, une table de toilette quitte Fontainebleau pour six mois. Une petite pendule de nuit et de voyage est spécialement livrée pour la chambre de l'impératrice. En attendant l'installation de son billard dans son salon de musique en 1811, Marie Louise, qui pratique beaucoup le billard avec ses dames d'honneur, doit se contenter de celui qui se trouve près de son antichambre. Mais, dans la précipitation, des souvenirs de Joséphine n'ont pas tous été retirés de la vue de Marie-Louise : « La corne d'abondance en forme de J brochée sur chaque siège du troisième salon ne choqua personne, on ne crut pas nécessaire de la retirer[1]. »

Le 27 avril, à 7 heures du matin, les souverains partent pour la Belgique, en particulier Anvers. Ce voyage dans les anciens Pays-Bas autrichiens était-il indispensable ? Au moins, pour Marie-Louise, le lancement du vaisseau *Friedland* commémore-t-il une victoire française sur les Russes trois ans plus tôt et non sur les armées de son père et de son oncle ! Tout semble réussir à Napoléon. Fin 1810 et début 1811, l'Empire est à son apogée avec cent trente départements, de Hambourg à Rome, et des Etats vassaux. But unique de son remariage, la naissance de son fils, le 20 mars 1811, annoncée par cent un coups de canon tirés depuis les Invalides, est le présage d'une longue ère de paix. Quand l'accoucheur, prudent, s'était enquis auprès de l'Empereur de ce qu'il devrait décider s'il avait à choisir entre la vie de l'enfant et celle de la mère, le père n'avait pas hésité : « Sauvez la mère ! »

Un ordre plus élégant que lorsque l'Empereur avait d'abord recommandé à l'accoucheur de procéder comme avec « n'importe quelle femme du quartier Saint-Denis » !

L'incroyable est pourtant vrai : une Habsbourg-Lorraine a donné le jour à un Bonaparte ! A Vienne, pas de commentaire officiel. On souffre que Napoléon considère

1. Jean-Pierre Samoyault, « Les aménagements mobiliers réalisés en 1810 dans les palais des Tuileries, de Saint-Cloud et de Compiègne ». Catalogue de l'exposition *Napoléon et Marie-Louise à Compiègne*, *op. cit.*

l'Autriche comme un vassal en grande difficulté financière et même en état de banqueroute. On économise sur tout, même sur les réactions et les sentiments ; le mépris reste silencieux. Des milliers de Parisiens accueillent la naissance par une ovation. L'enfant porte le titre de roi de Rome pour bien montrer que la Ville éternelle n'est plus la possession du Saint-Siège. Et rappelons que le titre, voisin, de roi des Romains était celui de l'héritier du Saint Empire romain germanique. L'une des conséquences de cette naissance, créatrice d'une nouvelle dynastie française, est que l'autoritarisme de Napoléon va s'accentuer ; ayant un héritier, il a désormais moins besoin de ses frères. Il les juge sévèrement incapables ou rétifs et songe, en permanence, à leur enlever les trônes dont il les a pourvu.

Avec l'arrivée de Marie-Louise, le protocole de la cour impériale se fait plus rigoureux que du temps de Joséphine. Celle-ci avait un tact inné, une aisance et un charme irrésistibles. Celle qui lui succède, d'un naturel timide, est souvent raide et empruntée. Chez Joséphine, on s'amusait ; chez Marie-Louise, on s'ennuie. Avec sa manie de tout codifier, l'Empereur a fait rédiger une nouvelle étiquette en 819 articles où l'on ne doit pas confondre un tabouret avec un fauteuil ni atteler six chevaux quand quatre seulement sont prévus. En comparaison, les usages des Habsbourg (un peu plus patinés !) sont grandioses dans leur simplicité.

La digne Marie-Louise n'est pas aussi populaire que Joséphine

A la fin de 1811, le mariage autrichien se révèle être une grande erreur politique. En dépit de ses efforts, Marie-Louise, « bonne fille » et beaucoup moins sotte que ne le prétendent ses belles-sœurs, ne parvient pas à être populaire ni à éteindre les contentieux opposant les deux pays, victoires contre défaites, exécutions contre coalitions. La malheureuse n'y est pour rien et elle a parfaitement tenu le rôle de génitrice soumise qui lui avait été imposé. « Otage de Napoléon », selon l'heureuse formule de Geneviève Chastenet[1], elle est aussi la prisonnière des échecs de son pays, qui, en réalité, joue double jeu. La chancellerie viennoise fait secrètement savoir à Londres et à Berlin qu'elle n'avait pu se dérober mais que cette union n'était qu'un sacrifice qui serait vengé au plus vite. A la cour de Vienne, l'audace de l'Ogre corse n'était pas acceptée. La grand-mère de Marie-Louise, l'ancienne reine Caroline de Naples, s'était écriée : « Pour compléter tous mes malheurs, il ne me manquait que de devenir la grand-mère du diable ! »

En France, ce mariage avait fait sourire ou suscité des quolibets devant l'insatiable appétit de grandeur et de traditions de Napoléon. Mais cette union avait largement contribué à la détérioration des relations franco-russes. Déjà, le tsar n'avait pas accepté de bonne grâce la création du grand-duché de Varsovie, soupçonnant, à tort, Napoléon de vouloir ressusciter l'ancien royaume de Pologne aux dépens de la Russie. Alexandre Ier était également contrarié que son soi-disant allié ait annexé le littoral allemand de la mer du Nord, les villes hanséatiques ainsi que le grand-duché d'Oldenbourg, possession du mari de sa sœur Catherine, l'une des grandes-duchesses envisagées comme épouse par Napoléon. En resserrant l'étau du blocus en Europe du Nord, il comptait atteindre l'Angleterre dans son négoce puisqu'il n'avait pu y réussir en Espagne. Enfin, le tsar avait été froissé que Napoléon ait finalement épousé une archiduchesse autrichienne. Mais, sur cette question, Alexandre ne pouvait s'en prendre qu'à lui-même puisqu'il avait écarté la candidature de ses deux sœurs.

A toutes ces considérations ayant refroidi les relations entre les deux empereurs, on peut ajouter, depuis deux ans, les manquements du tsar au Blocus continental puisque les Russes avaient pu reprendre leurs relations commerciales avec les Anglais. Le Français s'en irritait. Le jeune et merveilleux souverain de Tilsit n'était plus, à ses

1. Geneviève Chastenet, *Marie-Louise, l'impératrice oubliée*, Lattès, 1985, réédition sous le titre *Marie-Louise, l'otage de Napoléon*, Perrin, 2005.

yeux, qu'un fourbe, un « Grec du Bas-Empire » ! Du côté de Saint-Pétersbourg, on s'était offusqué de l'élection d'un maréchal français, Bernadotte, comme prince royal de Suède, le 21 août 1811. Alexandre soupçonnait Napoléon de n'avoir consenti à cette étrange succession que pour encercler la Russie ; en chaussant les bottes de la reine Christine, le Béarnais ne pourrait oublier de servir l'empereur des Français. Mais Bernadotte était devenu suédois, géographiquement proche de la Russie. Il était aigri, vaniteux et se montrait sensible à l'intérêt de Sa Majesté le tsar de toutes les Russies, petit-fils favori de la Grande Catherine.

D'irritations en susceptibilités, on cherche des prétextes, on en trouve et, dans chaque camp, on se prépare à la guerre. Il est vrai que Napoléon tente de retarder le conflit. Il a encore besoin de quelques mois de paix et souhaite convier les représentants de son immense empire au baptême de son fils.

Mais les événements se bousculent. Le 5 avril 1812, le tsar conclut une alliance avec Bernadotte « le Suédois » auquel il promet la Norvège. C'est aussi une réponse aux préparatifs français. Napoléon peut compter sur le concours des souverains « allemands » qu'il a couronnés, en Bavière, au Wurtemberg, en Westphalie et en Saxe. En Prusse, Frédéric-Guillaume II, le vaincu d'Iéna, est contraint de signer un accord promettant à la France 20 000 hommes. Et l'Autriche ? L'empereur François met à la disposition de son gendre un corps de 30 000 hommes qui, en réalité, sera réduit de près de moitié sous les ordres du prince Schwarzenberg. Le 8 avril, le tsar adresse un ultimatum à Napoléon, le sommant d'évacuer la Prusse et la Poméranie suédoise et de retirer ses troupes de la rive gauche de l'Elbe. Napoléon refuse et, un mois plus tard, il quitte Saint-Cloud accompagné de Marie-Louise pour Dresde. Il lui présente un « parterre de rois », rappelant celui d'Erfurt, réuni en l'honneur de Napoléon. Chateaubriand écrira que ce séjour dans « la Florence de l'Elbe », du 16 au 29 mai, fut « une des dernières représentations de sa gloire ». Si Marie-Louise est présente, c'est aussi pour revoir son père. Sa belle-mère, très affaiblie, est transportée en chaise à porteurs à l'intérieur du château. Napoléon, galant, marche à son côté. En revanche, il oublie les usages lorsqu'il arrive à la salle du banquet, il ose passer devant son beau-père, l'empereur d'Autriche. Le Français entre le premier, s'assoit en bout de table pour présider et garde son chapeau à la manière des Grands d'Espagne. François Ier de Habsbourg-Lorraine est incrédule devant ce manque d'éducation. D'une voix forte, il dit : « C'est un rude gaillard ! »

Personne ne le contredit. C'est seulement la deuxième fois que les deux souverains se rencontrent. C'est aussi la dernière. Un mois plus tard, Napoléon et la Grande Armée franchissent le Niémen. La campagne de Russie est commencée.

Cambacérès fait partie des proches de l'Empereur qui, deux ans plus tôt, auraient préféré le mariage avec une sœur du tsar, ce dernier étant susceptible. Surnommé, par ceux qui raillent ses mœurs, L'Archifou ou Tante Urlurette, Cambacérès était sans illusion ; il avait prévu l'avenir en déclarant : « Je suis sûr qu'avant deux ans, nous aurons la guerre avec celle des deux puissances dont l'Empereur n'aura pas épousé la fille. »

Les erreurs stratégiques de Napoléon n'ayant pas compris le caractère du tsar ni le tempérament ni l'immensité russe et la désastreuse retraite de Russie font vaciller les alliances. Le contingent autrichien fait défection et, le 30 janvier 1813, Schwarzenberg donne son accord pour signer un armistice avec les maréchaux d'Alexandre Ier. Le 17 mars 1813, treize mois après avoir conclu un pacte avec la France, la Prusse lui déclare la guerre. Face au danger, Napoléon constitue, le 30 mars, un conseil de régence en faveur de Marie-Louise. Toutefois, les pouvoirs de la régente sont limités. Ce revirement a un immense écho dans les Etats allemands mais une énigme demeure : que va faire l'Autriche ? Sans doute reste-t-elle liée à Napoléon par d'anciens accords et lui-même croit en la bonne foi de son beau-père. Mais l'époux de

Marie-Louise ne tient pas assez compte de Metternich, diplomate de l'Ancien Régime mais réaliste cynique qui maquille la raison d'Etat de principes et de méthodes. A la tête de la politique étrangère autrichienne depuis 1809, il a sacrifié l'archiduchesse en tenant compte du rapport de force, alors peu favorable aux Habsbourg vaincus. Il a maintenu l'Etat autrichien par une politique « de louvoiement, de dérobades et de flatteries », tout en préparant la possibilité d'une résistance ouverte. Un savant double jeu. Astucieusement – et contre l'avis de l'empereur François –, il a imposé la participation autrichienne à la campagne de Napoléon tout en traitant secrètement avec le tsar. Metternich était prêt à affronter toutes les situations.

Metternich, diplomate, joue double jeu pour gagner du temps

Les succès français en Allemagne l'inquiètent, même si le manque de cavalerie empêche Napoléon de les transformer en victoires décisives. Metternich le presse d'accorder un armistice le 4 juin, en vigueur jusqu'au 20 juillet. Au lieu d'entrer, d'emblée, dans la sixième coalition, le chancelier conduit un jeu complexe lui permettant de s'assurer une position diplomatique dominante. Il propose sa médiation dans le conflit. C'est très habile car il gagne du temps, craignant la progression du colosse russe en Europe centrale autant que les appétits prussiens dans les Etats allemands. Et, connaissant les carences de l'armée autrichienne, quelques semaines lui sont indispensables pour achever son réarmement. A Dresde, le 26 juin, Napoléon et Metternich ont un entretien historique, sans témoin, au palais Marcolini. Le représentant de l'empereur François s'efforce – en apparence – de sauver la mise à son gendre en proposant de confirmer la régence à Marie-Louise et de revenir aux frontières de 1792. Napoléon est pris d'une violente colère, jetant son chapeau par terre et annonçant qu'il ne céderait rien aux coalisés. Et, selon Metternich, l'Empereur se laisse aller à un terrible aveu : « Tout me confirme que j'ai fait une faute impardonnable en épousant une archiduchesse d'Autriche. »

C'était un piège ! Charmant, frais et bien disposé, mais un piège quand même qui avait permis à l'Autriche de se reconstituer alors que Napoléon avait voulu l'asservir. Pauvre Marie-Louise ! Dressée à la soumission, l'innocente sacrifiée devenait coupable, l'instrument d'une vengeance préparée depuis 1809. Metternich, « fin, faux et fuyant », est déjà décidé à adhérer à la coalition. En fait, le diplomate autrichien est le Premier ministre de la coalition. Amer, Napoléon comprend, trop tard, que c'est Metternich qui dirige les manœuvres contre lui. Le 15 août, l'Autriche déclare la guerre à la France. Le chancelier a gagné plus de huit semaines et contrecarré à la fois les velléités d'indépendance de l'Allemagne du Sud et l'ambition prussienne.

Face à trois armées (au moins 500 000 hommes), Napoléon n'est plus le gendre de l'empereur d'Autriche. Il est redevenu l'ennemi héréditaire, particulièrement face au prince Schwarzenberg qui commande l'armée de Bohême composée d'Autrichiens, de Russes et de Prussiens. Napoléon est vainqueur à Dresde le 27 août mais l'échec de ses lieutenants au nord et à l'est l'empêche de poursuivre l'ennemi. Schwarzenberg a donc le temps de regrouper ses troupes.

C'est à Leipzig que se situe le grand affrontement. Il dure trois jours et reçoit, pour l'histoire, le surnom de « bataille des Nations ». Que le Français se trouve face à tous les coalisés (160 000 Français, 300 000 Autrichiens, Russes, Prussiens et Suédois) n'est pas surprenant. Mais que l'Autriche soit le maître d'œuvre de la défaite des Français est difficile à admettre. Au soir du 19 octobre 1813, le prince Karl Philipp von Schwarzenberg, commandant en chef des armées coalisées, dans un uniforme blanc immaculé, se découvre et vient annoncer à son souverain l'empereur François Ier, à cheval, que son gendre, privé de renforts, est battu. Puis, entouré du tsar Alexandre Ier et du roi de Prusse Frédéric-Guillaume III, le beau-père de

Napoléon se rend sur l'immense place du marché de Leipzig bordée d'édifices Renaissance. Les trois monarques passent en revue leurs troupes victorieuses. L'Allemagne telle que la concevait l'empereur des Français s'est effondrée. Et l'Autriche conduit le bal des indépendances. La véritable réussite de Napoléon est d'avoir fédéré des peuples désunis et rivaux. Le 9 novembre, aux Tuileries, devant les sénateurs, il ne cache plus la vérité : « Il y a un an, toute l'Europe marchait avec nous. Aujourd'hui, toute l'Europe marche contre nous. »

Il le sait, trois armées vont déferler sur la France, dont celle de Schwarzenberg, qui, violant la frontière suisse, pénètre une région moins bien défendue que la rive du Rhin et atteint Langres. Les Autrichiens sont, décidément, méconnaissables. Lorsqu'il avait réussi à unir l'archiduchesse à Napoléon, le comte de Metternich avait écrit à sa femme : « Cela me vaudra la Toison d'or. » En octobre, l'empereur François en fait un prince.

Et Marie-Louise ? Sa dignité est admirable ; son comportement n'a rien de suspect, au contraire. Même si sa position n'est guère enviable, elle est la mère du roi de Rome. Fin 1813, elle reçoit un honneur sans précédent en donnant son nom aux jeunes recrues. Les Marie-Louise doivent remplacer les troupes dont le pays a été vidé par les dernières batailles. Les Marie-Louise savent à peine recharger un fusil, manquent d'ailleurs d'armes, de munitions, de selles et même de vêtements. Mais ces soldats sans entraînement qui portent le prénom de l'impératrice sont courageux ; ils font l'admiration des grognards[1].

Alors que la France est gagnée par la lassitude, que les remontrances et les appels à la paix se multiplient, Napoléon apostrophe durement les sénateurs défaitistes : « C'est moi qui peux sauver le pays et non vous. Vous aurez la paix dans trois mois ou je périrai. »

1. Les Marie-Louise sont les conscrits des classes 1814 et 1815 appelés par anticipation de janvier à octobre 1813.

Le 25 janvier, l'Empereur quitte Paris pour la Champagne. Il a donné la régence à Marie-Louise ; sa confiance en l'impératrice est totale. Et il a remis leur fils à la garde nationale. Malgré quelques succès, la campagne de France ne parvient pas à enrayer la progression alliée. Paris est menacée. Le 29 mars, en application des ordres de l'Empereur, son frère Joseph, qui le représente dans la capitale, fait partir Marie-Louise et le roi de Rome pour le château de Blois. Se mettre à l'abri grâce à la Loire est, dans l'histoire de France, une solution toujours inquiétante. Dès que cette fuite est connue, le moral des Parisiens se décompose. Le 31, la capitulation ayant été signée dans la nuit, les souverains alliés entrent dans Paris par la barrière de Pantin. A la droite du tsar, Schwarzenberg représente l'empereur d'Autriche, le vainqueur sans doute le plus discret mais aussi le plus tenace et le plus sournois de cette sixième coalition. Les humiliations de Wagram et de Schönbrunn sont effacées par le jeu, subtil, de Metternich. Son égal en France – et en combinaisons secrètes –, Talleyrand, toujours soucieux de ménager l'Autriche, obtient que lors de l'abdication de Napoléon, le 4 avril, en faveur du roi de Rome, Marie-Louise soit confirmée dans ses droits de régente. Le 11, le traité de Fontainebleau, qui exile Napoléon à l'île d'Elbe, accorde à l'impératrice les duchés de Parme, de Plaisance et de Guastalla. Le tsar s'approche d'elle et lui dit, faussement candide : « Quand même, vous avoir mariée à Napoléon ! Et c'est vous qui payez tout cela ! »

Napoléon, menacé, se cache sous un uniforme autrichien

Quatre jours plus tard, l'empereur François Ier arrive enfin à Paris. Il est le dernier des trois souverains vainqueurs et vient saluer Louis XVIII ainsi que le retour des Bourbons. Avec amusement, il apprend que dans son voyage jusqu'à Fréjus son gendre a été menacé. La Provence, royaliste, était si haineuse à l'encontre du proscrit que Napoléon a eu peur et s'est caché sous l'uniforme d'un des officiers étrangers qui avaient reçu l'ordre de l'accompagner. C'était l'uniforme d'un commissaire autrichien ! Napoléon avait fui la France légitimiste sous les couleurs des Habsbourg. Ceux-ci recouvrent, par le traité de Paris du 30 mai, toutes leurs provinces perdues.

Schönbrunn, été 1814. L'empereur François Ier se promène en famille dans les jardins. Le peuple, qui avait eu du mal à comprendre le mariage de sa fille, le fête comme un héros, « une sorte de saint Georges au petit pied qui avait réussi à vaincre le dragon corse » estime Dorothy Gies McGuigan[1]. La situation n'est pas banale puisque Marie-Louise est arrivée de France dans un équipage toujours marqué aux armes de l'Empire et elle a conservé son titre d'impératrice des Français ; elle est même la seule depuis la mort de Joséphine à la Malmaison. Le petit roi de Rome – il a trois ans – est l'objet de tous les regards et le sujet de tous les apartés. A qui ressemble-t-il ? Il a la blondeur et les yeux bleus d'un Habsbourg mais son regard a la vivacité de celui de son père. Il ne parle que français (sa mère y avait veillé) mais répète, en allemand, quelques grossièretés de caserne que lui a apprises son oncle l'archiduc François-Charles, douze ans, aux capacités intellectuelles limitées et ravi de scandaliser la famille[2]. Dans cette assemblée qui dégage un parfum d'Ancien Régime, la rencontre la plus étonnante met en présence cet enfant au sang Habsbourg-Bonaparte et son arrière-grand-mère, l'ex-reine Caroline de Naples. Elle est l'unique enfant survivante de l'impératrice Marie-Thérèse.

Née en 1752, femme énergique et très chrétienne qui a souffert le martyre d'être mariée à un homme laid et grossier, elle a toujours détesté Napoléon. Ayant fui Naples, elle s'était réfugiée en Sicile d'où elle avait dirigé la résistance à la famille Bonaparte. A chacune de ses apparitions

1. *Op. cit.*
2. L'archiduc François-Charles (1802-1878) est le deuxième fils de l'empereur d'Autriche et le futur père de François-Joseph.

dans la loge impériale d'un théâtre viennois, cette femme, « penchée et courbée par le chagrin et les deuils », selon une de ses anciennes amies, est applaudie par le public. Elle s'intéresse beaucoup à ses arrière-petits-enfants. Cinquante-deux années la séparent de Marie-Louise mais ce sont deux siècles qui se rencontrent, opposés – ou unis – par la Révolution et Napoléon. Avec malice, la vieille souveraine conseille à l'impératrice de faire des nœuds à ses draps, de se déguiser en femme de chambre et de s'échapper en pleine nuit de Schönbrunn « parce que quand on est mariée, c'est pour la vie ». Et maintenant que Napoléon est vaincu et exilé, elle devrait le rejoindre. Elle-même n'avait supporté sa triste condition qu'avec le secours de la religion et un courage infaillible, sans cela elle se serait suicidée ; on disait qu'elle était le portrait moral de sa mère Marie-Thérèse.

La famille voit cette vieille dame d'autrefois jouer avec le roi de Rome, lui acheter des jouets et lui offrir des friandises. Le garçonnet n'est pour rien dans cet imbroglio insensé qui fait de lui le prisonnier de son grand-père et un fils privé à jamais de son père. Elle ne l'imagine pas en fils du diable, le félicite de soulever son chapeau quand on le salue et l'appelle « Mon petit Monsieur ». Vers la fin de l'été, la reine Marie-Caroline demande à la gouvernante de l'enfant, Mme de Montesquiou, dite « Maman Quiou » : « Amenez-moi mon arrière-petit-fils demain matin. J'ai quelque chose qui l'amusera. »

Le lendemain, quand on vint la réveiller, elle était morte. Au même moment, en ce début septembre 1814, Marie Walewska et son fils débarquent sur l'île d'Elbe. Marie-Louise pourrait-elle agir de même et suivre le conseil de sa bienveillante grand-mère ? L'impératrice demeure indifférente, n'ayant sans doute jamais éprouvé un attachement profond envers Napoléon.

Lorsque s'ouvre, le 18 septembre, le légendaire congrès de Vienne, la ville devient la capitale de l'avenir européen. Vienne a détrôné Paris depuis que les Autrichiens l'ont occupée en mars. L'empereur François Ier est le maître de maison pour présider l'agencement des temps postnapoléoniens, alors qu'il est toujours le beau-père de l'exilé. Ce « congrès général des puissances » (sa dénomination officielle) se propose d'établir « un système d'équilibre réel et durable en Europe » (c'est son but). Devant le tsar, le roi de Prusse, divers souverains, deux cent seize chefs de missions et cinq cents délégués, François Ier de Habsbourg-Lorraine, âgé de quarante-cinq ans, organise son couronnement diplomatique au cœur d'un monde bouleversé par vingt-cinq ans de catastrophes et de miracles. C'est l'empereur d'Autriche qui reçoit, entrant à cheval avec ses hôtes illustres dans la cour de la Hofburg. De même que la France avait fini par se lasser d'une gloire sanglante et coûteuse, l'Autriche paraît être, avec son extraordinaire congrès, un paradis retrouvé de la paix et de l'art de vivre. L'empereur est d'excellente humeur, racontant comment son gendre, qui pouvait alors tout exiger, avait ordonné que la manufacture de porcelaine d'Augarten crée pour lui un service spécial, le fameux « service de Schönbrunn ». Un caprice.

Les souverains ne participent pas directement aux discussions, tractations et négociations. Ce sont leurs ambassadeurs, ministres et émissaires qui découpent la nouvelle Europe que Metternich voudrait tailler à l'image de l'ancienne. Le chancelier-prince savoure sa stratégie. Il avait toujours pensé qu'il fallait s'allier au vainqueur de 1809 pour mieux provoquer sa chute. En diplomate raffiné, il n'est surpassé que par Talleyrand, représentant de Louis XVIII. Après d'innombrables trahisons, serments, combinaisons, corruptions et manigances, le « Diable boiteux » est apparu plus indispensable que jamais. Il n'a été fidèle qu'à ses intérêts qui étaient, souvent, ceux de la France. Il fallait être Talleyrand pour servir Napoléon, le trahir, le resservir et enfin être désigné par le frère de Louis XVI pour représenter la monarchie légitime à Vienne. Metternich et Talleyrand ont un point commun, leurs maîtresses sont également des informateurs politiques.

Le congrès de Vienne réorganise l'Europe sans Napoléon

En évoquant le congrès de Vienne, ses divertissements, ses mots d'esprit du prince de Ligne, ses romances si peu discrètes du Gotha, ses concours de danse, ses rivalités culinaires, ses concerts dont celui où le malheureux Beethoven fait semblant de diriger l'orchestre dans sa version définitive de *Fidelio,* et ses embarras protocolaires mais aussi de carrosses et de chevaux, ses brouilles, ses farces, ses vexations, ses prix indécents du bois de chauffage, on oublie souvent le rôle de l'empereur d'Autriche et surtout celui de son épouse, la fragile Marie-Ludovica. Rongée par la tuberculose, elle résiste à la fièvre, à l'abattement, à l'épuisement. Sa jeunesse et son charme donnent le change. Qu'elle soit pâle comme un linceul, qu'elle promène un regard de feu sur ses hôtes, elle veille à tout, les bals, les soupers, les chasses, les pantomimes, mais elle n'est pas auprès de son mari quand, le matin de son anniversaire, le tsar et le roi de Prusse le surprennent en train de s'habiller et lui offrent une robe de chambre doublée de zibeline, un bol d'argent et un pichet de porcelaine de Berlin. Epuisée, elle essaie de reprendre quelques forces[1].

Fin gastronome (ce qui l'oppose à Napoléon), Talleyrand craint une indigestion de souverains, de couronnes et de prétentions. Un aubergiste recense, avec esprit, les rôles de chacun : « Le tsar fait l'amour pour tous, le roi de Danemark parle pour tous, le roi de Prusse pense pour tous, le roi de Wurtemberg mange pour tous et l'empereur d'Autriche… il paie pour tous. »

Soit, selon Talleyrand, connaisseur, une moyenne de 220 000 florins par jour.

Le congrès qui réorganise l'Europe sans Napoléon éprouve, cependant, des difficultés à l'oublier. Lors d'un fastueux dîner offert par Metternich, Mgr Severoli, nonce apostolique à Vienne, s'amuse à remarquer que l'argenterie

1. Voir, du même auteur, *Le Roman de Vienne, op. cit.*

est aux armes de Bonaparte ! Sur chaque table, pour cent cinquante convives, des assiettes d'argent, ces soupières, ces plats et ces couverts finement ouvragés surprennent. Ce service impérial est légèrement voyant chez le chancelier-ministre. Un peu embarrassé, il explique que c'était un cadeau de l'empereur des Français à son beau-père, coupable d'avoir fomenté « l'holocauste de la nouvelle Iphigénie ». Le prince de Ligne, dont on attend chaque mot avec gourmandise, glisse à Metternich : « C'est service pour service ! »

D'ailleurs, Marie-Louise n'est pas loin. A Schönbrunn, elle vit avec son fils, sous la protection – plutôt la surveillance – de son père. Toujours fidèle, elle n'aura pas le droit de revoir son mari. Pas même d'y songer, et son père a des projets pour elle. Ils font partie de sa revanche. Dans Vienne, où le nom de Bonaparte est honni, on croise le prince Eugène de Beauharnais, fils du premier mariage de Joséphine et fils adoptif, très attentif, de Napoléon. Personne ne l'a invité. Il est un intrus que l'empereur François traite sans égards. Le roi de Bavière, son beau-père, le tsar et, plus discrètement, Metternich interviennent pour adoucir cette rigueur. On finit par lui accorder quelques honneurs mais aucun factionnaire ne monte la garde devant sa porte, ce qui est très vexant. L'empereur François le répète : la galaxie Bonaparte ne doit plus faire peur. Alors, Eugène et le tsar se promènent souvent ensemble, bras dessus, bras dessous, évoquant le souvenir de Joséphine que le tsar a veillée jusqu'à sa fin et à qui, attention très remarquée des bonapartistes, il a fait rendre les honneurs. Alexandre Ier et Eugène sont en civil, le premier parce qu'il se sent plus à l'aise pour multiplier les conquêtes, le second parce qu'il ne sait pas quel uniforme porter. La police autrichienne le suit, soupçonnant que ses entretiens avec Marie-Louise cachent quelque complot, pourquoi pas l'enlèvement de l'Aiglon ? Bientôt considéré comme un espion fourbe et menteur, on le fuit.

5 mars 1815. Sur les bords du Danube, on enterre Sa Majesté Carnaval après une dernière fête clôturant deux

mois de réjouissances. Engourdie, Vienne se réveille en temps de carême. A l'aube, l'empereur François et le chancelier ont été réveillés par leurs valets. Napoléon s'est évadé de l'île d'Elbe ! Et voilà déjà cinq jours qu'il a débarqué à Golfe-Juan. Dans son cabinet de travail, l'empereur François reste calme. Une habitude qui confine à l'ennui. A Metternich, il déclare : « Napoléon semble vouloir courir les aventures, c'est son affaire. La nôtre est d'assurer au monde le repos qu'il a troublé pendant de si longues années. Allez sans retard trouver l'empereur de Russie et le roi de Prusse. Dites-leur que je suis prêt à donner l'ordre à mon armée de reprendre le chemin de la France. Je ne doute pas que les deux souverains ne marchent d'accord avec moi. »

Et l'empereur de maudire le traité de Fontainebleau (qui ne faisait pas de son gendre un prisonnier mais un simple exilé), ainsi que Louis XVIII qui n'a pas versé à Napoléon les deux millions qu'il devait recevoir. Le « général Bonaparte », comme les Anglais persistent à l'appeler, avait là un prétexte. Le roi Bourbon l'avait trahi !

L'impératrice Marie-Ludovica reste alitée. Hier soir encore, elle avait organisé une soirée théâtrale. Et voilà que toute la vie viennoise de cette interminable conférence de la paix était suspendue. Par précaution, le grand-père du roi de Rome fait venir son petit-fils à la Hofburg. Il craint un enlèvement, les agents bonapartistes ayant relevé la tête avec « le vol de l'Aigle ». Et l'empereur François chasse l'environnement français du petit garçon. Ce n'est qu'un début. Le plus émouvant – et le plus oublié – des résultats du congrès concerne un garçon de cinq ans. Le fils de Napoléon est viennois. En attendant de devenir autrichien.

Talleyrand rassure l'empereur : « Sire, le dénouement ne tardera pas trois mois. »

Les Habsbourg sont les gagnants du congrès de Vienne

Le 9 juin 1815, neuf jours avant Waterloo mais après trois mois de travaux enfin débarrassés de mondanités, le congrès s'achève en ayant rétabli, à quelques grosses exceptions près, l'ordre ancien. L'Autriche est le grand vainqueur ; après un demi-siècle de luttes, les Habsbourg triomphent de la France révolutionnaire et impériale. Ils retrouvent leurs provinces perdues sauf les Pays-Bas, la Souabe, le Brisgau, une partie des Grisons. On leur rend le Milanais, la Vénétie et l'Illyrie, on leur attribue Salzbourg et le Tyrol. Leurs territoires s'agrandissent de 640 000 à 668 000 kilomètres carrés et leurs sujets passent de 24 à 28 millions. François Ier ne renonce pas à une hégémonie dont sa famille avait l'habitude. Les Etats allemands remplacent l'ancien empire électif par une Confédération germanique. Même si cette nouvelle institution dispose d'une Diète fédérale à Francfort, c'est l'empereur d'Autriche qui en est le président et règne, à titre héréditaire, sur trente-neuf Etats.

Automne 1815. Quittant ses serres de Schönbrunn où l'exotisme des plantes rivalise avec celui des oiseaux, l'empereur François Ier décide de visiter ses domaines italiens, si longtemps disputés. Marie-Ludovica l'accompagne, la victoire de son époux est aussi la sienne. Au bal donné en l'honneur du couple impérial à Venise, la jeune femme resplendit dans une robe de brocart, lumineuse de perles et de diamants, ses beaux cheveux noirs coiffés en hauteur. Elle est radieuse. Mais c'est une illusion, car ce sont les fards qui colorent ses joues et ce n'est pas l'humidité de la lagune qui la fait tousser chaque nuit. Son état s'aggrave. Elle revoit sa famille, réinstallée sur le trône de Modène. L'impératrice, qui avait tant éclairé Vienne de sa beauté, rend l'âme en avril 1816. L'empereur est veuf pour la troisième fois, brisé de chagrin comme à chaque deuil. Est-ce trop demander que le bonheur personnel s'accorde avec la gloire retrouvée ?

En signant son abdication définitive, le 22 juin 1815 à l'Elysée – il y avait été acclamé –, Napoléon avait agi en faveur de son fils, Napoléon II, en sachant très bien qu'aucune suite ne serait donnée à cette clause de style. De même que Marie-Louise avait été l'otage du Bonaparte, leur fils était maintenant l'otage des Habsbourg.

12

Du despotisme familial à l'éveil des nationalités (1815-1848)

Il avait mis en scène le congrès de Vienne. Même Talleyrand avait applaudi. Le spectacle qui va suivre est encore son œuvre et correspond à l'apogée du prestige autrichien : Metternich est bien l'arbitre de l'Europe pendant plus de vingt ans. Pour s'en convaincre, il suffit d'examiner une gravure exposée au musée municipal de Vienne. Elle est de Godefroy et s'inspire du tableau d'Isabey intitulé *Congrès de Vienne* reflétant une séance intemporelle de ces travaux diplomatiques. Isabey, d'abord premier peintre de Joséphine, avait été chargé, en 1810, d'apprendre l'aquarelle à Marie-Louise. Il était venu à Vienne dans les bagages de Talleyrand. Au milieu des vingt-trois plénipotentiaires, dont neuf se partagent chaises et fauteuils, on remarque le chef de la maison de Habsbourg. Un détail est essentiel : l'artiste a représenté l'empereur François Ier non en souverain autrichien mais en président de la Confédération germanique. Germanique ! Le mot est de nouveau à l'honneur, comme avant 1806, comme si Napoléon n'avait pas existé alors que les personnages rassemblés sont, précisément, en discussion sur l'avenir de ses éphémères conquêtes. Le prince de Metternich jouit à la fois de l'autorité due à ses fonctions de chancelier d'un important empire et aux prérogatives que vaut à son maître l'empereur le titre de monarque germanique. En bref, Metternich, l'adversaire politique peut-être le plus subtil de Napoléon, est l'organisateur de l'Europe débarrassée de Bonaparte. Le prince n'est pas peu fier d'avoir trompé l'Usurpateur avec ce leurre du mariage qui devait faire entrer le Corse dans le cercle, prestigieux, des dynasties respectables, forgées par des siècles d'histoire.

Par la voix de son chancelier, l'empereur François Ier incarne le conservatisme triomphant, l'étouffement des aspirations libérales et un certain équilibre en contenant la Prusse et la Russie. Ce qu'on nommera « le système Metternich » met en place une concertation permanente et systématique des puissances qui préfigure les organismes unissant les nations à partir du XXe siècle. Les Etats, nés ou ressuscités en 1815, ne veulent plus se laisser surprendre mais être informés, dans les meilleurs délais, de toute tentative des « forces de subversion » constatées chez leurs voisins. On veut enrayer la contamination des « mauvaises idées ». Si le beau-père de Napoléon (il l'est toujours !) joue le rôle d'un gendarme européen privilégiant la prévention mais n'excluant pas la répression, c'est le chancelier qui veille car il est « le plus loyal de mes serviteurs et mon très bon ami », selon son souverain.

Pourquoi de telles précautions ? Les Alliés craignent la fragilité de la monarchie des Bourbons et la reprise d'une politique de conquêtes. Dès le 26 septembre 1815, à l'initiative d'Alexandre Ier, un traité, dit de la Sainte-Alliance, unit le tsar de Russie, l'empereur d'Autriche et le roi de Prusse. Les trois souverains (respectivement orthodoxe, catholique et protestant) s'engageaient, « au nom de la sainte Trinité », à respecter entre eux des règles de charité chrétienne et à se porter assistance. Metternich, qui pouvait tout se permettre, estimait que cette convention était un néant diplomatique. Il avait eu un mot méprisant : c'était un « rien sonore » ! Et, après deux mois de tergiversations, la Quadruple-Alliance, incluant l'Angleterre, était née le 20 novembre. Signe particulier : elle est dirigée contre la France. La Restauration est sous surveillance.

Le retour de la stabilité permet à François Ier de Habsbourg-Lorraine de songer, une dernière fois, à son bonheur personnel. Fin 1816, à quarante-huit ans, l'empereur-président convole en quatrièmes noces. Malgré tous ses efforts, il ne peut vivre seul. La jeune mariée, qui a exactement la moitié de son âge, se prénomme Charlotte et c'est une princesse bavaroise. Elle aussi a une revanche à prendre car sa première union, avec le prince héritier de Wurtemberg, a été annulée pour non-consommation. Elle est très laide mais sympathique et surtout dotée de la robuste constitution des paysannes de Bavière. Une qualité précieuse pour le veuf dont les trois épouses avaient une santé déficiente. En regardant sa nouvelle femme, Sa Majesté impériale, rassurée, glisse à son aide de camp : « Au moins, avec celle-là, je n'aurai pas un cadavre sur les bras dans quelques années ! »

C'était un immense compliment ! En devenant une épouse Habsbourg-Lorraine, Charlotte accepte de modifier son prénom en Caroline, prouvant combien elle est heureuse de contenter son mari. Rapidement on vante la sagesse et la bonté de la nouvelle impératrice.

Mais que devient Marie-Louise ? L'aînée des sept enfants de François Ier dérange la Cour, comme si elle était un reproche, encombrant, des manœuvres de Metternich approuvées par l'empereur six ans plus tôt. L'infortunée souveraine des Français – qui s'était pliée à un piège politique – ne va pas demeurer à Vienne. Elle va rejoindre les Etats que le congrès de Vienne lui a attribués, le duché de Parme et celui de Plaisance qui lui est lié depuis une décision du pape Paul III, un Farnèse, en 1545. Ils sont au cœur de l'Italie du Nord qui s'apparente à un protectorat autrichien. Les vainqueurs de 1814 n'avaient pas souhaité que l'impératrice se rendît à l'île d'Elbe. En fut-elle réellement empêchée ? Napoléon l'y avait espérée. Sur l'île, il avait même fait venir, parmi ses dix chevaux préférés, celui qu'il avait choisi en Espagne, *Cordoue*, un pur-sang destiné à Marie-Louise. Lorsque, le 1er septembre 1814, Marie Walewska avait débarqué sur l'île d'Elbe en cachant le petit Alexandre et en répétant « C'est mon fils », elle ne mentait pas mais la population avait cru qu'il s'agissait de Marie-Louise et de l'héritier, ce que Napoléon, déçu, laissa croire quelques heures[1]. Il avait fait préparer un appartement pour Marie-Louise. Elle ne vint jamais, prétextant, dans des lettres qui exaspéraient l'empereur exilé, que sa santé et le mauvais temps ne lui permettaient pas ce voyage. On pouvait parler de tout avec Napoléon, sauf de santé et des conditions météorologiques ! Mais c'est surtout l'absence du roi de Rome qui avait été douloureuse pour son père. Dans un rapport du 16 février 1815, le commissaire anglais surveillant l'illustre exilé écrivait le ressentiment de l'empereur déchu, qui lui avait dit : « Mon fils m'est enlevé comme jadis les enfants des vaincus pour les donner aux vainqueurs. On ne peut citer, dans les temps modernes, une pareille barbarie. »

C'était peu de temps avant l'évasion de l'île d'Elbe et même si c'est une raison très accessoire à son équipée, on ne peut l'éliminer chez ce « pauvre père ». Après Waterloo, les vainqueurs de 1815 n'ont pas eu besoin d'insister auprès de l'empereur grand-père et père pour qu'il n'y ait pas de malentendu, Napoléon ne reverrait ni son fils ni celle qui est toujours son épouse. Celle-ci se laisse séparer de son enfant.

Marie-Louise, toujours épouse de Napoléon, a un amant secret

Marie-Louise, qui n'a pas une nature à s'opposer aux décisions de son père, part, docile, pour le duché de Parme sans son fils. Aux yeux du gouvernement autrichien et selon le souhait des Bourbons en France, il ne fallait pas risquer de reconstituer à Parme une petite cour bonapar-

1. Sous le Second Empire, Alexandre Walewski sera ambassadeur à Londres puis ministre des Affaires étrangères de Napoléon III au moment de la guerre de Crimée et du congrès de Paris, en mars 1856.

tiste susceptible d'attirer des nostalgiques. A cette tristesse de la jeune femme s'ajoute une angoisse : certains prélats lui certifient que le divorce de Napoléon n'étant pas enregistré officiellement, il n'avait pu se remarier ni légalement ni religieusement. En bref, selon cette argumentation, Marie-Louise n'avait jamais été mariée et encore moins impératrice des Français ! Son père et Metternich, furieux de voir mise en doute leur manœuvre, consultent d'autres autorités religieuses et civiles afin qu'elles confirment la validité du mariage franco-autrichien. A défaut, ces courtiers matrimoniaux se couvriraient de ridicule !

On comprend que la jeune femme soit très perturbée. Dans cette confusion, qui croire ? Une seule certitude, elle est maintenant la duchesse de Parme. Et une question : quand pourra-t-elle revoir son fils assigné à Schönbrunn ? Choisi personnellement par le chancelier pour l'escorter en qualité d'aide de camp, le comte Adam de Neipperg est un élégant hussard. Borgne à la suite d'un coup de sabre, il a du charme et plaît aux femmes. La route de Vienne à Parme est longue. Par un soir d'orage, la suite de la duchesse doit se mettre à l'abri. Le ciel déchiré d'éclairs et la foudre sont les complices de l'aide de camp ; il s'empresse de rassurer la jeune duchesse esseulée qui a vécu tant d'épreuves. Pas vraiment belle mais sensuelle avec des formes épanouies, elle devient la maîtresse du comte Neipperg. Elle en aura deux enfants mais le secret sera bien gardé. Elle n'épousera l'élégant comte, promu feld-maréchal, qu'après la mort de Napoléon, en septembre 1821, puis ne révélera cette union morganatique qu'à la disparition de Neipperg en 1829. Alors seulement Marie-Louise se confesse à son père. L'empereur lui répond avec mansuétude : « Il m'est impossible de vous dissimuler la peine profonde que cette situation me cause, situation à laquelle on ne peut plus rien faire, mais qui n'aurait jamais dû exister, devant Dieu et les hommes… Le cœur des parents contient toujours beaucoup plus d'indulgence pour les fautes de leurs enfants que les enfants n'en montrent à l'égard de leurs parents… Pour conclure, je dois vous dire que vous m'avez profondément peiné, mais je suis votre père et mon affection pour vous vous pardonne et vous absout. »

François Ier avait enfin pris conscience qu'en sacrifiant sa fille, il n'avait pas été irréprochable. Sa dernière épouse, l'indulgente Caroline, avait secrètement soutenu Marie-Louise, comprenant sa détresse et ses égarements ; elle lui avait recommandé de ne pas faire connaître ses deux enfants « jusqu'à ce que vous puissiez le faire sans que l'on puisse se livrer à des calculs embarrassants ». La cour de Vienne était remplie de harpies qui n'auraient pas manqué de compter les mois et de déterminer, avec un sourire vengeur, les dates de conception !

Marie-Louise épousera ensuite le comte Charles de Bombelles, chambellan de la cour de Vienne en 1834. Ces deux mariages ne lui feront pas oublier le premier puisque dans ses duchés de Parme, de Plaisance et leurs dépendances, elle maintient en usage l'essentiel du code Napoléon. Musicienne, comme la plupart des Autrichiens, Marie-Louise fait construire, entre 1821 et 1829, un théâtre à la façade classique et doté d'une bonne acoustique. La duchesse régnante l'inaugura avec un opéra de Bellini, *Zaira*. Si à Parme la seconde épouse de Napoléon a laissé le souvenir d'une souveraine sage et ouverte aux arts, le jugement de l'histoire l'a flétrie pour ne pas avoir rejoint Napoléon à l'île d'Elbe ni partagé son exil à Sainte-Hélène. C'est oublier qu'elle avait assez fait son devoir. Au lendemain de ses noces avec Marie-Louise, l'empereur, enjoué, avait déclaré à l'un de ses proches, dans un raccourci surprenant : « Mon cher, épousez une Allemande, ce sont les meilleures femmes du monde ! » A Vienne, dans la nouvelle crypte des Capucins aménagée en 1961, l'un des cercueils les moins contemplés des visiteurs est le sien. Ce sarcophage rectangulaire, en bronze, décoré de couronnes de lierre, est orné, à ses extrémités, d'une tête de lion tenant un anneau dans la gueule. Régulièrement, des bouquets de violettes sont déposés sur la sépulture de Marie-Louise où l'on remarque une simple croix latine et une inscription indiquant son identité. La ville de Parme, reconnaissante envers ses bienfaits, a plusieurs fois réclamé le transfert de son corps. Jusqu'à présent, elle doit se contenter de fleurir la tombe de la seule archiduchesse de Habsbourg ayant épousé un Bonaparte, morte à Parme en 1847.

Ses relations avec son fils François ne pouvaient être simples, l'empereur ayant décidé de placer son petit-fils sous une surveillance très attentive à Schönbrunn. Pour effacer jusqu'au moindre souvenir de son père, le roi de Rome est d'abord appelé le prince de Parme. Puis, en 1818, l'empereur lui confère le titre de duc de Reichstadt. Ayant germanisé le nom du fils de Napoléon (quelle revanche !), il interdit aux gens de sa maison de lui parler français. Désormais, on ne s'adressera à lui qu'en allemand et officiellement au « prince François » ; toutes publications, gazettes, journaux et livres en français, lui sont proscrits. Son univers est entièrement germanique.

Est-ce à dire que son grand-père n'aime pas son seul petit-fils ? Au contraire, le fils de Marie-Louise est, selon ses enfants, « le chéri de papa », mais uniquement dans un environnement Habsbourg. François Ier lui fait faire un uniforme autrichien. Le premier qu'il avait porté – en 1813, quand des recrues s'appelaient du prénom de sa mère – était celui d'un hussard français. Cependant, le petit prince a tant de charme qu'il est adoré de toute la famille d'Autriche. Archiducs et archiduchesses le gâtent. Il est éveillé, farceur, et joue avec des soldats de plomb de son grand-père dans un coin du cabinet de travail de l'empereur. La sœur cadette de Marie-Louise, la très chaleureuse Léopoldine, passe des heures avec lui. Elle l'appelle « Mon trésor ». Le précepteur du « prince François » écrit à sa mère : « [...] Rien n'est plus curieux et plus amusant que de le voir au milieu de ses oncles et tantes, tantôt marchant d'un air solennel, tantôt se précipitant entre eux pour leur faire quelque niche innocente. »

Une complicité – émanant peut-être de sa tante Léopoldine avant son départ pour le Brésil – permet au duc de

Reichstadt d'avoir accès clandestinement à l'abondante littérature napoléonienne et de vouer un culte à son père. Mais, en grandissant, le « prince François » a une nouvelle alliée à la Cour, l'archiduchesse Sophie, épouse depuis 1824 de François-Charles, fils cadet de l'empereur. Bavaroise, elle est une demi-sœur de l'impératrice Caroline et une belle-sœur de Marie-Louise. Le mari de Sophie n'est guère brillant ; sa femme, énergique, organisée, est le moteur du couple. Elle possède les capacités intellectuelles qui manquent à l'archiduc. Elle tremble à l'idée des inepties et aberrations que son pauvre époux peut proférer lors d'interminables discours. Pour se distraire, elle se rend souvent au théâtre et obtient le droit d'y être accompagnée par le duc de Reichstadt, lequel est lui-même très surveillé. La crainte de son enlèvement n'a pas disparu. En France, les gouvernements de Louis XVIII puis de Charles X ont suggéré aux Habsbourg de faire entrer le fils de Napoléon dans un monastère, pour éteindre toute velléité bonapartiste.

Sophie a six ans de plus que le « prince François », devenu un jeune homme charmant. Il est ému par cette jeune femme si mal mariée au nom de la politique. Quand il tombe malade – ce qui arrive de plus en plus souvent –, elle le soigne, vient lui faire prendre ses médicaments, s'informe de sa fièvre ou de sa pâleur. Quand sa santé est recouvrée et que le printemps est clément, ils se promènent, sous bonne escorte, dans la forêt viennoise proche de Schönbrunn, parfois jusqu'à un endroit dont le nom symbolisera, soixante ans plus tard, une tragédie et une énigme retentissantes, Mayerling… Une tendre affection les unit, lui, le prisonnier intelligent qui ne pourra jamais régner ni en France ni en Autriche, et elle, l'archiduchesse autoritaire mais attentionnée qui n'a toujours pas d'enfant après cinq ans de mariage ; elle se désespère auprès d'un époux diminué, timide, sans caractère, mais qu'elle a fait admettre au Conseil pour qu'il ait un semblant d'activité. Au début de 1830, Sophie est enfin enceinte. Le 18 octobre, dans une chambre tapissée de velours rouge de l'aile droite du château de Schönbrunn, l'archiduchesse accouche d'un garçon. C'est le futur François-Joseph, qui voit le jour sous un baldaquin brodé au moyen de 250 kilos de fil d'argent.

Le fils de Napoléon meurt dans la chambre qu'avait occupée son père

Dans la nuit du 21 au 22 juillet 1832, le duc de Reichstadt est au plus mal. Un médecin de la Cour, pire que ceux de Molière, l'a soigné pour une maladie de foie alors qu'il se meurt de tuberculose. Dans sa chambre – celle-là même où son père, victorieux, avait couché en 1805 et en 1809 et qui avait aussi été celle de Marie-Thérèse –, sa mère et son oncle François sont à son chevet. Marie-Louise est agenouillée à côté d'une chaise, au pied du lit de l'archiduc. En arrière et sur le côté, l'aide de camp du prince, un médecin, un prêtre, un sacristain, un général, un chambellan. Plus loin se tient le reste du personnel de la maison princière. Le jeune homme (il a vingt et un ans) reçoit les derniers sacrements. Quelques minutes plus tard, le mourant agite deux fois la tête sans pouvoir exprimer une parole. A 5 heures du matin, dans une atmosphère étouffante, il s'éteint. Près de lui, selon la légende, une petite alouette huppée l'avait distrait. Malgré le soleil qui jaunit déjà la pièce, les chandeliers sont toujours allumés. Un valet les souffle. Le duc de Reichstadt est embaumé. Le sculpteur Franz Klein, auteur d'un buste de Beethoven, sculpte le masque mortuaire du prince dans le marbre ; il est saisissant de réalisme avec les traits creusés et ravagés, les pommettes saillantes, les muscles tendus[1].

A l'annonce de la mort de son cher « prince François », l'archiduchesse Sophie sombre dans un état de prostration. De toute la Cour, elle est, visiblement, la personne la plus atteinte si l'on excepte Marie-Louise, accusée, injustement, d'avoir délaissé son fils. L'épouse de François-Charles ne

1. Le surnom l'Aiglon, donné par Victor Hugo en 1835, a été popularisé par la pièce d'Edmond Rostand *L'Aiglon*, créée en 1900.

cesse de pleurer et de se lamenter. Quinze jours plus tôt, le 6 juillet, elle a donné naissance à un deuxième fils, Maximilien, le futur empereur infortuné du Mexique. Curieusement, alors qu'elle le nourrissait, son lait se tarit. Pendant des semaines, l'archiduchesse est méconnaissable, amorphe, accablée. Son étrange comportement, que l'on jugea déplacé, a suscité une rumeur dérangeante[1]. Elle appelait le disparu du même diminutif que son fils aîné, Franzi.

Entre les mains expertes de Metternich, la ligue des princes chrétiens est un outil efficace de répression contre les aspirations nationales et libérales en Allemagne et en Italie. Mais cette entente supposée prévenir les désordres en Europe est sapée par plusieurs événements. La défection de l'Angleterre, en 1825, est suivie du soulèvement grec contre l'Empire ottoman en 1827 et de l'intervention de grandes puissances à laquelle l'Autriche ne participe pas. Sur la scène internationale, l'Autriche de François Ier perd de son audience par rapport à la France, à la Russie et à l'Angleterre, mais il est vrai que depuis son congrès de Vienne elle régente essentiellement l'Allemagne et l'Italie. A la révolution de 1830, qui chasse les Bourbons du trône français, les Habsbourg voient en leur successeur Louis-Philippe un monarque bourgeois, de style Biedermeier, qui réserve la priorité au confort et à la simplicité de la vie familiale. Le mobilier et la décoration donnent le ton. A Vienne, l'empereur allège le protocole, recevant ses sujets

1. Les historiens restent divisés. La réaction de la mère de François-Joseph et de Maximilien est si spectaculaire qu'on s'est interrogé sur l'origine de sa douleur : aurait-elle aimé et initié le duc de Reichstadt ? Celui-ci serait-il le père de Maximilien ? Hypothèse non avérée mais non impossible, qui supposerait que le frère cadet de François-Joseph ait eu du sang Bonaparte. A ce jour, officiellement, aucun test n'a été pratiqué pour résoudre cette énigme. Les restes du fils de Napoléon ont été rapatriés à Paris, aux Invalides, sur ordre d'Hitler, le 15 décembre 1940. Contrairement à ce que prétendait Bernard-Henri Lévy dans le journal *Le Monde* du jeudi 2 mars 2000, le duc de Reichstadt ne repose donc plus dans la crypte des Capucins, à Vienne, mais auprès de son père, sur les bords de la Seine. Voir, pour plus de détails, du même auteur, *Le Roman de Vienne*, *op. cit.*

le mercredi, lors d'une audience sans éclat. La Cour et la ville semblent sur le point de somnoler, se régalant de moka, de chocolat et de pâtisseries. Tout se passe comme si la capitale, épuisée par son interminable congrès, poursuivait une prudente convalescence. Un seul élément réveille les Viennois jusqu'à les ensorceler, la valse. Il n'y a pas de valse sans les Strauss, le père puis le fils, cette dynastie qui accompagne les Habsbourg et leur survivra. Jusqu'à son apparition, la danse reste une succession de figures souvent sévères. Le menuet est un carcan, le quadrille une traversée de salon et le galop une charge de cavalerie sans chevaux. Après les mondanités distantes, ennuyeuses, répétitives et obligatoirement en groupes, la valse – qui ne peut qu'être viennoise – offre un spectacle inouï. Un homme et une femme vont avoir le droit de s'enlacer, de mêler leurs regards et de glisser, très rapprochés, dans un même tourbillon. Incroyable, l'audace d'un homme prenant la taille d'une femme ! Impensable, la réplique d'une femme joignant sa main gantée à celle de son cavalier ! La valse est la première révolution viennoise au XIXe siècle. L'empereur donne l'ordre qu'elle ouvre et ferme tous les bals de la Cour. Elle est impériale sans cesser d'être populaire. Inventée par Joseph Lanner avant le congrès de Vienne, elle y a fait ses vrais débuts dans le monde. C'est grâce à la valse que le congrès s'est amusé et a dansé. Depuis, l'extraordinaire Johann Strauss père l'a sublimée et en a fait un formidable moyen de brassage social, glissant ses ravissantes mélodies dans tous les milieux, pour tous les âges, aussi entraînante au piano que sous les cordes de dizaines d'archets.

Derrière cet art de vivre qui allait devenir légendaire, l'empereur vit un drame, celui de sa succession. Son fils aîné, Ferdinand, né deux ans après Marie-Louise, est épileptique. Tantôt, il fourre son énorme tête dans une corbeille à papier ou se roule par terre, tantôt il reste des heures à la fenêtre de son bureau où, en théorie, il est roi de Bohême et de Hongrie. Faible d'esprit et bégayant, il a fait le désespoir de ses précepteurs et de ses aides de camp.

Bien qu'aucunement pervers ou méchant, condamné, sur avis médical, à demeurer célibataire et à ne pas procréer, l'archiduc est incapable d'assurer la fonction monarchique. Tel est, du moins, l'avis de son père qui ne voit que son fils cadet, François-Charles, capable d'assurer l'avenir puisqu'il a déjà deux fils, François-Joseph et Maximilien, et dont l'épouse, Sophie, a recouvré son équilibre et son bon sens après le terrible traumatisme de la fin du duc de Reichstadt. Mais dans ce pays où allait se répandre le genre délicieux de l'opérette, l'amour et ses contrefaçons (la raison d'Etat, l'intérêt) se devaient d'intervenir. Ils étaient arrivés quelques mois plus tôt, masqués par les calculs de Metternich.

Arbitre de l'Europe, Metternich reste un courtier matrimonial

Le tout-puissant chancelier a des ennemis, en particulier deux frères de l'empereur, les archiducs Charles et Jean, respectivement nés en 1771 et en 1782. En raison de l'incapacité de leurs neveux, ils pourraient être appelés au conseil de régence et se débarrasseraient de Metternich. Pour éviter cette disgrâce, et à l'étonnement général, ce dernier propose de marier Ferdinand. Flanqué d'une épouse, il ferait une impression plus acceptable que seul au milieu des gens de sa maison. Et Metternich, comme il le fait depuis plus de vingt années, continuerait d'être indispensable au travail du gouvernement.

Ayant l'habitude de dénicher des princesses prêtes au sacrifice, le prince des courtiers matrimoniaux propose la candidature de Marie-Anne de Savoie. Dépourvue de charme et très vertueuse, on ne lui demande pas son avis. A la Saint-Sylvestre 1831, lors du dîner familial autour du couple impérial[1], la miniature de son visage qui circule d'un convive à l'autre provoque une telle hilarité et des commentaires si grossiers des frères de l'empereur François

1. Dorothy Gies McGuigan, *op. cit.*

que l'archiduchesse Sophie « rougit jusque dans le blanc des yeux ». La malheureuse fiancée n'est que tremblements quand elle regarde Ferdinand et quand elle parle. Lors de la cérémonie nuptiale, l'empereur, conscient du désastre, n'a que la force de dire : « Que Dieu ait pitié de nous. »

L'état de Ferdinand ne fait qu'empirer ; à chaque crise d'épilepsie – une maladie encore mal connue à l'époque – on le croit aux portes de la mort mais il survit. Le pire est qu'il est lucide sur son état et ne craint, en réalité, que de se donner en spectacle. Par pudeur, il reste le plus souvent enfermé dans ses appartements, réservant, si l'on peut dire, l'essentiel de ses égarements à la pauvre Marie-Anne. On peut encore citer le mariage romanesque de l'archiduc Jean – une des bêtes noires du chancelier – qu'il a essayé d'empêcher. Ce treizième enfant de Léopold II et quatrième frère de l'empereur François Ier avait reçu d'importants commandements dans les coalitions contre la France ; il avait combattu Napoléon. Il s'était ensuite fixé en Styrie. A Bad Aussee, il était tombé amoureux de la ravissante Anna Plochl, fille du maître de la poste aux chevaux. L'empereur s'oppose à leur mariage et l'idylle est fortement contrariée ; la population soutient l'archiduc, qui finit par épouser Anna presque clandestinement en 1827, dans le pavillon de chasse qu'il avait fait aménager à Brandhof. Son frère lui signifie que son union est morganatique, les enfants qui en seraient issus ne seraient donc pas dynastes. Puis, sous le charme de sa belle-sœur, il lui donne le titre de comtesse de Méran. Elle est enchantée et bien plus lorsque son premier enfant ayant la célèbre lippe Habsbourg, elle ne cesse de répéter autour d'elle : « Ceci, au moins, il ne le doit qu'à son père[1] ! »

---

1. Le souvenir de l'archiduc Jean est resté très vivant en Styrie. A Bad Aussee, son portrait trône dans la salle des mariages, sa statue orne le parc de l'établissement thermal, son nom a été donné à un pont sur la rivière Traun et un médaillon y représente le couple. A Graz, une autre statue, sur la grand-place, rappelle les initiatives heureuses de l'archiduc amoureux : installation de fermes modèles, essor industriel et scientifique de la région, construction de trente kilomètres de voie ferrée en direction de la Carinthie. Une école supérieure technique porte son nom.

Enfin, ce qui devait arriver arriva : à force de marier ses princes, Metternich lui-même succombe. En donnant le mauvais exemple ! Lorsqu'il n'était pas encore le roi non couronné de l'Autriche, Klemens Wenzel Nepomuck Lothar avait épousé, grâce aux ruses de sa mère, la petite-fille de Kaunitz, le chancelier de Marie-Thérèse. A vingt-deux ans, cette union avait permis à l'aristocrate rhénan né à Coblence, auquel ces brigands de sans-culottes avaient confisqué ses biens, d'accéder à une position plus enviable. La dot de Maria Eleonora, dix-neuf ans, faisait d'elle l'épouse idéale pour un assainissement financier. Cet argent compensait l'absence de beauté de la jeune fille et avait ouvert à son mari les portes, étroites, de la haute société viennoise. Même si ses qualités de diplomate cultivé et de fonctionnaire hostile au chaos révolutionnaire étaient remarquables, son mariage n'avait pas nui à sa longue carrière. En 1827, veuf à cinquante-quatre ans, le chancelier impérial s'était remarié avec une certaine Antonia Leykam, fille d'une danseuse de l'Opéra. Les Viennois, volontiers caustiques, avaient brocardé ce donneur de leçons qui ne vibrait qu'aux noms du Gotha. Le mariage n'avait duré que quinze mois, Antonia étant morte en couches. Comme son empereur dans de pareilles circonstances, le prince s'était effondré, mais pas au point de ne pas convoler une troisième fois. Sa nouvelle épouse, précédemment la comtesse Mélanie Zichy, connaissait tout Vienne, Prague et Buda. C'était toujours utile. Alors, préfigurant le marivaudage fin de siècle d'un Arthur Schnitzler, le cabinet de travail de Son Excellence devint le théâtre d'une comédie grinçante. Le chancelier avait conservé, face à lui, un portrait de sa deuxième femme, vêtue d'une robe blanche et un bouquet de violettes à la main. « La nouvelle princesse de Metternich fit peindre son propre portrait en robe de bal avec tous ses diamants et le fit accrocher au mur derrière le bureau. Un jour que son mari était absent, elle fit changer les deux portraits de place. Dès son retour, Metternich en revint à l'ordre antérieur[1]. »

1. Karl Eduard Vehse, *op. cit.*

Dans tous les domaines, le chancelier détestait le désordre !

1835. L'hiver est très froid. A soixante-sept ans, le souverain est emporté par une pneumonie[1]. Son destin n'est pas banal puisqu'il a été deux fois empereur, l'ultime germanique et le premier d'Autriche. Une boutade – mais pas une plaisanterie – s'était répandue dans Vienne. Peu après le congrès, l'empereur, qui souffre d'une bronchite, est examiné par son médecin. Celui-ci, rassurant, explique à l'empereur qu'il a une « bonne constitution ». Le monarque était entré dans une violente colère à l'énoncé de ce mot. « Je n'ai pas de constitution et je n'en aurai jamais ! » Il a régné en monarque absolu, mettant en place une importante bureaucratie, une surveillance policière et une censure de la presse. D'après lui, elles ont évité aux Autrichiens d'être contaminés par les conséquences des révolutions à Paris et à Bruxelles en 1830. François Ier a restauré l'alliance du trône et de l'autel. Les tracasseries administratives n'ont pas empêché une première prise de conscience des identités au sein des Etats de l'Empire. Ainsi, en 1833, la Hongrie a obtenu que l'usage de la langue magyare soit autorisé dans les discussions parlementaires. La mainmise de l'Etat sur de nombreux secteurs n'a pas empêché un certain essor économique et culturel ; les arts, les sciences et les innovations techniques ont été encouragés comme les chemins de fer, la navigation à vapeur sur le Danube et les premiers réverbères au gaz dans les rues de Vienne. Lorsqu'on avait proposé à Sa Majesté d'éclairer la crypte des Capucins, l'empereur avait refusé. Pour des fantômes, même illustres, les cierges étaient suffisants. En revanche, en veillant à ce que l'Autriche soit le domaine privilégié des Autrichiens, l'empereur n'a pas mesuré toute l'importance du Zollverein, cette union douanière allemande instituée sous la conduite de la Prusse en 1834. Ebauche d'union économique et annonciatrice d'union politique, elle s'organise en dehors de l'Autriche. Les Habsbourg-Lorraine en

1. Son épouse, l'impératrice Caroline, lui survivra jusqu'en 1873.

sont exclus. La paix après vingt-cinq ans de guerre et le développement pour les uns, l'immobilisme et l'étouffement pour les autres. Avec Metternich la légitimité l'emportait sur les nationalités, mais l'Autriche, de nouveau, existait. Elle avait pris sa revanche.

Ferdinand Ier, incapable, laisse le pouvoir au précieux chancelier

On l'appelle Ferdinand le Bon ou le Débonnaire, ce qui est aimable. Le Débile eût été plus exact. Il faut imaginer la façon dont le nouveau souverain incarne la dynastie. En famille, cet homme de quarante-deux ans est charmant, distrayant ses neveux et toujours de bonne volonté entre deux crises. Alors, lucide, conscient de ses tares, il comprend qu'il est presque un déchet. Par moments, son courage est méritoire. Ainsi, calme, il se rend seul – du moins le croit-il – au Prater. Sans escorte, il veut passer pour un flâneur ou un amateur de musique tout en restant très attentif au salut des promeneurs qui reconnaissent Sa Majesté. Il est suivi par des infirmiers habillés en valets. Mais dans les obligations officielles et les cérémonies, lorsque l'épilepsie secoue son corps, deux ou trois personnes l'aident à se tenir debout, à monter des marches, à les descendre et à s'asseoir. Pour se lever, le malheureux, pris de bégaiement, se cramponne à ses aides de camp.

Son frère cadet, François-Charles, eût offert un spectacle moins pénible et moins dégradant pour la famille, mais Metternich avait insisté pour que la succession par primogéniture masculine fût respectée. Les défaillances de l'empereur lui permettraient de diriger le conseil de régence, car, dans son testament, François Ier avait institué deux autres régents, l'archiduc Louis, l'avant-dernier frère du défunt, et le comte Kolowrat. Deux adversaires du chancelier, surtout dans le domaine de la politique intérieure, mais l'essentiel restait en place, le « système Metternich » avait fait ses preuves. Il remédierait aux carences du monarque.

Cependant, à force de prôner l'immobilisme, le chancelier s'y enlise. La défense de l'ordre établi cesse d'être efficace dans un environnement européen en effervescence auquel l'Autriche est de moins en moins imperméable. En 1845, l'opposition hongroise s'élève contre la réforme qui tend à réduire les comtats à de simples rouages administratifs. En février 1846, les paysans ruthéniens se révoltent contre les propriétaires polonais. En novembre, l'empire d'Autriche annexe la république de Cracovie, dernier vestige de la Pologne indépendante. Sous l'inspiration d'aristocrates aux idées généreuses, tels Deák, Széchenyi, fondateur de l'Académie de Pest dès 1825, le baron Eötvös et Kossuth, créateur de *La Gazette de Pest* en 1841, se produit une renaissance magyare. Il y a aussi une renaissance croate avec Gaj et une renaissance tchèque avec l'historien Palacký, le philologue Šafárik et le poète Kollár. En 1847, la Diète hongroise présente un programme libéral opposé à l'absolutisme de Vienne. Les Serbes, les Roumains prennent tour à tour conscience de leur individualité nationale ; tous ces mouvements sont aidés par la création de nombreuses sociétés savantes vouées à l'étude des cultures traditionnelles et à l'élaboration de langues littéraires modernes véhiculées par une presse au seuil de son développement. Dans chacun des Etats composant l'Empire, l'exaltation du sentiment patriotique apparaît comme le meilleur moyen de susciter une adhésion populaire à toutes les formes de résistance au pouvoir central. Metternich est le bouclier des Habsbourg. Face à ces revendications, il eût fallu un souverain attentif, ouvert, bien informé et, pour tout dire en un mot, présentable. Le problème autrichien est d'abord un problème de famille. Or, avec Ferdinand le Dépassé, le prestige impérial est atteint et les recettes du cuisinier Metternich ont le goût amer de l'aveuglement. Au moment d'entrer dans la vie politique comme député au Landtag de Prusse, Bismarck, qui analysera l'habileté de Metternich, note qu'il « coupait les peuples en morceaux comme de vieilles culottes ».

Il est difficile d'énoncer ce qui aurait pu se produire à Vienne, à Prague, à Buda sans la révolution parisienne. Lorsque la nouvelle de la chute de Louis-Philippe est connue – le roi des Français s'enfuit en fiacre le 24 février 1848 –, c'est en Hongrie que l'écho en est d'abord constaté. Le 3 mars, Kossuth réclame un ministère responsable et fait voter par la Diète un programme de revendications. Puis, à Prague, le 11 mars, des écrivains et des universitaires réclament l'égalité des Tchèques et des Allemands ainsi que la reconstitution du royaume de Bohême. Deux jours plus tard, le 13 mars, la fièvre atteint Vienne, des barricades sont dressées. Metternich est surpris, l'impensable révolution éclate. Elle réclame son renvoi. Devant l'émeute, le chancelier doit s'enfuir en Angleterre avant de s'installer à Bruxelles.

Il est important de préciser que, à ce moment précis, l'insurrection n'est pas principalement contre les Habsbourg ni contre la monarchie. Elle vise l'intraitable et obtus chef du gouvernement. Son nom concentre tous les mécontentements. Les étudiants sont des révolutionnaires lettrés : c'est en latin qu'ils ont exigé son départ, écrivant « *Pereat Metternich* » (« Que périsse Metternich ») ! A l'entrée de la cathédrale Saint-Etienne, une affiche appelait la population : « Viennois, libérez votre bon empereur Ferdinand des entraves de ses ennemis[1] ! »

Quelle est la faute de l'homme qui a gouverné l'Europe, l'empire d'Autriche et sa sphère d'influence ? L'usure du pouvoir (près de trente années) n'explique pas tout. Ce représentant de la culture européenne prérévolutionnaire n'a pas tenu compte des transformations économiques et sociales, car elles étaient étrangères à son système de pensée. Il a ignoré l'irruption d'une force nouvelle et incontrôlée, l'opinion publique, ainsi que les débuts d'une ère que nous pourrions appeler de communications, dans tous les sens du terme, du télégraphe aux chemins de fer. L'ancien chancelier n'a pu que constater combien à Vienne la bour-

1. Edward Crankshaw, *La Chute des Habsbourg*, Gallimard, 1966.

geoisie, qui avait appelé au libéralisme, était ingrate et oubliait les bienfaits de la confortable paix. Deux jours après son départ précipité, le 15 mars, l'empereur Ferdinand, soudain présent après avoir été si « absent », accorde la liberté de la presse, la création d'une garde nationale et promet une Constitution à l'Autriche. Le monarque profite du soulagement éprouvé après l'élimination de Metternich. Avec son frère François-Charles et son neveu François-Joseph, âgé de dix-huit ans, il se montre dans les rues de Vienne, est acclamé, salue et remercie le peuple entre deux sanglots. On voit même une scène très rare, réservée aux vainqueurs de grandes batailles, quand des Viennois détachent les chevaux de la calèche impériale et la tirent jusqu'à la Hofburg en chantant l'hymne national *Dieu garde notre empereur.*

La révolution installe un empereur de dix-huit ans, François-Joseph

Mais ce n'était qu'un répit. Le monarque défaillant est vite submergé par la vague de revendications, y compris au-delà des Alpes. Le 18 mars, le royaume lombardo-vénitien se soulève contre l'occupation autrichienne ; le 22, avec l'accord de Vienne, le comte Batthyány constitue et préside, le 7 avril, le premier véritable ministère hongrois qui, le 11 avril, dote la Hongrie d'une Constitution. Dans cette effervescence, les Hongrois ne réclament pas un statut autonome car ils ont besoin du soutien autrichien pour maîtriser les minorités non magyares. Le 23 avril, à l'imitation de la Charte belge, une Constitution est octroyée aux Etats non hongrois de l'Empire. Ces concessions institutionnelles peuvent-elles suffire à apaiser les tensions en Europe centrale ? Non, car l'écho de la seconde révolution de 1848 en France, celle de juin, est immense. Et comme à Paris, l'armée mate les insurgés. A Prague, le général Windischgrätz, gouverneur militaire de Bohême, n'a pas la réputation d'un libéral. Ce brillant soldat – il était officier de lanciers à dix-sept ans et s'est battu contre Napoléon – a été scandalisé par la démission (forcée) puis la fuite de Metternich. Il y a vu une tache sur l'honneur de l'Autriche et le prestige des Habsbourg. Il est prêt à incarner la contre-révolution. « Si ce n'est par la grâce de Dieu, que ce soit par celle du canon », dit-il. Il tient parole. Le 17 juin, le général bombarde Prague où se tenait un congrès panslaviste immédiatement dissous ; son Comité national est chassé, la révolution de Bohême est brisée mais dans le chaos l'épouse de Windischgrätz, née Eléonore de Schwarzenberg, est morte. Le 12 juillet, Kossuth demande à l'assemblée hongroise la levée d'une armée nationale. Dix jours plus tard, à Vienne, s'ouvre un Parlement constituant. Ce mot rappelle aux Habsbourg la Constituante et la Révolution française ; la famille impériale prend peur et se réfugie à Innsbruck, car le Tyrol est foncièrement monarchiste et attaché à la dynastie depuis des siècles. Ce départ est mal interprété. Dans Vienne, qui compte environ 220 000 habitants (et soixante-dix facteurs de pianos), une pétition rassemble plus de 80 000 signatures priant Ferdinand de regagner sa capitale[1]. Windischgrätz assurant que l'ordre règne, les Habsbourg reviennent. Au cours de cet été tourmenté, l'Autriche est ballottée entre deux courants. Doit-elle être « allemande », unie à la Prusse en raison de la communauté linguistique, ou, au contraire, uniquement « autrichienne », unie à tous les peuples danubiens liés aux Habsbourg ? En bref, quelle sera l'identité de la *Mitteleuropa*, cette Europe du milieu, tour à tour couloir d'invasions et de conquêtes ou frein à des impérialismes entêtés ?

L'agitation continue. Le 26 juillet, les Hongrois rompent avec Vienne et organisent la lutte contre l'Autriche. Mais le semblant de gouvernement autrichien tire avantage des dissensions entre les différentes ethnies vivant en Hongrie, slaves, allemandes et magyares. L'archiduc François-Joseph observe attentivement les oppositions entre les minorités, le

1. Priscilla Robertson, *Revolutions of 1848, A Social History*, Princeton University Press, New Jersey, 1952.

cauchemar impérial depuis toujours. En septembre, Kossuth prend la direction d'un Comité de défense ; le commissaire royal envoyé par Ferdinand est assassiné à Pest. A Vienne, le Parlement abolit le système féodal et les paysans sont déclarés propriétaires de leurs terres. En octobre, les émeutes ayant repris dans la capitale, la Cour s'enfuit à nouveau, choisissant la solide forteresse des archevêques d'Olmütz, deuxième ville de Moravie, pour se réfugier. A Vienne, le ministre de la Guerre, détesté et symbole du cabinet Metternich, est pendu à une lanterne. Certains parlent d'une « révolution démocratique ». Fin octobre, Windischgrätz reçoit le commandement de toutes les forces armées hors d'Italie, les pleins pouvoirs et son bâton de maréchal. Le 31, après des combats acharnés, il entre dans Vienne, y procède à une répression énergique et obtient la capitulation des insurgés. L'atmosphère demeure tendue, obligeant le Parlement autrichien à siéger dans la résidence d'été des princes-archevêques d'Olmütz, à Kremsier, toujours en Moravie.

Mais il est impossible de ne pas mettre en place une équipe qui ait la confiance populaire et soit respectée, dans la tradition dynastique. Le 21 novembre, Windischgrätz intervient auprès de l'impératrice et fait nommer le prince Félix Schwarzenberg, son beau-frère, aux fonctions de Premier ministre. C'était urgent. Il reste ensuite à régler la question, beaucoup plus délicate, de l'empereur. Les efforts de Ferdinand et de son frère François-Charles, qui renonce à ses droits, ont été pathétiques, pitoyables et dangereux pour la monarchie en ces temps de rêves républicains. L'émeute a chassé Metternich, elle ne doit pas chasser les Habsbourg. François-Charles accepte de renoncer à ses droits. Ils ne peuvent être sauvés que par l'intronisation de François-Joseph, jeune, sain, solide, équilibré.

L'aube est embrumée, la famille impériale réunie dans les appartements de Ferdinand. La maîtresse de cérémonie est sa belle-sœur, l'archiduchesse Sophie, épouse de François-Charles. Ses quatre fils – le dernier, Louis-Victor, n'a que six ans – sont en uniforme. L'énergique Sophie, dans une superbe robe d'apparat de moire blanche, tient une rose de diamants. Autour de son cou elle porte le collier de turquoises et de diamants que son mari lui avait offert pour la naissance de leur premier enfant, François-Joseph, en 1830. Dix-huit ans et trois mois et demi plus tard, il est l'unique espoir de la famille pour sauver la dynastie.

A 8 heures du matin, d'une voix hachée par l'émotion, l'empereur, son oncle, lit l'acte de son abdication en faveur de ce neveu qu'il aime bien. François-Joseph est agenouillé. Ferdinand le bénit d'un signe de croix ; en posant ses deux mains sur sa tête. Après cet avènement sans aucun faste, presque clandestin et en exil loin de Vienne, le nouvel empereur se relève pour entendre ce conseil de Ferdinand le Digne : « Conduis-toi bien, sois courageux, Dieu te protégera. »

Un silence impressionnant suit cette recommandation, Franzi est devenu François-Joseph. Très pâle, étreignant sa mère, il a soudain vieilli. Devant Sophie, très émue mais très fière de cette revanche, il dira, se parlant à lui-même : « Adieu, ma jeunesse ! »

Puis l'impératrice Caroline, très efficace dans cette pénible circonstance, et Sophie prennent François-Joseph dans leurs bras et l'embrassent. Sophie triomphe car, depuis des années, elle ne voyait que son fils pour restaurer le prestige écorné de la famille. Quelqu'un a-t-il vraiment remarqué que le jeune empereur accédait au trône le 2 décembre ? Une date impériale…

13

François-Joseph, souverain par devoir (1848-1916)

Février 1849. Deux mois après l'intronisation de son fils empereur d'Autriche, l'archiduchesse Sophie se confie au poète tyrolien Walpurga Schindl : « J'offre à Dieu l'angoisse d'une mère car voir peser sur un fils âgé d'à peine dix-neuf ans l'immense poids de tout un empire n'est pas une mince épreuve pour le cœur d'une mère. »

La brève et ô combien modeste cérémonie lui avait provoqué une migraine tenace et des vomissements dans la nuit, mais son orgueil, enfin satisfait, avait été le plus efficace des remèdes. La lettre du tsar Nicolas Ier était douce à lire et à relire : « La situation est vraiment difficile, peu de princes ont dû commencer dans des circonstances aussi critiques. Mais, d'après ce que j'ai entendu, ce jeune homme possède des qualités qui garantissent qu'il saura se montrer à la hauteur de la situation. »

Le roi de Prusse, Frédéric-Guillaume IV, était moins chaleureux et davantage politique en écrivant : « La Prusse et l'Autriche doivent marcher la main dans la main. » Ces deux monarques règnent sur des Etats auprès desquels le jeune empereur d'Autriche devra s'imposer, allié ou adversaire.

Sa prise de conscience est réelle : il est désormais chargé d'une mission écrasante, mais jamais il ne pourra oublier les conditions humiliantes de son accession à la couronne impériale, devant sa famille et des domestiques, loin de Vienne. Le peuple était absent. In extremis, dans l'urgence, la monarchie vacillante des Habsbourg au cœur d'une Europe en ébullition est sauvée ; son nouveau maître sera marqué, jusqu'à l'aveuglement, par la notion de devoir. Succéder à un oncle débile et prendre la place d'un père déficient est pénible. Mais le courage est l'armure de François-Joseph. Il en avait fait le serment le 18 août 1843, le jour de ses treize ans, écrivant dans son *Journal* : « Aujourd'hui, au seuil de ma quatorzième année et en tant qu'officier, je m'engage fermement à ne plus jamais montrer de la crainte et à ne plus jamais dire un mensonge. »

Toute sa vie, personnelle et publique, il fera face. Ainsi commence un règne comparable en importance et en durée à ceux de Louis XIV et de Victoria, également à cheval sur deux siècles. Lors de sa naissance à Schönbrunn, son père avait annoncé qu'à chaque sortie de l'archiduc, sa voiture serait attelée d'au moins six chevaux. L'Autriche était en paix. Maintenant, l'empereur à la tête d'un Etat au bord de l'écroulement, menacé par diverses séditions, est contraint d'être en permanence un soldat. L'uniforme sera sa tenue favorite, ses apparitions en civil seront exceptionnelles mais on le verra jusqu'à un âge avancé dans la tenue traditionnelle des montagnards, culotte de peau, veste de feutre, blaireau au chapeau. Il a reçu le baptême du feu contre les Sardes il y a un peu plus de huit mois, le 6 mai 1848, à la bataille de Santa Lucia. Tunique blanche brodée d'un cordon rouge et or, pantalon rouge à bandes dorées, ceinture dorée, bicorne à plumet vert, sa représentation est fixée par son premier portrait officiel, œuvre d'Anton Einsle, peintre de la Cour. Lorsqu'on évoque François-Joseph, on l'imagine toujours en empereur prématurément vieilli par ses longs favoris blancs et son crâne dégarni, à peine tassé par le poids des drames. Au début de son règne, il est un bel homme au corps mince et délicat, plus séduisant que séducteur. Cheveux auburn, de gros yeux bleus, le visage allongé et fin miraculeusement épargné par le prognathisme familial bien que sa bouche soit gourmande, l'empereur donne surtout l'impression d'un homme robuste et décidé mais toujours maître de ses émotions. Il a résisté à une épidémie de typhus, son rythme de travail est stupéfiant et son énergie, héritée de sa mère, laisse pantois. Elle lui vaudra l'estime populaire. D'une intelligence moyenne, il est foncièrement bon, plus orienté vers l'action que la réflexion. Premier fonctionnaire de son empire, le jeune souverain s'appuie sur les deux colonnes impériales que sont l'armée et l'Eglise. Historiquement et géographiquement, François-Joseph est au carrefour d'une Europe en gestation, ce qui ne le fait pas rêver.

Il arrive au pouvoir à la fin d'une période souvent qualifiée de *Vormärz* (« avant-mars ») par allusion aux journées insurrectionnelles de mars 1848. Les temps paisibles et de la somnolence sont révolus, car la situation politique et militaire est complexe. La poussée des nationalismes tendait à démembrer l'Empire au risque de déséquilibrer l'Europe et de mettre sa sécurité en danger. Pour des motifs différents, la France, l'Angleterre et la Russie sont d'accord pour estimer, selon l'expression de Palmerston, Premier ministre de la reine Victoria, qu'« il serait impossible de remplacer l'Autriche par de petits Etats ». Un empire d'Autriche est une nécessité mais nul n'en a autant conscience que François-Joseph. Il a été élevé dans cet esprit, pénétré de sa vocation de prince « germanique » et de ses obligations envers les peuples de l'Empire. Pendant soixante-huit ans, sa mission s'imposera à lui.

Très vite, le vernis libéral du Printemps des peuples s'est craquelé et les revendications nationalistes se sont heurtées à une terrible répression. Schwarzenberg a été très clair : « Nous serons cléments par la suite. Pour l'instant, il nous faut pendre encore un peu. » Et l'archevêque de Vienne, Mgr Rauscher, avait annoncé, avec une très relative charité chrétienne : « Le silence des morts et des pendus est une garantie pour le développement du règne. » Les soulèvements d'Italie ont été matés par un vieux maréchal, Joseph Radetzky, issu de la très ancienne noblesse de Bohême. A quatre-vingt-deux ans, le 25 juillet 1848, arraché à sa retraite, il avait battu le roi Charles-Albert de Piémont-Sardaigne à Custozza. Son entrée triomphale dans Milan, glorifiée par Johann Strauss père avec sa populaire *Marche de Radetzky*[1], fut la première expression de la consolidation du pouvoir impérial contre les forces révolutionnaires. L'écrivain Grillparzer dédia au maréchal un mot immédiatement appelé à la célébrité : « L'Autriche est dans ton camp ! »

Le 4 mars, l'empereur fait promulguer une Constitution établissant l'unité indivisible de la monarchie. Il n'y a qu'un seul Etat, l'Autriche, la Hongrie est associée en qualité de terre de la Couronne tandis que la Lombardie et la Vénétie sont des provinces. En pratique, le texte, utopique, sera assez rapidement mis de côté compte tenu de ses difficultés d'application. Il reste l'esprit. Le 12, le roi Charles-Albert de Piémont, cédant à la pression des patriotes italiens, reprend les hostilités. Radetzky l'écrase à Novare le 23, ce qui entraîne la déroute complète de l'armée piémontaise et restitue aux Habsbourg, avec la Lombardie-Vénétie, leur position de force en Italie du Nord. En réaction, Kossuth, réfugié à Debrecen, fait voter la déchéance des Habsbourg par la Diète de Pest et l'indépendance de la Hongrie le 14 avril. Le même Kossuth refuse de reconnaître les prétentions des éléments serbes, croates et roumains soumis aux Magyars, un manque de générosité qui sera utilisé par la maison de Habsbourg. C'est en Hongrie que la répression autrichienne est la plus dure. En mai, Schwarzenberg, s'estimant capable de maintenir l'ordre de Milan à Venise et dans les Etats allemands relevant de son autorité, demande à François-Joseph d'accepter l'aide du tsar dans la mise au pas des révoltés hongrois. Si Nicolas Ier

1. Elle conclut chaque concert du Nouvel An à Vienne, le public scandant de ses mains cette partition emblématique. La victoire de Radetzky l'avait élevé au rang de héros national autrichien. *La Marche de Radetzky* est aussi le titre d'un célèbre roman de Joseph Roth, d'abord publié en feuilleton dans un bimensuel autrichien édité à Paris entre 1938 et 1940. Traduction française rééditée aux éditions du Seuil en 1982.

offre son concours, ce n'est pas, loin de là, par amour de l'Autriche, mais parce qu'il craint que le mouvement embrase aussi la Pologne alors que la Russie, principal bénéficiaire du dernier partage en 1815, y est très présente. Nicolas Ier mérite son surnom de « tsar de fer », il envoie 150 000 hommes.

A dix-neuf ans, François-Joseph passe pour un bourreau des révoltés

De son côté, Windischgrätz peut compter sur le ban[1] Jellachich qui apporte l'appui de ses Croates. Entre les armées autrichiennes et russes, la résistance hongroise est héroïque mais désespérée. Kossuth, petit hobereau qui avait réveillé la conscience hongroise et s'était retrouvé ministre des Finances, se réfugie en Turquie et Görgey capitule à Világos le 14 août. Batthyány, premier président du Conseil hongrois, est passé par les armes tandis que treize généraux agonisent au bout d'une corde, à Arad. En apprenant ces exécutions, le tsar, qui avait réclamé « une punition sévère contre les meneurs et l'indulgence envers les égarés, seul moyen pratique de parvenir à une paix durable », se déclare offensé par ce zèle. Les Hongrois doutant de sa sincérité, Nicolas Ier confirme son indignation en déclarant que « les condamnations à mort de ceux qui se sont rendus à notre armée sont une infamie et une insulte pour nous ».

François-Joseph, lui-même choqué, rappelle qu'il avait demandé qu'on use du droit de grâce et que toute condamnation à mort soit d'abord approuvée par son cabinet. Certains généraux autrichiens ayant oublié cette procédure parce qu'ils s'estimaient les sauveurs de la monarchie sont immédiatement démis de leurs fonctions, tel le général Haynau. Mais le mal est fait et « François-Joseph fait figure

1. Le ban est un terme croate du XVIIe siècle qui désigne le gouverneur d'une province (Banat).

de bourreau, alors qu'il n'a pas encore vingt ans[1] ». L'empereur, consciencieux, voudra être informé des moindres détails – ce sera toujours sa méthode – mais au début de son règne, il est obligé de faire confiance à son entourage. Il est un débutant particulièrement appliqué, mais un débutant. L'engrenage infernal de la répression en Italie et en Hongrie obère cette année 1849. Séquestrations, confiscations, emprisonnements, exécutions, personne ne peut échapper à la contre-révolution, pas même l'aristocratie qui avait osé défier Vienne. Schwarzenberg, grand maître de ce marathon, pressé d'éteindre l'incendie insurrectionnel, résume froidement sa politique : « La base du gouvernement est la force, non les idées. » L'armée autrichienne, forte de 600 000 hommes, brise tous ceux qui avaient trop d'idées ou, plus exactement, une seule : être libre. La fragile monarchie, renouvelée grâce à la jeunesse de François-Joseph, considère que ces foyers de révolte sont trop nombreux pour être spontanés. Les nationalismes ne sont pas calmés, ils sont bâillonnés. Plus grave, chaque minorité ne se passionne que pour ses traditions et sa langue, quitte à gêner les autres. Une tour de Babel en ébullition.

Cependant, la situation est aussi le reflet d'événements extérieurs. La révolution européenne, partie de Paris, a tourné court. En France, la IIe République est moribonde et Louis-Napoléon Bonaparte, le rusé prince-président, sert le régime avant de s'en servir. L'élan est devenu un frein. Pour les uns, l'espoir s'est brisé sur la réaction, pour les autres l'anarchie est domptée par l'ordre. L'existence de l'Autriche a été mise en jeu par la Prusse, qui, grâce à l'union douanière allemande regroupant maintenant trente-cinq Etats, se flatte d'une bonne situation économique. François-Joseph essaie de reprendre sa suprématie sur Berlin, initiative qui se greffe sur un contexte familial. En effet, l'épouse de Frédéric-Guillaume IV de Prusse est une sœur de l'archiduchesse Sophie, donc une tante de François-Joseph. C'est à l'automne 1850 que le gouvernement prussien

1. Raymond Chevrier, *Histoire de Sissi*, Pierre Waleffe, 1968.

occupe la Hesse, proche du Rhin. Le prétexte est la constitution d'une « union restreinte » de l'Allemagne du Nord sous direction prussienne en remplacement de la Confédération germanique dont le monarque berlinois n'a pu être le président. Après accord de François-Joseph, Schwarzenberg lance un ultimatum à la Prusse. Les entretiens entre les ministres prussien et autrichien durent près d'une semaine, du 22 au 29 novembre, à Olmütz, à l'endroit même où, deux ans plus tôt, le nouvel empereur a été investi. En un tel lieu, il ne peut perdre la face. Epaulé par l'habileté musclée de son Premier ministre, l'empereur contraint la Prusse à la « reculade d'Olmütz ». L'ancienne Confédération germanique est rétablie et de nouveau présidée par l'Autriche, comme au temps où Metternich conduisait l'Europe centrale. Cette humiliation, très durement ressentie en Prusse par les milieux militaires et patriotiques, contient les germes d'une revanche espérée à Berlin. Désormais, entre les Hohenzollern et les Habsbourg, la méfiance fait place à l'hostilité. Dans l'ombre, Bismarck, bientôt élu de la Prusse à la Diète de Francfort, tempête, s'exaspère, s'indigne. Il sera l'artisan de la relève, le promoteur d'une politique hostile à l'Autriche.

Le 17 août 1851, à la veille de son vingt et unième anniversaire, François-Joseph, enfin installé à Vienne, préside son premier Conseil des ministres. Reconnaissant l'impossibilité d'appliquer la Constitution qu'il avait promulguée deux ans plus tôt, il confirme que des réformes sont nécessaires à l'unité de la monarchie et aux besoins réels de ses peuples. Il insiste sur un point capital : les ministres ne doivent être responsables qu'envers lui. Neuf jours plus tard, à Schönbrunn, dans une chambre de lambris blancs tendue de damas rouge, il écrit à sa mère : « [...] L'Autriche n'a plus qu'un seul maître. Mais, maintenant, il me faut encore plus travailler. »

Plus que jamais, l'archiduchesse Sophie règne sur son fils qui est toujours célibataire. En grande organisatrice, elle pourvoit même à ses plaisirs intimes. Son attitude, qui peut surprendre, est logique : il ne faut rien laisser au hasard, pas même le choix d'une liaison. Sophie régente toute la vie personnelle de son fils, y compris ses amours et ses distractions. L'image de François-Joseph studieux, voire laborieux, enchaîné à ses dossiers et esclave des affaires de l'Etat est, certes, exacte, mais il convient de la nuancer au début de son règne. Sa mère, dont il porte toutes les revanches, est préoccupée par l'état de fatigue du jeune monarque s'imposant huit heures de suite au service de la Couronne. Telle une gouvernante, elle réduit ses promenades et même ses parties de chasse, son seul vrai plaisir. Dans ses propres appartements, elle organise des petits thés intimes. Quelques invités, quelques invitées, soigneusement choisis. L'empereur vient s'y détendre secrètement et peut danser sous des regards tendres et bienveillants sans être, une fois encore, en représentation. Pour ces divertissements, l'archiduchesse retient Johann Strauss fils en personne. Sa musique élèvera la valse à la perfection. Valser, aimer, boire et chanter seront les quatre commandements du Viennois friand de légèreté et d'ironie. Avec son talent et ses opérettes, Strauss va mettre en musique légère le règne du sérieux François-Joseph.

Vigilante, la mère de l'empereur organise les liaisons de son fils

Au cours de ces Kammerbälle (« bals de chambre »), le souverain montre qu'il est bon danseur. La valse ? Evidemment, puisqu'elle est viennoise. Mais aussi la polka, le quadrille, la mazurka polonaise. Dans l'hiver 1850-1851, pendant la période de l'interminable carnaval, à 3 heures du matin, Sophie présente à son fils les plus jolies jeunes filles de la société et les mieux nées. On sert un thé chaud, revigorant. Qui sert ? Ces demoiselles elles-mêmes, rouges de confusion comme la couleur du velours frappé des murs. L'honneur se double d'un précieux exercice pratique de bonnes manières : comment ne pas renverser une tasse de thé en faisant une révérence, même discrète, à Sa Majesté impériale ? Ces personnes sont adroites, fraîches, exquises. La comtesse Czernin présente la tasse, la comtesse Luidau présente le lait, selon le rite viennois. Sophie, l'œil à tout, glisse dans ce parterre timide et babillant quelques femmes plus mûres et peu farouches avec la mission de satisfaire le fougueux empereur. Ces dames sont évidemment discrètes, mais bientôt on les surnomme, en français, « les comtesses hygiéniques », ce qui se passe de commentaires. Pour l'archiduchesse, femme stricte mais franche devant les réalités de la vie, il y a un temps pour tout, à condition que ces intermèdes soient prévus, organisés et contrôlés. Son fils ne lui échappe pas un instant, même pas, si l'on peut dire, lors d'étreintes programmées pour satisfaire les exigences de la nature. Sophie n'aime pas les surprises. Elle va souffrir !

A cette époque, aux bals de la Cour, officiels, solennels, protocolaires et ennuyeux, l'empereur ne danse pas. Il est en service commandé et en profite pour glisser des paroles aimables. Il a l'humour sec, plutôt militaire, mais cultive une courtoisie et une disponibilité qui désarment ses adversaires. A un officier sarde qui lui est présenté, l'empereur dit : « Vous servez dans l'artillerie ? C'est une belle arme. Nous l'avons remarquée dans nos deux dernières campagnes. »

Allusion claire au baptême du feu reçu contre les troupes de Sardaigne, quatre ans plus tôt.

Le 14 janvier 1852, après avoir abrogé la Constitution impossible, renforcé le régime autoritaire mais confirmé l'abolition des droits féodaux, François-Joseph paraît au bal, sans être attendu et portant l'uniforme des hussards de Hongrie. Et, surprise supplémentaire, il lève l'interdiction de la czardas, considérée comme l'emblème musical de la révolte. Le souverain s'attire immédiatement une sympathie jusque-là inexistante ou réticente. « L'empereur ne nous en veut plus », annoncent certains Hongrois, étonnés. En ce début d'année, une sorte de triumvirat dirige les affaires autrichiennes : François-Joseph règne, Schwarzenberg gouverne et Metternich, enfin rentré à Vienne, est reçu par l'empereur qui ne sollicite ses conseils qu'occasionnellement. L'ancien chancelier ne joue aucun rôle et reste tenu à l'écart du pouvoir[1]. Le 5 avril, à la mort de Schwarzenberg, l'empereur le remplace par son ministre de l'Intérieur, Bach. Celui-ci va entreprendre une germanisation des minorités nationales, autant par souci d'unification que par défi à l'égard de la Prusse. Il s'ensuit un mécontentement des intéressés malgré la prospérité économique due au développement industriel et à la protection du commerce débarrassé, depuis deux ans, des douanes intérieures.

L'archiduchesse est maintenant obsédée par le mariage de son fils, car il n'est rien de tel que l'image du bonheur pour consolider une monarchie, surtout lorsqu'elle est convalescente. Sophie pose son regard sur les grandes familles d'Europe avec d'autant plus d'acuité que l'empereur est amoureux. Sans l'autorisation de sa mère ! Et pour la première fois, semble-t-il. La jeune fille se prénomme Elisabeth. C'est une de ses cousines, fille d'un prince hongrois. Une Hongroise ? Pas question ! Le contentieux sanglant ne saurait être apuré par des sourires de convention. Comment les Autrichiens pourraient-ils déjà oublier l'insurrection de Budapest et ses assassinats ? Comment les Hongrois gommeraient-ils l'exécution du comte Batthyány, président du Conseil des ministres, qui, après une tentative de suicide, avait été fusillé pour trahison sur ordre de François-Joseph ? Pour se venger, sa veuve avait proféré une malédiction terrible : « Que Dieu le frappe dans tous ceux qu'il aime, dans toute sa lignée. » Non, ce mariage est impossible.

Sophie compte sur les voyages de son fils. En août 1852, il se rend à Berlin et l'archiduchesse élabore un plan avec la reine de Prusse, sa sœur. Face à la France où Louis-Napoléon ourdit le rétablissement de l'Empire, face à la Russie lointaine mais de plus en plus pesante, une alliance avec la Prusse pourrait procurer un regain de puissance à l'Autriche. En érodant par un mariage le vieil antagonisme

1. Son fils sera ambassadeur d'Autriche puis d'Autriche-Hongrie auprès de Napoléon III, de 1859 à 1870. Sa belle-fille sera très proche de l'impératrice Eugénie.

Hohenzollern-Habsbourg, ce qu'il est convenu d'appeler « le problème allemand » serait réglé.

Ainsi que Sophie l'avait prévu, François-Joseph est séduit par la princesse Anna, nièce du roi. Elle a vingt-deux ans, elle lui plaît, mais – et cela Sophie l'ignorait ! – elle est déjà fiancée au prince de Hesse-Cassel. La mère de François-Joseph n'est pas du genre à renoncer. Pourtant, les deux sœurs se heurtent au refus du délégué prussien à la Diète de Francfort, le comte de Bismarck. Celui-ci ne pardonne pas l'affront d'Olmütz. Il ne souhaite qu'affaiblir l'Autriche et souligne qu'il est impossible à la princesse Anna de renoncer à la religion protestante. Au passage, on relève les compliments de Bismarck sur François-Joseph, qu'il a rencontré en juin ; chez le jeune empereur, il loue « le feu, la dignité, le sang-froid, le coup d'œil, la droiture, la sincérité, surtout quand il rit[1] ». Non et non ! Bismarck, l'homme qui a réveillé la Diète en y imposant la fumée de son cigare, se moque de vivre en harmonie avec l'Autriche. Alors, un mariage…

Sophie est vexée et contrariée. Son échec lui pèse. En apprenant que le plus récent des empereurs, Napoléon III, vient d'épouser la ravissante deuxième fille d'un comte espagnol désargenté, une certaine Eugénie de Guzmán y Palafox, et qu'il s'agit d'un mariage d'amour ou, en tout cas, nullement d'une alliance politique, elle en frémit. Il est hors de question que son fils soit obligatoirement épris de sa future femme, l'intérêt dynastique et gouvernemental l'emporte sur toute autre considération. Alors, naturellement, elle regarde du côté d'une autre de ses sœurs, Ludovika, épouse du duc en Bavière, l'excellent et débonnaire Maximilien, un peu original mais pas dangereux. C'est à peine s'il a quelques idées. La Bavière a deux points communs avec l'Autriche, elle est catholique et menacée par la Prusse protestante. Sophie se souvient de sa nièce Hélène, belle et surtout raisonnable, la jeune fille parfaite. Elle serait une belle-fille

1. Yves Grosrichard, *Les Cent Visages de Bismarck*, Presses de la Cité, 1970.

idéale et ne risquerait pas de lui nuire à elle, Sophie, sa tante, qui entend rester la grande dame de la famille.

Attentat manqué contre l'empereur : il est sauvé par son uniforme !

Mais alors que Sophie allait, comme par hasard, prendre des nouvelles d'Hélène (aimablement surnommée « Néné » par la famille), Vienne est sous le choc d'un attentat contre l'empereur. Le 18 février 1853, peu après midi et demi, un homme s'est précipité sur François-Joseph penché sur un rempart, occupé à regarder des troupes à l'exercice. L'inconnu est armé d'un couteau à longue lame à deux tranchants. Le cri d'une femme qui a vu le geste de l'agresseur fait détourner la tête du souverain ; la lame glisse entre le col officier et une boucle métallique. A quelques centimètres près, le monarque était égorgé. François-Joseph saigne. A un promeneur courageux qui, avec l'aide de camp de l'empereur, a maîtrisé l'inconnu déchaîné, l'empereur crie : « Ne le tuez pas ! »

L'agresseur est un Hongrois, Janos Libenyi, ancien tailleur et forgeron, qui voulait venger la mort de révolutionnaires. Il avait attendu quinze jours, guettant les allées et venues de l'empereur. François-Joseph a été sauvé par son uniforme. Tout un symbole ! La blessure est moins grave qu'on ne l'avait craint mais moins bénigne qu'on ne l'a cru. Elle provoque, dans l'ordre, un évanouissement spectaculaire de l'archiduchesse Sophie, trente bulletins de santé en dix jours, et un accroissement tangible de la popularité impériale. Les éditions spéciales des journaux s'arrachent. Le premier attentat d'un homme du peuple contre un Habsbourg stupéfie les Viennois. Deux jours plus tard, le blessé, encore alité, choqué et souffrant des yeux, reçoit ses ministres et travaille sur des dossiers urgents, en particulier la centralisation à outrance. Trois semaines passent et l'empereur paraît sans escorte – à la fureur de sa mère – dans une voiture découverte qui le conduit au Prater. Chanteurs, danseurs et buveurs reconnaissent François-Joseph, ils l'acclament. Sans aucun doute, Dieu a sauvé l'empereur[1].

Affairé à mettre en place la bureaucratie dont il rêve et qui sera souvent plus dévouée qu'efficace, François-Joseph n'est pas au fait d'un autre complot, de type familial, qui se trame entre sa mère et sa tante. Sophie, apaisée puis rehaussée dans son rôle de mère d'un monarque que le Ciel a protégé d'un poignard, invite Ludovika à venir à Bad Ischl au milieu de l'été, dans la charmante région de Salzbourg. Sa mère et sa tante ont chapitré Hélène avec mille conseils pour bien se comporter avec son cousin l'empereur. La jeune duchesse n'oublie ni ses deux éventails ni son livre de prières. Au dernier moment, Ludovika décide que la sœur cadette d'Hélène, Elisabeth, fera partie du voyage. Elle n'est pas prête, n'a qu'une robe ordinaire, mais cela n'a aucune importance. Elle n'est qu'une gamine sauvage à qui des mondanités familiales feront le plus grand bien. Elle a seize ans. Sa famille la surnomme Sissi.

Le 16 août 1853, avec une bonne heure et demie de retard, la berline s'immobilise enfin devant l'hôtel *Austria*, une maison modeste et provinciale près de l'établissement thermal. Les Bavaroises ont à peine le temps de se changer, car l'empereur est d'une ponctualité maniaque et, par malchance, il est arrivé en avance, sa voiture et son escorte n'ayant pas mis vingt heures pour parcourir les deux cents kilomètres qui séparent Vienne de Bad Ischl au lieu des trente heures habituelles. Un aide de camp vient s'assurer que la tante de l'empereur est bien arrivée et l'informe qu'il est très heureux de la revoir. François-Joseph a besoin de détente car, depuis la mort de Schwarzenberg, ayant supprimé le ministère de la Guerre, il assure lui-même les fonctions de chef de l'armée. N'est-il pas, d'abord, un soldat ?

1. A l'endroit de l'agression s'élève une église, la Votivkirche, aujourd'hui place Roosevelt. Elle fut inaugurée en 1879, à l'occasion des noces d'argent du souverain.

La vieille question d'Orient vient d'entraîner une rupture des relations diplomatiques entre la Russie et la Turquie ; le prétexte en est la garde des Lieux saints. Les catholiques y ayant étendu leur influence, le tsar entend protéger les chrétiens orthodoxes de l'Empire ottoman et sa protection commence par l'occupation des provinces danubiennes de Moldavie et de Valachie où ils sont nombreux. François-Joseph suit l'affaire avec attention car il est le seul maître de la politique étrangère autrichienne, ayant choisi un homme terne comme ministre, le comte de Buol. Dans ce contexte, venir à Bad Ischl est un entracte au milieu des soucis. La petite cité est coquette et paisible avec son casino, son théâtre et ses cafés. Dieu merci, l'archiduchesse Sophie, qui veut le bonheur de son fils, á prévu les retrouvailles de la famille sans qu'il ait à s'en mêler. L'empereur, qui n'a plus le temps de se distraire, n'aura qu'à suivre l'avis de sa mère qui lui a choisi une fiancée. Il est 16 heures quand Hélène est officiellement présentée à son cousin. Sa révérence est sans faute. François-Joseph, en uniforme de général, l'observe tandis que leurs deux mères s'embrassent. Néné est une bien jolie jeune fille, élancée, grande, excessivement timide. Elle est instruite et sérieuse. Parfaite, selon sa mère et sa tante. L'empereur sourit, très poli mais peu intéressé. S'il regarde Hélène, il ne voit que sa sœur, Elisabeth. Sa révérence a été approximative, mais quel contraste avec sa sœur ! Le visage de Sissi est encore enfantin mais ses beaux cheveux, coiffés en bandeaux, dégagent le front. Ses yeux bruns sont du velours. Elle rougit. Pendant quelques interminables secondes, elle ressent la première gêne qu'est le regard insistant d'un homme. François-Joseph, qui a l'habitude – et même la manie – de passer des inspections et de vérifier des détails, est étonné. Quel charme ! Sa mère lui a tellement parlé d'Hélène qu'il est un peu déçu de sa rencontre. Mais pourquoi n'avait-elle pas évoqué Elisabeth, si troublante à la frontière floue de l'enfant et de la femme ? Elle a tellement changé depuis leur précédente rencontre. Il est séduit.

Au milieu du va-et-vient des théières, des plateaux d'argent chargés de pâtisseries et des assiettes, l'archiduchesse ne sait pas encore qu'elle va perdre sa première bataille. Le destin conjugal de son fils lui échappe. Ce que deux mères – deux sœurs – avaient comploté, l'union envisagée avec bienveillance par deux chancelleries, s'effondre devant la plus imprévisible des réactions, le coup de foudre. Le deuxième frère de François-Joseph a tout compris et, le lendemain, d'un ton triomphant, il annonce à sa mère que Franzi préfère Sissi à Néné. Sissi ? Cette gamine ? Impossible ! François-Joseph paraît, d'excellente humeur, et déclare à sa mère : « Sissi est délicieuse. »

L'archiduchesse, atterrée, réplique une batterie d'arguments : elle est trop jeune, n'aime que la nature, n'a pas de manières, est peu instruite, parle un rugueux dialecte bavarois, tandis qu'Hélène est mûre, préparée à sa tâche et beaucoup plus équilibrée que sa sœur. L'archiduchesse insiste, met en jeu son autorité, son expérience, mais ses protestations sont inutiles. L'empereur se comporte en empereur : il décide seul. L'amour a transformé ce monarque qui fête ses vingt-trois ans dans vingt-quatre heures. La première conséquence de l'entrée de la jolie Elisabeth dans sa vie est un acte de désobéissance à sa mère. Celle-ci ne l'oubliera pas, son fils lui doit son trône. Il en convient mais il ne veut pas lui devoir son épouse. Pauvre Sophie ! Elle en est à répéter qu'il n'y a pas d'urgence. « Personne ne te demande de te fiancer tout de suite », ose-t-elle dire alors qu'hier encore le mariage de son fils était pressant. La hâte a changé de camp, François-Joseph est devenu impatient. Il part à la recherche de sa cousine, entre l'hôtel et la villa louée par sa mère. Ils se retrouvent au déjeuner mais Sophie a réagi : elle a relégué Sissi dans une autre pièce que la salle à manger, sous l'autorité de sa gouvernante, Mlle Roedi, un dragon qui profère des observations glacées sur la façon dont on doit se tenir, c'est-à-dire sans bouger.

François-Joseph a un coup de foudre : il épousera sa cousine Sissi

A la grande table, l'empereur n'aperçoit pas tout de suite l'éloignement imposé d'Elisabeth ; il vient de recevoir des dépêches sur les prétentions russes et les réunions franco-britanniques à propos de la crise diplomatique. Il attend les commentaires de ses ambassadeurs à Saint-Pétersbourg et à Constantinople. François-Joseph a une conversation anodine avec Hélène, sa voisine, plus à son avantage qu'hier ; sans doute a-t-elle été sermonnée par sa mère. S'apercevant que Sissi n'est pas à sa table, il entend des éclats de voix. C'est la sienne, justement, qui a fini par répondre à son chaperon. Elisabeth est vexée d'être traitée comme la petite sœur qui fait de la figuration. Intrigué, sans regarder sa mère, l'empereur demande à sa tante la permission de faire venir son autre fille à la grande table. Il y a de la place. Délivrée et triomphante, la princesse entre, rouge de colère et de confusion, dans un silence dont les familles attablées ont soudain le secret. Elle vient faire une révérence mécanique, de rage. Quelle impertinence ! Mais quel ravissement, ce regard « chargé de rêve ». Une apparition. On en oublie son caprice.

François-Joseph franchit un degré supplémentaire dans la rébellion familiale en insistant auprès de sa tante pour qu'Elisabeth paraisse au bal qu'il donne ce soir. Au dîner précédant le cotillon, si Hélène est encore assise à côté de son cousin, il ne s'agit plus que d'une courtoisie froide, une ultime concession à un programme grignoté par les élans du cœur. Ce soir, 17 août, les dernières conventions seront abattues. Quand Ludovika entre avec ses deux filles, Hélène est majestueuse, Elisabeth est troublante. L'aînée met en valeur sa merveilleuse robe de satin blanc confectionnée à Munich tandis que la cadette s'est contentée d'une robe de voile couleur pêche, puisque sa présence au bal était initialement exclue. Mais tous les regards vont vers elle, surtout quand au lieu de plonger dans une nouvelle révérence, elle serre la main de l'empereur ! Celui-ci, très amusé, donne le signal et l'orchestre se déchaîne dans une polka. Quarante-cinq couples s'épuisent dans un irrésistible galop. François-Joseph, qui ne danse pas, glisse un mot à l'oreille de son aide de camp, le baron Hugo de Weckbecker : « Invitez donc la princesse Elisabeth pour la deuxième polka. »

Sissi, jusqu'ici tendue, contractée, est soudain délivrée. Au bras de l'officier, elle a des ailes. Tout autour, les commentaires s'enflent et on apprend que Sa Majesté a choisi de danser le cotillon final uniquement avec la plus jeune duchesse bavaroise. L'aide de camp dit à un autre officier : « Il me semble que j'ai dansé avec la future impératrice. »

Un peu avant minuit, l'empereur invite donc sa cousine. Ce soir, sa dernière danseuse est également la première dont il n'a pas cessé de suivre les évolutions maladroites. En souriant, il lui chuchote les pas dans lesquels elle s'embrouille. Elle vit à la campagne et n'a pas fait ses débuts dans le monde. De plus, Munich n'est pas Vienne. L'empereur surprend tout le monde en offrant à Sissi le bouquet du cotillon – une tradition – mais aussi tous les autres bouquets. Cet accroc aux usages qui honore exclusivement une jeune fille en éliminant les autres ne peut avoir qu'un sens, une demande en mariage. Au thé qui suit le bal, la famille est un peu embarrassée. Un tel geste, en présence d'Hélène... Sophie est exaspérée, la manœuvre lui échappant définitivement. Elle s'en prend à sa sœur Ludovika qui a eu la funeste idée d'inviter Sissi à ce voyage. La suite de l'empereur le constate, il est transformé, gai, heureux. En un mot, amoureux. Depuis son avènement, personne ne l'a vu aussi détendu. Sissi n'a pas eu le temps de comprendre. Toutes ces fleurs pour elle seule ? Elle est surtout gênée. Il est tard, il fait très chaud, elle est lasse. Dans la nuit, les nuages qui traînaient crèvent en cataractes. Un orage d'été, violent, noie Bad Ischl et le tonnerre fait trembler les vitres. Sissi ne trouve pas le sommeil. François-Joseph ne dort pas non plus.

Au matin du 18 août, il pleut toujours et le ciel est bouché. Le temps est aussi maussade que l'humeur familiale ; une migraine opportune cloue mères et filles dans leurs chambres. Seul François-Joseph, levé avec l'aube comme d'habitude, affiche une gaieté conquérante. Un grand jour est commencé : il a vingt-trois ans et a décidé de se marier. Béat, vivifié par une nuit quasiment blanche, il entre chez sa mère. Celle-ci fait un immense effort pour masquer sa déception mais elle finit par faire mine d'accepter la situation. Que perdrait-elle dans cette intervention inattendue de Cupidon ? Rien ! Elle est venue pour marier une nièce. A la place de l'aînée, la cadette sera impératrice. Un raisonnement acceptable pour le prestige de la maison de Wittelsbach, sa branche cadette, celle des ducs *en* Bavière[1]. Mais, en réalité, la réaction de l'archiduchesse est une feinte. Sissi sera la femme de François-Joseph mais c'est sa belle-mère et tante qui fera de cette princesse rustique et sans manières une impératrice. Et il y a beaucoup à lui apprendre. Ce n'était pas en vain que Bismarck, lors d'une entrevue à Vienne avec l'archiduchesse, avait noté : « Au fond, c'est elle qui tire les ficelles de la politique. »

Dans la soirée, Sissi est la dernière consultée. Devant les deux sœurs, sa surprise se transforme en larmes en joie : « Mais bien sûr, j'aime l'empereur », assure-t-elle. Puis, avec une tristesse insolite et comme un regret, elle ajoute : « Si seulement il n'était pas empereur… »

Une angoisse l'étreint. « Je suis si jeune, si insignifiante. Je ferai tout pour rendre Franzi heureux. Mais le pourrai-je ? »

Il y a encore deux jours, elle était la plus heureuse des princesses dans sa chère Bavière, parlant aux chevaux et aux chiens, lisant dans le ciel, cueillant des fruits qui

1. Cette distinction existe toujours. La branche aînée est celle des ducs *de* Bavière.

tachaient sa robe, écrivant des poèmes au vent et aux nuages. Entre le jeudi et le samedi, elle se retrouve examinée, scrutée, préférée et fiancée. Elle n'a pas eu le temps de dire non, ni oui d'ailleurs. Un tourbillon s'est abattu sur elle.

Et François-Joseph ? Malgré la précipitation d'un amour déclaré tambour battant, il n'a pas cherché à influencer sa cousine. Au contraire, conscient de sa responsabilité, il soupire devant sa mère inquiète : « Ma charge est si lourde que, Dieu m'en est témoin, ce n'est pas un plaisir de la partager avec moi. »

Dimanche 19 août. François-Joseph veut communiquer la nouvelle à ses sujets et au monde. Dans Bad Ischl, sous un soleil glorieux, il présente Sissi à ses aides de camp et à sa suite, guère étonnés tant la transformation du souverain est heureuse. Cochers et palefreniers colportent l'information aux marmitons des auberges puis au personnel de l'établissement thermal, entre deux gobelets d'eau aux vertus réputées fécondantes. A la messe, le curé, à peine prévenu, fait jouer l'hymne impérial à l'orgue. Avant la sortie devant la foule bon enfant qui va jeter des fleurs, l'empereur demande au prêtre une bénédiction spéciale en disant : « Voici ma fiancée. »

Eperdue d'émotion, Sissi cherche la main de son cousin. Elle paraît fragile mais il est si heureux qu'il a du courage pour deux. Quelques personnes remarquent que Sophie s'efface devant elle. L'archiduchesse fait semblant de céder le pas à la future impératrice. Celle-ci ne sourit pas et on la verra très rarement sourire. L'archiduchesse l'a remarqué et a trouvé une explication qu'elle a révélée à son fils sur le ton sifflant d'une belle-mère vexée : « Oui, elle est très jolie mais elle a les dents jaunes ! »

Peu importe, Elisabeth est grande – elle mesure 1,72 m –, sa taille est fine et elle mobilise tous les regards. Sophie reste stupéfaite de la métamorphose de son fils. N'est-ce pas incroyable ? L'empereur semble découvrir que l'amour est plus enrichissant que le pouvoir. « Libéré du poids de toute dignité, il ne respire que l'amour », observe Karl

Tschuppik[1]. Au tsar, François-Joseph écrit : « Je parle de mon bonheur car je suis convaincu que ma fiancée possède toutes les qualités d'esprit et de cœur pour me rendre heureux. »

Des télégrammes sont envoyés aux principales ambassades.

Amoureux, l'empereur gracie les condamnés à mort de Prague

Rentré à Schönbrunn le 7 septembre, l'empereur se hâte d'exprimer au comte Lerchenfeld, émissaire du roi de Bavière, ses remerciements au souverain de Munich qui a donné si vite et si chaleureusement son consentement. Mais sur son bureau, François-Joseph trouve des dépêches alarmantes relatives à la tension entre la Russie et l'Empire ottoman ; elle tourne au conflit. Maintenant, le sultan de Constantinople est soutenu par la France et par l'Angleterre, soucieuse de défendre la route des Indes. Paris veut protéger les intérêts catholiques en Orient mais le tsar, dont le régime a été épargné par les révolutions nationalistes, cherche tous les prétextes pour conquérir un accès à la Méditerranée, le vieux rêve russe depuis Catherine II. L'empereur d'Autriche plaide pour un compromis et fait rédiger un projet d'accord ménageant le boulimique orgueil russe et la pesante susceptibilité turque. Il n'est pas écouté. Dans la joie de ses fiançailles, François-Joseph signe la levée de l'état de siège à Vienne, Graz et Prague où la peine de mort prononcée contre huit jeunes gens de la bonne société tchèque est commuée en travaux forcés. Sissi assouplit, indirectement mais incontestablement, l'autocratie impériale. Le Ciel bénit la tolérance (relative !) du monarque puisque celui-ci est informé que la couronne royale de Hongrie, qui avait disparu lors des émeutes de Buda et de Pest, a été retrouvée. Un portrait de sa fiancée

1. *Elisabeth, impératrice d'Autriche*, traduit de l'allemand par Gabrielle Godet, Plon, 1933.

est maintenant sur le bureau du souverain. Il est désormais inutile de convoquer les « comtesses hygiéniques » pour divertir Sa Majesté. L'archiduchesse enregistre les défauts de sa nièce et future belle-fille en déplorant que « cette petite ne sait pas présenter un verre pour porter un toast ». François-Joseph répond qu'il s'occupera de ces petites questions. Une annonce qui ne réjouit pas sa mère. L'éducation de cour qu'elle compte imposer à Sissi ne sera qu'un catalogue de remontrances.

Le 14 septembre, Nicolas Ier de Russie arrive à Olmütz. Le tsar est fort irrité du peu d'empressement de François-Joseph à le soutenir face aux gouvernements français et britannique. Il rappelle au jeune souverain l'appui décisif des troupes russes en Hongrie. Pour ne pas vexer son hôte, l'empereur lui réserve des honneurs militaires exceptionnels en organisant un exercice qui regroupe 80 bataillons, 74 escadrons et 24 batteries. Un spectacle superbe, suivi d'une réponse négative du chef de la maison de Habsbourg. Il a écouté ses ministres. Il n'ose pas s'engager dans cette affaire alors que son pays est convalescent et que les problèmes internes entre les communautés exigent des réponses appropriées. Non, la guerre n'est pas un cadeau de mariage. Le 4 octobre, la Turquie déclare la guerre à la Russie. L'empereur se félicite d'être resté en dehors de ce contentieux.

Au début de 1854, dans la perspective de son mariage avec Sissi, François-Joseph fait semblant de se soucier de leur parenté. Ils sont cousins germains mais ils ont également un sang commun par leurs pères, au quatrième degré. Une fois encore, l'obstacle médical de la consanguinité est mis à l'écart.

Les nouvelles de Turquie sont préoccupantes. L'empereur d'Autriche tente de contenir les visées impérialistes russes ; il supplie le tsar de ne pas franchir le Danube. Mais dans son gouvernement, François-Joseph doit résister à l'homme qu'il a placé à la *Ballhausplatz* (les Affaires étrangères), un ancien ambassadeur à Saint-Pétersbourg qui estime y avoir été mal traité par Nicolas Ier. La Russie est devenue son ennemie et il tempête pour que Vienne lui fasse la guerre. Dès qu'il le peut, l'empereur s'occupe des préparatifs de son mariage. Un voyage rapide à Munich pour revoir Sissi après des semaines de séparation, des cadeaux et déjà l'obligation pénible d'arbitrer des frictions entre sa mère et sa future femme. En tutoyant Sophie, la jeune fille croyait bien faire. A Munich, on est très familier. L'empereur est contraint de rappeler à Sissi que même si sa tante devient sa belle-mère, elle doit toujours la vouvoyer, comme il le fait lui-même. En fait, le souverain retrouve avec plaisir ses dossiers et ses réunions ; il est plus facile de décider un programme politique que d'essayer de concilier deux générations de femmes, l'une qui a été, *de facto*, la première dame de la Cour et l'autre qui le sera, *de jure*, dans un mois. Entre l'archiduchesse et l'impératrice, François-Joseph sera, pendant des années, dans un étau. Chacune des deux a tort et raison. C'est odieux !

Près de douze heures par jour, le cabinet de Vienne suit la situation turco-russe. L'empereur lit des masses de rapports diplomatiques et militaires de la main droite et boit des litres de thé de la main gauche. Le 22 mars, il résume son sentiment : « Messieurs, la guerre avec la Russie peut arriver mais elle ne doit pas arriver. »

En hâte, il envoie un émissaire à Berlin afin de sonder les intentions de la Prusse. Sans enthousiasme, le monarque Hohenzollern répond que Vienne peut compter sur l'assistance prussienne et une très vague « alliance défensive et offensive » est prévue. Pour Bismarck, cette condescendance est déplacée. L'amitié avec la Russie lui semble plus précieuse qu'une entente avec l'Autriche qu'il soupçonne de vouloir profiter d'un chaos en Europe centrale pour s'approprier les bouches du Danube. La crise dégénère. Le 27 mars 1854, alors que les flottes française et britannique sont entrées dans la mer Noire depuis deux mois, Londres et Paris déclarent la guerre à Saint-Pétersbourg et apportent leur appui à la Sublime Porte. A l'horizon, une presqu'île s'effiloche dans la brume, la Crimée. François-Joseph pense que cette guerre n'est pas du tout « allemande » et son mariage absorbe ses pensées. Il n'a pu que déléguer à sa mère les travaux concernant ses appartements à la Hofburg. Sophie est à l'aise, choisissant la décoration et les meubles. Elle commande qu'on astique les parquets et qu'on redore les lambris. Derrière ces murs austères, l'archiduchesse gouverne l'un de ses deux domaines avec Schönbrunn. Et comme, selon elle, Sissi n'a aucun goût, elle décide pour sa belle-fille-nièce. Entre deux Conseils des ministres, l'empereur choisit chez Biedermann, le joaillier de la Cour, une couronne en diamants destinée à Sissi. Cette merveille a été restaurée pour 100 000 florins. Exposée pour la famille, elle ne suscite que des compliments. Soudain, une tante de François-Joseph, l'impératrice Caroline-Augusta, quatrième et dernière épouse de François Ier, se penche pour examiner le travail d'orfèvrerie quand une dentelle de sa mantille accroche l'un des diamants. En se relevant, l'impératrice douairière entraîne la couronne, qui tombe. Consternation générale : les points en or sont tordus et deux pierres précieuses se sont détachées. Apprenant l'incident, la mère de l'empereur ne peut s'empêcher d'y voir un mauvais présage.

Jeudi 20 avril. Dans une berline tirée par six chevaux et qui fend une foule émue, la duchesse Elisabeth en Bavière, qui a renoncé à ses droits (hypothétiques) sur la couronne des Wittelsbach, dit adieu à son pays. Munich, fière, applaudit de joie, Sissi pleure sa tristesse. La nostalgie ne la quittera plus. Son voyage va durer trois jours et deux nuits, ralenti par des arrêts dans des villages spécialement fleuris. Le même soir, François-Joseph s'apprête à quitter Vienne pour aller à la rencontre de sa fiancée. Avant de partir, il a signé le traité d'alliance austro-prussien. Pourvu que la guerre ne s'étende pas à l'Europe, le mariage est dans quatre jours !

Grâce au charme de Sissi, l'opposition tempère ses critiques

C'est à Linz qu'ils se retrouvent. Cloches à toutes volées, oriflammes et étendards claquant au vent, les couleurs autrichiennes ondulent avec celles des Habsbourg, noir et jaune. Entre les discours officiels, où la jeune fille est pour la première fois traitée en impératrice, les retraites aux flambeaux, les montagnes de roses coupées le matin même à Schönbrunn pour transformer le vapeur à aubes *François-Joseph* en jardin flottant, Sissi, étourdie, émue, fêtée dans une kermesse ininterrompue le long du Danube, retient que pour la première fois de sa vie le protocole va lui imposer un programme. L'enfer ! Désormais, son existence sera prévue, organisée, minutée. Adieu la liberté…

Sur deux cent cinquante kilomètres, l'empereur a fait interdire la navigation. Seul son bateau avance vers Vienne. A Nussdorf, un faubourg où Beethoven sollicitait l'inspiration, Elisabeth se change. Lorsqu'il la voit dans sa robe de soie rose à crinoline parée d'un manteau blanc et le visage sous un adorable petit chapeau, l'empereur ne peut plus attendre. La manœuvre d'accostage n'est pas achevée qu'il saute à bord et se jette au cou de sa fiancée.

Comment l'opinion autrichienne perçoit-elle cette union ? Les milieux les plus hostiles, intellectuels, grands marchands et premiers industriels avaient souligné que de tous les acquis révolutionnaires de 1848 seule l'abolition des derniers vestiges du servage n'avait pas été remise en cause. Depuis, ils restaient méfiants. Toutefois, avec le choix de la ravissante et si naturelle duchesse en Bavière, l'opposition suspend son combat. Certes, selon un pamphlet, l'empereur tient les quatre armes indispensables à l'absolutisme « le soldat debout, le bureaucrate assis, le prêtre agenouillé et le mouchard rampant ». Il a désormais un atout qui balaiera bien des contestations. L'impératrice sera même la première opposante protocolaire, mondaine, familiale, conjugale, maternelle et politique de l'Empire. Ce soir, dans cette douce nuit d'avril, alors que les lampions dansent sur les allées de Schönbrunn comme des milliers d'yeux scrutateurs, Sissi lutte pour ne pas s'écrouler de fatigue. Elle ne peut plus être elle-même. Elle est devenue un modèle. Elle n'a pas le droit de décevoir.

Une guerre est déclarée, celle de l'étiquette dont l'archiduchesse met en marche les rouages. En présentant à l'impératrice la comtesse Esterházy-Liechtenstein, qui sera sa première dame d'honneur, Sophie impose la suprématie du devoir sur les sentiments. La comtesse parcheminée et austère a le teint jaune et cinquante-six ans, soit quarante ans de plus que Sissi. Quand cette dernière fait remarquer à l'empereur combien il lui est pénible d'avoir à apprendre pour le lendemain un cérémonial de dix-neuf pages, il répond, empressé et rassurant : « Cela fait partie de notre fonction. »

Sissi n'échappe donc à sa gouvernante que pour tomber sous la coupe d'une duègne. Et que dire de ce dimanche 23 avril ? D'autres dames d'honneur, qui rendent compte à la première, surveillent le bataillon de femmes de chambre et lingères qui s'affairent à la grande toilette de l'impératrice qui dure quatre heures ! Considérons le choc représenté par ce manque d'intimité et ces atteintes à la pudeur. Elisabeth, stupéfaite d'être obligée de se baigner sous tant de regards, sera l'une des pionnières de l'hygiène à la Cour, imposant des baignoires, des colliers de douche pour se laver sans mouiller ses longs cheveux. D'après Sophie, ces ablutions complètes et quotidiennes seront un signe d'anarchie. A n'en pas douter, sa belle-fille est une révolutionnaire ! En grand uniforme de maréchal, François-Joseph conduit sa fiancée pour la première fois à travers la Hofburg, cette ville dans la ville. Il lui fait les honneurs de leurs appartements ordonnés autour de 26 pièces sur les 1 440 que compte alors le palais[1].

1. Il en compte aujourd'hui 2 600 qui abritent, outre les appartements impériaux, les musées, le manège d'hiver, les archives d'Etat, des services administratifs et, depuis 1919, la présidence de la République.

François-Joseph, attentionné, demande : « Cela te plaît-il ? Dis-moi ce que tu souhaites, tu l'auras aussitôt. »

Alors que la guerre contre la Russie s'est fixée en Crimée, le mariage impérial redonne à Vienne une agitation heureuse que la ville n'avait pas connue depuis le congrès. On attend 75 000 personnes, entre les délégations de toutes les cours d'Europe jusqu'aux simples paysans qui ont astiqué les boutons de leur gilet et tiré sur leurs bas blancs. C'est un spectacle extraordinaire de voir rassemblés, à coté des montagnards, des envoyés d'Alexandrie, de Salonique et de Smyrne qui déploient des fastes orientaux au milieu d'une forêt de bicornes, shakos et plumets. Dans l'église des Augustins, Sissi, selon l'usage, a le visage découvert, son voile relevé ; à sa droite, François-Joseph a la poitrine bardée du grand collier de la Toison d'or. Le cardinal Rauscher se surpasse par son sermon interminable qui lui vaudra le surnom de *Plauscher* (« bavard »). Au moment de l'échange des consentements, François-Joseph regarde ses parents. En signe d'acquiescement à cette union, ils hochent légèrement la tête. L'empereur prononce un oui énergique et fort. La réponse de Sissi n'est qu'un murmure inaudible. Un baiser, des larmes, ils sont mariés. Il a vingt-quatre ans, elle dix-sept. L'empereur n'est plus seul, l'Autriche a une nouvelle impératrice. S.A.R. Elisabeth, Amélie, Eugénie, duchesse en Bavière, quitte l'autel au bras d'un homme qui régnera sur 52 millions de sujets et dont les titres sont impressionnants, même si certains sont théoriques. Il est aussi bien roi de Croatie que de Jérusalem, grand-duc de Cracovie que de Toscane, duc de Carinthie que de Lorraine, grand prince de Transylvanie que grand voïvode de Serbie, margrave de Haute et de Basse-Lusace. En tout, quarante-sept titres dont l'énoncé est un surprenant répertoire géographique et historique. Après des heures d'acclamations, de défilé dans les rues pavoisées et un souper, à 10 heures du soir, les jeunes époux se retrouvent, presque seuls, après que Sophie eut cherché son fils pour le conduire jusqu'à la chambre où Sissi a l'air « d'un oiseau effrayé dans son nid ». Dans la nuit viennoise où la population s'épuise à se réjouir, Sophie et Ludovika savourent leur revanche d'épouses frustrées et de mères esseulées. Sissi est impératrice[1] !

Les affaires de l'Etat n'attendent pas mais, depuis le mariage, la présence d'Elisabeth à maints engagements officiels les rend moins inhumaines. Eloigné de la nostalgie et des pudeurs de sa très jeune femme, François-Joseph décrète une amnistie générale particulièrement bien reçue en Hongrie. Une délégation magyare se rend à Vienne. L'empereur la reçoit en uniforme hongrois et l'impératrice a revêtu, pour la première fois, le costume national porté à Buda, un geste d'une immense valeur. L'apparition du couple suscite une réelle ferveur parmi les délégués. Dans leur langue, François-Joseph leur annonce : « Que Dieu vous bénisse ! Je vous amènerai bientôt votre reine en Hongrie et j'espère que vous l'accueillerez bien. »

Un peu plus tard, l'empereur, dont les seules lectures sont des rapports, des dépêches, des notes ministérielles et l'annuaire des officiers (pour se distraire !), décide de contraindre le tsar à évacuer les principautés danubiennes. Des corps d'armée font donc mouvement en direction des Carpates. Trois cent mille hommes se déploient, les Autrichiens étant soutenus par des Prussiens. Cette démonstration de force provoque la colère de Nicolas Ier. De rage, il donne à son valet de chambre le buste de François-Joseph qui se trouvait sur son bureau. Il ne l'a pas cassé, la diplomatie pouvant toujours être inversée. L'attitude ambiguë de l'empereur d'Autriche étonne. Il a de l'audace et semble nourrir un rêve oriental. Si son épouse est minée par la neurasthénie et souffre du carcan protocolaire qui lui interdit d'être seule, son mari affiche sa bonne humeur et son optimisme. Son regard bleu se fait chaleureux, sa moustache naissante modifie son visage. En ce mois de mai, le duc Ernest de Saxe-Cobourg-Gotha, beau-frère de la reine Vic-

---

1. Voir, du même auteur, *Sissi ou la Fatalité*, Perrin, 1983, réédition « Tempus », 2005, et *Sur les pas de Sissi*, avec des photographies de Jérôme da Cunha, Perrin, 1990.

toria, écrit, après une audience : « Je trouve l'empereur extraordinairement changé à son avantage, plus énergique, plus vif et résolu dans ses mouvements. En dépit d'une situation politique des moins réjouissantes, on note chez lui de l'entrain et comme une sorte de réveil. Le bonheur domestique semble influer de la manière la plus heureuse sur son tempérament. »

Pour son premier voyage officiel, l'impératrice séduit les Tchèques

C'est en Bohême et en Moravie que le couple entreprend son premier voyage. Un déplacement loin de Sophie et de la comtesse Esterházy qui a le bon goût de se sentir trop âgée et se fait remplacer par la troisième dame d'honneur. Face à sa mère qui souhaitait que François-Joseph parte seul (ce qui eût été une grave erreur politique), l'empereur a tenu bon. Autant par amour que par stratégie, les terres de l'Empire doivent connaître leur souveraine. Sa présence est très appréciée d'une population qui avait pourtant soutenu la révolte contre les Habsbourg. Sissi apparaît sûre d'elle-même, conquiert les cœurs et amorce la courbe de popularité de toute sa vie ; elle sera adorée en Europe centrale, mal-aimée et critiquée à Vienne. Que des Tchèques et des communautés allemandes rivalisent d'hommages en son honneur est significatif. Au bout de quinze jours, fatiguée et victime de malaises, elle regagne Vienne. Mauvaise nouvelle : elle retombe sous la coupe de la « reine mère ». Bonne nouvelle : elle est enceinte et la dépêche est remise à l'empereur qui a continué vers Cracovie pour inspecter le dispositif qu'il a mis en place afin de gêner le tsar.

Fin juillet, un protocole, dit des « quatre garanties », annule le protectorat russe sur la Moldavie et la Valachie. Non sans réticence, l'Autriche s'y rallie pour satisfaire l'Angleterre et la France. Ivre de colère, le bouillant Nicolas Ier parle d'une « perfidie sans pareille » et s'emporte auprès du roi de Prusse, son beau-frère, dans une lettre du 25 août : « Depuis le comportement indigne de l'empereur d'Autriche contre la Russie qui l'a sauvé, il a perdu tout droit à ce que je donne crédit à ses assurances. S'il devait revenir à de meilleurs sentiments, à des idées plus justes, plus nobles, il devrait le prouver par des faits irréfutables. [...] Exécuteur soumis des humeurs franco-anglaises, ami zélé de la Turquie, l'empereur apostolique est devenu le serviteur du Croissant. Une belle affaire ! »

Tandis que sa grossesse, bien que pénible, embellit l'impératrice, François-Joseph doit faire face au vif mécontentement de ses vieux maréchaux Radetzky et Windischgrätz, qui avaient apprécié l'appui russe en 1848. A leur stupéfaction, leur empereur va plus loin. Le 2 décembre (encore un anniversaire !), il signe un traité avec la France et l'Angleterre qui met définitivement fin à la Sainte-Alliance dont faisait partie la Russie.

L'émotion est très sensible en Prusse où Bismarck entretient habilement la colère des petits Etats germaniques. Tout ce qui est mauvais pour Vienne est bon pour Berlin.

2 mars 1855. Le tsar Nicolas Ier meurt. On murmure que l'ingratitude de François-Joseph l'a miné. Il est avéré que l'absence des troupes autrichiennes a gravement affaibli l'armée russe. Avec sa courtoisie innée – et une bonne dose d'hypocrisie ! –, François-Joseph ordonne un deuil de quatre semaines à la Hofburg et envoie à Saint-Pétersbourg une lettre personnelle de condoléances. S'il ne se rend pas aux funérailles de l'autocrate Romanov, c'est en raison de l'imminence de la naissance de son enfant. Le 5 mars, à 7 heures du matin, l'empereur informe sa mère que le travail est commencé. A 11 heures, très excité, il fume un cigare et bavarde avec son frère Maximilien. Sissi est triste car sa mère est absente. L'archiduchesse s'installe près du lit, brode mécaniquement en silence et regarde son fils qui tient la main de sa femme. A 2 heures de l'après-midi, l'enfant vient. C'est une fille. La déception est immense. Sans consulter personne, Sophie en profite pour choisir son propre prénom ; sa petite-fille ne peut que s'appeler Sophie !

Et, bien entendu, elle sera sa marraine. Sissi se vengera six semaines plus tard en remontant à cheval. Elle se fait plaisir pour son premier anniversaire de mariage. Au baptême de la petite Sophie, l'absence de l'ambassadeur du nouveau tsar Alexandre II n'est pas étonnante ; il est le seul diplomate ayant reçu des instructions précises de ne pas paraître à cette fête dynastique.

Le 18 août, François-Joseph signe un nouveau concordat accordant une place privilégiée à l'Eglise. Les concordats du XIXe siècle, notamment celui de la Bavière en 1817, étaient tous issus de celui de 1801 signé entre Pie VII et Bonaparte, alors Premier Consul. Curieusement, l'empereur très jaloux de ses pouvoirs abandonne certaines prérogatives très importantes au Saint-Siège. Désormais, le Vatican surveille l'enseignement dispensé dans les écoles et la réglementation du mariage. En échange, la papauté accorde son soutien au gouvernement autrichien. Religion d'Etat, le catholicisme introduit une dépendance de Vienne à l'égard de Rome. On peut aussi dire que le recours aux dispenses papales pour les unions entre proches parents impose des concessions à la maison d'Autriche. Catholique pratiquante et même fervente, Sissi constate que les négociations ont été conduites par sa belle-mère et le cardinal Rauscher. L'impératrice est surprise d'apprendre que son mari renforce les intérêts catholiques dans l'Empire alors qu'ils ne sont nullement menacés mais qu'ils l'étaient en Orient par le précédent tsar. Pourquoi François-Joseph n'a-t-il pas envoyé des troupes du côté de Sébastopol où les Russes sont assiégés depuis des mois ? Réponse de l'empereur, qui entretient peu sa femme de questions militaires : ne craignant plus une invasion russe, la démobilisation d'une partie des troupes autrichiennes s'imposait. C'était choisir l'apaisement après la rupture.

Le 16 janvier 1856, au cours d'un bal, François-Joseph annonce que le tsar Alexandre II, dont les troupes sont défaites, accepte d'étudier un traité de paix. L'empereur d'Autriche est heureux de cette issue qui, selon lui, a renforcé le prestige autrichien au côté du triomphe francoanglo-piémontais chèrement payé. Moins satisfait, son ministre des Affaires étrangères déplore que la guerre austro-russe (« sa » guerre !) n'ait pas eu lieu. Lorsque le 25 février s'ouvre, à Paris, le congrès de la Paix, l'Autriche assure une médiation confiée au prince Richard de Metternich, fils du célèbre chancelier. Quand on lui fait remarquer combien l'attitude autrichienne a été mal interprétée, il s'amuse à rappeler le mot de son père : « Je gouverne parfois l'Europe, l'Autriche jamais. » La conférence, qui inaugure le bâtiment du Quai d'Orsay, tourne vite à l'hostilité contre Vienne. Sa neutralité puis son faux engagement comblent d'aise le Premier ministre du Piémont, le comte de Cavour. Celui-ci veut éliminer la présence des Habsbourg de Lombardie. Alors que, officiellement, la paix se négocie au préjudice de la Russie, c'est François-Joseph et ses ministres qui sont regardés comme responsables de bien des maux européens. La question autrichienne – celle de sa présence en Italie du Nord – est astucieusement posée sur le tapis vert des diplomates par Cavour. Ce remarquable politicien « tire un coup de pistolet contre l'Autriche » et ravive l'intérêt de Napoléon III pour l'unité italienne. Très conscient du danger, François-Joseph donne des instructions précises à son émissaire : « L'hostilité et la haine des plénipotentiaires russes dépassent notre attente et nous contraignent à maintenir la France dans notre alliance. Malheureusement, le comportement des Français n'est pas très correct, beaucoup trop russophile. [...] Je vous prie de mettre tout en œuvre pour que toute question de ce type soit évitée ou supprimée. »

L'empereur est clair : le procès de l'Autriche n'est pas à l'ordre du jour. Le traité de Paris, signé le 30 mars, est très dur pour la Russie. François-Joseph s'en déclare satisfait. Il considère que la paix, par sa non-intervention armée, lui est en partie imputable. L'empereur commet ainsi une triple erreur : il récolte la haine de la Russie et un isolement qui a les inconvénients d'une guerre. De plus, pour Napoléon III, l'humiliation du congrès de Vienne, ce soufflet donné à son oncle, est réparée. Maintenant, c'est un Bonaparte qui conduit l'Europe. Mais l'empereur d'Autriche n'en est pas conscient, car toutes ses pensées sont pour sa jolie femme enceinte de cinq mois.

Pour avoir un fils, l'empereur se réfère aux conseils d'un rabbin

Le 15 juillet 1856, à 7 heures du matin, l'impératrice accouche d'une deuxième fille qui ressemble beaucoup à son père. Celui-ci est élégant en ne manifestant pas sa déception. Pour consoler Sissi, catastrophée de ne pas donner un héritier à l'Empire, François-Joseph lui dit, avec humour, qu'il aurait dû suivre les conseils d'un rabbin. Quels conseils ? Coller le texte d'une prière hébraïque sur la porte de la chambre pendant l'accouchement.

L'enfant est prénommée Gisèle en souvenir d'une princesse bavaroise qui, au Xe siècle, avait épousé le roi païen de Hongrie Etienne Ier devenu plus tard chrétien et canonisé sous le nom de saint Etienne.

François-Joseph est encore l'otage d'un conflit entre sa mère et sa femme à propos de leurs filles. Sissi est exaspérée que Sophie (dont la santé est préoccupante) et Gisèle soient installées dans des pièces qui ne sont accessibles que par d'interminables escaliers. L'impératrice exige que ses enfants soient plus proches d'elle. Un événement considérable se produit, François-Joseph donne raison à sa femme ! Il l'approuve et annonce à sa mère que les petites seront beaucoup mieux dans les anciens appartements du maréchal Radetzky. Pour éviter un esclandre, l'empereur a communiqué sa décision à sa mère par écrit, la veille d'un départ en voyage. L'archiduchesse enrage et fait savoir que les principes d'éducation de sa belle-fille sont déplorables, qu'elle fait trop de cheval et est trop familière avec les Viennois qui la saluent au Prater. Mais la mère de l'empereur a perdu une nouvelle bataille, celle de la maternité légitime. Une véritable révolution de palais !

Voici le couple impérial parti dans un nouveau périple, politiquement délicat puisque l'itinéraire va le conduire en Vénétie et en Lombardie.

L'accueil à Venise n'est pas un accueil, c'est un affront. Sur la place Saint-Marc, la foule est muette, ce qui est plus impressionnant qu'une foule en délire. Seule la silhouette familière du maréchal Radetzky apporte un instant de satisfaction. A quatre-vingt-douze ans, l'illustre soldat est toujours gouverneur de Lombardie-Vénétie pour le compte des Habsbourg. L'aurait-on oublié ? Emu, François-Joseph le relève enfin de ses fonctions, lui fait donner une pension annuelle de 80 000 florins et lui choisit comme successeur son frère, l'archiduc Maximilien. L'humiliation continue lors de la réception au palais des Doges où moins d'un quart des invités est venu et où les gondoliers lancent des insultes. Sissi, choquée, conseille à l'empereur de faire preuve de tolérance. Il faut supprimer les mesures vexatoires à l'encontre des Vénitiens. Franzi est un peu surpris mais il écoute sa femme, signe des décrets d'amnistie et des restitutions de biens confisqués. L'effet est immédiat, Venise se dégèle. Le soir, à la Fenice, les souverains sont ovationnés et l'impératrice recueille un succès personnel. Son intervention a été connue. C'est sa première action politique, sous le signe du libéralisme.

Le 15 janvier 1857, François-Joseph et sa femme arrivent à Milan. De très mauvais renseignements leur ont été communiqués. Ils s'attendent au pire et ils ont raison. Le pire survient dans le cadre splendide du théâtre de La Scala. Selon la police, les 2 800 places sont occupées. C'est exact mais… par des laquais en livrée noire ! L'aristocratie milanaise s'est fait représenter par ses domestiques ayant pris le deuil de la liberté. L'affront est complet. A ce moment, l'empereur comprend qu'au congrès de Paris, son véritable adversaire était Cavour. Comme par hasard, celui-ci, au même moment, chausse ses lorgnons et déclare au parlement de Turin : « L'Italie peut parfaitement se gouverner elle-même. »

Le charme d'Elisabeth n'opère pas. Aussi François-Joseph fait-il annoncer des mesures d'amnistie, de restitutions et d'exonérations fiscales, publiées chaque matin par *La Gazette de Milan.* Convoqué, le cabinet viennois estime ces concessions dangereuses. Le souverain réplique que « le peuple est tout à fait docile mais la bureaucratie maladroite ». On comprend que les ministres se vexent. Il y aura encore quelques incidents mais l'évolution est positive. Les journaux la résument : « L'opposition, actuellement, n'est plus représentée que par quelques gentilshommes campagnards et quelques dames non admises à la cour. On n'est pas encore pour l'Autriche mais on est déjà pour l'empereur. Chacun devine la main bienfaisante de la noble jeune femme qui a transformé les dispositions du souverain. »

Outre la générosité naturelle de son épouse (toujours complexée par sa diction saccadée), François-Joseph réalise combien elle a raison ; à eux deux, en réduisant le protocole au minimum et sans les regards critiques des dames du temps de Metternich, le couple existe et convainc les plus malveillants.

Au printemps, le baron Bach, ministre de l'Intérieur, suggère au souverain un voyage dans une terre encore plus hostile que la Lombardie-Vénétie, la Hongrie. Risqué, ce déplacement est indispensable. Le ministre ajoute que la clé de ce voyage serait la présence apaisante et conciliante de l'impératrice. Sissi est ravie, elle va pouvoir revêtir le costume magyar qui lui sied parfaitement et perfectionner sa connaissance de la langue, difficile, puisqu'elle a déjà appris quelques poèmes. L'archiduchesse Sophie, qui déteste la Hongrie, a encore une excellente raison de se mettre en colère, surtout quand elle apprend que la petite Sophie accompagnera ses parents bien qu'elle soit souvent malade et sujette à des vomissements inexpliqués. On n'écoute plus l'archiduchesse. Elle aura prévenu son fils…

Après la mort de sa fille, l'image de Sissi est effacée par celle d'Elisabeth

C'est le troisième séjour de l'empereur en terre hongroise, mais il est éclipsé par celle qui n'est plus Elisabeth mais Erzsébet, son équivalent hongrois. Rien n'est simple puisque les affaires des Magyars seront évoquées en allemand. Mais que sont ces compromis comparés au drame qui s'abat sur les souverains ? Le 29 mai, la petite Sophie s'éteint à l'âge de deux ans et quatre-vingt-huit jours. Anéantie, sa mère, qui a veillé sa petite fille luttant onze heures d'affilée contre la mort, entre dans une colère impériale, traitant son médecin d'incapable et s'accusant de tout. L'empereur, accablé, veut connaître les causes de ce décès. Fièvre typhoïde ? Peut-être. Rougeole transmise par Gisèle à sa sœur aînée moins résistante ? Possible. Simple intoxication alimentaire mal traitée ? Concevable. Selon une sinistre loi, le drame augmente la popularité du couple impérial. Les Hongrois témoignent de leur peine et les opposants aux Habsbourg observent le deuil avec respect. Tout le monde sait maintenant que l'impératrice avait insisté pour ne pas quitter son premier enfant. Le silence de l'archiduchesse est insupportable, tel le triomphe morbide de l'expérience et de la raison sur la jeunesse et l'inconscience. Sissi a désobéi, elle est châtiée. Sissi, qui n'a pas vingt ans, est effacée par la tragédie, révélant Elisabeth, mère meurtrie, dangereusement amaigrie et dont le visage s'est creusé. François-Joseph lui promet de l'aider à porter leur fardeau. C'est un soldat.

Il se réfugie dans le travail. Sa mission lui permet de ne pas s'effondrer. Fin septembre, une tentative de réconciliation austro-russe se déroule en Thuringe, à Weimar. Dans la ville de Goethe et de Schiller, l'empereur rencontre le tsar Alexandre II, battu à Sébastopol et qui avait été forcé de demander la paix après une guerre déclenchée par son prédécesseur. Chacun des deux souverains demandant l'éviction du ministre des Affaires étrangères de l'autre, l'entrevue est un échec. En novembre, l'empereur et l'impératrice déménagent. Leurs anciens appartements leur rappellent trop le souvenir de leur enfant disparue ; ils vont aussi être trop petits puisque la souveraine est de nouveau enceinte. Installés au premier étage du palais, les souverains disposent de douze pièces en façade (François-Joseph) dans l'aile de la Chancellerie et cinq pièces en façade (Elisabeth) dans l'aile Amélie qui forme un angle droit avec la précédente. Cette disposition, que l'on peut toujours voir, est un immense changement, car cette somptueuse succession de salons et d'antichambres est imposante et, en dépit de ses dimensions, rapproche le mari et la femme. Le vendredi 25 décembre 1857, François-Joseph, dans une humeur haussmannienne de grands travaux, écrit à son ministre de l'Intérieur : « Cher baron Bach, je désire que l'agrandissement du centre de Vienne soit réalisé le plus tôt possible et que l'on prévoie une jonction appropriée du centre avec les faubourgs. [...] A cette fin, je consens à la démolition des fortifications de la ville et au comblement des fossés. »

L'arasement des vieux remparts est le cadeau de Noël de l'empereur aux Viennois, qui, bientôt, arpenteront un boulevard circulaire, le Ring.

L'année 1858 commence par un deuil qui éprouve toute l'Autriche. Radetzky meurt huit mois après sa mise à la retraite. L'empereur rappelle qu'il s'était engagé dans l'armée impériale en 1785. Les obsèques du maréchal sont parmi les plus spectaculaires qu'on ait vues à Vienne. Devant des régiments entiers au garde-à-vous, son corbillard est suivi par un chevalier en armure à cheval et précédé par la propre monture du grand soldat recouverte d'un drap noir dont les bords sont tenus par des valets en deuil.

Quand revient l'été, l'impératrice emménage à Laxenburg. Pour accoucher. Le 21 août, trois jours après le vingt-huitième anniversaire de François-Joseph, elle est prise par les douleurs. La chaleur est terrible. On implore la grâce divine. Pourvu que ce soit un fils ! Quand la mère est délivrée, à 10 heures du soir, épuisée, très pâle, elle balbutie sa question : « Est-ce un fils ? »

François-Joseph pleure. « Alors, c'est encore une fille », soupire-t-elle, accablée.

Mais non ! Les larmes du père sont des larmes de joie. Il bredouille : « On ne sait pas encore ! »

Très troublé, il oublie que c'est un garçon. La couronne impériale a un héritier et le trône un successeur. Au comble du bonheur, l'empereur détache de sa poitrine le collier de la Toison d'or et le pose sur le bébé. L'avenir est là, l'espoir des Habsbourg-Lorraine reçoit le prénom de Rodolphe, le quatrième appelé ainsi depuis que la dynastie a affirmé sa puissance au XIIIe siècle. Cent un coups de canon secouent la ville dans la torpeur. Allons, le grand lustre qui s'était écrasé, cinq jours plus tôt, sur le parquet de la salle de cérémonies de Schönbrunn n'était pas un mauvais présage. François-Joseph nomme immédiatement son fils colonel du 19e régiment d'infanterie. Rodolphe est voué à la carrière militaire. Pour son père, il n'y avait aucune raison d'hésiter.

Depuis exactement un mois, l'Autriche est la cible d'une guerre prochaine. François-Joseph l'ignore encore mais tout a été décidé dans une station thermale des Vosges, Plombières. Officiellement, Napoléon III y soignait sa lithiase, mais prendre les eaux n'interdit pas les rencontres. Dans un salon modeste, l'empereur des Français a reçu, les 21 et 22 juillet, un petit homme rond à l'allure d'un notaire de province avec un regard très intelligent. C'était Cavour, le Premier ministre du roi de Sardaigne que l'on avait remarqué deux ans plus tôt au congrès de Paris. Il vient rappeler au neveu de Napoléon Ier qu'il avait promis de « faire quelque chose pour l'Italie » car il supportait mal que Vienne règne sur Milan et Venise et entretienne des garnisons plus au sud. Or, la Russie, qui n'a toujours pas pardonné son ingratitude à François-Joseph, serait prête à se venger. Les ennemis de Sébastopol conspirent dans le même but et, à Saint-Pétersbourg, des officiers de la Cour portent la même coupe de barbe que celle de Napoléon III. Pour celui-ci, une guerre contre l'Autriche est nécessaire et elle permettrait d'annexer Nice et la Savoie à la France. Entre Vienne et Paris, le froid diplomatique s'installe sans empêcher de chaleureux sentiments personnels.

Désastres à Magenta et à Solferino : François-Joseph est battu

Peu après la naissance de Rodolphe, François-Joseph comprend combien il est isolé. Les rapports de ses ambassadeurs lui apprennent que Cavour a poussé le raffinement jusqu'à négocier avec un rebelle hongrois, le général Klapka. Il en ressort que si l'Autriche commettait quelque acte agressif en Italie, la France y enverrait 200 000 hommes et ne signerait la paix qu'après l'expulsion totale des Autrichiens. Le piège mettra du temps à fonctionner mais François-Joseph tombe dedans quand Vienne adresse un ultimatum à Turin le 19 avril 1859. Rejeté au bout de trois jours, il est présenté comme une déclaration de guerre. Le combat politique est élevé, à la hauteur d'un duel entre deux empereurs. L'un, à Vienne, n'a pas trente ans et la diplomatie est sa faiblesse. L'autre, à Paris, a cinquante ans et est rompu aux habitudes du sérail européen. Le souverain Habsbourg aurait dû attendre encore car Cavour n'en pouvait plus d'être patient. Et en ayant évincé son frère Maximilien, l'empereur a privé l'Autriche d'un personnage que Cavour redoutait. Enfin, François-Joseph aurait été avisé d'écouter un des ultimes conseils de Metternich. Il avait débarqué à l'aurore chez l'ancien chancelier, maintenant âgé de quatre-vingt-six ans, affaibli et alité. Il lui avait demandé de l'aider à rédiger un testament politique et familial au cas où il viendrait à disparaître. L'empereur venait de se rendre compte de la machination approuvée par Bismarck ; cela pourrait resservir. De toutes ses forces fuyantes, Metternich n'avait cessé de répéter : « Pas d'ultimatum ! Surtout pas d'ultimatum ! » Hélas, il était trop tard. Comme Napoléon Ier, Napoléon III aurait sa campagne d'Italie.

Contre l'avis de ses ministres, François-Joseph part pour le front le 29 avril. Sissi, bouleversée, s'accroche à son mari.

Elle reste dans le train impérial jusqu'à une centaine de kilomètres de Vienne. Les adieux dans la petite gare sur la ligne du Semmering sont déchirants. L'impératrice pleure, elle fait jurer à son mari d'être prudent, de penser à elle et aux enfants, Gisèle qui n'a que trois ans et Rodolphe dans son neuvième mois. A l'aide de camp général, le comte Grünne, elle multiplie les recommandations : « Gardez l'empereur. Il est ma seule consolation en ces temps terribles. »

La guerre est ravageuse. Elle coûte très cher en vies humaines, les victoires françaises sont chèrement payées. Le 4 juin, à Magenta, on compte 4 000 morts dans les rangs de Napoléon III, 10 000 dans ceux de François-Joseph et environ 25 000 blessés ou malades. Le 11 juin, à 3 heures de l'après-midi, Metternich s'éteint. Le symbole d'une Autriche restaurée et relevée après la tourmente napoléonienne s'éteint au moment où une Autriche est battue par le neveu du Bonaparte. Une Autriche meurt, une Autriche est vaincue. Le 24 juin, à 5 heures du matin, au sud du lac de Garde, une formidable canonnade secoue un village niché en haut d'un mamelon couronné d'une tour. L'endroit se nomme Solferino. Alors commence une terrible bataille qui oppose deux empereurs qui sont, par alliance, des neveux de Napoléon Ier [1]. Voyant ses troupes massées autour de cette colline – 180 000 hommes –, François-Joseph s'écrie : « Ah ! Les Français ! Je les tiens donc ! »

Ce qu'il tient est la tour de Solferino, surnommée « l'espionne de l'Italie », qui symbolise la domination autrichienne dans la région. Après douze heures de combats sous un orage fracassant, Solferino et les hameaux voisins sont perdus pour l'Autriche. Le bilan est effroyable : 17 000 morts du côté franco-piémontais, 22 000 victimes chez les Autrichiens. Une boucherie. Au milieu des cadavres éventrés et des ruines fumantes, un jeune courtier de

1. Rappelons que l'empereur François Ier d'Autriche, oncle paternel de François-Joseph, avait eu de son deuxième mariage avec Marie-Thérèse des Deux-Siciles une fille aînée qui fut l'impératrice Marie-Louise, seconde épouse de Napoléon Ier.

banque suisse se jure de créer des auxiliaires de secours. Il s'appelle Henry Dunant et fondera la Croix-Rouge.

Deux jours plus tard, à Vérone, l'empereur vaincu doit reconnaître que s'il est soldat, il n'est ni stratège ni tacticien. A Sissi, il écrit : « Je dus ordonner la retraite… Je partis à cheval. […] Voici la triste histoire d'une journée épouvantable où fut fourni un grand effort mais où la chance ne nous sourit pas. J'ai acquis de l'expérience et j'ai appris à connaître les sentiments d'un général battu. […] Ma seule consolation, ma seule joie est maintenant d'aller te rejoindre, mon ange. Tu imagines combien je me réjouis. Ton dévoué Franzi. »

Bien que victorieux, Napoléon III demande la paix car, sur intervention de la Prusse, agacée par le désastre, la Confédération germanique mobilise 350 000 hommes. La France doit céder pour que la victoire ne soit pas effacée par une vengeance des Etats allemands. Le 12 juillet, à 9 heures du matin, au premier étage d'une maison sise sur la grande rue de la bourgade de Villafranca, les deux souverains se retrouvent pour des préliminaires de paix et accessoirement pour un petit déjeuner. Le Habsbourg n'y touche pas, furieux de ce tête-à-tête « avec ce misérable Napoléon ». Très agité, il refuse de céder la Lombardie et la Sardaigne ; il les remet à la France. Conservant la Vénétie dont il promet de changer l'administration, il dit au Français : « Je vous donne ma parole d'honneur. La Vénétie sera non seulement heureuse mais satisfaite[1]. » Napoléon III, calme, se justifie : « J'ai donné mon accord car j'avais affaire à un chevalier. »

L'entrevue dure une heure. Rouge d'émotion, François-Joseph signe l'armistice en ayant ce propos amer : « Je fais un immense sacrifice. La Lombardie était ma plus belle province. »

1. Michael McGarvie, *Francis Joseph I*, Londres, The Monarchist Press Association, 1966.

Ne supportant plus la Cour, l'impératrice part pour Madère

De retour à Vienne, l'empereur est conscient que la population boudeuse réclame des sanctions. Il congédie trois ministres dont l'un se tranchera la gorge, révoque des généraux, exige une enquête pour déterminer les responsabilités de son état-major. Cette campagne calamiteuse est ressentie comme une défaite nationale et personnelle du monarque. Il se cloître à Laxenburg, ce qui n'est pas dans ses habitudes. Lorsqu'il reparaît en public, le 12 septembre, l'accueil de la foule est glacial. Des passants refusent de le saluer. Un mot circule : « Abdication ! » A l'Opéra, c'est Sissi qui est ovationnée en symbole du bon sens. Elle fume des cigarettes, installe une salle de gymnastique dans la Hofburg et gagne par diverses provocations sa guerre contre sa belle-mère. Mais, foncièrement dépressive, informée d'une prétendue liaison de l'empereur avec une jolie comtesse polonaise qui avait été sa maîtresse avant leur mariage, elle décide de fuir. Les ragots de la Cour lui sont insupportables. Elle s'embarque pour Madère, inaugurant une série ahurissante de voyages et laissant un Franzi désemparé et malheureux. Son séjour dans « l'île du Bois » ne lui ayant pas permis de recouvrer ses forces, l'impératrice choisit de se rendre à Corfou. Sa passion pour les îles lui vaut un surnom, dont elle est l'auteur, « la mouette » ; elle signe ainsi certains de ses poèmes. A sa mère, bouleversée par la neurasthénie de sa fille, elle écrit qu'elle craint d'être « une charge pour l'empereur et ses enfants, qu'elle sent sa fin prochaine » et, pathétique, ajoute que « l'empereur devrait se remarier, qu'elle ne peut plus le rendre heureux étant un être misérable et morbide ». A vingt-quatre ans, Elisabeth n'a plus le goût de vivre. La voyageuse s'attire diverses critiques. En premier lieu, elle laisse seul l'empereur assailli de difficultés politiques de la part des Hongrois et d'Autrichiens réclamant la responsabilité parlementaire des ministres, ce que refuse le souverain. Ensuite, Corfou est alors une possession britannique. N'y a-t-il pas dans l'Empire un endroit où l'impératrice pourrait se reposer au lieu de préférer une terre étrangère ? Enfin, une rumeur vexante pour les Viennois rapporte que l'impératrice se porte bien dès qu'elle est loin de la Cour. Fin septembre 1861, François-Joseph vient la rejoindre. En dix mois, il n'a vécu avec sa femme que pendant six pauvres semaines. Il s'habille en civil, fait des excursions à cheval et se passionne pour les exercices des troupes anglaises. Au retour, Sissi souhaite s'arrêter à Venise, grise dans les brumes hivernales. L'empereur, informé de la médiocre qualité de l'eau potable, fait livrer des bonbonnes remplies de la bonne eau de Schönbrunn. L'illumination de la place Saint-Marc pour l'arrivée du couple impérial est critiquée, car politiquement les Vénitiens supportent de moins en moins bien l'occupation autrichienne dont leurs voisins lombards se sont affranchis. Après quatorze mois d'absence, l'impératrice regagne enfin Schönbrunn et ne parle pas de repartir puisque la comtesse Esterházy a enfin été déchargée de ses fonctions. Les époux ne se quittent guère. Quand son mari doit s'absenter pour une audience ou une réunion du cabinet, elle l'attend dans le jardin à l'ouest du château ou dans celui, symétrique, créé pour les princes héritiers, très apprécié de Rodolphe qui vient d'avoir quatre ans.

Schönbrunn est une exception notoire dans la vie du couple puisque les souverains y font chambre commune. Deux lits et deux armoires identiques, en palissandre. Ce mobilier sombre et lourd est égayé par les murs tendus de soie bleue tissée à Lyon en 1854.

Enfin, Sissi est auprès de l'homme qui l'aime, à sa place. Or, ce souverain de bonne volonté a besoin d'être soutenu, aidé et compris, car il s'inquiète des agissements de Bismarck, retranché derrière une inquiétante discrétion. Après son ambassade à Saint-Pétersbourg, il a accepté celle de Paris où il a été reçu en vieil ami et a parlé d'une alliance inconditionnelle franco-prussienne à Napoléon III et à l'impératrice Eugénie qu'il a trouvée « plus belle que jamais ». A Londres, le ministre anglais des Affaires étrangères, le comte de Beaconsfield, plus connu sous le nom de Benjamin Disraeli, recommande la prudence : « Prenez garde à cet homme car il pense ce qu'il dit. »

L'empereur des Français, affublé d'une très mauvaise vue dès qu'il s'agit de jauger Bismarck, répond : « Ce n'est pas un homme sérieux. »

Bismarck est très sérieux Ce qu'il pense tient en trois points : réorganiser l'armée prussienne, déclarer la guerre à l'Autriche et réaliser l'Unité allemande sous l'égide de la Prusse. Le roi Guillaume Ier, soixante-cinq ans, soldat, économe et détestant les querelles parlementaires, confie à Bismarck le soin d'assurer l'hégémonie prussienne. Le 22 septembre 1861, celui-ci est nommé président du Conseil. Il a carte blanche. A Vienne, François-Joseph reçoit la nouvelle avec une calme inquiétude mais en fait il est atterré. Huit jours plus tard, devant le Parlement à Berlin, Bismarck, jouant avec son étui à cigares, prononce des mots qui feront trembler l'Europe : « Les grandes questions de notre époque ne sauraient être résolues par les discours et des votes de majorité. Elles seront décidées par le fer et par le sang. »

Il est clair que le « problème allemand », véritable nœud gordien, ne peut être tranché « pacifiquement, par le système dualiste austro-prussien ». L'Autriche est donc de trop dans l'idée allemande, il faudra la dompter. Et rapidement, le chef du gouvernement de Berlin, également titulaire du portefeuille des Affaires étrangères, fait savoir à Vienne que Berlin l'aidera en cas de troubles extérieurs à condition d'abandonner le Hanovre et la Hesse à la Prusse. Un marché inquiétant. Lorsque, deux ans après, la Diète de Francfort se réunit, François-Joseph préside la conférence qui a pour thème l'Allemagne unie. On note un absent de marque, le roi de Prusse. Bien que l'empereur d'Autriche soit très applaudi et ses propositions favorablement accueillies, le bilan est un échec puisque la Prusse ne s'est pas exprimée. Seul le dîner a été réussi : on y a servi vingt-neuf plats (!), très européens. François-Joseph écrit à sa mère ses regrets de n'avoir pu aboutir : « C'est la dernière tentative pour unifier l'Allemagne et la rendre à la hauteur du devoir qu'elle devrait remplir en Europe. C'est le dernier moyen de sauver les souverains d'Allemagne de la chute devant la révolution croissante. »

Quand il regagne Vienne, il trouve Sissi fort inquiète. Rodolphe, qui était tombé d'un arbre en jouant, a des malaises, parfois brefs, parfois longs. Les médecins, qui avaient assuré que l'accident serait sans conséquence, ne formulent plus le même diagnostic. « Ils sont stupides ! » s'écrie l'impératrice, furieuse.

La guerre des Duchés élimine l'Autriche des affaires allemandes

En 1864, François-Joseph est contraint de s'engager aux côtés du Danemark dans un conflit pour mettre un terme à une situation anarchique et une guérilla perturbant le trafic maritime de l'Europe du Nord. Le premier chef-d'œuvre de Bismarck s'appelle la guerre des Duchés. Un casse-tête successoral, diplomatique et de nationalités. Le Schleswig, le Holstein et le Lauenburg, situés entre l'embouchure de l'Elbe, la mer du Nord et la Baltique, ont une grande importance stratégique et commerciale. Rapidement, le Danemark est vaincu. En 1865, il doit céder le Schleswig, le port de Kiel et le Lauenburg à la Prusse tandis que l'Autriche reçoit le Holstein, dont la population est en majorité allemande, qui est membre de la Confédération germanique. Mais la convention signée à Gastein n'est pour Bismarck qu'un arrangement provisoire. Le chancelier s'assure de la neutralité de Napoléon III et du soutien italien. Le prince Charles-Edouard de Hohenzollern observe : « Voilà un fameux coup de chance pour la Prusse ! »

Lorsque Bismarck fait entrer les troupes de Berlin dans le Holstein, il déclenche la guerre austro-prussienne qu'il recherchait. Ce terrain d'essai déconsidère François-Joseph auprès de l'opinion allemande et prépare une source de litiges.

Pour conclure cette campagne lointaine dont l'engrenage l'inquiète, François-Joseph décore Bismarck de la grand-croix de l'ordre de Saint-Etienne. Un geste curieux qui ne déclenche aucune sympathie du Prussien ; il se contente de sourire, avec ironie. Personne ne comprend pourquoi l'empereur d'Autriche honore celui qui veut affaiblir les Habsbourg. Quand son époux écorne son prestige, Sissi, elle, gagne sa guerre contre sa belle-mère : désormais, après un ultimatum familial, l'impératrice s'occupera directement de l'éducation de ses enfants. Et dans un éclat de rire, elle annonce, le jour de la Saint-François : « J'ai obligé toutes les dames d'honneur à vider une coupe de champagne à la santé de Papa ! »

Pour une fois, on s'amuse à Schönbrunn.

Le 3 juillet 1866, en dépit des victoires sur les Italiens à Custozza et sur mer à Lissa, les armées de François-Joseph sont battues près d'un village de Bohême, Sadowa[1]. Les Prussiens, conduits par le roi Guillaume Ier et Moltke, écrasent les Autrichiens commandés par Benedek. Cette victoire, qui ouvre la route de Vienne, a un immense retentissement en Europe, en particulier en France où Napoléon III prend conscience de la supériorité de l'armement forgé par Bismarck. Le chancelier n'en restera pas là. C'est une sévère défaite pour les Habsbourg. Un mois plus tard, le traité de Prague du 23 août donne la Vénétie à l'Italie. Encore plus grave est la dissolution de la Confédération germanique. Les vingt et un Etats au nord du Main se regroupent dans une Confédération de l'Allemagne du Nord. Bismarck annexe définitivement les duchés de Schleswig et de Holstein, le royaume de Hanovre, le duché de Nassau, la Hesse et la ville libre de Francfort, ancien symbole du défunt Saint Empire. Pour la première fois, la Prusse forme un Etat d'un seul tenant qui s'étend de la frontière russe à la frontière française. L'Autriche abandonne définitivement toute prétention à dominer les Etats allemands, ce qui est plus humiliant que la perte de son dernier territoire italien dont la cession était inéluctable.

1. C'est le nom tchèque. En allemand, on dit Königgratz.

Que peut faire François-Joseph ? Une seule solution s'impose : étendre son rayonnement vers la Hongrie, et c'est Sissi qui en sera l'ambassadrice. L'idée d'associer étroitement la terre des Magyars à la couronne des Habsbourg n'est pas nouvelle mais elle prend toute son acuité. En s'orientant en direction du Danube, Vienne peut retrouver une autorité qui lui est désormais interdite vers le nord. L'impératrice concentre toute son énergie en faveur du comte Andrássy. Ce Hongrois avait été condamné à mort pour avoir participé à la révolution de 1848. Réfugié à Londres puis à Paris (on l'avait surnommé « le beau pendu » !), l'empereur l'avait amnistié en 1858 et Andrássy avait été élu à la Diète hongroise en 1860. Sissi n'en doute pas, il est l'homme de la situation et elle se bat pour qu'il soit nommé président du Conseil hongrois. Sortant de sa réserve, elle se lance dans une délicate revendication politique. Elle reçoit l'ancien exilé, étonné par les progrès qu'elle a faits dans sa langue et la passion, inattendue chez une souveraine Habsbourg, qu'elle nourrit envers la Hongrie. En sortant d'une audience, il note : « S'il y a un résultat, la Hongrie sera redevable plus qu'elle ne le croit à sa belle Providence. »

Sissi et l'ancien proscrit se séduisent intellectuellement. Leur communauté de vues suscitera des commentaires désobligeants et des rumeurs. On la voit souvent à Buda et à Pest, galopant dans la campagne. Elle se rend au château de Gödöllö, qui date de Marie-Thérèse, transformé en hôpital. Un peu par bravade, un peu par inconscience, elle écrit à François-Joseph qu'elle aimerait acquérir le domaine. Réponse négative : « Nous n'avons pas d'argent pour l'instant. [...] J'ai réduit le budget de la cour pour l'année prochaine à 5 millions. Il faudra réaliser une économie de 2 millions, vendre près de la moitié de l'écurie et vivre très parcimonieusement. »

Sa signature est pathétique : « Ton triste petit mari. » Andrássy prêche la prudence. Des informateurs lui rapportent qu'à Vienne les séjours de l'impératrice en Hongrie, comme son entourage exclusivement magyar, de sa dame d'honneur à sa lectrice, sont jugés sévèrement. On l'accuse de défendre aveuglément « les aspirations égoïstes de la Hongrie ». Dans la famille impériale, les jugements sur la situation ne sont guère plus aimables. L'archiduc François-Charles, le père de François-Joseph qui avait abdiqué en sa faveur, répète, cynique : « Même moi j'aurais pu mieux faire ! »

L'empereur est accablé. De plus, les nouvelles de son frère Maximilien au Mexique sont très inquiétantes. Cette folle équipée mexicaine est un autre désastre à la face du monde.

1867. Fatigué, pâle, François-Joseph se résout à recevoir à la Hofburg une délégation hongroise. Il a revêtu son uniforme de maréchal hongrois et lit, sans passion, un discours où il est question d'un « arrangement ». Il cède. Le 18 février, Andrássy est nommé Premier ministre de Hongrie. Sissi a gagné. Sa popularité à Vienne n'en est que plus détériorée.

La nomination d'Andrássy est la première illustration de l'accord conclu entre Beust, le nouveau Premier ministre autrichien, et les Hongrois. Il sera connu sous le nom de « compromis austro-hongrois » et représente une formule politique originale.

A Buda-Pest, l'Autriche-Hongrie succède à l'empire d'Autriche

Désormais, la Hongrie est un royaume indépendant de l'empire d'Autriche mais les deux monarchies sont liées par une union héréditaire dans la postérité des Habsbourg. Les deux pays reçoivent un nouveau nom, tiré de leur rivière frontalière, la Leitha. L'Autriche devient la Cisleithanie tandis que la Hongrie se nomme la Transleithanie. Chacun des deux pays gère ses affaires intérieures avec des ministères spécifiques. Le cabinet hongrois est responsable devant la Diète et la Constitution est remise en vigueur. Seuls sont gérés en commun les questions de politique étrangère (il n'y a qu'un seul Etat pour le droit international et la diplomatie), les problèmes militaires et financiers. L'Autriche supporte deux tiers du budget. Enfin – et c'est là un événement considérable –, le chef d'Etat, empereur en Autriche et roi en Hongrie, accepte d'être couronné souverain apostolique à Buda-Pest. Toutefois, ce dualisme est-il le remède infaillible aux crises de l'Empire ? On peut en douter. Les Tchèques protestent, réclamant une union tripartite avec un royaume reconstitué de Bohême. Les Croates, les Slovènes, les Polonais et les Roumains se plaignent aussi. Le dualisme « consacrera en réalité l'hégémonie germano-magyare qui était à la fois la fin de l'indépendance de l'empereur et la fin d'un empire dont la raison d'être avait été un harmonieux effort d'équilibre et dont le seul avenir s'inscrivait dans la formule d'une fédération d'Etats, sous la tutelle monarchique[1] ».

Cependant, malgré ces oublis et ces concessions, un Etat réellement multinational vient de naître. L'empire d'Autriche a vécu, voici venu le temps de la double monarchie austro-hongroise pour laquelle Sissi a tant œuvré. L'archiduchesse Sophie est consternée de voir son fils soumis au libéralisme triomphant de son épouse. C'est oublier que le monarque, mal inspiré en 1859 et en 1866, tente par le compromis de régénérer le prestige ébréché de sa dynastie. L'incroyable phénomène se produit : les Habsbourg redeviennent populaires en Hongrie ! Il aura fallu près de vingt ans pour parvenir à cette réconciliation. Il aura surtout fallu l'entêtement et la lucidité d'Elisabeth, porteuse d'une spectaculaire influence politique. C'est aussi sa revanche sur la cour viennoise qui n'avait cessé de critiquer ses absences, ses chiens dans ses appartements, ses visites d'asiles d'aliénés, la bière qu'elle boit lors des dîners de gala, ses poèmes obscurs et sa mélancolie. Andrássy annonce à François-Joseph que le peuple hongrois reconnaissant souhaite offrir le château de Gödöllö à l'impératrice, une

1. Marie-Madeleine Martin, *Othon de Habsbourg prince d'Occident*, OEIL, 1959, réédition mise à jour en 1990.

manière d'inviter les souverains à séjourner le plus souvent possible en Transleithanie. Ces promesses sont assombries par un télégramme, qui a mis quatorze jours pour être transmis depuis le Mexique ; le républicain Juarez a fait prisonnier l'empereur Maximilien. L'inquiétude fait place à l'angoisse, mais la date du couronnement hongrois ne peut être différée. La réussite du compromis est en jeu.

Samedi 8 juin 1867, sur la colline de Buda. Dès 7 heures du matin, un long cortège se forme avec à sa tête François-Joseph en uniforme de maréchal hongrois. Il est suivi du carrosse aux roues dorées, tiré par huit chevaux, qui avait servi pour le mariage impérial. L'imposante voiture a été démontée et transportée depuis Vienne par chaland sur le Danube. Derrière les vitres, l'impératrice n'a jamais été aussi radieuse dans une robe de brocart et d'argent confectionnée à Paris par un Anglais, M. Worth, l'inventeur de la haute couture. C'est d'ailleurs la princesse de Metternich, ambassadrice d'Autriche, qui avait introduit avec Eugénie ses créations à la cour de Napoléon III. Dans les rues du vieux quartier de Buda, où les maisons ont la couleur du fameux « jaune Marie-Thérèse », c'est un spectacle d'un autre âge qui déploie ses fastes, un peu rapiécés et sales d'après un diplomate suisse. Devant François-Joseph, l'histoire de l'Europe centrale défile lentement avec ses brandebourgs, ses bottes souples, ses tiares, ses plumets et ses drapeaux. Rarement au cours du XIXe siècle on aura une impression de féerie dans la magnificence des Mille et Une Nuits. Assisté du primat de Hongrie, Andrássy, qui fait office de vice-roi, pose la couronne de saint Etienne sur la tête du Habsbourg qui l'avait condamné à mort dix-neuf ans plus tôt. Dans la cathédrale Saint-Etienne la chaleur est étouffante et François-Joseph est en nage. Sous un baldaquin, Elisabeth est tendue mais heureuse. Selon la tradition, la couronne est placée sur son épaule droite, usage qui la différencie d'une souveraine en titre. Les grandes orgues vibrent aux accents de la *Messe du couronnement* composée par Franz Liszt. Arrivé de Rome où il vit dans une semi-retraite, Liszt a tenu à interpréter lui-même son œuvre, en hommage à celle qui s'est faite l'avocate de la cause hongroise. A la sortie de la cathédrale, la foule enthousiaste crie à plusieurs reprises : « *Eljen Erszébet !* » (« Vive Elisabeth ! »). A trente ans, l'indisciplinée duchesse bavaroise promue impératrice d'Autriche devient reine de Hongrie. « Je ne l'avais jamais vue si belle, écrit Liszt à sa fille Cosima, future seconde épouse de Wagner. Elle apparaissait comme une vision céleste dans le déroulement d'un faste barbare. »

Sur son cheval blanc très nerveux, François-Joseph tire son sabre et le brandit en l'air en dessinant une croix. Encore une tradition multiséculaire, la lame est pointée successivement vers les quatre points cardinaux. Ce « salut royal à la croix par le glaive » symbolise l'engagement de défendre la patrie magyare contre ses ennemis d'où qu'ils viennent et le respect de sa Constitution. A cet instant précis, François-Joseph se mue en Ferenc József pour les Hongrois. Qui aurait pu imaginer pareil bouleversement ? Le nouveau roi fait distribuer des pièces d'or et d'argent à la foule. Dans la bousculade, deux chevaux s'emballent et jettent deux évêques à terre. Puis, deux coffres contenant chacun 100 000 ducats d'or, offerts en cadeau au couple royal, sont remis par le monarque aux orphelins, aux veuves et aux miséreux. Un Autrichien, proche de la Cour et hostile depuis toujours aux mesures favorisant la Hongrie, dira à sa femme : « Je suis fou de rage... Offrir le cadeau du couronnement aux révolutionnaires ! J'aimerais mieux être déjà mort que de vivre une telle honte. Où va-t-on ? Ce n'est plus régner que de suivre de tels conseils. Andrássy mérite le gibet encore plus qu'en 1849 ! »

Une amnistie générale est décrétée par le roi et les exilés rentreront en jurant obéissance au monarque couronné et aux lois hongroises. Seul Kossuth refusera, méprisant le compromis ; il mourra exilé à Turin en 1894.

L'exécution de Maximilien au Mexique expie « le péché de Charles Quint »

Onze jours plus tard, le frère de François-Joseph est fusillé à Querétaro. Le peloton a tiré six balles qui ont toutes traversé le corps, formant une croix symbolique. En signant l'ordre d'exécution de Maximilien, le révolutionnaire Juarez justifait cette condamnation : « Même après quatre siècles, le péché de Charles Quint doit être expié. »

Napoléon III avait poussé Maximilien à accepter le trône, improbable, du Mexique et l'y avait abandonné. Cette « lâcheté du Bonaparte » entraîne un gel des relations entre Vienne et Paris. La rencontre, le 18 août à Salzbourg, des deux couples impériaux débute dans un silence oppressant. Napoléon III, malade, tend une main moite à François-Joseph, qui hésite à la prendre et reste sur la défensive. Il faut dire que cette habitude qu'ont les souverains européens de se faire la guerre, de se trahir puis de se rendre des visites de condoléances ou de courtoisie nous paraît incohérente. Les curieux usages de l'Europe couronnée du XIXe siècle seront à la mode jusqu'à l'été 1914. Lors de ce séjour dans la ville natale de Mozart, le seul sujet qui intriguera les habitants sera la comparaison entre les deux impératrices, Eugénie et Elisabeth. Les Autrichiens décideront rapidement que Sissi est plus grande, plus élancée, plus gracieuse et aussi plus jeune qu'Eugénie. Une piètre revanche sur la tragédie mexicaine causée par des ambitions utopiques. Finalement, l'empereur des Français invite celui d'Autriche-Hongrie à visiter l'Exposition universelle qui a fait de Paris la capitale du monde. François-Joseph accepte, intéressé par les travaux de l'énergique Haussmann, ce préfet de la Seine qui rénove et transforme Paris. Vienne pourrait certainement s'en inspirer. Le Second Empire présente sa réussite économique et industrielle au Champ-de-Mars. Mais l'empereur d'Autriche, venu seul car Sissi est enceinte, fait aussi d'autres découvertes, moins officielles. Il les raconte dans sa première lettre écrite le 23 octobre, à

6 h 30 du matin, à son « ange » depuis « l'Elisée *(sic)* Napoléon », alors résidence des souverains étrangers en visite d'Etat : « J'ai vu le Bois de Boulogne avec de nombreux équipages, des cavaliers, des cavalières et, au total, beaucoup de petites putains. J'en ai vu beaucoup et de bien belles mais je ne pense qu'à toi, tu peux être tranquille[1]. »

Cette observation crue en quittant le palais de Saint-Cloud atteste que la galanterie tarifée en ces lieux boisés n'est pas la spécialité de notre seule époque. Aux Tuileries, lorsqu'il rencontre le prince impérial, âgé de onze ans, François-Joseph écrit à sa femme le soir même : « Le petit Napoléon est très intelligent mais très petit. Nous avons mieux. » Rodolphe n'a que neuf ans.

Le 22 avril 1868, François-Joseph est père d'un quatrième enfant. C'est encore une fille, Marie-Valérie, née au palais royal de Buda, selon la volonté de sa mère, pour renforcer davantage la présence des Habsbourg en Hongrie. Deux polémiques feutrées arrivent, sous forme de rapports de police, sur le bureau de l'empereur-roi. Les Hongrois auraient préféré un fils, car à moyen terme un futur souverain aurait favorisé l'indépendance de leur royaume reconstitué. A l'opposé, les Autrichiens, tant vexés de cette naissance en Hongrie, supputent qu'une femme menacera moins l'unité du nouvel empire. Vienne tient une comptabilité sourcilleuse. Tout ce qui affaiblit la Hongrie fortifie l'Autriche et inversement. Enfin, on insinue que le bel Andrássy serait le père de l'enfant. Cette calomnie s'effondrera lorsque la ressemblance entre François-Joseph et la petite fille s'imposera. Marie-Valérie sera la seule de ses enfants élevée directement par sa mère. Comme pour rattraper le temps perdu avec ceux qui avaient subi la tutelle sévère de sa belle-mère, l'impératrice parachève sa revanche en disant : « Je sais maintenant le bonheur d'avoir un enfant ! »

1. *Briefe Kaiser Franz Josephs an Kaiserin Elisabeth (1859-1898).* Correspondance présentée par Georg Nostiz Rieneck, Vienne, Herold, 1966.

Les séjours de la famille royale à Gödöllö sont harmonieux, sous le signe de la joie de vivre. A la fin de l'été 1869, François-Joseph se prépare à partir pour l'Egypte pour l'inauguration du canal de Suez. Déjà, depuis le 15 août, les eaux de la Méditerranée se sont mêlées à celles de la mer Rouge. Après dix ans d'efforts et en dépit des obstacles et des manœuvres de l'Angleterre, l'œuvre titanesque de Ferdinand de Lesseps va cesser d'être une chimère pharaonique pour relier l'Occident à l'Orient. Pourquoi le souverain austro-hongrois entreprend-il ce long voyage ? Il avait vite été conscient de l'importance du canal creusé pratiquement à la verticale de la mer Adriatique où l'Autriche-Hongrie a de nombreux ports militaires et de commerce. L'empereur avait acheté 80 000 actions de la Société du canal, ce qui en faisait le plus important souscripteur étranger. De plus, il en profitera pour se rendre à Constantinople et en Terre sainte où aucun empereur Habsbourg ne s'est rendu depuis l'an 1430, et encore s'agissait-il du duc Frédéric III, alors mineur. Sissi ne l'accompagne pas car ce périple sera jalonné de manifestations officielles épuisantes et elle veut profiter de tous ses enfants. Quittant Gödöllö le 26 octobre accompagné du comte Andrássy, il écrit le soir même à Erzsébet sa peine d'être « séparé de tout ce qu'il aime au monde ». Dans ses courriers presque quotidiens, il lui raconte avec une précision militaire comment le sultan Abdülaziz lui a présenté ses huit cents chevaux. Le maître de la Sublime Porte reçoit fastueusement l'empereur chrétien, poussant la courtoisie jusqu'à déménager son harem pour que François-Joseph, exceptionnellement habillé en civil, puisse loger dans son palais. En Terre sainte, ébloui par les caravanes de cinq cents dromadaires, le monarque fait remplir des bouteilles d'eau du Jourdain pour les baptêmes à venir des enfants Habsbourg. Le 16 novembre, le yacht impérial *Greif* rejoint *L'Aigle*, celui où l'impératrice Eugénie représente Napoléon III. Le spectacle des quatre-vingts navires au mouillage est inoubliable. Eugénie et le mari de Sissi forment un couple officiel prestigieux. Au banquet offert par le khédive Ismaïl Pacha, François-Joseph est à la droite de l'impératrice des Français, étincelante dans une robe rouge brodée de diamants, mais il la trouve un peu empâtée. Cette description n'empêche pas Elisabeth de lui faire une petite mais affectueuse scène : « [...] Te voilà encore réuni avec ta chère impératrice Eugénie. Je suis très jalouse parce que tu es en train de faire le joli cœur avec elle tandis que je suis seule ici et ne peux même pas me venger. »

Sissi peut être rassurée, son époux est surtout ennuyé que le banquet qui comporte plus de trente plats tarde à commencer alors que lui n'aime pas perdre de temps à table. Mais il faut nourrir sept mille personnes en plein désert !

En Autriche, l'influence d'Andrássy est critiquée. C'est à cause de ce séducteur, dit-on, que la souveraine est sans cesse détournée de ses devoirs à Vienne. La presse calcule qu'en un an Sa Majesté a passé deux cent soixante-cinq jours hors d'Autriche, principalement en Hongrie. Certes, Elisabeth fuit sans cesse le pesant protocole, mais sa régularité dans l'éloignement est révélatrice d'un climat de détente et d'harmonie dont François-Joseph a le plus grand besoin. Elle et lui se comprennent mais avec un décalage tenace. Ils ne parviennent pas à vivre constamment ensemble ni l'un sans l'autre, comme en témoignent leurs lettres expédiées chaque jour et qui suffiraient au fonctionnement d'un service postal. A tous points de vue, ils se manquent. Pour mieux se retrouver.

En cas de guerre entre la France et la Prusse, que fera l'Autriche ?

Au printemps 1870, l'empereur-roi est très soucieux de la situation politique française. Napoléon III, malade, hésitant à soumettre ses réformes libérales à un plébiscite fixé au 8 mai, François-Joseph charge son ambassadeur à Paris, Metternich, d'assurer l'empereur de son soutien dans une guerre contre la Prusse que le Premier ministre Beust souhaiterait pour venger l'humiliation de Sadowa. Le plébiscite est un triomphe : 7 358 786 oui contre 1 572 939 non ramène l'optimisme. Entre l'instabilité et l'Empire, les Français ont choisi. François-Joseph adresse, le 10 mai, une lettre personnelle de félicitations à Napoléon III : « L'Europe respire depuis hier et les fidèles amis de l'Empire sont très heureux. On regarde l'avenir avec confiance et on attend les grandes actions que le destin prépare à l'empereur. »

Venue des Tuileries, la réponse affirme : « Nos intérêts sont étroitement liés, à tel point que lorsque quelque chose d'heureux arrive à l'un, cela a aussi un retentissement sur l'autre. »

Mieux vaut ne pas faire allusion aux événements malheureux telle la tragédie mexicaine.

Les rapports franco-prussiens s'envenimant, Napoléon III veut sonder l'Autriche et envoie à Vienne un émissaire, le général Barthélemy Lebrun. Avec lui, François-Joseph pèse le pour et le contre de son engagement militaire aux côtés de la France. En prenant le prétexte – réel – que l'armée austro-hongroise a besoin de quarante-deux jours pour être opérationnelle, le souverain explique à la France qu'elle devrait commencer les combats seule. Il tient à donner à la Prusse l'impression qu'il ne l'agresse pas. L'idée de la revanche est toujours séduisante mais le piège cruel a déjà coûté très cher aux Habsbourg. « Je veux la paix, conclut François-Joseph. Mais si je dois faire la guerre, c'est que j'y aurais été contraint. J'espère que l'empereur Napoléon III prendra en compte ma situation politique personnelle aussi bien à l'intérieur qu'à l'extérieur[1]. »

A Paris, la perspective de la guerre enthousiasme la population et, selon l'ambassadeur Metternich, « l'impératrice a rajeuni de dix ans[2] ». Après une longue réflexion,

1. Général Lebrun, *Souvenirs militaires, 1866-1870*, Paris, 1895.

2. On prêtera à Eugénie d'avoir déclaré : « C'est ma guerre ! » Mais il s'agissait d'une calomnie dont Thiers fera justice plus tard, après la défaite.

François-Joseph informe Napoléon III qu'il restera neutre. Par son ambassadeur à Paris, le tsar Alexandre II fait savoir que « si l'Autriche sort de sa neutralité, nous le ferons aussi ».

Lorsque la dépêche d'Ems est connue, l'archiduchesse Sophie déplore « le triste enthousiasme des Allemands qui croient lutter pour une Allemagne alors qu'ils ne le font que pour la Prusse qui finira par les écraser tous entièrement ». Une analyse parfaitement lucide. Le 10 août, devant la fulgurante progression prussienne et les défaites françaises, Sissi pose la question à son mari : « Il se peut que nous végétions quelques années encore, avant que notre tour ne vienne. Qu'en penses-tu ? »

Penché sur les télégrammes, François-Joseph se dit atterré par cette victoire rapide et « insolente » de Guillaume Ier et de Bismarck. Il est conscient que le désastre français, la chute de l'Empire et la captivité de Napoléon III ont encore amoindri le rôle des Habsbourg en Europe. Leur double monarchie n'est-elle pas en sursis ?

Au cours de l'été 1871, François-Joseph et Guillaume Ier de Hohenzollern, qui a été proclamé empereur allemand le 18 janvier à Versailles dans la galerie des Glaces, se rencontrent. Le Habsbourg n'est pas enthousiasmé par cette entrevue mais Bismarck, « le chancelier de fer », veut absolument faire savoir que si l'Autriche et la Prusse s'alliaient, elles ne craindraient plus aucun ennemi, qu'il s'agisse de la Russie ou de la France, laquelle n'est pas en état de formuler une quelconque revendication. L'entretien, désagréable et qui ne s'imposait pas, s'achève d'une manière burlesque. Des chaises, fraîchement repeintes, laissent d'affreux croisillons blancs sur les vêtements !

Au fond, les pensées de François-Joseph sont davantage absorbées par la politique intérieure que par les affaires étrangères. Où en est le dualisme ? « Gardez vos hordes, nous garderons les nôtres » aurait dit l'Autrichien Beust au Hongrois Deák. Les « hordes » méprisées continuent de protester. Loin de résoudre la coexistence des nationalismes, le système exacerbe les revendications. Le mouvement des *Sokols* (Jeunes Tchèques) étale ses exigences, des Slovaques se révoltent, organisant des grèves scolaires, les Croates sont insatisfaits du compromis et les Roumains de Transylvanie montrent leur mauvaise humeur. Andrássy est encore plus acharné à combattre ces revendications que l'empereur-roi, car le Hongrois admet difficilement les doléances des autres ethnies. La guerre franco-prussienne avait suscité une vive émotion à Prague. Pour apaiser la Bohême en effervescence, François-Joseph propose de reconnaître des droits particuliers à ce royaume en déshérence mais les Hongrois en exigent de nouveaux pour eux. Le souverain refuse de céder et annule ses propositions. Le ministre Beust ayant échoué dans sa tentative de fédéralisme, le monarque lui demande sa démission immédiate et, le 9 novembre, Andrássy est nommé ministre des Affaires étrangères de l'Empire austro-hongrois. Après cette décision qui fait l'effet d'une bombe, l'opinion publique, dont François-Joseph tient toujours compte, est très partagée. Sans doute Andrássy est habile, entêté, séduisant et convaincant. Il a, par exemple, réussi l'émancipation des Juifs hongrois. Parce qu'il a voulu – et obtenu – que les Tchèques ne soient pas avantagés, il a l'estime de Bismarck. Celui-ci félicite François-Joseph d'avoir choisi « un conseiller si ouvert, honnête et décidé ». En revanche, sa nomination déplaît à Saint-Pétersbourg. Comment le tsar pourrait-il oublier qu'en 1848 ce révolutionnaire avait hurlé de toutes ses forces contre l'intervention russe en Hongrie ? A Vienne, les milieux officiels regrettent que la diplomatie autrichienne soit confiée à un Magyar. Immédiatement, la responsabilité de ce choix est imputé à l'impératrice, qui renforce encore son entourage de Hongrois et de Hongroises. Il n'y a plus qu'une Autrichienne attachée à son service, la comtesse Goëss, grande maîtresse de la Cour, une femme très conciliante.

Lucide, Sissi a le pressentiment que les Balkans sont une poudrière

Le 28 avril 1872, après treize heures d'agonie, l'archiduchesse Sophie quitte ce monde. L'Empire perd celle qui l'avait sauvé. Elisabeth est restée auprès de sa belle-mère et tante qui l'a tant rabaissée et dénigrée mais elle est pleine de remords. Le duel entre les deux femmes a duré dix-huit ans, obligeant François-Joseph à régler les plus infimes détails domestiques entre sa mère et sa femme. La vie de la Cour a été littéralement empoisonnée par ce conflit. Jamais lâche ni médiocre, si cette femme (« le seul homme de la famille ! » ironisait Talleyrand) était disparue plus tôt, on peut penser que la vie du couple impérial aurait été foncièrement différente et le comportement de Sissi plus souple, moins sur la défensive, en bref plus équilibré. Désormais, Elisabeth est totalement souveraine. Une chance s'offre à elle : la reine des Hongrois peut-elle redevenir l'impératrice des Autrichiens ?

François-Joseph souffre beaucoup de ce deuil. Lui qui est d'habitude couché très tôt, souvent dès 9 heures du soir, reste sur son balcon jusqu'à 11 heures. Une nouvelle conférence avec l'empereur Guillaume Ier et le tsar Alexandre II est prévue à Berlin. Par déférence, le souverain austro-hongrois enfile l'uniforme prussien. Avec humour, en s'ajustant devant une glace, il dit : « J'ai l'impression de partir en guerre contre moi-même ! »

Vingt minutes plus tard, il est sanglé dans un uniforme russe pour saluer l'autocrate de toutes les Russies. Mais ce qu'aucun code n'avait prévu est l'arrivée du tsar en uniforme hongrois, par courtoisie envers François-Joseph ! Ce ballet cocasse inspire à Bismarck un commentaire prétendument sérieux : « Les trois empereurs composant un groupe charmant plutôt dans la manière des *Trois Grâces* de Canova seront, pour l'Europe, un symbole vivant de paix et de bonne volonté. »

La Prusse étant rassasiée par les 5 milliards-or exigés de la France et l'occupation de l'Alsace-Lorraine, tout danger extérieur semble écarté. Habsbourg, Hohenzollern et Romanov peuvent-ils reconstituer une Sainte-Alliance et serait-ce utile ? Ils se contentent d'une alliance dite « des trois empereurs », fondée sur des relations personnelles souvent complexes. A Vienne, l'année 1873 est celle de l'Exposition internationale, un chant glorieux dédié aux nouveaux dieux que sont la Technique, la Science et le Progrès auxquels les peuples veulent croire. Cinq fois plus grande que celle de Paris en 1867, l'exposition viennoise doit compenser le cruel souvenir de Sadowa mais elle est surtout la première manifestation européenne diligentée par la double monarchie. Cinquante mille exposants doivent accueillir et intéresser 7 millions de visiteurs. Le 1er mai, jour de l'inauguration, François-Joseph reçoit les princes héritiers d'Allemagne (Andrássy l'avait particulièrement souhaité), du Royaume-Uni, de Belgique et du Danemark. Huit jours plus tard, sans qu'on ait pu s'y attendre, la Bourse de Vienne s'effondre. Un vendredi noir. Le krach entraîne des suicides, des fermetures d'usines et d'ateliers. En tout, on déplore un millier de victimes directes ou indirectes de cette catastrophe financière que personne n'explique. Il faut faire face. L'Europe continue de défiler sur les 70 000 m^2 de l'exposition. Le 1er juin, le tsar est accueilli à sa descente du train spécial qu'il a pris à la frontière polonaise. Par courtoisie envers Erzsébet, il est en uniforme hongrois, mais sa courtoisie est glacée. Le visiteur sait qu'Andrássy ne le supporte pas. Alexandre II ayant déjà échappé à de nombreux attentats, le dîner de cent cinquante couverts sous haute surveillance est un calvaire pour François-Joseph et sa femme. Ils respireront mieux au départ du Russe. Quelle fatigue ces chants, ces danses, ces innombrables toasts à la vodka !

Mais derrière ces mondanités un peu forcées, des négociations secrètes se poursuivent à propos des Balkans ; à cause de la décadence de l'Empire ottoman, les nationalismes régionaux se réveillent, suscitant l'appétit des grandes puissances. Il faut noter qu'à la différence de bien des gouvernants, l'impératrice-reine Elisabeth est la première à pressentir que les Balkans sont une poudrière où peut naître un épouvantable conflit. Avec trente-huit ans d'avance, elle a l'intuition de l'explosion à Sarajevo, à l'été 1914. En 1877, la Serbie et le Monténégro qui comptent sur l'aide de la Russie déclarent la guerre à la Turquie. Alexandre II cherche à entraîner François-Joseph dans la conquête. La Russie occuperait la Bulgarie tandis que l'Autriche-Hongrie annexerait la Bosnie-Herzégovine. Selon ce plan, la Roumanie et l'Albanie pourraient devenir autonomes. Les deux souverains regardent dans la même direction, vers cet Orient européen qui excite leurs diplomaties. Toutefois, François-Joseph hésite à s'engager de manière formelle. Pour le convaincre, le tsar lui écrit : « Je considère qu'une entente entre nous est possible et je ne la souhaite pas uniquement pour maintenant mais aussi pour l'avenir car c'est de ces moments qui peuvent déterminer le destin de nos deux pays pour plusieurs générations. »

En définitive, après de laborieuses tractations, l'empereur et le tsar concluent un accord confidentiel qui prévoit la neutralité de François-Joseph en cas d'une guerre russe en Bulgarie ou en Turquie. L'empereur se justifie : « Je dois compter avec le suffrage constitutionnel des représentants du peuple à qui j'ai moi-même donné ce pouvoir. »

La raison de l'intervention russe est le panslavisme recherché par l'état-major de Saint-Pétersbourg, mais François-Joseph préfère la prudence car cette guerre lui rappelle trop celle de Crimée, un désastre pour la Russie. Un jeune homme suit avec grand intérêt la progression des troupes tsaristes. C'est l'archiduc Rodolphe. A dix-sept ans, il avait manifesté son hostilité à la Prusse, écrivant : « L'Autriche-Hongrie doit fonder un puissant empire du Danube. » Déclaré majeur à dix-neuf ans, il a un grand appétit de la vie, des opinions libérales et francophiles.

Quand on signale à son père son existence assez désordonnée, François-Joseph répond : « Il ne faut pas qu'on vole à mon fils sa jeunesse comme on m'a volé la mienne. L'intelligence de Rodolphe, son ouverture d'esprit et ses qualités de cœur l'ont déjà rendu très populaire, aussi bien à Vienne qu'à Budapest[1]. »

En lui, les Magyars retrouvent le caractère sensible de sa mère. « Jamais tête, jamais cœur appelés à régner n'ont été plus sages, plus enthousiastes, jamais prince héritier n'a aimé sa patrie d'un amour plus absolu », écrit le poète Jokal.

Le 3 mars 1878, le traité de San Stefano[2] est signé entre la Russie victorieuse et l'Empire ottoman vaincu. Celui-ci doit reconnaître l'indépendance de la Serbie, du Monténégro, de la Roumanie et la création d'une Grande Bulgarie. Cet accord est jugé inacceptable par la Grande-Bretagne qui avait envoyé une flotte à Constantinople pour interdire les Détroits aux Russes mais aussi par l'Autriche-Hongrie, désireuse d'étendre son influence à l'est. Un congrès, réuni à Berlin en juillet, amende ces décisions. Au moyen d'un mandat, la Bosnie-Herzégovine sera administrée par l'Autriche-Hongrie qui l'occupera militairement. Pour François-Joseph, l'avantage est qu'il ne risque pas de voir naître sur ses frontières un grand Etat slave dominé par la Serbie. L'inconvénient est pointé par l'état-major viennois : « Cela revient simplement à faire la police pour le sultan et à devoir nous retirer le jour où il plaira aux puissances d'annuler le mandat. » Le tsar est furieux, car, à cause de Bismarck, le sultan conserve une présence en Europe. Mais François-Joseph est satisfait du comportement de Bismarck qui a agi en « honnête courtier ».

1. Les deux parties de la ville, de chaque côté du Danube, n'ont été réunies administrativement qu'en 1873. Buda, l'ancien bourg sur la colline près du palais royal, et Pest, la ville moderne dans la plaine qui sera embellie d'immeubles et d'hôtels de style Art nouveau, forment désormais une seule cité, Budapest.

2. Aujourd'hui Yeşilköy, près d'Istanbul.

L'archiduc héritier Rodolphe est fiancé à Stéphanie de Belgique

Entre-temps, l'archiduc François-Charles est mort. Les obsèques du père de François-Joseph ont été les dernières à respecter l'ancien rite funèbre des Habsbourg : si le corps a bien été inhumé dans la crypte des Capucins, le cœur a été déposé dans l'église des Augustins (celle des mariages de la Cour) et les viscères dans la crypte de la cathédrale Saint-Etienne.

Le 24 avril 1879, Vienne en fête célèbre les noces d'argent du couple impérial. De toutes les provinces arrivent des délégations dans un fabuleux mélange de costumes et de langues. L'allemand et le hongrois dominent mais d'innombrables Tchèques, Polonais, Ruthènes (Ukrainiens de Hongrie), Slovaques et Slovènes ont fait le voyage. Toute la ville chante et danse. On fredonne la *Demolier-polka* évoquant les travaux et l'urbanisation de la capitale ; les refrains d'opérettes triomphent, enthousiasmant la foule qui déambule entre les joueurs de cithare et les orgues de rues. Trois mille cinq cents invités se pressent dans la Hofburg où la chaleur est étouffante. Des forêts d'éventails semblent rythmer l'irrésistible musique de Strauss fils. Lorsque l'empereur et l'impératrice font leur entrée, une ovation les accueille. Elisabeth porte une robe de satin vert clair. Ses longs cheveux dénoués étincelants de diamants et de rubis rappellent un célèbre tableau de Winterhalter. Les délégations restent stupéfaites : leur souveraine paraît à peine vingt-cinq ans ! Une grand-mère puisque Gisèle, qui a épousé le prince Léopold de Bavière en 1873, a déjà deux enfants. Non ! Une jeune femme. En revanche, son époux est vieilli par sa calvitie et ses abondants favoris poivre et sel, les « côtelettes impériales » ! Un gigantesque défilé historique a été prévu par le peintre, ensemblier et décorateur Hans Makart. Il a choisi de faire défiler le passé des Habsbourg. Quand le soleil revient, les monarques prennent place sous un dais. Rodolphe est debout au côté de son père coiffé d'un casque à longs plumets verts. Les scènes sont proches de Rubens avec tous les corps de métiers en costumes d'époque. Un boulanger a confectionné un bretzel géant dont les habitants d'une maison, au deuxième étage, attrapent un morceau au passage. Le maître imprimeur Manz, déguisé en Gutenberg, hisse un tableau sur lequel on peut lire *Quinze jours sur le Danube*, titre d'un mémoire de Rodolphe qui vient d'être édité. Des chasseurs avec leurs meutes bruyantes et un gibier affolé sont très applaudis. Deux cent trente mille personnes vibrent à ces réjouissances sans pareil en Europe. Hans Makart savoure sa revanche sur les commentaires d'une de ses précédentes fresques qui avait été comparée à « un gigantesque abat-jour de bordel » ! A son gouvernement, l'empereur, très ému, déclare : « Pendant mes trente années de règne, j'ai partagé avec mes peuples maintes heures difficiles et beaucoup de joies. On ne pouvait m'en procurer une plus pure ni plus profonde que celle de ces derniers jours. »

L'hommage reçu par l'éblouissante impératrice peut être interprété comme une réconciliation de la cité avec la souveraine amazone, si souvent lointaine et déconcertante, si compliquée à force de rechercher la simplicité. Une boutade circule en français ; elle parvient jusqu'à Sissi sous son ombrelle qui, pour une fois, éclate de rire : « L'impératrice ne fête pas vingt-cinq ans de mariage mais vingt-cinq ans de manège ! »

Après ces réjouissances, qui ont leur équivalent à Budapest où le roi et la reine sont acclamés par des cris « presque sauvages », François-Joseph revient aux affaires de son Etat, viscéralement complexe. L'empereur, déçu par Andrássy, souhaite sa démission. Pour quelles raisons ? S'il a agrandi la monarchie, le Premier ministre de Hongrie a creusé l'antagonisme avec la Russie, ce qui préoccupe l'empereur. Lorsque le comte Andrássy donne sa démission le 8 octobre, Sissi, navrée de son éviction, se tourne vers son mari et déclare : « Cela ne l'empêche pas de rester des nôtres. »

François-Joseph, avec sa courtoisie habituelle, exprime sa gratitude à l'artisan officiel du compromis : « Pendant des années, une période des plus fertiles en événements mémorables, vous avez porté avec courage, force et succès, le poids d'une lourde responsabilité. Je ne considère en aucun cas votre retrait comme la fin de votre activité d'homme d'Etat. »

Une semi-disgrâce. Elle n'empêche pas de dresser un bilan positif dans les domaines industriels et économiques avec la régularisation du cours du Danube, d'avantageux traités de commerce, l'embellissement des villes, l'extension du réseau ferroviaire, le développement littéraire et artistique, sans omettre l'égalité entre les religions depuis 1868. Reste, sensible, l'agitation des minorités dont certaines sont favorables à l'Empire allemand.

Dans le même temps, la Cour bruisse d'échos sur la question du mariage de l'archiduc héritier Rodolphe. Il semble s'être un peu assagi, a beaucoup voyagé, accompli des missions importantes à la demande de son père et a pris le pouls de toutes les aspirations de la Babel danubienne. Certes, du point de vue de l'empereur, ses fréquentations ne sont pas irréprochables. Sous un pseudonyme vite démasqué, il écrit des points de vue opposés à la politique impériale, se lie avec des libéraux, des francs-maçons, des intermédiaires plus ou moins douteux et des républicains français. Mais connaître les réalités d'un monde qui change n'est pas inutile. La police surveille, maladroitement, le prince lors de ses sorties nocturnes dans des cabarets ou des maisons closes. Il a du charme et plaît aux femmes. Son père n'a jamais connu pareille liberté. En 1880, l'archiduc est fiancé à la princesse Stéphanie de Belgique. C'est par télégramme, alors qu'elle séjourne à Londres, que sa mère apprend la nouvelle. Sa dame d'honneur, la hongroise Marie Festetics, s'écrie : « Dieu soit loué ! Ce n'est pas un malheur ! »

L'impératrice, blême, murmure : « Dieu veuille que cela n'en soit pas un ! »

On doit remarquer, une fois encore, l'instinct prémonitoire de Sissi. Elle s'inquiète d'abord en raison de l'âge de la princesse qui n'a que quinze ans. « Ils sont trop jeunes ! »

s'écrie-t-elle ; elle sait les risques d'un mariage prématuré. De plus, une alliance avec la fille du roi Léopold n'est-elle pas insensée après la tragédie mexicaine qui maintient Charlotte, la belle-sœur de Sissi, enfermée dans un château et réputée folle ? L'impératrice saute dans son train spécial – il est presque en permanence sous pression – et s'informe à Bruxelles. Stéphanie n'est même pas pubère ! « Ce mariage est une folie ! La Belgique a déjà porté malheur aux Habsbourg ! », elle en est convaincue. Et puis Rodolphe n'a-t-il pas cédé à son père en se soumettant à la raison d'Etat ? Et comment se fait-il que Rodolphe, qui déclarait, il y a peu, qu'il n'était pas près d'être un mari, s'emballe soudain pour cette jeune – trop jeune ! – princesse qui n'est pas encore une femme ? Se pourrait-il que son fils, lassé d'avoir connu des filles peu farouches, ait été ému par l'absence de maturité de Stéphanie ?

L'empereur n'est pas inquiet. Il se veut rassurant : « Tu te fais toujours du mauvais sang... »

Sans doute songe-t-il au passé de sa famille aux Pays-Bas. Un nouveau mariage entre la vieille lignée des Habsbourg et la jeune dynastie de Saxe-Cobourg serait, selon lui, le moyen d'écrire une nouvelle page d'histoire. Sissi, familière de la fatalité qui frappe les grandes familles, obtient que la date de la cérémonie ne soit pas fixée. Rodolphe se plaint du peu d'empressement de sa mère à l'égard de sa fiancée puis regagne la garnison qu'il commande à Prague. Son père l'y rejoint ; en Bohême, le tchèque est enfin admis à égalité avec l'allemand dans l'administration et la vie judiciaire.

Pour l'empereur, le mariage de son fils obéit à la raison d'Etat

Le 18 août 1880, toute la famille est réunie à Bad Ischl, dans la *Kaiservilla* où François-Joseph aime passer l'été. Pour son cinquantième anniversaire, il reçoit l'empereur allemand et roi de Prusse Guillaume Ier, quatre-vingt-trois ans, qui évoque de plus en plus un personnage de cire. Sur le quai de la gare, devant Elisabeth qui l'accueille, il se casse en deux pour un long baisemain. Sa présence souligne l'importance du *Zweibund*, un accord à deux signé à Vienne entre François-Joseph et lui huit mois plus tôt afin de protéger mutuellement les deux empires en cas d'agression russe. Bismarck a veillé à cette entente, car il suspecte la Russie de s'intéresser au redressement français et connaît les sympathies de Rodolphe à l'égard de certains « républicains gaulois ».

Alors qu'elle est en France – l'impératrice est reçue à l'Elysée par le terne président Jules Grévy qui tombe sous son charme –, un télégramme informe Elisabeth que le mariage de son fils est fixé au 10 mai 1881. La princesse Stéphanie, qui mesure 1,76 m, est surnommée dans son pays « la rose de Brabant ». C'est respectueux. Quand elle arrive à Schönbrunn, les commentaires sont beaucoup moins aimables, fondés sur l'absence d'élégance vestimentaire de la future archiduchesse. « Pauvre Rodolphe ! Sa femme a la délicatesse d'un dragon ! » Curieusement, le prince est sombre depuis que la date de son mariage a été arrêtée. Aucune véritable joie ne baigne la cérémonie. Elisabeth se montre une belle-mère détachée. Elle a donné son avis qui est en réalité un pressentiment. Seule la raison d'Etat a inspiré cette union. Il n'y a aucun amour entre Rodolphe et Stéphanie, seulement de la résignation d'un côté, de l'ambition de l'autre. L'impératrice subodore un échec. Le 2 septembre 1883, lorsque sa belle-fille accouche d'une fille (Elisabeth, en hommage à sa grand-mère, mais tout le monde la surnommera *Erzsi*, diminutif hongrois de son prénom), et que l'impératrice se penche sur le berceau, elle ne juge pas, pour une fois, que le bébé soit affreux ! Sissi, grand-mère pour la quatrième fois, est déjà repartie pour sa chère Bavière, soucieuse du comportement de son cousin le roi Louis II qui édifie d'incroyables châteaux dans ses montagnes. A sa troisième petite-fille, François-Joseph offre une émeraude d'une valeur de 40 000 florins et nomme Rodolphe commandant de la 25e division en garnison à Vienne. Il espère ainsi tempérer les idées libérales que son fils soutient sans se dissimuler. Un rapport remis à l'empereur fait état des relations de l'archiduc avec le journaliste progressiste Moriz Szeps, directeur du nouveau *Wiener Tagblatt.* La fille de Szeps épousera à Vienne le frère d'un ancien médecin vendéen devenu député français et chef des radicaux, Georges Clemenceau. Ce dernier, bien que farouchement ennemi des monarchies et du catholicisme, sera reçu secrètement par Rodolphe, la nuit, à la Hofburg. Bismarck en est informé avant François-Joseph ! Rodolphe est difficile à saisir, paradoxal, inattendu comme sa mère, mais sa personnalité est aussi attachante que celle de l'impératrice. Il continue d'écrire des articles de moins en moins anonymes contre la politique du comte Taaffe, Premier ministre autrichien depuis 1879 ouvert à la conciliation. Rodolphe concentre ses critiques sur le domaine étranger. Surnommé l'Insondable, même par ses amis, il déclare au cours d'une chasse au peintre Franz von Pausinger, en lui désignant l'archiduc François-Ferdinand son cousin : « L'homme que vous voyez sera empereur d'Autriche. Pas moi… »

Dans son journal, à la date du 27 novembre 1883, Marie-Valérie note qu'une nouvelle actrice vient de faire ses débuts au Burg Theater, l'équivalent viennois de la Comédie-Française. Elle s'appelle Katharina Schratt. « Elle est magnifique. » Peu à peu, on remarquera que lorsque François-Joseph est seul dans sa loge, la comédienne est sur la scène. Elle est parfaite dans *La Mégère apprivoisée.* Serait-elle aussi délicieuse dans un rôle privé, celui de la douce maîtresse du souverain ?

Depuis l'assassinat du tsar Alexandre II en mars 1881, l'empereur a multiplié les traités, accords, conventions et rencontres, par exemple avec l'Italie en 1882 et avec la Roumanie en 1883. Le 24 août 1885, le couple impérial ainsi que Rodolphe se rend à Olmütz pour recevoir le fils et successeur du tsar défunt, Alexandre III. Celui-ci est si gros que lorsqu'il paraît à cheval les Russes se demandent lequel des deux est la bête ! François-Joseph a fait venir la troupe du Burg Theater. Le tsar reconnaît Katharina Schratt qu'il a déjà applaudie à Saint-Pétersbourg. Il souhaite qu'elle participe au souper suivant le spectacle, ce qui n'était pas prévu. Sissi intervient malicieusement, elle adore les mélanges. Alexandre III est vivement intéressé par la comédienne. Le lendemain matin, comme dans un vaudeville, François-Joseph vient se plaindre à sa femme qu'Alexandre III a fait porter cent roses et une broche d'émeraudes à Mme Schratt avant de se promener avec elle ! Sissi se réjouit de la jalousie de son cher Franzi. Puisqu'elle va repartir, la comédienne pourra lui tenir compagnie. Elle est d'humeur égale, elle a vingt-huit ans et vit séparée de son époux. N'est-elle pas la remplaçante idéale, une rivale mais pas une ennemie ? Avec un modernisme conjugal très remarqué, Katharina Schratt est pratiquement choisie par l'impératrice, consciente que la solitude qu'elle impose à son mari est insupportable et qu'elle ne peut lui donner ce qu'il attend. Elle a conscience de ses limites affectives et physiques. L'empereur et Mme Schratt s'écriront beaucoup. Le comble est que Sissi prodiguera à sa « remplaçante » des conseils d'hygiène alimentaire pour éviter de prendre du poids !

A partir de 1889, la vie de la famille impériale, au sens large, aligne une succession de drames tandis que l'Europe se transforme sous le coup d'idées issues de la révolution industrielle et de la naissance du prolétariat. En Autriche, par exemple, un congrès unifie les sociaux-démocrates. Une série de morts spectaculaires va conférer à François-Joseph, seul au milieu des catastrophes, une triste popularité universelle que le malheureux souverain n'a jamais recherchée ni exploitée. Pendant près de trente années le sort s'acharne sur les Habsbourg-Lorraine et leurs parents, chargeant la dynastie d'une dimension définitivement tragique. Un romantisme, parfois morbide, n'est pas absent de ces événements dont certains auront un retentissement et des conséquences internationales. Rappelons l'exécution de Maximilien au Mexique, drame de l'ambition et de la lâcheté. « Nous marchons tous vers un destin effrayant », psalmodie l'impératrice, médium.

C'est exact. Le 13 juin 1886, le fantasque et solitaire Louis II de Bavière est retrouvé mort dans le lac bavarois de Starnberg au côté du corps de son médecin aliéniste. Considéré comme schizophrène et paranoïaque – sans avoir été examiné –, le cousin de l'impératrice avait été arrêté et déposé trois jours plus tôt. Suicide ? Crime ? Accident ? On en discute encore tandis que les fantastiques châteaux que le roi a fait construire attirent chaque année des millions de visiteurs dans des paysages enchanteurs[1]. Le 30 janvier 1889, le corps de l'archiduc héritier Rodolphe est retrouvé dans son pavillon de chasse de Mayerling, aux environs de Vienne. Le seul fils du couple impérial, malheureux en ménage, aurait eu une liaison avec la très jeune Mary Vetsera.

Morts mystérieuses et crimes : la solitude tragique de l'empereur

Selon la version officielle – qui variera dans les jours suivant le drame et sera péniblement imposée à l'opinion –, Rodolphe aurait tué sa jeune maîtresse avant de se suicider, sanctionnant un amour scandaleux qu'ils ne pouvaient plus assumer. Comme je l'ai démontré, cette thèse romanesque est aujourd'hui sérieusement combattue depuis les assertions que m'avait énoncées, en priorité, l'impératrice Zita la veille de son retour à Vienne, le 12 novembre 1982. Depuis, la thèse d'un assassinat n'est plus systématiquement rejetée. Elle est crédible, même si les mobiles en restent complexes ou obscurs. A noter : dès le début de l'affaire, la presse, y compris française, émettait de sérieux doutes sur le double suicide des amants tant les incohérences étaient nombreuses.

1. Voir, du même auteur, *Louis II de Bavière le roi foudroyé*, Perrin, 1975, réédition et mise à jour « Tempus », 2010, ainsi que *Les Châteaux fous de Louis II de Bavière*, Perrin, 1986.

La plupart des familles régnantes d'Europe ont toujours été convaincues de la thèse de l'assassinat éventuellement politique. Toutefois, cette hypothèse dérange encore certains milieux officiels[1].

Le 4 mai 1897, une sœur de l'impératrice, Sophie, éphémère fiancée de Louis II de Bavière devenue la duchesse d'Alençon, meurt brûlée vive à Paris, dans l'incendie du Bazar de la Charité.

Le 10 septembre 1898, l'impératrice et reine est assassinée à Genève par un anarchiste italien. Luigi Lucheni voulait tuer une personnalité. Revendiquant un geste politique, il sera considéré comme un criminel de droit commun et finira par se suicider dans sa prison suisse en 1910. La disparition brutale de Sissi[2] amplifie la notoriété de la souveraine jusqu'à prendre la dimension du mythe que l'on connaît, revisité – voire déformé – par les psychanalystes, les poètes, les cinéastes. On mesure l'ampleur de l'onde du chagrin des peuples dont elle était la souveraine en précisant que soixante chefs d'Etat et de gouvernement assistent à ses obsèques. Jusqu'à son dernier jour, François-Joseph, quel que que soit l'endroit, posera son regard sur d'innombrables portraits et photographies de son cher « Ange », répétant : « Personne ne saura jamais combien je l'ai aimée. »

Entre-temps, l'empereur s'était inquiété de l'alliance franco-russe, amorcée le 27 août 1891 et qui allait être suivie de conventions militaires et d'emprunts qui se révéleraient plus tard calamiteux pour des millions de Français. L'Empire russe était devenu l'ennemi des Hohenzollern et des Habsbourg. François-Joseph s'était rapproché de Bismarck puis, après son départ, du nouvel empereur d'Allemagne, Guillaume II, dont il serait, selon l'opposition autrichienne, le « brillant second ». La poussée vers l'Est *(Drang nach Osten)* de François-Joseph et sa politique

1. Voir, du même auteur, *Rodolphe et les secrets de Mayerling*, Perrin, 2004, réédition et mise à jour « Tempus », 2008.
2. Voir, du même auteur, *Sissi ou la fatalité*, *op. cit.*

balkanique semblaient lui réserver d'intéressantes compensations lorsque le mandat sur la Bosnie-Herzégovine fut transformé en annexion le 5 octobre 1908 ou avec la constitution d'une Albanie soumise à l'influence de Vienne en 1913. La politique impériale augmenta le nombre des Slaves dans l'Empire qui, en 1914, représenteraient 21 millions d'habitants sur un total de 51 millions. Par un respect figé envers sa personne, l'empereur maintient un ensemble où les tensions sont avivées par la Russie de Nicolas II qui dispute aux Habsbourg leur prépondérance dans les Balkans.

En changeant de siècle, les conflits de famille ne disparaissent pas. L'archiduc François-Ferdinand, neveu de François-Joseph et héritier de la double monarchie depuis la mort de Rodolphe, s'oppose à son oncle en épousant une aristocrate tchèque, la comtesse Chotek. Ce roman d'amour étant considéré comme une mésalliance, l'empereur stipule que leurs enfants ne seraient pas dynastes mais il accorde à la jeune femme le titre de duchesse de Hohenberg. Entre le souverain et son successeur désigné, le contentieux est également politique. Au dualisme austro-hongrois que défend François-Joseph, François-Ferdinand soutient un trialisme qui intégrerait les Slaves du Sud. Dans un climat belliciste où Guillaume II multiplie les provocations, François-Ferdinand est nommé inspecteur général des armées austro-hongroises en 1913. Comme on le sait, son assassinat et celui de sa femme à Sarajevo le 28 juin 1914 par un nationaliste bosniaque, suivi de l'ultimatum à la Serbie, déclenche la Première Guerre mondiale par l'engrenage des alliances.

François-Joseph, au terme d'un règne sans doute trop long mais qui a vu Vienne exploser des talents de la Sécession et de l'Art nouveau, a aussi subi un affaiblissement de sa position de roi de Hongrie, la paralysie de sa bureaucratie, l'échec de diverses réformes. Dans cet avant-guerre où le vieux souverain connut tant de déceptions et de contrariétés, seul le mariage de son petit-neveu, l'archiduc Charles, fils de son neveu Otto, avec la princesse Zita de Bourbon-Parme, correspondait à ses aspirations de défendre la légitimité dynastique. Ce 23 octobre 1911, l'empereur semblait aussi heureux que possible. Charles avait ensuite succédé à François-Ferdinand comme archiduc héritier.

Au digne monarque, figé dans son uniforme comme dans ses chagrins, le destin épargne de vivre les défaites de ses armées, en particulier sur le front italien en mai et juin 1916. François-Joseph, âgé de quatre-vingt-six ans, s'éteint le 21 novembre 1916, à Schönbrunn, dans la chambre où il avait vu le jour. Lors de ses funérailles, le 30 novembre, la foule pétrifiée de douleur et de respect est silencieuse. L'un des chevaux attelés au lourd corbillard s'avançant vers la crypte des Capucins est soudain malade. C'est un mauvais présage pour l'avenir de l'Autriche-Hongrie.

14

Charles, le soldat de la paix (1916-1918)

Le 30 décembre 1916, en pleine guerre mondiale, se déroule à Budapest un événement incroyable, presque surréaliste et souvent oublié. Alors que le conflit meurtrit l'Europe depuis dix-huit mois et que son issue est incertaine, la capitale hongroise s'apprête à vivre une fête exceptionnelle, le couronnement de ses souverains. Il s'agit de Charles de Habsbourg-Lorraine, petit-neveu de François-Joseph disparu depuis cinq semaines, et de son épouse, née princesse Zita de Bourbon-Parme. En application du compromis austro-hongrois, l'empereur Charles Ier et l'impératrice Zita d'Autriche règnent aussi sur la Hongrie où le successeur de François-Joseph porte le titre de Charles IV. A la différence d'Elisabeth, qui l'a précédée sur le trône féminin, le prénom italien de Zita ne varie pas entre l'Autriche et la Hongrie. La jeune femme est Zita en Cisleithanie et en Transleithanie.

Il faut se rendre compte de l'importance du rite royal malgré la guerre. Trois jours de cérémonies ont été prévus. C'est dans l'église Saint-Mathias, sur la colline de Buda, que le primat de Hongrie célèbre le couronnement. Il a lieu à l'endroit même où le grand-oncle François-Joseph et la grand-tante Sissi étaient devenus, eux aussi, souverains apostoliques de Hongrie. C'était en 1867, il y a presque un demi-siècle. Et, comme à cette époque, le carrosse d'apparat a été sorti des écuries de Schönbrunn, a été démonté et transporté par chaland sur le Danube. On a calé ses roues dorées dans de solides emballages protecteurs. La somptueuse voiture est tirée par huit chevaux blancs. Trente coups de canon saluent les souverains.

Charles et Zita sont jeunes. Il a vingt-neuf ans, elle en a vingt-quatre. Partout, des drapeaux tricolores aux couleurs magyares (rouge, blanc et vert) attestent la confiance populaire. Les Hongrois cherchent à oublier le poids terrible des événements. Enthousiastes, ils accueillent avec ferveur le couple incarnant les valeurs de la double monarchie. A leurs côtés, un petit garçon de quatre ans porte un uniforme hongrois, avec bonnet et plumet blancs. L'archiduc et prince royal Otto, qui a déjà une sœur et deux frères, est l'aîné des enfants du couple. Le 24 novembre, à Vienne, Otto et ses parents avaient déjà conduit le deuil de son arrière-grand-oncle François-Joseph. L'enfant, qui avait fêté son quatrième anniversaire la veille, était vêtu de blanc et marchait derrière l'énorme char funèbre. Il était à côté de son père et tenait la main de sa mère, entièrement voilée de noir. Il se souviendra toujours de cette procession interminable dans les rues de Vienne dans le froid et la neige, tandis que l'énorme bourdon de la cathédrale Saint-Etienne, la célèbre *Pummerin* fondue en 1711 avec le bronze de cent quatre-vingts canons turcs, martelait le glas[1]. Otto se rappelait aussi le huitième cheval malade. Pouvait-il se souvenir que le protocole avait interdit à Mme Schratt de s'approcher du catafalque ? Charles, attentionné, avait pris la grande amie de François-Joseph par le bras, l'avait accompagnée jusqu'au cercueil sur lequel elle avait déposé trois roses.

En 2008, l'archiduc Otto se souvenait encore parfaitement de l'impressionnante cérémonie en Hongrie : « [...]

1. Dans la foule se trouvait le futur grand cinéaste Billy Wilder, né à Vienne et âgé de dix ans. Il a relaté avoir vu ce jour-là le petit Otto dans ses Mémoires, *Et tout le reste est folie*, écrits avec Hellmuth Karasek, Robert Laffont, 1993.

Je ne suis retourné à Budapest que soixante-douze ans plus tard[1]. Devant l'église du couronnement, plusieurs personnes ont entamé une discussion au sujet du monticule constitué de terre venue de toutes les régions du pays. Le nouveau roi devait le gravir à cheval puis pointer son épée vers les quatre points cardinaux pour exprimer sa volonté de défendre le royaume. Les Hongrois qui m'accompagnaient – des érudits – ont lancé : "C'était là !" Moi j'ai répliqué : "Non, c'était là-bas !" Lorsqu'ils ont ensuite consulté les archives, ils ont constaté avec stupeur que mon souvenir correspondait à la réalité[2]. »

En cette fin décembre 1916, la monarchie hongroise est fidèle à l'Empire. Ce soutien est très précieux alors qu'en mai 1915, l'Italie, rompant son entente avec l'Autriche-Hongrie et l'Allemagne, s'est rangée aux côtés des Alliés en espérant récupérer la région de Trente et l'Istrie. L'entrée en guerre de l'Italie était catastrophique pour les Habsbourg puisqu'elle entraînait l'ouverture d'un nouveau front au sud[3]. Charles est un soldat mais un soldat qui n'aime pas la guerre. Entre 1912 et l'été 1914, il a commandé le 39e régiment d'infanterie puis a été nommé lieutenant-colonel et promu général. Au lendemain de l'attentat de Sarajevo, Zita et lui se sont installés à Schönbrunn, auprès du vieil empereur. Le petit Otto, âgé de deux ans, pose debout pour une photographie avec François-Joseph assis, en uniforme avec ses décorations. Envoyé sur le front, l'archiduc Charles a été accablé par le traumatisme des combats. A la mort de François-Joseph, la première déclaration de son héritier était limpide : « Je ferai tout ce qui sera en mon pouvoir pour bannir, dans le plus bref délai, les horreurs de la guerre et rendre à mon peuple les bénédictions regrettées de la Paix dès que le permettront l'honneur de nos armes, les exigences vitales de mes Etats,

1. En 1998.
2. Otto de Habsbourg, *Combattre pour la liberté*, *op. cit.*
3. Ambulancier sur le front italien, Ernest Hemingway s'inspirera de son expérience pour écrire l'un de ses plus beaux livres, *L'Adieu aux armes* (1929).

le respect de nos loyaux alliés et l'entêtement de nos ennemis. »

Dès son accession au trône, Charles a reçu le Premier ministre de Hongrie, le comte Tisza, « très digne dans sa tenue d'apparat noire. Il était le seul à porter du noir, dans la tradition calviniste ». Au jeune souverain, le chef du gouvernement a proposé la solennité du couronnement afin que les Hongrois ne se sentent pas abandonnés. La situation est aussi difficile à l'intérieur qu'à l'extérieur, car les nationalistes tchèques demandent la transformation de l'Etat dualiste et certains émigrés de Bohême se sont mis au service des Alliés en constituant un Conseil national de Tchèques et de Slovaques.

L'empereur Charles Ier et roi Charles IV reste sans doute le moins connu de tous les souverains Habsbourg. Son règne est à la fois le plus bref (deux ans) et le plus tragique puisqu'il s'achève par la défaite militaire, son retrait du pouvoir du côté autrichien, la dislocation de son empire et un exil pathétique dans le plus pénible dénuement jusqu'à la mort. Si sa destinée est douloureuse, c'est sans doute parce qu'il monte sur le trône au pire moment. Il prend la relève dynastique de l'imposant et digne François-Joseph, qui, avec l'impératrice Marie-Thérèse, est le parangon des figures les plus emblématiques de la famille. En comparaison, le nouveau monarque donne l'impression d'une frêle image. Plus grave, ce souverain est inexpérimenté, trop jeune, et, surtout, il est pacifiste, ce qui ne doit pas être confondu avec la lâcheté. Charles hérite d'une guerre aux dimensions jamais atteintes, qu'il n'a ni déclarée ni voulue, qu'il s'efforcera d'arrêter et, à défaut, dont il tentera d'atténuer les terribles conséquences. On pourrait comparer sa situation à celle du tsar Alexandre II qui avait reçu en héritage la guerre de Crimée déclenchée par son prédécesseur Nicolas Ier et qui fut obligé de la poursuivre jusqu'à la défaite de la Russie. Dès son avènement, le nouvel empereur est convaincu que le régime ne survivra pas à la défaite qu'il redoute. Après deux années de guerre, son empire est épuisé.

Charles est un homme très bon et toujours disponible pour les autres

La postérité sera sévère avec Charles, le souverain emporté dans un tourbillon infernal qui devait engloutir un monde, le sien, l'Europe.

Quel homme est donc le petit-neveu de François-Joseph, héritier de la double monarchie après tant de drames ? D'après la sèche description de son dossier militaire, il est « blond, yeux bleus, visage ovale, traits réguliers » et grand puisqu'il mesure 1,78 m. Les photographies sont moins flatteuses : quand il était lieutenant, à vingt-deux ans, avec ses traits encore enfantins, les oreilles décollées et les lèvres épaisses « Charles n'est pas le bel officier qu'étaient au même âge, François-Joseph ou Otto[1] ». Comme toute sa famille, il parle plusieurs langues outre l'allemand, le français, l'italien, l'anglais, le hongrois et il « possède des rudiments de tchèque suffisants pour le service ». Il est bon cavalier et connaît bien le monde équestre. Son caractère est « déterminé », avec un « tempérament vif », des « qualités d'esprit supérieures », une « capacité de conception exceptionnellement rapide » et « une véritable compréhension des situations tactiques ».

Plus intelligent qu'on l'a prétendu, direct, le monarque est un homme disponible, généreux et attentif aux autres. On le dira timide, discret, ce qui le fera passer pour faible. En réalité, derrière le vernis d'un homme du monde, Charles est foncièrement bon, d'une bonté inlassable dont ses adversaires profiteront. L'opposé d'un Pierre le Grand ou d'un Bismarck. Pieux, sincèrement catholique, sa réserve est sans doute une faiblesse. Les anticléricaux et les libres-penseurs railleront ses convictions et ses manières modestes. Dans une période pareille, il faudrait faire preuve

1. Son père, décédé en 1906, frère de François-Ferdinand. Voir Jean Sévillia, *Le Dernier Empereur*, Perrin, 2009, et *Zita, impératrice courage*, Perrin, 1997.

d'énergie, de rudesse, de véhémence, voire d'une certaine brutalité qui est souvent l'apanage des meneurs d'hommes. Sa véritable force est intérieure, forgée par la pudeur et une éducation chrétienne. Elle ne sera pas un bouclier. On peut aussi y voir une réaction à la vie désordonnée de son père l'archiduc Otto, avec lequel les relations n'avaient pas été chaleureuses. Otto était un séducteur incorrigible, un grand buveur, et il était mort de la syphilis dans les bras de sa dernière conquête. Son fils est donc son contraire. Cette dimension spirituelle est partagée par son épouse Zita qui valsait si bien qu'avant la guerre un chroniqueur mondain l'avait qualifiée de « princesse soleil ». Lorsque l'impératrice, de retour d'un exil de soixante-trois ans, m'avait accordé une audience au château de Waldstein, en Styrie, le 10 novembre 1982, j'avais été frappé par le rayonnement intact de cette femme, petite mais grande dame de quatre-vingt-dix ans que n'avaient pas épargnée les pires épreuves. Née en 1892, Zita est apparentée aux principales familles d'Europe. Par son père, dernier duc régnant de Parme avant l'Unité italienne, elle descend directement de Louis XIV et elle est l'arrière-petite-fille de la duchesse de Berry. Lors de son mariage avec Charles, la dernière fête du genre en Europe avant 1914, son époux avait fait graver sur leurs anneaux un vœu : « Nous nous réfugions sous ta protection, Sainte Mère de Dieu. » On y avait vu François-Joseph heureux, rassuré et très ému, n'arrêtant pas de se moucher. Les deux époux, liés par un très grand amour mais aussi par un infaillible sens du devoir et la même foi, se promettaient de s'aider « mutuellement à aller au Ciel ». Ils allaient connaître l'enfer mais leur union resterait solide. A la mort du vieil empereur, ils étaient déjà parents de quatre enfants.

Charles ne se ménage pas. Le visage creusé, les yeux cernés, se nourrissant à peine et surmené, il répète à Zita que s'il a pris le commandement des armées c'est pour tenter de sauver ce qui peut l'être. En deux ans, à bord de son train spécial, il parcourt 80 000 kilomètres. Cherchant à être populaire, il décore lui-même des centaines de ses soldats. Sa conviction qu'il doit être l'ambassadeur de la paix n'est pas émoussée. A Zita, il confie : « Je me sens officier de corps et d'âme mais je ne comprends pas comment les gens qui voient partir leurs proches pour la guerre peuvent ainsi s'enthousiasmer. »

Le spectacle de cadavres brûlés ou atrocement mutilés tire des larmes à ce généralissime dont le véritable combat est la paix. Soucieux du détail – une attention qui était aussi le défaut de François-Joseph –, Charles se rend célèbre parmi ses troupes en contredisant le diagnostic d'un médecin-major. Ce dernier avait prétendu qu'un fantassin blessé au pied pouvait continuer à marcher. L'empereur, qui s'était entretenu avec le soldat, en avait conclu qu'il n'avait rien d'un tire-au-flanc, l'avait fait hospitaliser puis s'était informé de sa convalescence.

Il réduit les pertes mais on lui reproche d'éloigner les chefs que François-Joseph avait choisis. Selon son successeur, ils étaient trop bellicistes, vendus aux « marchands de canons ». Le jeune empereur est en porte-à-faux avec son état-major.

L'année 1917 est marquée en France par de nombreuses manifestations pacifistes, des mutineries et des grèves dans les usines d'armement. La première révolution russe et l'abdication du tsar marquent un tournant dans les hostilités. L'empereur pense pouvoir profiter de ce courant. Le 23 mars, Charles confie une mission secrète aux deux frères aînés de Zita, les princes Sixte et Xavier de Bourbon-Parme qui sont officiers dans l'armée belge, donc adversaires de l'Autriche-Hongrie. Initialement, ils avaient proposé à la France de servir sous ses couleurs mais Paris avait rejeté leur engagement. A ses beaux-frères, le mari de Zita demande de transmettre une proposition de paix séparée avec la France. Comme son mari, Zita a toujours été mal à l'aise avec l'alliance austro-allemande à cause du caractère mégalomane de Guillaume II. D'origine française et viscéralement francophile, Zita répète qu'un pacte avec la France, même républicaine, est préférable à la poursuite d'une alliance où Berlin rêve d'étouffer Vienne et Budapest avant de les entraîner dans sa chute. Il faut rappeler que Charles et Zita vivent un crève-cœur. La famille est déchirée puisque deux autres frères de l'impératrice, Félix et René, servent la cause des Habsbourg. Cette démarche est faite en accord avec le roi des Belges Albert Ier, le président de la République française Raymond Poincaré et le président du Conseil Aristide Briand. Au-delà de ses sentiments pacifistes, l'empereur sait que l'avenir de sa monarchie est en jeu. L'Empire ne peut être sauvé que si la paix est rapidement décidée. Le souverain est plus lucide que certains de ses généraux. La négociation confidentielle passe par la Suisse puis, le 19 avril, une conférence secrète réunit les gouvernements français, britannique et italien à Saint-Jean-de-Maurienne. Rome n'exige pas seulement le Tyrol et l'Istrie, mais aussi la Dalmatie et Trieste. Les doléances italiennes font échouer la tentative de paix. Un mois plus tard, Charles, en uniforme rouge de maréchal hongrois, coiffé d'un bonnet au gigantesque plumet blanc, et Zita débarquent de l'Orient-Express à Constantinople. L'empereur tente de rassurer son allié turc inquiet de la situation. L'impératrice est séduite par la cité couverte de roses. Le sultan Mehmed V donne une réception de mille invités au palais marmoréen de Dolmabahçe, le long du Bosphore. Zita et son mari se souviennent-ils que les Turcs ont été arrêtés à deux reprises aux portes de Vienne ? Tout cela est bien dépassé. Le sultan et l'empereur tentent de sauver leurs peuples mais leur combat est perdu. Mehmed V meurt six semaines plus tard sans voir la chute de l'Empire ottoman annoncée comme inéluctable depuis deux siècles.

Clemenceau rejette la proposition de paix séparée de l'empereur

La grande erreur de Charles est de ne pas avoir informé son allié allemand de sa tentative de paix unilatérale. A Berlin, on est ulcéré de son double jeu. Des déclarations maladroites et imprudentes du ministre autrichien des

Affaires étrangères Czernin répandent la suspicion alors que les Etats-Unis viennent d'entrer en guerre contre les Empires centraux. Le 17 novembre, devant l'extension des mouvements en faveur de la paix, Poincaré n'hésite pas à nommer à la présidence du Conseil Georges Clemenceau. Celui-ci, âgé de soixante-seize ans, est l'adversaire de Briand et de Poincaré, mais le président l'estime être le seul capable de remobiliser le pays pour obtenir la victoire. Or, Clemenceau est un ennemi des Habsbourg et de tous les empires. En 1867, il s'était réjoui de l'exécution de Maximilien au Mexique en raison de sa haine envers les monarchies, « comme on haïssait cet imbécile et ce tyran de Louis XVI », ainsi qu'il l'écrivait à une amie américaine. Début 1918, Poincaré remet au « Tigre » une lettre du prince Sixte de Bourbon-Parme révélant la proposition de paix mais reconnaissant aussi le bien-fondé de la revendication française sur l'Alsace-Lorraine. Découvrant ces tractations, Clemenceau furieux en remet le contenu à l'agence Havas ; leur divulgation provoque un véritable séisme. L'empereur Charles a beau démentir cette concession sur l'Alsace-Lorraine, à Berlin elle est ressentie comme une trahison et il est obligé de se rendre en août au quartier général allemand à Spa, en Belgique. L'état-major de Guillaume II le contraint à adopter publiquement une attitude offensive. Il n'est pas question de paix ! En fait, l'Autriche-Hongrie, à bout de forces, n'est plus en état de poursuivre la guerre. L'Allemagne, scandalisée par son défaitisme, oblige l'empereur à signer un pacte militaire de dix ans et à envoyer des officiers autrichiens se battre en France, ce que Charles avait toujours refusé. Son revirement officiel a un effet désastreux ; il détruit le prestige de l'empereur hors de ses frontières. Cette situation donne raison au président américain Wilson dont le programme « en quatorze points » préparait déjà la libération complète des minorités nationales de l'Autriche-Hongrie.

Le recul dont nous disposons permet de regretter que l'initiative courageuse mais mal introduite de Charles n'ait pas abouti. Elle aurait épargné des centaines de milliers de vies humaines, jusqu'à neuf cents par jour dans les rangs français. La guerre continue, car, par idéologie, Clemenceau ne veut rien devoir à un Habsbourg, de surcroît époux d'une Bourbon-Parme. Ni pitié ni charité. Le « Tigre » ne peut être l'obligé d'un monarque bigot. Le républicain a un objectif qui dépasse la victoire, le démembrement des Empires. A l'intérieur, Charles a accompli une œuvre davantage à sa mesure, très fier des lois sociales dont il est l'inspirateur. Il a posé les prémices de l'assurance-maladie, réglementé la protection des locataires, amélioré les conditions de travail dans les entreprises travaillant pour l'armée. Dès juillet 1917, pour la première fois en Europe, il a créé un ministère de la Santé et de l'Assistance sociale. Enfin, il a décrété une amnistie générale pour tous les condamnés à la suite de délits politiques. Plus de 2 600 prisonniers, plutôt hostiles à la monarchie, sont libérés. Certains opposants, tel le Tchèque Kramář, n'auront aucune reconnaissance pour ce geste. Charles réussit mieux lorsqu'il s'occupe du bien-être des populations que dans sa stratégie politico-militaire. Il est trop tard. Lorsque le 16 octobre 1918 le souverain publie un manifeste visant à transformer la double monarchie en Etat fédéral, le pouvoir est déjà aux mains des Alliés et des nationalités. Le 29 octobre, la Bohême et la Moravie proclament leur indépendance pour constituer la République tchécoslovaque tandis que les Slaves du Sud se séparent de l'Empire pour former la Yougoslavie. Le 1er novembre, les partisans de la république prennent le pouvoir en Hongrie. Le 3 novembre, l'Autriche-Hongrie signe l'armistice. Le 11, dans un salon du château de Schönbrunn où rôdent toujours les fantômes de Marie-Thérèse, de Mozart, de Napoléon et du duc de Reichstadt, le souverain écrit sur une feuille de papier avec un crayon. Après avoir hésité, il recopie un texte que lui ont soumis son Premier ministre et le ministre de l'Intérieur. Charles de Habsbourg-Lorraine renonce à exercer le pouvoir en qualité d'empereur d'Autriche. Deux erreurs sont régulièrement commises à propos de cet événement. Zita est furieuse. Elle me dira qu'elle aurait préféré mourir plutôt que voir son mari admettre son élimination. Il n'avait cessé de supplier qu'on arrête les combats et c'était lui que l'on rendait responsable de la défaite. Quelle injustice ! Il ne s'agit pas d'une abdication mais d'une renonciation. Et si Charles Ier s'efface de la scène publique autrichienne, il conserve sa légitimité en Hongrie en restant le roi Charles IV. L'œuvre patiemment édifiée par les Habsbourg peut-elle survivre à une telle amputation ?

1918 : l'Autriche devient « une république sans républicains »

La réponse est connue le lendemain, l'Autriche adopte le régime républicain. Finement, un politicien observe : « Et maintenant, l'Autriche est une république sans républicains... »

Accablé par la boucherie des combats, Charles répétait : « Personne ne peut assumer devant Dieu la responsabilité morale de tout ça. » Il avait toujours été conscient de la fragilité de son empire. Il avait beau être la quatrième puissance européenne, ses composantes révélaient ses faiblesses, quinze ethnies différentes, cinq religions, des minorités turbulentes et susceptibles. L'empereur-roi Charles fut le seul chef d'Etat impliqué – malgré lui – dans le conflit qui ait demandé son arrêt immédiat. Les Alliés ne cesseront de dénigrer son « pacifisme rétrograde » et son « fétichisme religieux ».

Quittant Schönbrunn pour la dernière fois, la famille impériale s'installe au château d'Eckartsau, près de Vienne. C'est un petit relais de chasse où rien n'a été prévu. Il y fait très froid. Puis, l'exil commence. Le premier exil. Le 23 mars 1919, les anciens souverains quittent l'Autriche. Des centaines de sympathisants, en majorité des paysans et des anciens combattants, sont sur le quai de la gare. Parmi eux, l'écrivain et biographe Stefan Zweig qui s'était fermement opposé à la guerre. Bouleversé, il écrira un texte magnifique : « Je reconnus derrière la glace du wagon la haute stature dressée de l'empereur Charles, le dernier monarque Habsbourg, et son épouse en vêtements noirs, l'impératrice Zita. Je tressaillis : le dernier empereur d'Autriche, l'héritier de la dynastie qui avait gouverné le pays pendant sept cents ans, quittait son empire ! L'empereur ! Ce mot avait réuni toute la puissance, toute la richesse, il avait été le symbole de la pérennité de l'Autriche et, dès l'enfance, on avait appris à prononcer ces syllabes avec vénération. Et maintenant, je voyais son successeur, le dernier empereur d'Autriche, quitter le pays en proscrit. Tous ceux qui nous entouraient sentaient l'Histoire, l'Histoire universelle dans ce spectacle tragique. »

Charles, Zita et leurs cinq enfants (le dernier, l'archiduc Charles-Louis, a un an) se réfugient en Suisse, au château de Wartegg, chez la duchesse de Parme. Le 3 avril, le Parlement autrichien, majoritairement socialiste, vote une loi contraignant la famille de Habsbourg à reconnaître le nouveau régime ou à s'exiler définitivement. Quinze jours plus tard, l'empereur banni et les siens s'installent à Prangins, sur les bords du lac Léman, dans l'ancienne villa de Jérôme Bonaparte. Zita est de nouveau enceinte. De là, subissant l'influence de conseillers ambitieux ou mal informés, Charles organise sa première tentative de retour en Hongrie en mars 1921. Clandestinement, l'ex-empereur, qui n'est pas surveillé, se rend à Strasbourg puis prend, seul, un train en direction de Vienne. Personne ne le reconnaît. Il est rejoint par un ami hongrois et franchit la frontière sans difficulté. A Budapest, l'échec d'un régime communiste a porté au pouvoir l'ancien aide de camp de François-Joseph, l'amiral Horthy. Celui-ci vient de prendre le titre de régent élu par l'Assemblée nationale. Charles est donc persuadé qu'Horthy est un fervent monarchiste qui va lui rendre son trône. Leur rencontre a lieu au palais royal le 27 mars. Le régent refuse d'abord de transmettre le pouvoir qu'il s'est fait donner, prétextant que la Hongrie serait immédiatement envahie par des troupes étrangères qui s'opposeraient à toute restauration monarchique. Charles répond qu'il a l'appui de hauts responsables français, en particulier d'Aristide Briand.

L'amiral se montre plus conciliant, promettant à son visiteur de lui remettre son pouvoir trois semaines plus tard. Horthy ment : quelques heures après, le ministère hongrois de la Guerre fait savoir au roi Charles IV que, dans l'intérêt de l'Etat, le régent ne peut quitter ses fonctions.

Charles a été naïf. En octobre de la même année, accompagné de Zita, il tente un second retour, en avion cette fois. Le régent Horthy réplique par les armes. Affolé par cette menace de guerre civile, le couple renonce et se retrouve prisonnier du régent félon. Un nouvel exil. Ce n'est plus un choix mais une assignation imposée par les Alliés. La nouvelle résidence forcée des Habsbourg est l'île de Madère. Le 7 novembre 1921, Charles, à bord du croiseur britannique *Cardiff*, peut dresser un bilan de la nouvelle Europe née du traité de Versailles et des autres conventions périphériques (Trianon, Sèvres, Saint-Germain). Au président Poincaré, le dernier empereur a dit tout le mal qu'il pensait du dépeçage de l'Europe centrale. Il estime que ce découpage a été opéré au mépris des considérations historiques, géographiques, ethnographiques, sociales et morales. Il pense que la question des minorités ethniques n'a pas été réglée puisque les enclaves nationales demeurent et qu'elles seront des foyers de futures tensions. Enfin, Charles juge que les Etats artificiels tels que la Tchécoslovaquie et la Yougoslavie sont à terme condamnés, sauf sous la poigne de dictateurs.

On sait que, débarqué à Madère le 19 novembre 1921, le dernier empereur d'Autriche et roi de Hongrie y meurt cinq mois plus tard, le 1er avril 1922, d'une pneumonie. Mais surtout d'isolement, d'abandon et de dénuement. L'archiduc Otto, alors âgé de neuf ans, se souvient des derniers moments de son père : « Un peu avant 9 heures en ce 1er avril, notre mère entra dans le jardin. Elle portait une robe rose, légère – ce fut la dernière fois que je la vis avec un vêtement de couleur. Elle vint me chercher, tout d'abord, elle ne dit rien. Cependant, lorsque nous approchâmes de la maison – mes frères et sœurs ne risquaient plus de l'entendre – elle me dit que mon père m'avait fait appeler pour que je fusse témoin du retour d'un chrétien à son Créateur[1]. »

On connaît peu la réflexion d'un homme qui n'est pas suspect de sympathie monarchique, le grand écrivain Anatole France. Il avait fustigé les refus de paix proposés par le successeur de François-Joseph et porte un jugement définitif sur le sabotage de la négociation : « L'empereur Charles a offert la paix : c'est le seul honnête homme qui ait paru au cours de cette guerre et on ne l'a pas écouté… Un roi de France, oui, un roi aurait eu pitié de notre pauvre peuple exsangue, exténué, n'en pouvant plus. Mais la démocratie est sans cœur et sans entrailles. Au service des puissances d'argent, elle est impitoyable et inhumaine. »

1. Voir Jean Sévillia, *op. cit.*, et Erich Feigl, *Zita de Habsbourg, Mémoires d'un empire disparu*, préface de François Fejtö, traduction française de Jacques Denis et Georges-Albert Salvan, Criterion, 1991.

15

Otto, l'héritier qui a dit non à Hitler et à Staline

« Ne détruisons jamais l'Autriche, c'est le rempart de l'Europe », avait recommandé Talleyrand à la fin du congrès de Vienne. Les plénipotentiaires de 1919 et de 1920 ont méprisé cet avertissement. Sur les ruines de l'empire des Habsbourg, sans résoudre les rivalités ethniques, les Alliés vont s'acharner à démanteler l'unité danubienne qui s'appuyait sur des réalités géographiques et de puissantes traditions historiques. Les nouvelles frontières partagent les anciens territoires jadis placés sous l'autorité impériale en découpant des domaines jaloux les uns des autres. Les traités de Saint-Germain-en-Laye (10 septembre 1919) et de Trianon (4 juin 1920) réduisent l'Autriche à 83 000 km^2 et à une population de 6 500 000 habitants dont beaucoup, traumatisés par la situation catastrophique, se sentent les orphelins d'un passé prestigieux. L'Autriche républicaine reçoit le Burgenland sur son flanc oriental mais doit céder à l'Italie le Tyrol du Sud, le Trentin, Trieste et l'Istrie, tandis que l'Etat des Serbes, Croates et Slovènes (la Yougoslavie) reçoit la Slovénie et la Dalmatie. La Tchécoslovaquie est composée de la Bohême et de la Moravie tandis que la Transylvanie ainsi que la Bukovine sont affectées à la Roumanie. L'ancien Banat croate est partagé entre la Roumanie et la Yougoslavie. L'Autriche doit renoncer à l'union avec l'Allemagne, payer des réparations de guerre et réduire ses forces militaires à 30 000 hommes.

Ce charcutage brutal était-il obligatoire sous l'allégation que la cour de Vienne n'avait pas su régler les oppositions entre les peuples de l'Empire ? Nullement. Ainsi que l'a démontré François Fejtö dans son ouvrage lumineux, les Alliés ont pris la décision de rayer l'ancien ensemble de la carte pour des raisons idéologiques et non stratégiques[1]. Ils ont provoqué une rupture fondamentale dans notre histoire et nos identités dont les conséquences malheureuses n'ont pas été effacées et restent douloureuses dans l'univers danubien. Dans la destruction systématique de l'Autriche-Hongrie, les vainqueurs ont été encouragés – et aveuglés – par deux génies de la propagande, les exilés tchèques Masaryk et Beneš. « Le principe d'autodétermination des peuples proclamé par le président Wilson n'a donc servi que de prétexte pour le démembrement de la monarchie ! », souligne François Fejtö.

On peut remarquer ici la différence de traitement réservé aux deux familles dont les souverains avaient déclaré ou conduit la guerre. D'un côté, Guillaume II a quitté Spa, en Belgique, le 9 novembre 1918, et s'est réfugié aux Pays-Bas. L'a-t-on humilié en dehors des cris de haine et des menaces lancés au passage de son train spécial ? Non. Sa plus pénible contrariété est d'être obligé d'attendre six heures à la frontière hollandaise alors qu'il n'a jamais supporté une seconde de retard. En signant son acte d'abdication le 28 novembre, le Kaiser entre dans la vie bourgeoise. Il se persuade qu'il n'a pas fui. Il ne subit aucune vindicte, n'est traîné devant aucune justice et encore moins condamné malgré les rodomontades des Alliés, de Clemenceau à Lloyd George. Sans avoir aucune activité politique, le *Kaiser* se contentera d'écrire ses *Mémoires* ; l'héritier des

1. *Requiem pour un empire défunt*, prix de la fondation Pierre-Laflue, Lieu commun, 1988. François Fejtö, que j'ai connu et avec lequel j'eus de fascinants entretiens, avait notamment dédié son livre à la mémoire de son père « qui fut libéral, franc-maçon et loyal sujet de la monarchie austro-hongroise ».

Hohenzollern veillera à y mettre en avant son caractère « non belliqueux ». Plus étonnant, son fils, le Kronprinz, obtient de pouvoir revenir en Allemagne ! Encore plus surprenant, son père ose écrire à Berlin pour qu'on lui restitue « ses biens et ceux de sa famille ». La nouvelle République allemande s'empresse de lui donner satisfaction en lui versant 6 millions et demi de marks-or ! « Un premier envoi qui fut suivi de beaucoup d'autres jusqu'en 1924 : à partir de cette date, une pension de 50 000 marks-or lui fut servie chaque mois, même aux pires moments de la crise financière de l'Allemagne[1]. »

De l'autre côté, Charles de Habsbourg-Lorraine, pacifiste de conviction, a été trahi et empêché de conclure une paix séparée. La guerre, qu'on lui a imposée, a duré dix-huit mois de plus largement à cause de la France, avec les conséquences tragiques que l'on connaît. Il a été traité comme s'il était l'unique responsable du conflit, banni, exilé sur une île, privé de moyens et est décédé prématurément dans la misère. Pourquoi l'empereur d'Allemagne a-t-il droit à tant d'égards et pourquoi l'empereur d'Autriche n'est-il pas considéré de la même manière ? Pourquoi cette injustice entre les Hohenzollern et les Habsbourg ?

Ceux-ci se trouvent dans une situation précaire quand se produit un événement providentiel. Emu de la détresse matérielle et morale éprouvée par Zita et les siens, le roi d'Espagne Alphonse XIII les accueille sur le territoire espagnol en mai 1922. Il faut saluer la générosité du souverain qui règne depuis 1902, a affronté la perte de ses colonies (Cuba, Porto-Rico et Philippines) et fait face à l'anarchie et à l'explosion de mouvements nationalistes (basque et catalan). Mais on doit aussi relever l'originalité de la situation : un monarque Bourbon protège les Habsbourg réfugiés en

1. Marc Blancpain, *Guillaume II*, Perrin, 1998. Les fils du *Kaiser* recevront aussi une pension. Les joyaux et l'argenterie familiale seront également restitués à Guillaume II. Il achètera même un château près d'Utrecht ! L'ex-empereur, devenu veuf, se remariera avec une aristocrate qui avait presque la moitié de son âge. Seule véritable sanction de son destin : il est mort oublié le 4 juin 1941. Il haïssait Hitler, « né autrichien et ancien caporal bavarois ».

Espagne ! Plus de deux siècles après l'éviction de la maison d'Autriche de ses droits à la Couronne espagnole, qui aurait pu imaginer cela ? Et c'est au palais du Pardo, à une dizaine de kilomètres au nord-ouest de Madrid et au cœur d'une forêt de chênes-lièges, que l'archiduchesse Elisabeth-Charlotte naît le 31 mai, huitième enfant et fille posthume de l'empereur Charles[1]. Alphonse XIII fait preuve de délicatesse en affectant ce palais aux exilés. En effet, le Pardo avait été édifié par les Habsbourg pour les plaisirs de la chasse. D'admirables tapisseries dessinées par Goya garnissent les murs de la partie agrandie au XVIIIe siècle. Toutefois, bien que modeste dans son fonctionnement, ce palais représente une charge trop lourde pour l'impératrice. Ayant entendu parler de ses difficultés, les habitants d'un village de pêcheurs de Biscaye, Lequeitio, s'en émeuvent. Aux réfugiés démunis, ils offrent une maison et se cotisent « [...] pour réunir les 25 000 pesetas qui vont permettre de l'aménager. On y installe l'électricité, l'eau, une salle de bains. La famille impériale vivra dans ce refuge, dû à l'amour des humbles, de 1922 à 1929[2] ».

L'Espagne et la Belgique, deux terres d'accueil pour les Habsbourg

Malgré la rigueur de cette époque, l'éducation de l'archiduc Otto ne saurait être négligée. Sa mère lui choisit un gouverneur, le comte Henri de Degenfeld. Au moment où l'Autriche, bouleversée dans ses structures, se débat dans de sévères mesures d'assainissement économique et crée une nouvelle monnaie, le schilling, le jeune Otto est instruit

1. Devenue par mariage princesse Heinrich von und zu Liechtenstein, c'est elle qui conduisait la petite voiture dans laquelle sa mère, retirée à Zizers (Suisse), revint en Autriche en novembre 1982, saluée par les douaniers autrichiens. Et c'est dans sa résidence de Waldstein, en Styrie, que je fus reçu en audience le 10 novembre 1982 par l'impératrice Zita à la veille de son retour officiel et triomphal à Vienne.

2. Marie-Madeleine Martin, *op. cit.*

à domicile par d'anciens ministres et directeurs d'établissements de la double monarchie. Ces professeurs bénévoles fidèles aux Habsbourg ont pour mission de conduire l'archiduc jusqu'au niveau du baccalauréat. De cette formation sur mesure, l'élève retient un sens élevé des responsabilités qui est inhérent à la tradition ; cette préparation forgera sa vie et ses combats. Ses journées suivent un emploi du temps sévère qui commence par le lever à 6 h 30. Suivent la messe, le petit déjeuner, une brève détente et un peu d'équitation, selon la tradition familiale. Leçons et devoirs se poursuivent jusqu'au déjeuner. Après une récréation, souvent émaillée de courses à bicyclette avec ses frères, l'archiduc reprend ses études jusqu'au soir. Sa connaissance des langues est à la mesure de l'empire disloqué. Outre le français et l'anglais qu'il parle sans accent et sa pratique de l'allemand et du hongrois (sa langue préférée), le prince s'exprime parfaitement en italien et en espagnol. Il parle aussi le tchèque, le croate et le serbe, mais avec moins d'aisance en raison de son exil. S'il est instruit dans la tradition chrétienne, c'est pour ne jamais oublier, selon les préceptes de sa mère, que l'archiduc est sous le regard de Dieu. Reste le dénuement de la famille si aimablement hébergée sur la côte basque espagnole. Il arrive qu'Otto ne puisse sortir de sa chambre pendant quarante-huit heures parce que le cordonnier du village ressemelle son unique paire de chaussures. Ou que l'impératrice Zita trouve en larmes l'une de ses dames d'honneur chargée de faire les courses de la semaine ; il n'y a plus d'argent. Zita devra écrire au roi d'Espagne pour lui demander son aide. Elle ne se sent pas humiliée. Vivifiée par sa foi, elle se contente de murmurer une gratitude édifiante : « C'est tout de même une grande chose d'être à ce point dans la main de Dieu. »

En 1929, la famille impériale est généreusement accueillie dans un château près de Bruxelles afin qu'Otto puisse suivre les cours de l'université de Louvain. Des donateurs se manifestent aussi pour lui offrir une petite voiture, plus commode pour se déplacer que la bicyclette.

Dans la détresse et l'ostracisme dont les Habsbourg sont victimes, l'Espagne et la Belgique feront exception à une lâcheté quasi générale. Madrid et Bruxelles apporteront leur soutien sans réserve et avec élégance. C'est aussi la preuve qu'Otto reste considéré comme l'empereur-roi qui aurait dû succéder à son père. Et quand le roi Alphonse XIII raconte à l'adolescent l'histoire des Habsbourg, c'est celle de l'Europe. Qu'un monarque Bourbon évoque la haute figure de Charles Quint devant son descendant n'est pas innocent. L'histoire sera une passion d'Otto. Elle habillera son apprentissage de la politique et de l'économie. A vingt-trois ans, il est reçu docteur ès sciences politiques et sociales. Bien plus tard, en 1982, lors du reportage qui lui était consacré par la chaîne de télévision FR3 et auquel je participai, l'archiduc me dira combien il avait été frappé par les erreurs de dirigeants commises par ignorance du passé ou précipitation dans leurs décisions : « La grande sagesse des empereurs de Chine lorsqu'ils arrivaient au pouvoir était d'arrêter le sablier du temps pour réfléchir avant d'agir. »

Parmi les personnalités qu'il rencontre au début des années 1930, citons le maréchal Lyautey, d'origine lorraine, qui appelle son visiteur avec une courtoisie souriante « Mon duc » en référence aux racines des Habsbourg-Lorraine dont la nécropole se trouve à Nancy.

La situation de l'Autriche à partir de 1932 ne cesse d'être inquiétante. Le nouveau chancelier Engelbert Dollfuss affronte une situation économique et financière délicate et tente de maintenir l'indépendance autrichienne contre le parti national-socialiste qui gagne des voix lors de certaines élections provinciales et municipales.

En 1933, pour faire face à la montée de l'hitlérisme en Allemagne, Dollfuss supprime les partis, suspend le régime parlementaire et crée un système « austro-fasciste » appuyé sur un mouvement unique, le Front patriotique. L'archiduc Otto, légitimement inquiet de cette évolution, reçoit des signes de sympathie et de soutien de nombreux Autrichiens regroupés autour du prince Max de Hohenberg, fils de l'archiduc François-Ferdinand assassiné à Sarajevo et cousin d'Otto. Dollfuss tente l'impossible en confirmant l'indépendance de l'Autriche, Etat chrétien, autoritaire et corporatiste, où il interdit toute propagande du nazisme qui vient de triompher en Allemagne avec Hitler, et exclut toute annexion de l'Autriche par Berlin. Le 25 juillet 1934, le courageux chancelier est assassiné à Vienne lors d'une tentative de coup d'Etat. Mussolini, qui avait soutenu l'indépendance autrichienne, mobilise des troupes à la frontière du Brenner, ce qui empêche Hitler d'exploiter l'amorce de putsch perpétré à Vienne. L'indépendance de l'Autriche paraît sauvée. C'est alors que se produit un événement qui prouve la fidélité des sympathisants pro-Habsbourg. Le 26 août, le petit village de Kopfstetten a le courage de nommer l'archiduc Otto citoyen d'honneur. Depuis deux ans, 269 communes ont déjà eu ce geste de défi aux menaces allemandes. Reconnaissant, Otto, le prétendant au trône, adresse depuis son exil une lettre lue au maire de la commune, très émouvante puisque c'est à cet endroit que sa famille avait quitté l'Autriche : « [...] Les adieux de Kopfstetten sont gravés pour toujours dans ma mémoire et j'étais cependant un très jeune enfant alors. Je n'oublierai jamais la peine que j'apercevais sur le visage de mes parents tandis qu'ils se séparaient d'un peuple auquel ils avaient voué tout leur amour. [...] Je crois toujours entendre mon père, l'empereur Charles, crier “Au revoir !” aux soldats qui étaient venus lui apporter un dernier salut à la gare. Hélas ! Il n'a pas revu sa patrie, ce roi de la paix ! Pour moi, je compte me retrouver parmi vous. Je sais que vos cœurs seront tous en fête pour me recevoir... et je vous dis cordialement “Au revoir !”[1]. »

Successeur de Dollfuss, le chancelier Kurt Schuschnigg, qu'il avait désigné, parvient en 1935 à faire adopter plusieurs mesures favorables à la dynastie interdite de séjour

1. Souvenirs de l'écrivain français Antoine Redier, dans Marie-Madeleine Martin, *op. cit.*

en Autriche. Les décrets « anti-Habsbourg » de 1919 sont partiellement abolis et deux châteaux ainsi que cinq maisons à Vienne leur sont restitués. L'idée d'une restauration est-elle réaliste ? Le chancelier se rend auprès d'Otto et racontera dans ses Mémoires : « Il se dégageait du prétendant au trône l'image d'une personnalité fort sympathique, consciente de ses responsabilités, pure de mœurs, d'une intelligence ouverte, affinée par de multiples connaissances et une très grande bienveillance, supportant difficilement son destin d'émigré et que son impétuosité juvénile portait à ne pas voir les effets de perspective dus à son éloignement[1]. »

A trois reprises, Otto de Habsbourg refuse de rencontrer Hitler

Catholique luttant à la fois contre l'extrême droite et contre la gauche, Schuschnigg voit ensuite Pierre Laval, alors chef du gouvernement français. Si le retour de la monarchie en Autriche semble impossible, le chancelier écrit : « [...] L'Autriche et les Habsbourg sont des notions qui, historiquement parlant, sont aussi inséparables que celle de Vienne et d'Autriche, ou celle de la France et des Bourbons. »

Otto est l'homme de la tradition historique, celle qui pourrait garantir l'indépendance de l'Autriche. Mais la réalité est fort différente. Otto a lu attentivement *Mein Kampf*, le livre écrit par Hitler lorsqu'il était emprisonné. Un immense succès : en 1933, l'ouvrage s'est déjà vendu à un million d'exemplaires. Son auteur a proposé au prétendant de restaurer la monarchie sur son nom en échange de son soutien au national-socialisme. La réponse avait été immédiate et sans ambiguïté : « Hitler est le seul homme avec qui j'ai toujours refusé d'avoir le moindre entretien. » Mais la lecture de son ouvrage, « indigeste »

1. *Ibid.*

d'après l'archiduc, était éclairante : Hitler voulait la guerre. Il l'aurait si les démocraties occidentales ne réagissaient pas. Entre-temps, Schuschnigg, courageux, est parvenu à rétablir l'équilibre intérieur de l'Autriche. Mais l'illusion ne dure guère. En 1936, en reconnaissance de l'attitude d'Hitler dans la crise éthiopienne, Mussolini retire son appui à Schuschnigg. Afin de sauvegarder l'indépendance de son pays, le chancelier est contraint de signer le 11 juillet un accord avec Hitler promettant sa non-intervention en Autriche en échange de la participation de « nazis modérés » au gouvernement de Vienne. Encore une illusion.

Dans sa rage antimonarchiste, le président tchécoslovaque Beneš déclare : « Plutôt l'Anschluss que les Habsbourg ! » Tous les socialistes autrichiens de l'époque appellent à soutenir l'Anschluss. Le 12 mars 1938, à l'aube, les blindés allemands franchissent la frontière autrichienne sans rencontrer de résistance. L'Autriche perd son nom, devenant l'Ostmark (« Marche de l'Est »), province du Grand Reich. En 1990, l'archiduc Otto me fera remarquer que seul le Mexique avait protesté contre l'annexion. Il faut dire ici que l'opposition ferme et définitive de l'archiduc Otto à Hitler a fait de l'héritier des Habsbourg la bête noire des nazis. Il est tristement symbolique que l'Anschluss ait reçu comme nom de code « Opération Otto ». A plusieurs reprises, Hitler, qui détestait les Habsbourg et leur « empire métèque », a tenté de rencontrer leur héritier, y compris par l'entremise de Goering au cours d'un dîner auquel Otto refusa de se rendre. Hitler en avait été d'autant plus vexé qu'il était parvenu à se rappocher de certains membres de la famille de Hohenzollern, notamment du Kronprinz Guillaume, fils aîné du *Kaiser* Guillaume II, « lequel avait publiquement apporté son soutien au nazisme ». Son frère Auguste-Guillaume, député national-socialiste, avait même reçu Otto « en uniforme brun SA, ce qui m'a mis mal à l'aise ».

Au matin où l'Anschluss est devenu une réalité, l'archiduc se trouve brièvement en Belgique, revenant de Suisse et repartant pour Paris afin de sensibiliser les autorités françaises. En vain. « Personne ne voulait rien faire, ce que l'on peut comprendre quand on sait ce qui s'était passé en 1914[1]. »

Une semaine plus tard, le jour anniversaire de la naissance d'Hitler, le ministère autrichien de la Justice lance un mandat d'arrêt contre Otto de Habsbourg pour haute trahison puisqu'il a demandé l'aide de puissances étrangères afin d'empêcher l'annexion de l'Autriche par l'Allemagne. La presse de langue allemande présente l'archiduc comme un « rejeton dégénéré des Habsbourg » et un « criminel en fuite ». Une implacable chasse à l'homme commence.

Au printemps 1939, un commando de la Gestapo tente d'enlever le fils de Charles Ier. A Paris, descendu dans un hôtel du boulevard Raspail, le prétendant recherché figure après l'armistice de 1940 sur une liste de soixante-seize noms établie par les Allemands. Ordre est donné aux autorités françaises d'« arrêter immédiatement ces individus et de les livrer à l'occupant ». Rudolf Hess était plus net : il exigeait que l'homme ayant osé dire non à Hitler soit abattu immédiatement. L'archiduc est en grand danger. Depuis des semaines, il s'est chargé d'aider d'innombrables réfugiés autrichiens et tchécoslovaques, juifs et non-juifs, pour les évacuer vers le sud. Pour libérer des socialistes viennois internés en France et des Juifs ukrainiens, Otto est très aidé par le ministre de l'Intérieur du cabinet Paul Reynaud en mai et juin 1940, Georges Mandel. Le prince ne cessera de lui rendre hommage pour son appui[2]. Le 9 juin 1940, alors que le gouvernement français s'est replié à Bordeaux, l'archiduc est convié à un dîner au Ritz par un

1. *Combattre pour la liberté, op. cit.*

2. De son vrai nom Louis Rothschild, sans parenté avec les banquiers homonymes, Georges Mandel avait été chef de cabinet de Clemenceau au début du démantèlement de l'Autriche-Hongrie, ce qui confère une valeur particulière à l'hommage de l'archiduc. Plus tard, arrêté sur ordre de Vichy, transféré en Allemagne puis ramené en France, Georges Mandel est assassiné par la milice française en forêt de Fontainebleau peu avant la libération de Paris en 1944.

ancien ambassadeur américain auprès du roi des Belges. Parmi les convives, Clare Boothe, épouse de Henry Luce qui avait fondé le magazine *Life* en 1936 et future ambassadrice des Etats-Unis au Vatican. Un dîner surréaliste si l'on songe que cinq jours plus tard la Wehrmacht entre dans Paris. L'archiduc, qui s'était déjà rendu en Amérique au mois de mars, et son frère Charles-Louis préparent leur fuite vers les Etats-Unis et ont besoin de contacts dans les milieux officiels à Washington. Paris est désert, les deux hommes entendent l'écho de leurs pas qui résonne lorsqu'ils traversent la place Vendôme. « […] Nous étions les seuls clients. C'était incroyable quand j'y pense… […] Le dîner nous a été servi dans les règles par du personnel en frac, comme si de rien n'était. Le souper était somptueux, la discussion passionnante […]. »

C'est bien plus tard que l'archiduc apprendra qu'après avoir signé le livre d'or du restaurant le client suivant à qui l'on présenta ce même livre d'or n'était autre que le maréchal Rommel. « Bien sûr mon nom ne lui avait pas échappé ! » dit l'héritier des Habsbourg avec son humour plaisant !

La fuite à travers l'Espagne et le Portugal pour gagner Washington

Le lendemain de ce dîner au Ritz, Otto et les siens partent pour l'Espagne et le Portugal. Menacés de mort s'ils sont démasqués, ils n'oublient pas d'aider d'autres proscrits à fuir. A Bordeaux, le descendant de Philippe II, roi du Portugal en un temps lointain, se démène pour obtenir en un délai record des visas portugais sur des dizaines de passeports de réfugiés autrichiens. Ensuite, le passage de la frontière espagnole le 19 juin 1940 est très risqué. Jean Sévillia en a rappelé les conditions héroïques. Un douanier reconnaît l'impératrice Zita, qui, on l'a vu, avait vécu plusieurs années au Pays basque espagnol. Le fonctionnaire ordonne de la laisser passer avec toute sa suite. « Interrogé sur la composition de sa caravane, Otto, au culot, désigne tous ceux qui se tiennent derrière eux. Juifs, communistes ou socialistes, anciens des Brigades internationales pour certains, une centaine d'Autrichiens passent ainsi en Espagne sous l'aile des Habsbourg[1]. »

Notons aussi cette précision importante sur le climat peu cordial de la rencontre entre Hitler et Franco à Hendaye le 23 octobre 1940 au cours de laquelle le maître du Reich tente de convaincre le Caudillo d'entrer en guerre à ses côtés et donc de laisser passer ses troupes en Espagne : « [...] Franco a demandé à Hitler à la fin de l'entretien : "Inviteriez-vous un unijambiste à danser la valse ?" Merveilleuse formule digne des *Mille et Une Nuits* car la péninsule Ibérique venait tout juste de sortir de la guerre civile. Le Führer a confié en partant : "Plutôt me faire couper un doigt que de discuter à nouveau avec ce Juif." Car Hitler haïssait Franco en partie à cause de ses origines juives. D'ailleurs, celui-ci a donné ordre à ses diplomates de délivrer des passeports espagnols aux Juifs qui se présenteraient dans leurs consulats[2]. »

Une attitude peu connue, à l'opposé des idées reçues. Rappelons encore que si l'Espagne avait donné libre passage aux troupes allemandes et si elles avaient envahi l'Afrique du Nord, le sort de la guerre eût pu être fort différent.

L'exil de l'archiduc et de son frère Félix est extraordinairement actif. Ils obtiennent l'aide inattendue de dictateurs d'Amérique latine à la réputation effroyable, tels que Trujillo en République dominicaine et Batista à Cuba. Au total, plus de 3 500 visas sont délivrés à des réfugiés autrichiens ou supposés l'être. A Washington, Otto convainc l'administration Roosevelt de déclarer le 25 juillet *Austrian Day* et publie des articles dans la revue *The Voice of Austria*. Otto est tellement surmené qu'il fume alors trois paquets de cigarettes par jour.

Reçu à la Maison-Blanche par le président et son épouse, l'héritier de l'empire détruit intervient au Sénat, rencontre

1. Jean Sévillia, *op. cit.*
2. *Combattre pour la liberté, op. cit.*

des banquiers, des industriels et est invité par les clubs de femmes sans lesquelles aucune action politique d'envergure n'est possible outre-Atlantique. Ses exposés clairs et argumentés fascinent un public qui connaît encore peu ou mal l'Europe centrale. Beaucoup d'Américains bien intentionnés mais ignares croient que la principauté de Liechtenstein, qu'ils sont incapables de situer géographiquement, est le plus dangereux allié d'Hitler. A la conférence des ministres des Affaires étrangères qui s'était tenue à Moscou le 19 octobre 1943, les Alliés avaient déclaré nul l'Anschluss imposé par l'Allemagne et souhaité une future Autriche libre et indépendante. Inlassable défenseur de l'identité autrichienne non polluée, le prince travaille à Washington jusqu'à l'automne 1944 tandis que sa mère est à Québec. Pendant quatre années, Otto de Habsbourg démontre l'injustice et la stupidité des traités de paix d'après 1918, met en garde les stratèges de Washington contre le risque de nouvelles erreurs par inconscience, méconnaissance et mépris du Vieux Monde. Otto est le porte-parole de l'Europe fracassée mais qui n'est pas à l'abri du pire. Et son action en faveur de son pays dépasse largement son souci de le faire renaître.

Si on connaît aujourd'hui les mises en garde et l'attitude déterminée du prince contre Hitler, on sait moins qu'il avait diagnostiqué un nouveau danger vers la fin de la guerre. En effet, l'archiduc apprend que l'Autriche emprisonnée par Hitler risque d'être étouffée par Staline sous prétexte de « libérer » l'Autriche annexée. Un totalitarisme peut en cacher un autre. Le plan Morgenthau, du nom du secrétaire d'Etat américain au Trésor qui l'a élaboré (un ancien fermier proche de Roosevelt), prévoit une occupation de l'Autriche en deux zones. En bref, Vienne serait soumise à la seule Union soviétique, laquelle transformerait la moitié de l'Autriche en satellite de Moscou. Et l'Allemagne, entièrement vouée à l'agriculture, serait privée d'industrie ! Otto de Habsbourg est effaré de ce plan aberrant dont la négociation est déjà très engagée entre Roosevelt et Staline.

Le président américain dit à l'archiduc qu'il est peut-être encore temps de revoir le plan Morgenthau à condition que le Premier ministre britannique l'exige. D'urgence, Otto demande un entretien à Churchill, seul capable de faire modifier l'attribution des zones d'occupation en Autriche. Le Premier ministre britannique dort. Tant pis, l'archiduc exige qu'on le réveille, sachant qu'il est favorable à l'Autriche. « Winston Churchill était un personnage extraordinaire. Avec lui on pouvait faire le tour d'une question en deux ou trois minutes car il comprenait immédiatement où était le problème. Il a décrété alors que la route de l'Inde, vitale pour l'Angleterre, passait par Vienne et qu'en conséquence il fallait modifier le plan d'occupation de l'Autriche[1] ! »

Si le plan Morgenthau avait été appliqué, l'Autriche disparaissait. Mais lorsque ses dispositions sont révélées, il provoque un tel tollé que Truman, successeur de Roosevelt, le refuse. Churchill, comme Otto de Habsbourg, avait mis au jour les ruses de Staline, le « renard » de Yalta et de Potsdam. Le Premier ministre britannique résumera la situation dans une des formules cinglantes dont il a le génie : « We have killed the wrong pig » (« Nous avons tué le mauvais cochon ») pour signifier que Staline constituait une plus grande menace qu'Hitler. L'archiduc relève que certains politiciens britanniques sont très hostiles à l'Autriche, tel Anthony Eden, trois fois ministre des Affaires étrangères, notamment en 1945, avant d'être Premier ministre dix ans plus tard. « Il avait déclaré un jour : "Cinq Habsbourg et une centaine de Juifs. Voilà ce que c'est, l'Autriche[2] !" » Une surprenante déclaration de la part d'un homme à l'allure d'un si parfait gentleman… Grâce à la réaction rapide d'Otto de Habsbourg et à l'intervention immédiate de Churchill, le pire a été évité. L'Armée rouge entre dans Vienne le 12 avril 1945, se présentant en « libératrice », et fait craindre un triomphe communiste aux élections. Sta-

1. *Combattre pour la liberté, op. cit.*
2. *Ibid.*

line fait réaliser un film de propagande montrant la joie des Viennois d'être « libérés » par les Soviétiques. Ils édifieront un monument à leur gloire place Schwarzenberg. Il y est toujours, masqué par une fontaine.

L'Autriche est divisée en quatre zones. La soviétique (Basse-Autriche, Burgenland, nord de la Haute-Autriche), l'américaine (sud de la Haute-Autriche et Salzbourg), la britannique (Styrie, Carinthie, Tyrol oriental) et la française (Tyrol septentrional et Vorarlberg). Vienne forme une enclave dans la zone d'influence russe et est découpée en cinq secteurs et non quatre comme on le croit souvent, l'un – celui du Ier arrondissement – étant interallié et le siège des administrations communes aux quatre puissances d'occupation[1]. En 1948, Vienne deviendra le carrefour de la guerre froide.

Après un quart de siècle d'interdiction de séjour, le fils aîné du dernier empereur revient en Autriche d'octobre 1945 à janvier 1946. Il séjourne dans la zone d'occupation française commandée par le général Béthouart, le héros de Narvik, ce Tyrol où, au début du XIXe siècle, Andreas Hofer avait combattu Napoléon. Ses frères le rejoignent, certains venant de Londres, d'autres de Lisbonne. On aurait pu penser que, sans prétendre à une restauration monarchique, les Habsbourg pourraient enfin revivre dans leur pays après avoir consacré tant d'efforts et pris tant de risques pour défendre l'Autriche et empêcher qu'elle soit livrée à un autre bourreau.

Le mariage d'Otto à Nancy est un hommage à ses ancêtres lorrains

Cela eût été normal. Mais c'est le contraire qui arriva. Sur requête du gouvernement autrichien, les Alliés, à

1. Voir – et revoir ! – le film *Le Troisième Homme*, de Carol Reed (1949), chef-d'œuvre dont une partie de la célébrité est due au thème musical lancinant interprété à la cithare par Anton Karas.

l'exception du général de Gaulle et des Français, remettent en vigueur les lois « anti-Habsbourg ». Le comble est que cet acharnement est signé du socialiste Karl Renner, devenu chancelier puis président de la République mais qui, député en 1938, avait approuvé l'annexion de l'Autriche par Hitler ! La famille est contrainte de repartir en exil en janvier 1946. L'injustice de cette décision rend l'archiduc malade, mais il se ressaisit vite et commence une carrière de journaliste et de conférencier. Depuis longtemps, il écrit. Brillant orateur, très bien informé, il évoque la place de l'Europe entre les deux géants de l'époque, les Etats-Unis et l'URSS, s'interrogeant pour savoir si cette Europe qui lui est chère n'est qu'un champ de bataille qui voit s'affronter les idéologies ou bien si elle peut devenir une grande puissance elle aussi. L'héritier réside alors en France mais voyage beaucoup.

Pour lui, le premier grand événement de l'immédiat après-guerre est son mariage. A près de trente-neuf ans, l'archiduc est toujours célibataire. Le 10 mai 1951, Nancy, ancienne capitale du duché de Lorraine, est en fête. Parmi ses titres, l'archiduc porte celui de duc de Lorraine. Il épouse Regina de Saxe-Meiningen, vingt-six ans. Les ducs souverains de Saxe-Meiningen se sont succédé à la tête de cet Etat depuis sa création en 1680 jusqu'au règne de Bernard III, contraint d'abdiquer le 10 novembre 1918 après la chute de l'Empire allemand. Disparu en 1928, ce monarque était le grand-oncle de la nouvelle archiduchesse. La veille du mariage, un dîner de gala se déroule à l'hôtel Excelsior. Otto porte le collier de la Toison d'or dont il est le grand maître. Regina arbore un bandeau de diamants qui appartenait à l'archiduchesse Marie-Josèphe, la grand-mère du marié. Le lendemain, le cortège nuptial traverse Nancy à pied, escorté de soldats en uniforme de la monarchie hongroise. Plusieurs dignitaires portent des tenues d'apparat de l'ancien empire. Derrière la traîne de la mariée, tenue par huit demoiselles d'honneur, l'impératrice Zita, toujours en noir, est au bras du duc de Saxe-Weimar. Regina porte un diadème offert par sa belle-mère qui l'avait elle-même reçu de François-Joseph en cadeau de mariage. Sa robe de satin, création du couturier parisien Jean Dessès, s'harmonise avec le motif de son voile en dentelle : un double blason aux armes des maisons de Habsbourg-Lorraine et de Saxe. A sa belle-fille, Zita a remis les insignes en diamants de l'ordre de la Croix étoilée qu'elle portait le jour de son mariage avec Charles, distinction féminine dont l'épouse du chef de la maison d'Autriche est la protectrice depuis près de deux siècles.

La cérémonie religieuse se déroule dans la chapelle des Cordeliers le jour même du 500e anniversaire de la naissance de René II, duc de Lorraine, le vainqueur de Charles le Téméraire. C'est lui qui avait fait venir les Cordeliers en Lorraine et fait construire un couvent et une chapelle en 1487. Depuis, celle-ci est la nécropole des ducs de Lorraine. Cette crypte est chère aux Habsbourg. Marie-Antoinette s'y était arrêtée en se rendant auprès du dauphin, le futur Louis XVI, son frère Joseph II en 1777 et François-Joseph lorsqu'il était venu en France en 1867. De 1815 à 1914, la maison d'Autriche y appointait un aumônier, preuve de son attachement à la mémoire de ses ancêtres.

La foule républicaine acclame fièrement le couple entouré de l'aristocratie européenne. La presse consacre d'abondants reportages à la cérémonie, en particulier *L'Est républicain*, et *Paris-Match* met l'événement en couverture. Le jeune marié raconte comment il a connu celle qui allait devenir sa femme : « En 1950, la guerre de Corée venait d'éclater. Les camps de réfugiés hongrois en Allemagne étaient secoués par une vague de panique. Ces camps se trouvaient à la frontière allemande et, de l'autre côté, on pouvait voir les chars russes. [...] C'est ainsi que j'ai rencontré ma future épouse. Elle coopérait avec l'association Caritas qui prenait en charge des Hongrois. Elle avait connu leur sort. Les biens de sa famille, qui se trouvaient en zone d'occupation soviétique, appelée plus tard République démocratique allemande, avaient été confisqués intégralement. Cette jeune femme courageuse, exilée comme je l'avais été et issue d'une famille éprouvée par le sort, m'a tout de suite attiré. »

Massés sur l'itinéraire du cortège, entassés sur les rebords des fenêtres, les curieux (80 000 personnes) ne veulent rien perdre de ce spectacle étonnant. Nancy renoue avec les grandes heures de sa gloire passée, celle des ducs souverains héritiers d'une très ancienne maison féodale dont les Etats avaient été rattachés à la France sous le règne de Louis XV. Comment oublier l'union de l'impératrice Marie-Thérèse avec le duc François-Etienne de Lorraine qui fit naître la dynastie des Habsbourg-Lorraine ? En 1991, l'archiduc Otto me dit : « Nous sommes très attachés à la Lorraine. Plusieurs de mes ancêtres sont enterrés dans la chapelle des Cordeliers. » En 2001, pour leurs noces d'or, Otto et Regina accompliront un nouveau pèlerinage lorrain. A 11 heures, le 10 mai, une messe d'action de grâces est concélébrée par l'aumônier de l'ordre de la Toison d'or, le père Gregor Henckel von Donnersmarck, et le père Bombardier. A la sortie, le couple est reçu par le président de la Société d'histoire de la Lorraine et du Musée lorrain, le professeur François Streiff. Dans son allocution, celui-ci symbolise l'importance de la fête jubilaire : « Monseigneur, Madame, vous êtes ici chez vous. La foule qui vous accueille montre l'attachement des Lorrains à leurs racines, à leur histoire et à leurs princes. Français nous sommes, Européens nous devenons, mais Lorrains nous demeurons. »

L'archiduc, ému, répond : « Je n'oublierai jamais qu'en 1918, quand survinrent les événements révolutionnaires en Autriche, mon père m'a dit : "Renoncez à tout s'il le faut, mais ne renoncez jamais à la Lorraine." »

Après avoir salué la foule du balcon du palais ducal, le couple est reçu officiellement à l'hôtel de ville par le maire André Rossinot. Ce dernier rend hommage aux principes incarnés par l'archiduc Otto : « Tolérance, générosité, ouverture aux autres. Comment ne pas reconnaître que vous les devez aussi très largement à votre mère, l'impératrice Zita, femme d'une grandeur d'âme exceptionnelle, et cet héritage qui vous a été légué, à vous et à votre famille, vous l'avez – avec quel dévouement – mis au service de votre pays, de l'Europe et des causes justes et nobles qui mobilisent toute votre énergie. »

En commentant cette journée où, avec beaucoup d'allure et de simplicité, Nancy partage le bonheur des Habsbourg, le journaliste Jean-Christophe Erbstein constate la ferveur : « [...] A l'heure d'Internet et du téléphone portable, l'histoire d'amour se poursuit entre la famille impériale et la Lorraine[1]. »

Un autre journaliste, Didier Hermandinguer, écrit ce même jour : « [...] Au-delà de l'hommage à une illustre famille, la République a salué en l'archiduc Otto l'inlassable messager des valeurs humanistes et universelles qui sont le couronnement d'une existence. »

Une famille d'aujourd'hui mais attachée à ses traditions

Que s'était-il passé pendant ces cinquante années ?

A partir de 1954, Otto et Regina s'étaient installés dans une confortable villa de Pöcking, sur les rives romantiques du lac de Starnberg, au sud de Munich. Un lac chargé d'histoire puisque le roi Louis II de Bavière y avait trouvé la mort le 13 juin 1886 tandis que, proche de Pöcking, on peut apercevoir le château de Possenhofen où avait grandi dans une atmosphère décontractée Sissi, arrière-grand-tante d'Otto. L'union d'Otto et de Regina sera une véritable histoire d'amour. L'archiduchesse en apparence timide et réservée est une femme à la silhouette élégante, au beau regard bleu et aux cheveux blonds, courageuse, qui ne se met jamais en avant, tandis que son mari voyage et écrit beaucoup. Les naissances se suivent : Andrea (1953), les jumelles Monika et Michaela (1954), Gabriella (1956), Walburga (1958), Karl (l'héritier tant attendu, 1961) et

1. *L'Est républicain*, vendredi 11 mai 2001. Otto de Habsbourg écrira régulièrement des articles et des éditoriaux dans ce quotidien de 1969 à 1974.

Georg (1964). Regina veille sur leur enfance, leurs études, leur jeunesse, plus présente que son époux très absorbé dans ses voyages pour expliquer l'Europe. « Le conte de fées n'a jamais cessé. Nous avons eu sept enfants, cinq filles et deux garçons, dit Otto. Je pense que les familles nombreuses sont une bonne chose pour les enfants comme pour les pays. »

Quelle était la situation du prince vis-à-vis de l'Autriche républicaine qui avait retrouvé son indépendance par le traité du Belvédère de 1955 et cessé d'être occupée ? Elle a évolué lentement et laborieusement. En février 1957, Otto obtient la nationalité autrichienne mais sans avoir le droit de revenir en Autriche ! Si le 21 février 1958, le chef de la maison d'Autriche déclare « reconnaître les lois actuellement en vigueur en Autriche et être un fidèle citoyen de la République », il reste interdit de séjour dans son pays natal. Les socialistes s'opposent à son retour, les polémiques s'éternisent sur les mesures de 1919. Le 31 mai 1962, Otto renonce « expressément, conformément à l'article 2 de la loi du 3 avril 1919, à [sa] qualité de membre de la maison de Habsbourg-Lorraine et aux revendications de souveraineté en découlant ». Malgré cet engagement solennel de respecter la République, le « Dr Habsburg » fait peur. « Pour certains, j'étais un homme dangereux ! » m'a-t-il dit avec un sourire lors d'un entretien à Pöcking devant un portrait de son ancêtre Sissi redevenue célèbre par la trilogie des films avec Romy Schneider. Il m'a d'ailleurs confié qu'étant invité à donner une conférence en Espagne, il était arrivé à Madrid dans le même avion que l'actrice. Mais alors qu'une meute de journalistes attendait frénétiquement la belle Romy-Sissi, lui n'était accueilli que par une petite délégation d'universitaires ! Un comble !

Ce n'est que le 31 octobre 1966 que l'archiduc (titre que tout le monde lui accorde sans qu'il le revendique) peut enfin fouler le sol autrichien après vingt ans de son nouvel exil. Il continue néanmoins de résider en Bavière et obtient la nationalité allemande en avril 1978 afin de pouvoir être candidat aux premières élections du Parlement européen prévues en 1979. « L'Autriche n'autorisant la double nationalité qu'à titre exceptionnel, le ministre-président de Basse-Autriche accepte que le "Dr Otto Habsbourg-Lorraine" conserve sa nationalité autrichienne car "c'est grâce à lui que l'Autriche a pu réapparaître sur la carte du monde après la Seconde Guerre mondiale[1]" ».

Il n'était que temps de le reconnaître. Précisons que sa nationalité hongroise ne lui avait jamais été contestée. Depuis, Otto de Habsbourg n'a cessé d'agir sous diverses formes et de voyager pour la construction européenne. Parmi ses innombrables interventions, je retiens une conférence éblouissante sur « L'Autriche entre l'Est et l'Ouest » prononcée le 28 mars 1968 au grand théâtre du Mans à la demande de mon père Guy des Cars qui dirigeait alors l'académie du Maine. Et le public du Cercle de l'Union interalliée – la salle Foch était archi-comble – n'oubliera jamais l'exposé, plus récent, de l'archiduc sur l'Europe des années 2000. Il parla debout, sans une note, pendant une heure, subjuguant son auditoire. Cette conférence magistrale fut suivie d'un dîner chez un fervent Européen, Pierre Bordeaux-Groult, dans son hôtel particulier du VIIe arrondissement. Il était fascinant de s'entretenir avec l'archiduc à la curiosité universelle, un homme si courtois, impressionnant d'autorité naturelle, qui avait donné à son nom tant décrié une valeur extraordinaire en s'opposant aux deux totalitarismes ayant ravagé l'Europe. On comprenait pourquoi l'héritier longtemps proscrit était devenu, avec aisance et compétence, un interlocuteur écouté entre autres de Churchill, de Roosevelt et du président Mitterrand lors de la guerre en Yougoslavie. L'archiduc avait une grande admiration pour le général de Gaulle qui le lui rendait bien. Pour remercier Otto de lui avoir adressé son livre sur Charles Quint[2], le président de la République lui avait écrit le 2 mars 1967 :

1. *Combattre pour la liberté, op. cit.*
2. Hachette, 1967.

« Monseigneur,

« En vertu de Votre pensée, sous Votre plume, pour faire briller Votre idéal, voici donc que Charles Quint paraît comme précurseur et comme contemporain. Bien que je pense que la maison de France ait bien servi mon propre pays en le maintenant, non sans peine, en dehors de l'allégeance à la maison d'Autriche, je n'en approuve et admire pas moins tout ce que Votre Altesse impériale et royale suggère à propos de notre Europe en nous peignant avec tant de profond talent le caractère de l'œuvre de Son ancêtre, le grand empereur et roi. [...] »

L'Empire a disparu mais la nombreuse famille d'Otto continue dans son sillage à faire exister son nom, discrètement mais incontestablement. Loin d'être effacés du monde par les révolutions et les guerres, les enfants, petits-enfants, neveux, nièces, cousins et cousines de celui qui avait dit non à la barbarie sont impliqués dans de nombreuses activités diplomatiques, caritatives, administratives et culturelles. Les générations transmettent. C'est leur mission.

Depuis les années 1980, sans parler de la chute du Mur et de l'effondrement du communisme, bien des événements ont remis en lumière la dynastie, son passé, ses réussites, ses échecs, ses souffrances. Et, pour mémoire, l'opinion européenne a appris, en général avec stupeur, que les réparations financières dues par l'Allemagne au titre du traité de Versailles n'ont été soldées que le dimanche 3 octobre 2010 ! Il aura fallu 92 ans pour payer 269 milliards de Reichmarks, soit environ 200 millions d'euros... Le retour de l'impératrice Zita puis ses funérailles ont été spectaculairement vécus et commentés. Moins comprise par certains et même contestée, la béatification de l'empereur Charles – la dernière du pontificat de Jean-Paul II le 3 octobre 2004 – a permis de voir exposé aux fenêtres du Vatican un immense portrait du père d'Otto, déclaré bienheureux à la suite d'un miracle que l'Eglise lui a attribué après une enquête de plusieurs décennies. Le 3 février 2010, l'archiduchesse Regina est décédée à l'âge de quatre-vingt-six ans entourée de son mari et de presque toute sa famille : sept enfants, vingt-deux petits-enfants, une arrière-petite-fille. L'archiduc Karl, son fils aîné, souligne combien la défunte avait toujours eu une vision positive de la vie. Le 10 février, lors de l'inhumation de Regina dans la crypte du château de Heldburg en Thuringe (Allemagne orientale), Karl dit : « C'est une journée triste mais elle ne doit pas nous faire oublier que la vie continue. » Et se tournant vers un de ses neveux : « Aujourd'hui, Justin a vingt et un ans et il est important de lui souhaiter son anniversaire. » L'archiduchesse Francesca, épouse de Karl et tante de Justin, a apporté de Vienne une *Sachertorte*, ce fameux gâteau au chocolat dont la recette est toujours secrète. Chez les Habsbourg, la tradition est plus forte que la mort.

Généalogie

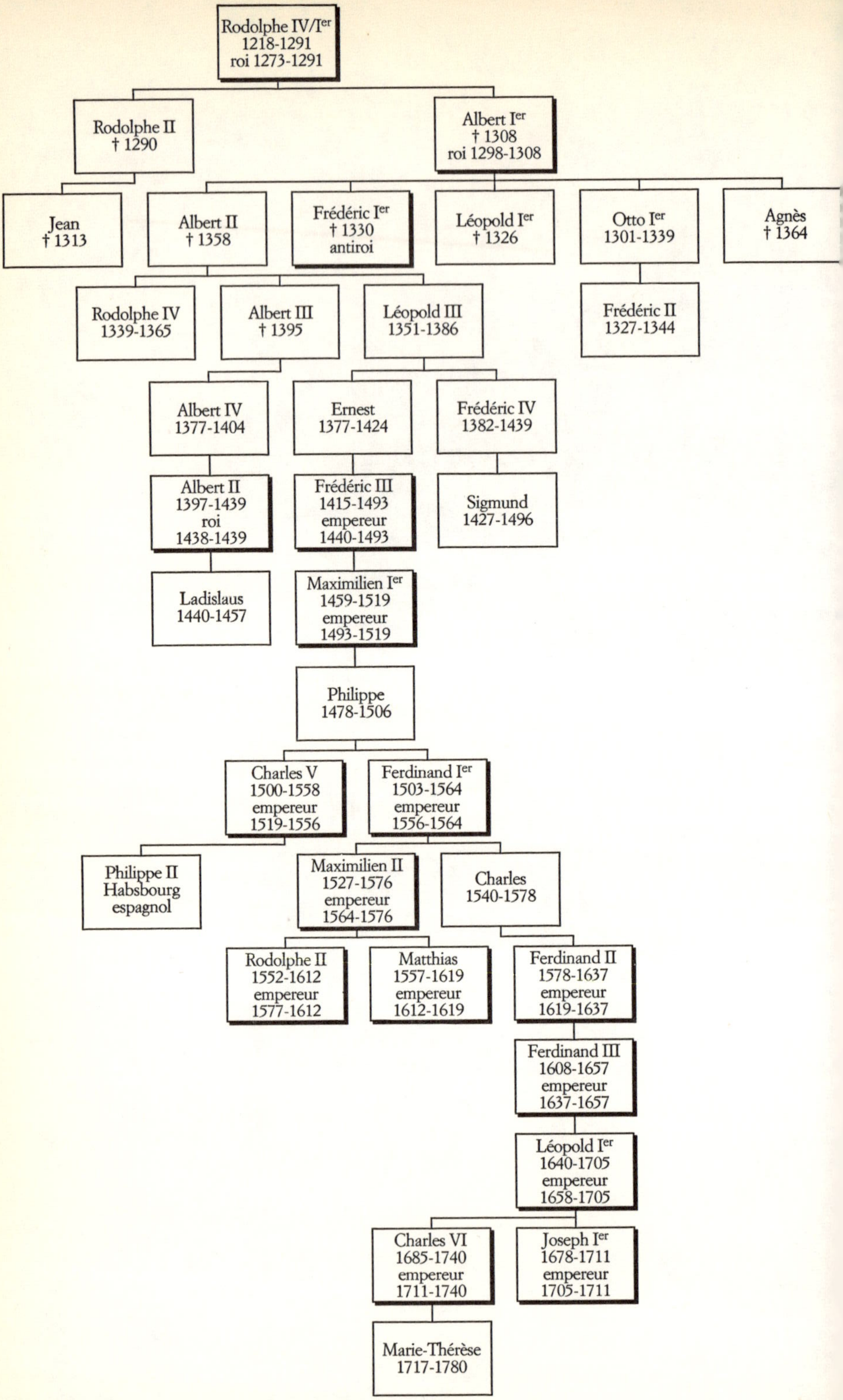

La saga des Habsbourg (1)
Généalogie simplifiée de la maison de Habsbourg à partir du premier empereur jusqu'à Marie-Thérèse en simple qualité d'héritière (1273-1717)

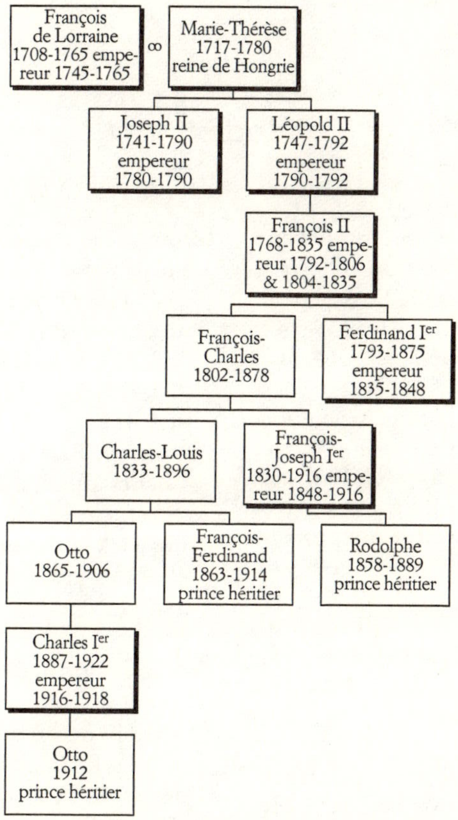

La saga des Habsbourg (2)
Généalogie simplifiée de la maison de Habsbourg-Lorraine
de l'impératrice Marie-Thérèse à Charles Ier

Index

Remerciements

J'exprime ma profonde gratitude aux personnes dont les noms suivent m'ayant apporté leur aide dans mes recherches et la préparation de cet ouvrage qui ont porté sur plusieurs années :

S.M. l'impératrice et reine Zita d'Autriche-Hongrie lors de l'entretien exclusif qu'elle m'avait accordé pour *Le Figaro Magazine* le 10 novembre 1982 à l'occasion de son retour à Vienne.

S.A.I. et R. l'archiduc Otto de Habsbourg-Lorraine lors de nos nombreux entretiens à Paris, à Vienne, à Budapest et à son domicile de Pöcking, en Bavière, en particulier lors de la réalisation du reportage qui lui était consacré et dont j'étais l'un des intervenants. Ce film a été diffusé par la chaîne FR3 le 18 décembre 1991. Je n'oublierai pas Mme Eva Demmerle, assistante et attachée de presse du « Dr Habsburg », d'une courtoisie et d'une efficacité sans faille.

LL.AA.II. et RR. l'archiduc Lorenz d'Autriche, sa cousine l'archiduchesse Alexandra, ambassadeur de l'ordre de Malte au Chili, et son époux l'ambassadeur Hector Riesle ; l'archiduchesse Catharina. Le comte Pierre de Bizemont, chevalier profès de l'ordre souverain de Malte.

Mon ami Michel Caffier, ancien rédacteur en chef de *L'Est républicain*, merveilleux historien de Nancy et de la Lorraine, ainsi que le service des archives et de la documentation de ce journal.

Mes amies Jutta Hufenbecher, Marguita Kracht et Ursula Painvin qui m'ont éclairé dans les traductions de divers documents. Le personnel du château de Habsbourg dans le canton d'Argovie (Suisse).

Mes éditeurs Olivier Orban, président-directeur général de Plon-Perrin, Benoît Yvert, directeur, et Laurent Theis, directeur littéraire, pour leurs conseils et remarques toujours précieux et formulés avec une exquise gentillesse. L'équipe éditoriale, en particulier Grégory Berthier-Gabrièle, Marie de Lattre, Marguerite de Marcillac, Céline Delautre, Yann Rigo et Florence Millard, ainsi que Lysiane Bouchet du service fabrication.

Monique, Odette et Victoria réunies en la personne de mon épouse, première et vigilante lectrice sans laquelle mon travail eût été moins facile.

A toutes et à tous, comme à ceux, très nombreux, qu'il m'est impossible de nommer, j'adresse mes très sincères remerciements.

Table

(*suite du même auteur*)

Aux Editions du Rocher
S.A.S. Rainier III de Monaco, 700 ans d'histoire des Grimaldi.
Inoubliable Grace de Monaco.
Colette et Monaco.
Le Roman de Vienne.

Aux Editions Flammarion
Mémoires d'un palace, photographies de Jérôme da Cunha.

Aux Editions Jean-Pierre Barthélemy/Caisse nationale des monuments historiques et des sites
Le Haut-Kœnigsbourg (en collaboration), photographies de Robert César.

Aux Editions Chronique/Dargaud
Chronique de Paris (rédacteur en chef).
Chronique du XXe siècle (rédacteur en chef).

Cet ouvrage a été imprimé par
CPI Firmin Didot à Mesnil-sur-l'Estrée
pour le compte des Éditions Perrin
76, rue Bonaparte
Paris 6e
en octobre 2010

Composition et mise en page

NORD COMPO
multimédia

Dépôt légal : novembre 2010
N° d'édition : 2674 - N° d'impression : 102288
Imprimé en France